JN426159

구호와 개발 그리고 원조

국제논의수준과 북한을 위한 교훈

박형중 지음

도서출판 해남

머 리 말

이 책을 출판하게 되면서, 새삼스럽게 이와 같은 책을 쓰게 한 문제의식을 발생시킨 배경을 돌이켜보게 된다.

한국을 포함한 국제사회의 인도적 대북 지원은 1995년에 시작되었다. 2000년에는 최초로 남북정상회담이 열렸고, 남북관계의 낙관적 전망에 입각하여 남북경제협력 및 국제적 대북 지원에 관한 여러 낙관적 구상이 대두하였다. 2001년 이후 남북관계가 정체하기는 하였지만 2002년 7월 북한 개혁은 그러한 낙관을 한층 강력하게 만들었다. 2002년 10월 이후 북한 핵문제가 재발하였지만, 이는 잠시 동안의 중단일 것이라 판단되었고, 핵문제가 해결되면 대대적 대북 지원이 시작될 수 있을 것이라 기대되었다. 또 한 가지 떠오르는 것이 있다면, 1990년대 중반부터 시작되었던 유엔의 구호 및 개발기구의 북한에 대한 개입과 활동이 강력한 인상을 주었던 것이다. 나아가 북한 개발에 국제금융기구의 자금을 활용하기 위해 여러 구상이 전개되었다. 2002년 이후 국제적인 비정부단체의 대북 구호 지원활동에서의 활동은 점차 줄어들었지만, 한국 정부의 대북 곡물(쌀)차관 지원, 한국의 여러 민간단체의 대북 지원 등은 괄목하게 증가하였다.

한국의 정부와 사회의 대북 인도지원과 북한의 경제개발에 대한 관여는 새로운 도전임과 동시에 그 누구보다도 강력한 의지와 바람을 가지고 있었다. 또한 한국의 정부와 사회는 그에 맞게 노력해 왔다. 그러나 우리가 이 문제의 해결을 강력히 바라는 만큼이나, 우리가 그 문제의 해결을 위해 올바른 판단과 정책을 제시할 만한 전문성을 가지고 있었느냐, 또한 현명한 판단과 정책을 추진해 왔느냐 하는 질문은 이 시점에서 반성적으로 제기될 수 있을 것이다.

한국에게는 새로운 도전이지만, 국제적으로 볼 때 원조와 개발의 역사는 적어도 50년 이상의 역사를 가지고 있다. 우리는 그러한 경험과 논리, 실무추진체계로부터 무엇인가 배울 수 있을 것이다. 여러 국제기구와 국제적 민간단체의 경우, 북한 업무는 오랜 동안 또한 다른 지역에서 행해 왔던 업무를 또 하나 확장하는 것에 불과할 것이다. 이들은 과거 경험으로부터 축적되었던 사업논리 및 이론체계를 북한 지역에 적용하면 될 것이고 실제로 그렇게 해 왔다.

이 책은 유엔기구, 세계은행, OECD 개발원조위원회 등의 원조와 개발에 관한 이론과 업무추진방식을 전반적으로 요약정리하여 보여 줄 것이다. 독자들은 이로부터 우리가 당면한 문제, 즉 한국 정부와 사회의 대북 원조와 개발사업 추진과 관련하여 더욱 체계적으로 판단할 수 있는 기초지식과 정보를 제공받게 될 것이다.

이 책의 출간을 앞두고, 어떤 문제의 해결을 위해서는 열정과 의지뿐 아니라, 올바른 진단과 개입을 위한 전문성이 필요하다는 것을 다시 한 번 느끼게 된다.

이 책의 주요 부분은 2005년 8월부터 2006년 8월까지 주어진 연구연가 기간에 서술되었다.

이 책의 문제의식은 원조와 개발분야의 실무 및 연구활동에 관여하고 있는 여러 분들로부터의 자극에 힘입은 바가 크다. 그들이 아니었다면, 필자의 문제의식은 훨씬 미숙한 상태에 머물러 있었을 것이다. 그 분들께 감사드린다. 아울러 도서출판 해남의 노현철 사장님과 직원들의 철저하고 꼼꼼한 장인정신과 재촉에 감사드린다.

2007. 3

박 형 중

차 례

제 1 장
서 론

제 2 장
개발 및 원조와 관련한 정책과 전략의 변화

제 3 장

현 개발이론의 주요 관심

제 4 장

현 원조이론의 주요 관심

제 5 장

개발 및 원조관련 주요 기관

제 6 장

갈등, 구호 그리고 개발에 대한 개입

제 7 장

보 론

영문 약어표

ADB Asian Development Bank 아시아개발은행
CAF Country Assistance Framework 국가원조기본방향
CAP Consolidated Appeals Process 합동호소과정
CAS Country Assistance Strategy 국가원조전략
CCA Common Country Assement 국가공동평가
CDF Comprehensive Development Framework 포괄적 개발원칙
CHAP Common Humanitarian Action Plan 인도주의 공동행동계획
CP Country Programm 국가 프로그램
CPAP Country Programm Action Plan 국가 프로그램 행동계획
CPD Country Programm Document 국가 프로그램 계획문서
DAC Development Assistance Committee 개발원조위원회
DFID Department for International Development 국제개발부
EC European Commision 유럽집행위원회
ECHA Executive Committee on Humanitarian Assistance 인도지원 집행위원회
ERC Emergency Relief Coordinator 긴급사태 구호조정관
EU European Union 유럽연합
GTZ Gesellschaft fuer Techinische Zusammenarbeit 독일기술협력청
HC Humanitarian Coordinator 인도주의 조정관
HIPCs Heavvily Indebted Poor Countries 과중채무빈곤국가
HIV/AIDS Human Immune Deficiency Virus/Acquired Immune Deficiency Syndrome 면역결핍바이러스/후천성면역결핍증후
IASC Inter-Agency Standing Committee 기구합동 상임위원회
IBRD International Bank of Reconstruction and Development 국제부흥개발은행

ICRC International Committee of the Red Cross 국제적십자사

IDA International Development Association 국제개발협회

IFC International Financial Corporation 국제금융공사

IMF International Monetary Fund 국제통화기금

I-PRSP Interim-Poverty Reduction Strategy Paper 잠정-빈곤축소전략문서

JSM Jonit Strategy Meeting 합동전략회의

LICUS Low Income Countries Under Stress 스트레스하 저소득국가

M&E Monitoring & Evaluation 모니터링과 평가

MD Minllenium Declaration 새천년선언

MDGs Minllenium Development Goals 새천년개발목표

NGO Non-governmental Organization 비정부기구

OCHA UN Office for the Coordination Humanitarian Affairs 유엔인도주의조정국

ODA Official Development Assistance 공적 개발원조

OECD Organization for Economic Cooperation and Development 경제협력개발기구

OSCE Organization for Security and Co-operation in Europe 유럽안보협력기구

PCF Post-Conflict Fund 갈등 이후 기금

PCNA Post-Conflict Needs Assessment 갈등 이후 필요산정

PRS Poverty Reduction Strategy 빈곤축소전략

PRSP Poverty Reduction Strategy Paper 빈곤축소전략문서

R/HC Resident/Humanitarian Coordinatior 상주/인도주의 조정관

RC Resident Coordinatior 상주조정관

Sida Swedish International Development Co-operation Agency 스웨덴 국제개발협력청

SWAp Sector Wide Assistance 부문총괄원조

TAP Transitional Assistance Programm 과도기 원조 프로그램

TC Technical Cooperation 기술원조

TRM Transitional Results Matrix 과도기 달성 성과나열도표

UN United Nations 국제연합

UNCT United Nations Country Team 국제연합 국가팀

UNDAF United Nations Development Assistance Framework 유엔개발원조지침

UNDG United Nations Development Group 유엔개발그룹

UNDP United Nations Development Programm 유엔개발 프로그램

UNESCO United Nations Educational, Scientific and Cultural Organisation 유엔 교육, 과학, 문화기구

UNFPA United Nations Population Fund 유엔인구기금

UNHCHR United Nations High Commissioner for Human Rights 유엔인권고등판무관

UNHCR United Nations High Commissioner for Refugees 유엔난민고등판무관

UNICEF United Nations Children's Fund 유엔아동기금

USAID US Agency for International Development 미국 국제개발처

USG Under Secretary General 유엔 부총재

WB World Bank 세계은행

WDR World Development Report 세계은행 연례보고서

WFP World Food Programm 세계식량계획

WHO World Health Organization 세계보건기구

WTO World Trade Organization 세계무역기구

제 1 장
서 론

1. 문제의식과 서술목적
2. 주요 내용과 그 함의

1 문제의식과 서술목적

북한 문제는 다양한 하위분야로 구성되어 있는 매우 복잡한 응용학문의 세계이다. 예를 들어, 북한 핵문제를 풀자면 국제정치, 핵무기 비확산, 핵공학, 북한의 정치와 경제 등 여러 분야에 동시에 정통해야 한다.

이러한 문제의 하나로 북한에 대한 '개발원조'문제가 대두하고 있다. 2005년은 1995년부터 시작한 대북 인도지원의 10년째가 되는 해로 인도지원을 '개발지원'으로 전환해야 한다는 요구가 증가하였었다. 이에 따라 한국에서 인도지원 대신 개발원조라는 단어가 유행하기 시작하였는데, 비슷한 시기에 북한도 인도지원 대신 '개발원조'를 요구하였다. 또한 2005년 중반 이후 한국 정부는 남북관계 및 핵문제의 교착상황을 타개하는 방도로서 '경협확대(=대북 지원확대)를 통한 남북관계 도약 및 핵문제의 해결모색'론에 기반한 정책을 추진하였다. 주요 내용은 인도지원을 넘어서는 개발성 협력을 근간으로 새로운 남북한 정부 간 경협사업을 발굴·추진하며, 동시에 비정부기구(NGOs)의 '개발지원'활동도 확대해 간다는 것이었다.

북한에 대한 개발지원문제가 대두되고 토론이 시작된 것은 환영할 만한 중요한 인식변화라고 할 수 있다. 그러나 여기에는 유의해야 할 사항이 있다. 우선, 이러한 인식전환은 매우 때늦은 것이다. 인도지원은 길어야 1~2년 만에 종결하고 개발지원으로 전환되어야 함에도, 대북 인도지원은 2005년으로 10년째를 넘어서도 여전히 그 끝이 보이지 않기 때문이다. 그리고 개발지원은 단순히 애타는 선의(善義)에만 기반해서는 안 된다는 것이다. 개발지원은 한층 대량의 자원투입을 수반하기 때문에, 그 합리적·효율적 사용에 대한 보장이 요구되며, 따라서 그에 부합하는 전략구상 및 수행체계가 먼저 진지하게 숙고되어야 한다. 결국 대북 개발지원을 본격적으로 실시하기 위한 정책구상을 위해서는 ① 북한에 대한 개발지원은 훨씬 이전(늦어도 1990년대 후반)에 시작되지 못하고, 어찌하여 아직도 논의수준에서만 머물러 있는가에 대한 원인규명이 필요하며, ② 한국에서 일반적으로 통념화되어 있는 '개발지원'의 개념과 전략구상(패러다임)이 당면한 남북관계의 현실과 관련분야에서 가장 발전된 국제적 통찰 및 지식체계에 비추어 얼마나 적절한 것인가에 대한 검토가 요구된다.

이 책의 가장 중요한 목표는 북한에 대한 개발지원문제에 관련하여 최소한의 합리적 판단과 건설적 정책기획을 위해서 필요한 최소한의 지식이 무엇인지를 설정하고 이를 제공하는 것이다. 이 책의 목표 중 하나는 관련분야의 국제적 논의내용을 소개하여 한국식 통념이 다른 방식의 아이디어를 소화함으로써 개선되어야 한다는 것을 인지시키고 제공하는 것이다. 이 책은 북한 '개발지원'문제를 이해하고 다루기 위해서는 최소한 '구호·개발·원조'라는 삼위일체 분야의 전문지식이 필요하며, OECD 개발원조위원회, 유엔의 구호 및 개발지원체계, 세계은행의 개발지원업무 등 관련 주요 기관의 업무추진체계에 관한 지식이 요구된다는 것을 주장하고 이를 소개한다. 여기까지가 이 책 제1, 2, 3, 4, 5장의 주요 내용인데, 이는 현재 관련분야에서 최고 수준의 지식과 일반적 국제합의사항에 관한 소개라고 할 수 있다. 이 밖에도 중국과 베트남의 개혁경험, 1990년대 북한의 경제상황과 국제적 대북 지원의 내용에 대한 지식도 필요할 것이다. 이것이 제6장의 내용이다.

이 책의 전반적인 내용은 북한의 구호·개발 및 원조를 다룰 때 지적·정책적 상상력을 풍부하게 하는 데 도움을 줄 수 있다. 국제적인 구호·개발 및 원조는 50년 이상의 역사를 가지고 있고, 특히 1990년대 후반기 사회주의권의 붕괴와 함께 그 성격이 크게 변화하였다. 또한 그간의 경험과 통찰에 기초하여 이 세 가지 업무와 관련한 주요 국제기구, OECD 개발원조위원회, 유엔체계, 세계은행, 그리고 주요 비정부기구(NGOs)는 대체로 동일한 인식틀과 사업방식 및 수단을 구사하고 있다. 따라서 한국의 정부와 민간이 대북 지원에서 이와 같은 기구 및 단체와 협조하고자 한다면, 또한 자체 사업의 체계성과 효율성을 높이고자 한다면 국제적으로 상식 및 표준이 되어 있다시피한 이론과 업무체계에 대해 알고 있어야 한다. 50년 이상의 역사를 가지고 있는 국제적인 구호·개발 및 원조에서의 교훈사항, 현 이론 및 정책의 체계에 관한 지식은 우리가 당면하고 있는 문제에 대한 해답을 자동으로 제공하지는 않지만, 잘 활용할 경우 적어도 훨씬 현명한 판단을 내리는 데 도움이 되는 통찰을 제공할 수 있을 것이다.

2 주요 내용과 그 함의

이 책의 주요 내용을 장별로 보면, 제1장「개발 및 원조와 관련한 정책과 전략의 변화」, 제2장「현 개발이론의 주요 관심」, 제3장「현 원조이론의 주요 관심」이다. 제4, 5장은 구호·개발·원조와 관련한 주요 국제기구에 관한 것으로서, OECD 개발원조위원회, 세계은행과 유엔체계의 성격과 구성, 그리고 구호 및 개발관련 업무의 실시체계를 서술하고 있다. 대략적인 내용과 한국의 대북 지원 당면문제와 관련한 시사점을 요약해 보면 다음과 같다.

현재 국제적 차원에서 일반적으로 합의된 상태라고 볼 수 있는 개발 및 원조관련 이론과 정책의 관심은 아래에 서술하듯이 여섯 가지로 요약될 수 있다. 개발과 관련한 현재의 국제적 합의 세 가지를 보면, ① 해당 국가에서의 빈곤축소가 사실상 개발이라는 의미와 동일시되고 있고, ② 그 수단으로 빈곤축소를 지향하는 경제성장을 어떻게 유발할 것인가가 핵심 문제로 설정되어 있으며, 이를 위한 수단으로써 또한 그 자체의 가치 때문에 강조되고 있는 것이 ③ 참여형 개발, 민주주의, 양질의 거버넌스(정권형태 및 자원배분양태, 정책의 입안과 실행능력), 민주화, 인권이다. 원조와 관련하여 국제적으로 현재의 핵심 관심은 원조의 효과성을 높이는 것이다. 그간의 경험에서 원조가 효과를 내자면 다음 세 가지 사항이 충족되어야 한다. 즉, ④ 수용국의 정책과 제도가 좋아야 하며, ⑤ 수용국 주도하에 제공국과 수용국의 협조가 가능해야 하고, ⑥ 원조효과가 좋은 나라에 원조를 가급적 몰아주어야 전반적인 원조효과성이 높아진다는 것이다.

그런데 한국의 정부와 민간에서 대북 지원과 관련하여 이미 실시되고 있거나, 정부 그리고 관련 정책자문 및 홍보업계에서 지배적 견해로 유통되고 있거나 추진해야 할 정책방향으로 강조되는 견해에는 바로 이와 같은 여섯 가지에 대한 고려가 취약한 경우가 많다. 한국에서 대북 지원을 늘려야 한다는 측의 주요 관심은 세 가지이다. ① 북한 주민의 처지를 개선하자면 식량원조 등 인도지원을 증액해야 한다. ② 북한이 핵개발을 포기하면 한국은 하부구조 개선 등에 대대적으로 지원해야 하며, 이를 위해 국제금융기구를 적극적으로 활용해야 한다. ③ 경제협력이 확대(=한국의 대북 지원증대)되면 남북 간에 평화가 정착되고 점진적으로 남북경제공동체를 형성해 갈 수 있으므로, 대북 지원비용을 분단비용보다 저렴한 평화비용이자 통일비용으로 여기고 경제협력을 확대해야 한다는 것이다.

먼저 첫 번째 견해를 검토해 보자. 즉, 북한 주민의 처지를 개선하자면 식량원조 등 인도지원을 증액해야 한다는 것이다. 이와 같은 주장은 매우 호소력을 가지고 있으며, 그 기본 취지는 어떠한 경우에도 존중되어야 하지만, 전략과 방법상의 현명한 대처가 필요하다. 현재와 같은 방식에 기초하여 인도지원을 늘리는 것은 인도지원을 필요로 하는 상황을 종결하는 방향으로 사태를 전개시키는 데 도움이 되지 않을 수 있기 때문이다. 예를 들어, 인도지원이 필요한 위기가 발생한 뒤 수용국 정부가 문제해결에 태만한 상황에서도 문제의 극적 악화가 방지되는 수준으로 꾸준히 외부지원이 계속되는 경우, 결과적으로 수용국 정부는 외부의 지원을 계산하면서 위기의 자체 해결에는 집중하지 않고 대신 다른 문제에 여유자금을 지출하게 될 수 있다. 그러면 내부 인도위기가 지속되면서 외부지원을 절실하게 필요로 하는 상황이 영속화될 가능성이 있다. 결국 선의에 의해 제공된 인도지원은 그 인도지원이 돕고자 하는 계층을 돕는 것이 아니라 그 처지를 영속화하는 한편, 해당국 정부가 인도지원에 기생하면서 인도적 위기극복이 아닌 어떤 다른 목표를 더 우선적으로 추진하는 것을 돕는 악성관계가 발생할 수 있다.

악성관계는 인도지원의 제공방식 때문에도 발생할 수 있다. 인도지원의 특징 가운데 하나는 외부지원물자가 수용국의 정부체계가 아니라 유엔기구나 비정부기구(NGOs)를 통해 해당국 주민에게 직접 전달된다는 것이다. 이와 같은 전달방식은 급작스러운 재난상황에서 해당국 정부체계가 기능마비에 빠져 있을 때에는 합리적 방법이라 할 수 있다. 그러나 많은 경우, 외부의 지원기관은 수용국 정부를 의도적으로 회피하면서 원조물자를 해당 주민에게 직접 전달하는 것을 선호한다. 그 회피의 가장 큰 이유는 수용국 정부에 대한 정치적 불신(정당성 결여, 정책의지 결여 등)과 원조된 재화를 처분하는 데 있어서의 불투명성(군사비 전용, 독재 강화에 이용, 부패구조) 때문이다. 불신 정도에 상응하는 엄격한 모니터링체계가 동반된다면 물론 단기적으로 이와 같은 인도지원은 돕고자 하는 일정 주민계층의 생활을 개선시킬 수 있다. 그러나 그 나라의 문제는 그 나라의 정부가 문제해결 의지 및 능력을 가지고 있을 때에만 궁극적으로 해결될 수 있는데, 수용국 정부를 불신하고 회피하는 식의 인도지원은 그러한 의지와 능력을 강화하는 데에는 도움이 되지 않는 방식이다. 물론 어떠한 경우에는 부패한 독재정권에게 원조물자가 직접 전달되기도 한다. 이는 공여국 정부가 수용국 정부를 정치적으로 승인하거나 지지하는 것으로 대내외적으로 읽혀질 수 있다. 또는 공여국 정부는 자신이 전달한 물자가 수용국 내부에서 어떠한 용도로 사용되는지에 대해 어떤 이유에서인지 (냉전시대의 경우에는 대부분 수용국 정부가 공여국 또는 그 정부의 정치안보상 이익에 협조하는 대가로) 엄격한 관심을 가지지 않는다는 것으로 해석될 수 있다.

이와 달리 개발원조는 원조제공국이 원조수용국 정부의 개발(=빈곤축소정책 실시)에 관한 의지와 능력을 신뢰하여 원조를 수용국 정부를 통해서 제공하고, 이를 통해 수용국 국민을 돕는 방식이라고 할 수 있다. 이와 같은 경우에만 해당국과 그 정부의 자체 문제해결능력(올바른 정책의 입안과 실시, 자원의 효율적 사용능력)이 증가함으로써 궁극적으로 원조가 종결될 수 있다. 또한 대량의 원조제공이 가능하고, 도움이 필요한 주민계층의 처지를 구조적·영속적으로 개선시킬 수 있다. 그간의 원조경험에서의 통찰 가운데 하나는 외부의 비정부기구를 통한 소규모 다수의 불연속적이고 우연적인 '개발원조'는 사실상 해당 정부가 스스로 해결해야 하는 일을 대행해 주는 경우가 많아 해당 정부가 책임을 회피하고, 다른 일(정권유지, 군사비 증가 등)에 여유자원을 동원할 수 있는 공간을 만들어 주기도 한다는 것이다.

따라서 만약 한국의 어떤 기관이나 개인이 북한에 대한 '인도지원' 확대를 요구하는 경우, 그 방법에 대해 진지하게 숙고해야 한다. 순수하고 애타는 선의가 결과적으로 좋지 않은 상황의 영속화에 기여하게 될 수도 있기 때문이다. 인도주의 원조를 포함한 원조의 목적은 원조가 필요없는 상황을 가급적 빨리 만들어 내는 것이어야 한다. 그리고 그 방법도 그에 적절한 것이어야 한다. 어떤 지원이든 궁극적으로 생산적·성공적 지원이 되는 경우는 '스스로 노력하는 해당국 정부'(다시 말해, 정책과 제도가 건실한 또는 그 방향으로 노력하는 정부)를 돕는 것으로, 이러한 경우에야 개발원조가 가능하다. 해당국의 민간에 직접 전달하는 원조가 궁극적으로 생산적 기능을 하게 되는 경우도, '해당국 정부가 스스로 노력하고 있는 것'을 돕는 보조역할일 때 그러하다. 해당국 정부의 주요 관심이 개발(=빈곤축소)이라고 확신할 수 없는 경우에 인도주의 원조를 포함한 외부원조는 그 목적과 방식에서 신중한 고려를 해야 한다.

다음으로 두 번째 지배적 견해를 검토해 보자. 즉, 북한이 핵문제를 해결하면 하부구조 개선을 위해 대대적으로 북한을 지원해야 하며, 국제금융기구를 통해 주요 자금을 조달한다는 것이다. 이와 같은 인식과 정책론의 배경을 이루는 전제는 북한 경제의 어려움은 하부구조(도로, 철도, 항만, 통신, 에너지 등) 미비와 설비·기술부족이기 때문에, 한국이 이를 지원하면 경제적으로 도약할 수 있다는 것이다. 그리고 국제금융기구가 한국 정부가 현재 구상하는 식의 대북 투자사업에 협조하게 될 것이라는 낙관적 전망을 깔고 있다. 나아가 북한이 경제적으로 도약하면 아마도 주민 다수의 절대빈곤은 자동적으로 해소될 수 있을 것이라는 것이다.

이 책의 제2장에서 나타나듯이, 이러한 주장은 전형적으로 1950~1960년대식 개발 및 원조논리이다. 그런데 1990년대 중반 이후 세계은행을 비롯한 주요 국제기관의 원조정책은 세 가지를 강조하고 있고, 그것이 충족될 때에만 지식과 자금을 제공하고 있다. 즉, ① 개발원조는 하부구조 및 설비투자원조 이전에 정책과 제도를 바로잡기 위한 지식과 자금을 원조해야 한다. ② 개발원조는 수용국이 스스로 원하는 것을 실현하는 것을 도울 때에야 성공할 수 있기 때문에, 원조관련 정책목표 설정 및 실시체계의 수립과 운영에서 원조수용국이 주체가 되어야 한다. ③ 원조를 통해 개혁을 구매하거나 강요할 수 없으므로 해당국 정부가 전략적 결단을 내리고 사회의 다수가 그에 합의하였다는 것을 확인한 이후에 사후적으로 외부원조가 개입해야 한다는 것이다. 이런 논리에 따르면, ① 북한 경제의 어려움의 근본원인은 하부구조의 부실이 아니라 정책과 제도의 오류이기 때문에 개발지원은 제도와 정책의 오류를 개선하는 데 초점을 두어야 한다. ② 한국 정부는 북한 정부가 스스로 먼저 합리적 경제개발 청사진을 제시하는 경우 이를 적극 지원할 수 있다는 식으로만 정책의지를 표현해야 한다. 여기서 '합리적'이란 제도와 정책의 개혁을 그 핵심으로 한다. ③ 북한의 정부와 사회가 진지하고 일관되게 제도와 정책의 개혁을 추진하고자 하는 전략적 결단을 내렸다는 것을 확인할 때, 한국과 국제사회의 대북 개발지원이 실시될 수 있다.

이 점에서 보면, 핵무기 개발의 포기는 한국과 국제적 개발원조 공여의 필요조건에 불과하다. 다시 말해, 한국 정부는 이제까지 "북한이 핵개발을 포기하는 것에 대한 보상으로서 대대적으로 (에너지 지원과 하부구조 개선 등을 위한) 대북 지원을 하겠다"는 취지로 의지를 표명해 왔는데, 이를 "북한이 핵개발을 포기하며 국민생활 개선(=빈곤축소정책 실시)을 위한 대대적 내부 개혁에 추진하게 될 때, 이를 대대적으로 지원하겠다"라고 수정해야 한다.

원조수용국의 정책과 제도가 무엇을 목적으로 어떻게 구성되어야 하는가는 빈곤축소, 그리고 참여형 개발, 민주주의, 양질의 거버넌스, 인권, 군사비 축소 등의 개념에 잘 표현되어 있다. 이는 과거의 경험에서 볼 때, 경제성장이 자동적으로 빈곤문제를 해결하지 않기 때문에 처음부터 경제성장이 빈곤축소를 지향해야 하며, 정책이 이와 같은 방향에서 전략적으로 설정되고 효율적으로 입안 및 집행되기 위해서는 참여형 개발, 민주주의, 양질의 거버넌스, 인권존중, 군사비 축소가 필요하다는 것이다. 적어도 이러한 관점에서 보면, 북한이 발전할 수 있는 미래상은 '박정희식 개발독재'라고 하는 일부의 주장은 현 국제사회(또는 국제금융기구)에서 용납되기 어렵다. 중국과 베트남에서 개혁개방의 성공적 추진사례는 시장경제와 공산주의 1당독재가 양립할 수 있다는 증거로, 다시 말해 정치변화 없이도 경제의 개혁과 성장이 가능하다는 식의 논리증거로 제시되기도 한다. 그러나 이러한 견해는 중국과 베트남에서는 경제개혁만 있었던 것이 아니라, 이를 뒷받침하기 위한 정치와 행정의 개혁이 동반되었다는 사실을 간과한다. 두 나라에서 정치와 행정개혁의 정책실무와 추진방향을 보면, 여기서 언급하고 있는 참여형 개발, 민주주의, 양질의 거버넌스, 인권존중, 군사비 축소에서 괄목할 만한 개선을 동반·지향하고 있다는 것을 확인할 수 있다. 다시 말해, 경제개혁은 최상층에서 말단에 이르기까지, 권력구조 및 의사결정과 집행과정을 포함하는 정치 및 행정의 개혁과 동반되지 않으면 궁극적으로 실효를 거둘 수 없다는 것이다(이 책의 제7장; 박형중, 2003; 박형중, 근간 참조).

한국에서 세 번째 지배적 견해는 경협비용(=대북 지원비용)은 평화비용이자 통일비용이라는 것이다. 이 견해는 한국(정부)과 (현재 또는 미래의) 북한(정부) 간에 개발원조의 구상과 실시에 관한 이해관계가 일치한다는 것을 당연하게 전제하고 논리를 전개한다. 이러한 견해에서는 북한의 지도자, 엘리트층, 주민의 일부 또는 다수가 한국과는 (또는 한국을 이용하여) 다른 이해관계를 관철하려고 할 수도 있다는 것이 전혀 고려되지 않고 있다. 이와 같은 비현실적 가정을 기초로, (현재와 미래의) 북한(정부)은 한국(정부)이 제시하는 정책목표를 자신의 것으로 동일시하는 한편, 경제개발을 비롯한 북한의 미래에 관한 방향설정과 그 실행에서 한국(정부)이 사실상 주역을 담당한다는 것을 전제로 하지 않으면 이해하기 힘든 주장을 전개한다. 예를 들어, 한국 정부가 북한 정부에게 식량 또는 경화벌이를 지원(금강산관광 및 개성공단 등)하는 경우 또는 (핵을 포기한 북한 정부에게) 대량의 하부구조 및 설비투자자원을 원조하면, 북한 정부는 이를 한국 정부가 바라는 바에서 선의적·효율적으로 사용할 의지와 능력을 가지고 있다는 것이다. 그러나 이 점에 대해 정책홍보 및 옹호 차원에서 지나치게 낙관적인 태도로 일관하는 것은 적어도 옳지 않다. 또는 앞으로 북한 정부가 일본 정부 또는 국제금융기구와 경제원조, 경제개발계획 등에 관해 협상하게 될 때, 이 세 당사자 모두가 한국(정부)이 바라는 이해관계('평화'와 '통일')의 틀에서 상호 행위하게 될 것인지도 반드시 확실하지 않다. 한국(정부)이 북한(정부)을 대행해서 일본 및 국제금융기구와 대북 지원에 대해 협상할 수 없는 한 그러하다. 북한은 일본과 국제금융기구와의 협상을 한국의 대북 영향력을 약화시키는 수단으로 활용할 수도 있으며, 일본 그리고 일본의 영향력을 무시할 수 없는 국제금융기구는 그에 협력할 수도 있다.

그 동안의 원조경험에서 보면, 원조를 주는 측의 정책의도와 받는 측의 의도가 항상 일치하는 것은 아니며, 원조제공측이 원조의 효과를 측정하는 것도, 목적에 부합하는 적절한 원조방법을 선택하는 것도 쉬운 일이 아니라는 것이 나타난다. 예를 들어, 원조제공측이 특정 목적(식량, 보건, 교육 등)에 용도지정해서 재화를 공급하고 적절한 모니터링에 의해 감시를 하였고, 또한 의도된 개선이 관찰될 수 있었다고 하자. 이 경우 원조제공측은 원조가 성공하였다고 선포할 수도 있을 것이다. 그런데 실상에서 원조수용국은 그 원조 때문에 여유자금이 생겼고, 그를 다른 데(예를 들어, 대통령전용기 구입과 같은 사치성 지출, 또는 군사비 증강이나 내부억압장치 유지비용 충당 등)에 사용하였을 수도 있다. 즉, 원조와 관련하여 즉각적으로 보이는 효과와 당장 겉으로 보이지 않는 효과 또는 보다 궁극적인 효과는 다를 수 있다는 것이다. 두 가지 사이의 격차는 원조를 주는 측이 단기적이고 가시적인 성과 위주의 원조를 행할 때, 그리고 주는 측과 받는 측의 정책의도의 격차가 클

수록 크다. 정책의도의 격차가 존재함에도 그 격차를 줄이고자 하면, 그에 상응하는 감시체제가 수립되어야 하고 이는 곧바로 감시비용(=거래비용)의 증가를 의미한다. 역으로 주는 측이 받는 측의 의도와 능력을 신뢰할 수 있는 정도가 증대하면 그만큼 원조의 제공과 수용에서의 거래비용이 감소한다. 의도와 능력에 대한 신뢰는 궁극적으로 수용측의 합리적 정책과 양질의 제도체계에 대한 신뢰에 기초한다. 이는 다시 한번 궁극적으로 수용국에서 참여형 개발, 민주주의, 양질의 거버넌스, 인권존중, 군사비 축소와 같은 요소가 얼마나 신뢰 있게 실천되고 있느냐와 관련한다.

따라서 한국(정부)의 북한에 대한 현실성 있는 개발원조계획은 북한(정부)이 한국(정부)이 바라는 식의 정책의지를 가지고 있지 않는 경우 또는 가지고 있더라도 실행능력이 없는 경우에 대해 대비책을 반드시 포함해야 한다. 의지 차원에서 보았을 때, 현실적으로 현재의 상황에서 북한의 국가체계가 개발(=국민 다수의 빈곤축소)을 지향하고 있다고 볼 수 없고, 북핵문제가 해결된 후에 그러한 의지가 지배적 (또는 국민다수의 지지를 받는) 국가의지가 될 것인지는 기다려 보면서 판단해야 한다. 나아가 설령 그러한 의지가 존재한다는 것을 언젠가 확인할 수 있다고 해도, 동시에 그와 관련한 정책의 수립·집행, 그리고 제도의 건설·운영에 관한, 그리고 국민적 합의와 에너지를 결집할 능력이 얼마나 존재하는가도 현재로서는 확언할 수 없다. 현실적으로 이와 관련하여 긍정적 판단이 상당한 확신으로 가능해지자면, 결국 북한 정부의 정책입안과 집행, 예산사용과 자원배분의 전반적인 체계가 투명해져야 하며, 그러자면 결국 문제는 또다시 참여형 개발, 민주주의, 양질의 거버넌스, 인권존중, 군사비 축소가 실시되고 있느냐의 여부로 귀착할 수 있다. 북한측에 이와 같은 상황이 존재해야 북한 정부의 의지는 북한 국민의 의지를 대변하는 것으로 간주할 수 있을 것이다. 이렇게 되어야 한국 정부와 북한 정부는 의미 있는 차원에서 '민족경제공동체' 형성에 관한 이해관계를 조절할 수 있으며, 각자 내부합의에 기반한 정당성 있고 실천력 있는 결정을 내리고 추진할 수 있다. 다시 말해, 여전히 원조수용국의 정책과 제도의 개선이 우선적 문제라는 것이며, 이 점에서 진전이 없는 상태에서 원조제공국이 원조를 통해 달성하고자 하는 정책목표를 수용국이 진지하게 수용하고 추진할 것이라는 묵시적 전제로 깔고 주장하는 것은 설득력이 없다.

이 책의 제5, 6장은 구호·개발·원조와 관련한 주요 국제기구로서, OECD 개발원조위원회, 세계은행과 유엔체계의 성격과 구성, 그리고 구호 및 개발 관련 업무의 실시체계를 서술하고 있다. OECD 개발원조위원회는 주요 원조제공국의 원조정책과 관련한 정책적 합의형성과 업무평가를 위한 기구이며, 실무에는 관여하고 있지 않다. 유엔체계는 구호 및 개발업무에 함께 참여하고 있지만 세계은행은 주로 개발업무에 개입하고 있다. 구호·개발·원조에 관한 이론과 정책, 수단의 사용에 대한 인식에서 세 기관 간의 합의가 증대하고 있고, 업무협조도 증가하고 있는데, 이는 사실상 국제적 표준담론으로 정착하고 있다. 또한 점차로 구호와 개발의 구별이 모호해져 감에 따라 구호와 개발과 관련한 유엔체계와 세계은행 간의 협력도 증가하고 있다. 여기에서 언급된 세 기관의 구호·개발·원조에 관한 정책추진체계에 관한 소개는 한국이 북한과 관련하여 이들 기관과 협력을 구상하는 데 유용한 지식이 될 수 있다. 또한 이들 기관은 지구상에서 다양한 국가의 내부 붕괴상황에 개입하여, 구호·개발·원조업무를 수행한 많은 경험으로부터의 통찰, 다수의 기관이 협력하여 이와 같은 상황을 다루는 데서의 업무추진체계가 어떠한 것인가를 보여 준다. 이것도 한국이 유사한 상황에 직면하였을 때 무엇이 어떻게 되어야 하는가에 대한 청사진이 될 수 있다.

이 책의 제7장은 개발원조가 개입해야 하는 북한의 미래 변화상을 중국 경제개혁의 분야별 전개와 베트남의 개혁과 발전을 통해 보여 주며, 1990년대 이후 북한 경제의 지나온 궤적과 그간 북한에 대해 행해진 대북 지원에 대한 평가를 서술한다.

이 책의 핵심 메시지의 하나는 북한에 대한 구호·개발 및 원조와 관련한 지적·정책적 구상은 애타는 선의, 북한의 변화와 남북관계의 발전에 관한 정책홍보용 의도적 낙관주의 또는 보다 순진한 희망 섞인 낙관주의를 넘어서는 그 이상의 통찰력과 전문성을 요구한다는 것이다. 애타는 선의에서 출발한 인도주의 원조가 정작 도움을 주고자 하는 계층의 처지를 영속화하는 데 이바지할 수도 있는 것처럼, 의도된 또는 순진한 낙관주의에서 출발한 개발원조는 자원의 비효율적 사용 또는 나쁜 의지와 부패구조에 따른 오용을 초래할 수도 있다.

구호·개발 및 원조와 관련한 통찰과 전문성은 이 분야에서 수십 년간 그리고 지구상에 존재하는 모든 경우의 수를 다루어 보았던 관련 국제기구의 논리와 실무체계에 축적되어 있다. 북한과 관련하여 한국이 이들 기구와 반드시 협력관계만을 이루게 될 것이라는 전망은 없다. 그러나 일단 일반적인 전문성과 자금동원력에서 그들이 앞서 있다는 것은 인정해야 한다. 그런데 이들의 통찰과 전문성은 2000년대 중·후반 한국에서의 지배적인 견해와 반드시 일치한다고는 할 수 없지만, 한국은 이를 비판적으로 활용해야 할 자산으로 간주할 수 있을 것이다. 그리고 이들의 정책논리와 실무체계에 대한 검토를 통해, 북한에 대한 구호·개발 및 원조가 어떤 방향에서 개선되고 구체화되어야 할 것인지에 대한, 또는 역으로 현재의 정책과 실무를 고집하면서 그 정당성을 국제사회에 설득하고자 한다면 어떠한 방식으로 옹호논리가 보강되어야 할 것인지에 대한 개괄적인 기초지식을 획득할 수 있을 것이다.

구호·개발 및 원조라는 주제는 이 책이 요약하여 소개하는 것보다 더 넓은 내용을 포괄한다. 이 책이 제시하는 내용은 저자가 북한 문제에 집착해 있으면서 관련내용을 소화하고 있다는 것을 보여 준다. 그간 한국에서도 관련문제에 대해 보다 일반적인 차원에서 접근한 연구생산물이 존재한다. 독자는 그에 대해 관심을 가질 수도 있다.

이 책에 소개된 내용이나 제시된 의견은 전적으로 저자 개인적 생산물이며, 또한 그의 프리즘과 견해를 보여 준다. 그러나 여기에서는 구호·개발·원조와 관련한 국제적 경험과 합의가 함축하고 있는 대북 지원에 대한 정책적 의미와 구체적 대안을 적극적으로 제시하지 않고 시사만 하였다. 이 점은 아쉽게 생각한다. 현재와 같은 대북 지원방식을 '혁신'하는 정책대안에 대한 관심이 높아지고 주요 실무관청으로부터도 수요가 발생하며, 또한 누구에 의해서나 자유롭게 토론될 수 있는 상황이 도래하기를 희망한다.

제 2 장

개발 및 원조와 관련한 정책과 전략의 변화

1. 1945~1950년대 초기: 재건과 투자
2. 1950년대와 1960년대: 외환원조와 경제성장
3. 1970년대: 성장과 재분배 동시추진 및 인간의 기본적 필요충족
4. 1980년대: 구조조정과 융자조건
5. 1990년대: 냉전의 종결과 빈곤축소 및 거버넌스 중시 시대
6. 2000년대: 빈곤축소와 몬테레이협약, 그리고 9.11
7. 요약과 결론

개발 및 원조에 관련한 이론과 정책은 제2차 세계대전 이후에 본격적으로 제시되어 현재까지 변화·발전해 왔다. 개발과 관련한 정책이나 전략의 선택·수행에 영향을 주었던 요소는 ① 개발과 관련해서 설정된 주요 목표로, 이는 개발에 관한 개념정의로부터 도출되며, ② 개발에 관한 이론, 가정과 모델에 관한 기존 체계와 관련하여 어떤 시기에 존재하는 최고 수준의 지식이며, ③ 기존 상황분석과 실적측정을 진단하는 것과 관련한 기초자료 체계라는 세 가지로 볼 수 있다.[1] 이 밖에도 개발 외적으로 냉전의 개시와 종결, 그리고 9.11사건과 같은 국제정치적 요인에 의해 영향을 받아 왔다.

대외원조의 기능과 역할은 어떤 시기에 선택된 개발관련 정책과 전략, 그리고 거론된 세 가지 사항과 당시의 국제관계에 의해 영향을 받으며 평가된다. 나아가 서로 다른 전략을 추진하였던 국가들로부터 축적된 경험과 이러한 경험으로부터 도출된 경험적 추론에 기초하여, 개발과정에 대한 이해가 깊어지고 개선됨에 따라 어떠한 대외원조가 개발에 가장 기여할 수 있는가를 보다 잘 이해할 수 있게 된다.

이 글은 개발 및 원조에 관련한 이론과 정책을 개발의 개념정의와 목표 및 주요 정책과 전략의 변화를 서술하며, 그와 관련된 주요 문헌을 소개한다. 시대구분은 개발에 관한 개념과 전략의 주요 변화에 따라 ① 1945~1950년대 초기, ② 1950~1960년대, ③ 1970년대, ④ 1980년대, ⑤ 1990년대, ⑥ 2000년대로 설정한다.

1 1945~1950년대 초기: 재건과 투자

보다 부유한 국가의 정부가 보다 가난한 국가의 생활수준을 높이는 것을 도와야 한다는 관념은 비교적 새로운 것이다. 제2차 세계대전까지 나중

[1] Erik Thorbecke(2000), pp. 17~19.

에 '개발도상국'이라 불린 국가들 대부분은 식민지였다.

제2차 세계대전 이후 개발원조는 전쟁복구를 긴급하게 추진하기 위하여 시작되었다. 이와 같은 목적을 실현하기 위하여 1944년에 열린 브레튼우즈회의를 토대로 세계은행과 국제통화기금이 탄생하였다.

그러나 1947년 냉전의 개시와 함께, 브레튼우즈 기관들은 방관자의 처지로 밀려나게 되었다. '모든 경제원조 프로그램의 어머니'라고 간주되고, 나중에 '마셜플랜'이라 불린 유럽 복구 프로그램이 시행되어 미국의 유럽에 대한 양자적 원조가 대대적으로 시작되었기 때문이다. 이로 인해 세계은행이 상당한 규모의 개발대부를 시작한 것은 그로부터 10년 후였다.

마셜플랜은 그 후에 발생한 개발원조에 대하여 다음과 같은 영향을 미쳤다.[2]

① 유럽의 경제회복은 마셜플랜에 힘입은 것으로 평가되었고, 따라서 나중에 개발도상국에 대한 원조가 본격적으로 시작되었을 때, 원조를 통해 개발을 성공적으로 유도'해 낼 수 있다'('can-do' spirit)는 관념을 발생시켰다.

② 마셜플랜은 강력한 제도능력을 갖춘 비교적 선진국에 지원되었는데, 이는 나중에 제도형성의 문제를 소홀히 하는 계기가 되었다(이러한 점은 저개발국 개발의 중요한 장애로 작용).

2 1950년대와 1960년대: 외환원조와 경제성장

1950년대와 1960년대는 개발의 황금시기로 선진국들은 유례없는 경제호황을 누렸다. 이 시기에 식민지가 대량 독립하였고, 새로이 창출된 개발도상국은 경제적으로 빠르게 성장하였다. 이 시기는 전반적으로 성장과 빈곤축소와 관련하여 낙관주의가 팽배하던 시기였다. 또한 개발이론이나 그를

[2] Jannik Lindbaek, Guy Pfeffermann, and Neil Gregory(1998), p. 62.

지원하는 원조는 당시 냉전하에서, 미국과 서유럽 국가의 안보목적에 종속되어 있던 시기였다. 따라서 주요 원조국인 미국의 원조는 공산주의 확산이라는 안보위협을 다루는 무기로 기획되었다.

당시 개발이론은 비교적 단순하였다.[3] 개발목적은 국민총생산(GNP)의 증대였고, 개발정책과 전략은 수입대체, 공업화, 도시부문을 중심으로 사회간접자본 투자였다. 즉, 공업화가 경제성장의 주요 엔진이며, 경제성장을 촉진하기 위해서는 물적 자본(기계, 건물, 하부구조)에 대한 투자가 필요한 것으로 간주되었다. 이와 같은 맥락에서 개발도상국은 대체로 5개년 단위로 구성된 경제계획에 입각한 투자를 통해 경제성장을 이룩하고자 하였다.

이러한 관념에 부합하게 이 당시의 개발원조는 대규모 자원이전, 특히 외환원조라고 인식되었다. 이는 개발과 관련하여 개발도상국에 가장 절실히 필요한 것은 외환이라고 간주하였기 때문이다. 즉, 개발도상국은 하부구조(도로, 댐, 기계류) 투자에 필요한 만큼의 외환을 아직은 수출을 통해서 벌어들일 수 없으며, 설령 국내저축이 국제수준보다 높더라도 성장에 필요한 만큼의 투자를 충족할 수 없다는 것이었다. 당시 경제학자들은 해로드-도마 모델의 간단한 등식을 사용하여 목표성장률을 달성하는 데 소요되는 외국원조의 양을 계산해 냈다.

이에 따라 가장 중요한 원조제공자인 세계은행, 미국, 영국과 프랑스는 매우 간단한 원칙에서 원조전략을 발전시켰다. 즉, 현대적 기술로 특히 (도로, 항구, 전신·전화·라디오·TV와 같은 원격통신체계, 전기 및 다른 형태의 에너지를 포함하는) 물리적 하부구조를 개발하기 위한 프로젝트를 개선하고 실시하는 자금원조와 전문가를 지원하였다. 원조제공자들은 하부구조와 여타 경제개발을 계획·관리할 능력을 갖춘 제도적 하부구조와 국가의 기관을 만들어 내기 위해, 효과적이고 개별적 프로젝트를 조직하여 지원하였다. 이러한 국가기관은 구식민지 모국에 의해 자금이 지원되었으며, 그 핵심 직책은 구식민지 모국의 전문가에 의해 충원되는 경우가 많았다.

이와 같은 개발관념과 전략은 ① 공업화를 주축으로 한 경제성장이 빈곤문제를 자동으로 해결할 수 있을 것(trickle down theory), ② 원조수용국의 유휴노동 풍부, 초기자본 결핍상황을 인프라·설비원조를 통해 도우면 경제

[3] Erik Thorbecke(2000), pp. 19~28.

도약을 이룰 수 있을 것, ③ 원조수용국 정부는 주어진 원조를 효율적으로 사용하고 기획할 수 있는 능력을 가지고 있다라는 세 가지 전제를 배경으로 하였다.[4] 그런데 이러한 전제는 전후 유럽의 여러 국가에 가장 부합하였고, 따라서 마셜원조가 가장 성공적일 수 있었다.

그러나 1960년대에 들어서면서 이러한 세 가지 전제는 현실과 반드시 부합하지 않는다는 것이 드러나게 되었다. 현대적 기술과 조직이 자동적으로 경제 전반에 확산(trickle down)된다는 징조가 그다지 두드러지지 않았다. 대다수 주민은 해외원조로부터 그리고 탈식민지화 이후 실제로 발생한 경제성장의 혜택을 누리지 못하였다. 또한 1960년대에는 이중경제(현대적이고 도시기반의 경제와 전통적 농민경제 간의 분리)에의 경향에 대해 원조제공자 사이에서 상당한 자기비판이 있었다. 동시에 현대적 기술에 입각하여 추진되었던 프로젝트('하얀 코끼리')의 다수가 현지의 시장과 주변 하부구조, 기존 관리 및 유지능력에 부합하지 않았기 때문에 완전히 실패하였다는 것이 드러났다.

3 1970년대: 성장과 재분배 동시추진 및 인간의 기본적 필요충족

1960년대에는 경제가 고도성장을 이룩하였지만, 개발도상국들은 인간자본 개발과 고용을 촉진하는 데 성공적이지 못하였고, 소득불균형이 증가하여 절대숫자로 본 빈곤도 증가하였으며, 농촌으로부터 도시로의 지속적인 이주 때문에 도시지역의 과밀화가 발생하였다.

1960년대의 개발전략은 이러한 문제를 성공적으로 다루는 데 부적합하다는 것이 점차 분명해졌다. 이에 따라 1970년대 중반에 이르면, 국민총생산의 증대가 모든 것을 포괄하는 지배적 개발목표라는 인식에 대한 회의가

[4] John Degnbol-Martinussen and Poul Engberg-Pedersen(2003), pp. 44~45.

일반적이지는 않지만 광범위하게 확산되었다. 총량성장이 경제적·사회적 개발과 동일한 의미라거나, 또는 그것이 다른 여타 개발목표를 달성하게 해 줄 것이라는 믿음에 비판이 일어나면서 거부되었다.[5]

이를 배경으로 1970년대의 개발 및 원조의 주요 목표로서 국민총생산 증대 외에도 고용, 소득분배, 빈곤축소와 대외수지 균형이 추가되었다. 주요 정책 및 전략은 통합농촌의 개발, 포괄적 고용전략, '성장과 재분배의 동시 추진', '기본적 필요' 등이 있었다. 특히, 원조의 초점이 빈곤퇴치 또는 주민 복지에 모아지면서 새로운 형태의 투자와 개입이 시도되었다. 1969년 세계 노동기구는 세계고용 프로그램을 출범시켰는데, 이는 원조의 주요 목표가 고용기회 증대를 통해 빈곤층의 생활수준을 높이는 것이어야 한다는 것을 보여 주는 전환점이었다. 생산적 기회를 창출하고 늘리는 것이 빈곤층의 복지를 개선하는 수단이라 간주되었다. 두 개의 주요한 원조제공자인 세계은행과 미국국제개발처(USAID)는 빈곤축소 프로그램을 강력히 옹호하기 시작하였다. 이 두 기관의 해외원조전략은 두 가지 점에서 크게 변화하였다. ① 투자프로젝트의 중점이 변화하였다. 즉, 투자중점은 전략, 수송, 광역통신체계로부터 농업과 농촌개발, 주택, 교육과 보건을 포함하는 사회서비스로 변화하였다. ② 빈곤층에 혜택을 주는 직접적 관여와 기술원조 프로젝트가 한층 강조되었다. 직접 관여한 사례를 보면, 영양실조계층에 대한 식품공급, 대량 예방접종 프로그램, 성인 문맹퇴치운동과 소규모 농가에 대한 신용제공이 있었다.

이와 같은 새로운 개발 및 원조전략은 구체적으로 두 가지로 나타났다.[6] ① 과거의 인프라건설 중시형으로부터 농촌과 도시의 절대빈곤 박멸을 지향하며, 인간에 필수적인 기본적 필요(basic human needs: BHN, 교육, 건강, 안전한 물, 영양, 주택 등)의 충족을 중심으로 하는 개발 및 원조가 시작되었다. ② 통합농촌개발 프로젝트가 실시되었다. 이는 특히 소규모 농가를 중심으로 지역경제를 부흥시키는 것을 목표로 하였다. 원조제공국과 수용국의 중앙과 지방 행정부의 여러 부서(특히, 농업, 보건, 교육 등)가 협력하여 종합농촌개발 프로젝트를 수립하고, 농촌빈곤층을 직접 대상으로 농업기술, 생산과 사회인프라 정비, 자재제공 등을 통해 해당 지역에서 다면섹터 프로젝트

[5] Erik Thorbecke(2000), pp. 28~33; Jozef Ritzen(2005), pp. 75~76.

[6] Degnbol-Martinussen and Engberg-Pedersen(2003), pp. 45~47.

를 수행하는 것이었다. 이러한 원조의 일부는 수용국의 비효율적 행정체계를 우회하기 위해 직접 전문가 파견, 수용국 비정부기구(NGOs)와의 결연을 통해 이루어졌다(community development). 이로써 NGO가 최초로 원조전달 채널로 사용되기 시작하였다.

이러한 개발 및 원조방식에는 여러 문제가 있었는데, 두 가지 핵심적인 문제는 다음과 같다.

① 이러한 원조는 제공국과 수용국이 대상집단이 필요로 하는 서비스의 구성과 순서를 공동으로 분석·제공한다는 것을 기본개념으로 하였기 때문에, 중앙계획기구가 중심이 되어 위로부터 아래로 가는 방식이었다. 중앙의 계획기관은 지리적으로 한정된 지역에 대한 여러 부문 관련사업의 조정역할을 수행하였는데, 이러한 조정은 중앙의 각 부문 관련부서와 지방정부가 참여하는 매우 복잡한 과정이었다. 따라서 이러한 원조수행을 위한 제도체계가 지극히 복잡하고, 복잡한 조정을 요하는 것으로, 수용국 행정체계의 능력에 비추어 볼 때 비현실적인 시도였다.

② 이와 같은 방식의 개발관념은 많은 선진국에서의 복지국가 성공을 포함한 1960년대의 경제성장 낙관론에 기초하였는데, 이는 국민경제의 잉여가 지속적으로 발생해야 가능한 것이었다. 그런데 바로 이와 같은 개발전략이 추진되고 있던 시기인 1973년(그리고 재차 1979년) 이후로 원유가격이 폭등하면서, 원유수입 개발도상국은 잉여를 지속적으로 발생시킬 수 없었다.

4 1980년대: 구조조정과 융자조건

1980년대에 들어서면서 개발의 패러다임은 두 가지 점에서 큰 변화를 겪었다.[7]

[7] 국제협력기구 국제협력총합연수소 편저(2003), pp. 32~33; Erik Thorbecke(2000), pp. 33~38.

① 1982년 멕시코 채무위기, 원유가격 인상의 충격을 발단으로 한 누적 채무문제에의 대응이 개발도상국에서 긴급하고 중요한 문제가 되었다. 국제 금융체계의 파탄위기에 대응해야 하는 필요가 빈곤축소, 기본필요의 충족과 같은 과거의 중심문제를 대신하여 주요 문제로 등장하였다.

② 1980년을 전후로 영국의 대처 정부, 미국의 레이건 정부와 같은 보수파 정부의 등장과 함께 1980년대에는 시장주의 정책을 중심으로 한 신고전파 경제학의 접근이 개발이론에서도 주류가 되었다. 세계은행과 IMF는 개발도상국의 발전을 저해하는 것은 시장을 왜곡하는 정부의 개입정책(정부의 실패)이며, 시장기구와 민간활력 도입이 개발의 관건이라고 간주하기 시작하였다. 이는 그 이전의 국가주도 개발방식에서 시장주도 개발방식으로의 큰 전환을 의미하였다.

이와 같은 배경하에서, 재분배를 동반한 경제성장과 기본필요의 충족을 중심으로 한 1970년대의 개발전략은 구조조정전략으로 대체되었다. 1981년 세계은행은[8] 남측 국가가 개발에 실패한 것은 1970년대 개발도상국에 의해 주장되었듯이 부유한 북측과 가난한 남측 간의 불공정교역에 의한 것이 아니라 스스로에게 책임이 있으며, 이 국가들의 경제체제를 국제적으로 좀더 경쟁력 있게 만들려면 급진적 구조조정이 필요하다고 주장하였다. 이는 채무위기의 규모와 아프리카·라틴아메리카 대부분의 국가와 아시아 일부 국가가 직면한 심각한 대규모의 내적·외적 불균형을 시정하는 구조조정이 개발재개를 위한 (충분조건은 아니더라도) 필요조건이라는 것을 의미하였다. 개발정책의 목표는 안정화, 대외수지 균형, 대내적으로 재정 및 금융균형, 구조조정, 효율화가 되었으며, 그 주요 정책과 수단은 안정화와 구조조정, 대외지향, 시장에의 의존, 사유화와 정부역할의 최소화였다.

개발도상국 정부의 주요 정책목표는 거시경제의 안정이었는데, 이는 (예를 들어, 평가절하와 같은) 무역수지 적자와 (예를 들어, 긴축재정과 같은) 재정적자를 줄이기 위한 일련의 정책으로 구성되어 있었다. 안정화 자체는 대내외적으로 총수요와 총공급의 불균형을 제거하거나 줄이기 위한 정책이었고, 구조조정은 공급을 잠재수준 이하로 유지시키고 있는 상대가격의 왜곡과 여타 구조적 경직성을 줄이기 위해 필요하였다. 구조조정의 전형적 패키지

[8] World Bank(1981).

는 평가절하, 인위적 가격왜곡의 제거, 무역자유화, 부문 차원에서 제도변화와 같은 조치로 되어 있었다.

1980년대 지배적이었던 구조조정전략은 대외지향, 시장에의 의존과 정부역할의 최소화 같은 요소들에 의해 보완되었다. 대외지향은 노동집약적 소비재의 수출과 공업화를 장려하고자 하는 것이었다. 수출경쟁력을 위해서 시대에 뒤진 기술도 수입되어야만 하였는데, 이는 인간자본과 이 기술을 사용하는 노동자와 기술자의 지식에 대한 투자와 같은 내재적 성장과정, 그리고 파급효과를 촉발할 것으로 기대되었다. 또한 개발도상국들은 시장의 기능에 의존하며, 그 과정에서 생산활동을 비롯한 대부분의 영역에서 정부활동을 최소화할 것을 권유받았다.

채무위기와 과중채무가 등장함에 따라 대외원조의 역할과 개념이 근본적으로 바뀌었다.[9] 원조의 1차적 목적은, ① 개발도상국의 채무국가가 적어도 그 공적 및 사적 부채의 일부를 변제하여 채권자가 파산하지 않도록 함으로써 취약한 국제금융체계를 구제하는 미봉책, ② 조건부 자금지원(프로그램 대부)을 통해 적절한 구조조정정책을 취하도록 고무하는 것이었다. 미지불채무의 변제를 위해 개발도상국으로부터 유출되는 자금의 양은 개발도상국으로 유입되는 양허성 자금의 양보다 훨씬 많았다.

이 시기 세계은행과 IMF가 주도하여 누적채무를 안고 있는 개발도상국에 대하여, 그 국가의 구조개혁을 추진하기 위한 이른바 구조조정 융자가 지원되었다. 구조조정 융자의 조건(conditionality)은 정부지출의 삭감과 세금증대에 의한 재정균형, 공영사업의 폐쇄 또는 민영화, 보조금 철폐, 정부규제의 완화 등 경제자유화, 외자도입정책 채용 등의 수용이었다. 이와 같은 정책이 실시됨에 따라 약점이 발견되었고, 이로부터의 세 가지 교훈은 특히 1990년대 개발 및 원조정책에 반영되었다.

① 개발도상국의 정책상의 자발성 문제였다.[10] 세계은행과 IMF는 누적채무문제를 안고 있는 국가에 대해, 새로운 대부를 허용하는 대가로 매우 상세한 개혁정책의 목록을 제시하고 그 실행을 요구하였다. 긴급한 자금원조가 아쉬웠던 대부받는 국가의 입장에서는 국내정치적 이유, 제시된 정책에 내재하는 결함 등 여러 이유에서 그와 같은 정책을 실행할 의지가 애초

[9] Erik Thorbecke(2000), p. 38.

[10] Ian Goldin, Halsey Rogers, and Nicholas Stern(2002), pp. 41~42.

부터 없거나 도중에 개혁정책에 대한 저항의 증대에 따라 소멸되었더라도 일단 대부를 수용하는 자세를 보였다. 결과적으로 대부의 조건부로 따라온 경직되고 강요된 개혁정책은 제대로 실현될 수 없었다. 이로부터 개혁정책은 해당국의 자발적 실천의지에 입각하여 입안되고 수행될 수 있을 때에만 성공할 가능성이 높아진다는 견해가 대두하였다.

② 현명한 정책이 설령 수용되더라도 제대로 효과를 내기 위해서는 그것을 실행에 옮길 수 있는 능력 있는 정부 또는 '양질의 제도'가 필요하다는 것이다.[11] 특히, 사하라 이남 아프리카를 중심으로 구조조정은 소기의 성과를 달성하지 못하였는데, 그 가장 큰 이유가 제도체계의 부실에 따른 정책수행능력의 문제로 간주되었다. 이 경험으로부터 구조조정 프로그램이 유효하게 기능하기 위해서는 개발도상국의 정치적 정책의지와 정치적·법적인 여러 제도의 정비상황, 의사결정과정의 투명성, 행정운영능력 등 정치·행정면의 요소가 중요하다고 간주되게 되었다.

③ 1980년대 후반에서 1990년대 중반에 이르면 구조조정 프로그램은 빈곤대책과 사회섹터에의 융자 등 사회적 안전망을 포함하는 보다 포괄적 프로그램으로 발전하였다.[12]

5 1990년대: 냉전의 종결과 빈곤축소 및 거버넌스 중시 시대

1990년대 개발 및 원조에 관한 이론과 정책은 1980년대의 구조조정에 관한 관심을 지속하는 한편 수정을 가하였다. 또한 개발 및 원조에 관한 이론과 정책은 외재적 요인, 즉 냉전의 종결과 아시아 금융위기, 그리고 이와 관련되어 행해진 개발 및 원조에 관한 이론과 정책상의 재평가에 따라 변화하였다. 가장 큰 영향을 끼친 것은 냉전의 종결이었다. 물론 여전히 중동과

[11] 국제협력기구 국제협력총합연수소 편저(2003), pp. 93~94.

[12] Ian Goldin, Halsey Rogers, and Nicholas Stern(2002), pp. 41~42.

같은 지역은 예외이지만, 냉전의 종결과 함께 과거 동서 간의 경쟁에서 안보상의 이유로 행해졌던 전략적 원조의 전제가 붕괴하였다. 그 여파는 크게 보아 두 가지로 평가할 수 있는데, 하나는 서방 국가의 개발도상국에 대한 원조관심 저하이며, 또 하나는 원조가 이제 본래의 목적인 개발에 더 충실해야 한다는 관심의 증가였다.

먼저 이 두 가지 사항이 복합되면서, 1990년대 들어 서방의 개발도상국에 대한 '원조피로'현상이 지속되었다.[13] 서방의 원조액은 이미 1980년대부터 증가세가 둔화되고, 1992년 이후에는 공적 개발원조 순지출이 절대적으로 감소하기 시작하였다. 이와 같은 순지출의 감소는 원조제공국의 국민총생산에서 공적 개발원조의 비율이 1982년 0.38%로부터 1997년 0.22%로 낮아졌다는 것에도 나타났다. 그 이유로는 냉전종결로 인한 전략원조의 감소 또는 (소련 및 동독의 경우) 소멸, 원조의 주요 수혜자였던 아프리카와 중남미 국가들의 경제정체가 지속되면서 원조효과에 대한 의심이 증가하였고, 선진국들의 재정궁핍 상황이 지속되면서 전반적으로 '원조피로' 및 원조재정 감소현상이 대두하였다는 것을 지적할 수 있다. 이 밖에도 마치 선진국에서 궁핍한 가계에 대한 복지지출이 새로운 직장탐색의욕을 감소시킨다는 것과 같은 논리의 연장선상에서, 해외원조가 빈곤한 국가의 원조의존성을 발생시키고 있다는 우려도 존재하였다.

반면, 유엔은 수많은 국제회의를 개최하면서 개발문제에 대한 관심을 환기하고 그 해결책을 모색하는 시도를 주도하였다.[14] 1990년 초 조미티엔(Jomitien)에서 교육관련 국제회의가 있은 이후, 이어 어린이문제(뉴욕, 1990), 환경문제(리우 데 자네이로, 1992), 인권문제(빈, 1993), 인구문제(카이로, 1994), 사회개발문제(코펜하겐, 1995), 여성문제(베이징, 1995), 기후문제(교토, 1997)에 관한 국제회의가 개최되었다. 이와 같은 회의에서 수많은 결의안이 채택되었고, 그 내용의 상당 부분은 차후 개발문제를 사고하는 데 스며들어 갔다. 이와 같은 국제회의의 영향하에서 OECD의 개발원조위원회(DAC)는 1996년 『21세기를 위한 정책강령(*Shaping the 21st Century*)』을 발표하고 6개의 '국제개발목표'를 제시하였다.[15] 이는 첫째 목표로 2015년까지 극도로 빈곤을 겪

[13] Erik Thorbecke(2000), p. 44.
[14] Kenneth King and Simon McGrath(2004), pp. 23~24.
[15] OECD DAC(1996).

고 있는 주민의 비율을 절반으로 감소시킨다는 것과 함께 교육, 남녀평등과 여성의 지위향상, 영아사망률, 보건, 지속가능한 개발에 관한 목표를 제시하였다. 이와 같은 과정에서 '빈곤'은 단순한 경제적 차원을 넘어서 교육과 보건을 포함하는 인간적 차원, 의사결집 및 표출능력을 포함하는 정치적 차원, 남녀평등과 신분제문제를 포함하는 사회적 차원과 자연적·인위적 위기의 취약성을 포함하는 복합적인 것이기 때문에, 그에 대한 대응도 복합적이어야 한다는 관념이 주류로 정착하였다.[16]

한편, 1990년대는 1980년대를 휩쓸었던 시장근본주의 대신에 국가를 다시 한번 개발과 관련한 주요 의제의 핵심으로 등장시켰다.[17] 1990년대에는 시장이 번성하고 사람들이 보다 건강하고 행복하게 살 수 있으려면 이를 뒷받침하는 재화와 서비스가 제공되고 그리고 규칙과 제도가 존재해야 하는데, 이와 같은 것들은 '효과적 국가'에 의해서만 가능하다는 것이 인정되었다. 그러나 이와 같은 국가에 대한 재평가는 과거 1950년대처럼 국가가 개발의 주역이 되어야 한다는 것을 의미하지 않았다. 국가는 경제와 사회개발에서 핵심적이지만, 성장을 직접적으로 제공하는 역할이 아닌 파트너·촉매자·촉진자 역할을 통해서 그러하다는 것이었다. 이와 같은 개발에서 국가의 역할에 대한 재평가와 재인식은 소련과 동유럽에서의 명령 및 통제경제의 붕괴, 대부분 기존 산업국가에서 복지국가의 재정위기, 동아시아 경제의 '기적'에서 국가의 중요한 역할, 세계 여러 지역에서 국가의 붕괴와 인도적 긴급사태의 폭발경험을 반영하는 것이었다.

국가의 역할에 대한 재평가는 개발도상국에서의 '거버넌스' 그리고 원조의 효과성에 대한 관심증대와도 맥을 같이하는 것이었다. 원조의 효과성에 대한 관심은[18] 우선적으로는 원조를 받는 측이 그 원조를 효과적으로 사용할 수 있는가 하는 문제를 중심으로 하였지만, 원조를 주는 측도 과연 얼마나 현명하고 효과적으로 원조를 제공하는가 하는 문제를 제기하였다. 우선 받는 측과 관련해서 보면, 과거 냉전체제하에서는 원조를 받는 국가가 원조를 개발목적을 위해 얼마나 효율적으로 사용할 능력이 있는가보다는 안보상의 전략이 수혜국 지정에서 더 중요한 역할을 하는 경우가 많았다.

[16] OECD DAC(2001a); World Bank(2001a).
[17] World Bank(1997b).
[18] World Bank(1998a).

이러한 원조는 경제성장이나 빈곤퇴치보다는 부패한 친서방 독재정권의 연명이나 군사비 증대에 봉사하는 경우가 많았다. 그러나 냉전의 종결과 함께 상황이 달라졌다. 그 이유는 냉전식 군사안보상 목적의 원조제공 필요성이 소멸한 것, 과거의 원조경험에서 볼 때 내부적으로 원조를 효과적으로 사용할 의지와 능력을 가진 국가에 원조해야 비로소 효과를 내었다는 교훈의 강조, 그리고 원조증액에 회의적이 되어 가는 주요 선진국의 국내여론 설득을 위해서도 빈곤축소, 민주주의와 인권의 가치증진을 원조제공의 이유로 제시해야 될 필요성이 증가하였기 때문이다. 주는 측과 관련해서 핵심 문제는 원조를 주는 목적과 방식이 얼마나 받는 측의 지속가능한 성장기초를 마련해 주는 데 기여하는가와 관련되어 있었다. 이와 함께 받는 측의 빈곤축소에 이바지하고 참여적이며 지속가능한 개발에 봉사하는 효과적 원조방식의 탐색과 시험, 받는 측의 정책입안 및 수행능력을 증대하는 방식의 원조, 원조를 제공하는 측이 다수일 때 상호 조정을 통한 시너지효과 및 거래비용 감소 등의 문제가 거론되었다.

원조가 원래의 목적, 즉 개발촉진에 효과적·효율적으로 이용되어야 한다는 요구가 급격히 증가함에 따라 원조의 전제로서 개발도상국의 정책과 실시체제, 즉 '거버넌스'에까지 적극적으로 관여해야 한다는 인식이 높아졌다.[19] 이와 관련하여 제기되었던 핵심 사항은, ① 개발도상국이 원조를 유효하게 활용할 수 있는 체제를 가지고 있는가의 여부, ② 원조를 필요로 하고 있는 사람들에게 개발성과를 나누어 주고 있는가의 여부였다. 그런데 궁극적으로 이러한 두 가지 사항을 만족시킬 수 있는 가장 효율적인 체제는 '양질의 거버넌스'를 필요로 하는데, 이는 민주적으로 조직된 정치체제, 민주적으로 기능하는 능력 있는 행정체계, 또는 의사결정과정에 빈곤층의 참여를 필요로 하는 것으로 간주되었다. 경제와 관련해서는 경제의 안정화와 지속적 구조조정을 추진하는 대외지향적 시장경제가 '양질의 거버넌스' 모델로 등장하였으며, 동아시아의 개발모델이 모범사례로 제시되었다. 이에 따라 개발 및 원조의 이론과 정책은 단순히 경제 및 사회개발이라는 좁은 차원을 넘어서 냉전체제하에서는 무시되었던 인권옹호, 민주화 촉진 등의 정치개혁을 주요한 관심사항으로 간주하기 시작하였다. 특히, 1990년대에는 시민사

[19] OECD DAC(1995); World Bank(2000).

회가 개발 패러다임의 핵심 요소로 간주되기 시작하였다. 그 이유는 시민사회가 개발도상국에서 민의수렴 및 부패방지 등 '양질의 거버넌스'를 촉진하는 데 불가결한 기여를 하는 것으로 간주되었기 때문이다.

이와 같은 환경 및 관심의 변화를 반영하여, 1990년대 개발관련 이론과 정책의 주요 목적은 구조조정의 지속, 양질의 거버넌스와 제도형성, 빈곤축소의 재대두, 아시아 금융위기의 완화, 자유화와 규제완화였다. 주요 정책과 전략은 안정화와 구조조정, 대외지향, 시장중시, 동아시아 '기적'의 성공요소를 다른 개발국가에 전파, 규제완화와 자유화, 빈곤완화와 사회·경제적 복지의 개선, 금융위기 이후 적절한 통제와 규제였다. 원조의 역할은 원조피로의 대두와 원조의존성 우려, 구조조정 대부에서 조건부여효과의 제한성, 부채탕감, 원조의 효과성에 대한 재검토, 구조조정 대부에의 조건부여 등이었다.

1990년대 초반에는 안정화와 구조조정이 여전히 주요한 목표였다. 대부분의 라틴아메리카 국가들(그리고 채무위기의 영향을 받은 소수 아시아 국가들)은 고통스러운 구조조정과정을 거쳐 다시 성장궤도에 들어섰지만, 전체적인 상황은 여전히 정체상태였다. 이는 사하라 이남 아프리카와 동유럽의 이행경제 대부분에서 거버넌스의 품질이 나빴기 때문에 초래되었다. 부패를 줄이고 사회주의와 명령경제로부터 시장경제로의 성공적인 이행을 촉진하기 위해서는 근본적이고 심도 있는 제도개혁이 필요하다는 것이 개발공동체에 점차로 분명해졌다. 잠재적으로 동아시아 '기적'의 뿌리가 되는 제도와 정책이 따라 배워야 하는 모델을 제공하였다.[20]

1990년대 후반기의 금융위기 경험은 개발과 원조에 관한 이론과 정책에 중대한 영향을 끼쳤다. 먼저 1990년대 후반기 동아시아와 남아시아를 심각히 타격한 금융위기는 이 지역에서 장기적인 빈곤감소 추세를 급격히 역전시켰다. 동시에 구소비에트 공화국들에서 사회·경제적 조건이 심각하게 악화되었다. 이를 배경으로, 보건, 영양, 교육, 정보와 공공재에의 접근, 의사결정에의 참여를 포함하는 가장 광범위한 의미에서 빈곤축소가 개발원조의 주요한 목적으로 재대두하였다. 다음으로, 금융위기의 또 다른 결과는 자본과 무역에 관한 무제한 자유화 및 금융체계의 완전한 규제완화에 관한

[20] World Bank(1993).

워싱턴 컨센서스와 IMF 컨센서스에 대해 의문을 제기하였다는 것이다. 동아시아와 남아시아의 몇몇 국가들은 은행부문과 자본흐름의 규제를 극단적으로 완화하고, 중앙은행과 여타 기관의 감독 및 모니터링기능을 약화시켰던 조치들이 초래한 피해로부터 여전히 벗어나지 못하고 있다.

1990년대에 주목할 만한 것 중의 하나는 자본자유화가 진행되면서 해외직접투자가 현저히 증가하였다는 것이다. 1990년대 개발도상국의 개발을 촉진하는 가장 중요한 기여요소는 이제 원조가 아니라 해외직접투자였다. 개발도상국에 대한 외부자금 유입에서 1990년 민간투자는 41%였는데, 1997년이 되면 85%로 증가하였다. 이는 적어도 공적 개발원조의 5배에 이르러 과거 세계은행의 주요 업무분야였던 하부구조 건설은 민간투자의 몫으로 바뀌었으며, 개발도상국 입장에서는 자금조달에서 더 많은 선택권을 가지게 되었다.[21]

1990년대에 이르면 일부 국가들은 '저소득'국가로부터 '중간 소득'국가로 이행하여 원조로부터 졸업하였고, 칠레, 이집트, 인도, 타이 및 한국과 같은 국가들은 자체적 개발협력활동을 개시하였다.

6 2000년대: 빈곤축소와 몬테레이협약, 그리고 9.11

개발 및 원조와 관련하여 2000년대 들어 가장 중요한 사건은 2000년 유엔의 주도로 채택되었던 새천년선언(그리고 그에 기반한 새천년개발목표(MDGs)의 채택)과, 역시 유엔 주도로 개최된 2002년의 몬테레이 '개발자금조달을 위한 유엔회의'였다.[22]

새천년선언과 새천년개발목표는[23] 189개 나라에 의해 승인되었으며, 빈

[21] Jannik Lindbaek, Guy Pfeffermann, and Neil Gregory(1998), pp. 67~71.
[22] Robert Picciotto(2002).
[23] http://www.un.org/millenniumgoals/

곤축소를 개발의 총괄목표로 설정하였다. 새천년개발목표와 그 총괄목표인 빈곤축소는 그 후 유엔체계와 세계은행, 그리고 주요 원조국가의 개발활동을 지도하는 공동의 지향목표 역할을 수행하고 있다.

몬테레이회의는 새천년개발목표를 달성하기 위한 수단을 논하는 성격을 가지고 있었는데, 부분적으로는 9.11에 대한 대응으로써, 미국을 포함한 주요 원조제공국이 공적 개발원조 증액을 약속하는 등 개발과정에 대한 지지와 가속화를 천명하였다. 이 회의가 이끌어 낸 합의는 흔히 몬테레이합의로 불리는데, 이는 그간에 논의되어 왔던 사항들을 종합한 새로운 개발 패러다임을 제시하였으며, 원조의 효과성 개념에 관한 광범위한 합의를 반영하였다.[24] 몬테레이합의는 그 후 유엔체계, 세계은행과 IMF, 유럽연합과 다수의 양자 간 원조기관이 사용하고 있는 공식 정책지침의 배경을 이루고 있다.

몬테레이협약을 중심으로 볼 때, 2000년대에 국제적 개발 및 원조관련 이론과 정책에서 주요한 관심은 네 가지로 압축될 수 있다. 즉, ① 개발도상국은 양질의 거버넌스와 개발정책 선택에서 주권적 책임을 지며, 이에 부응하여 선진국은 원조의 품질향상과 원조액의 현저한 증대에 노력한다는 상호 협약, ② 해당국의 개발관련 정책우선사항 책정에서 새천년개발목표를 지침으로 삼는다는 것, ③ 빈곤축소전략 과정을 포함한 파트너십 접근, ④ 원조의 효과성에 입각한 새로운 원조배분의 모색이 바로 그것이다.

6.1. 몬테레이협약

몬테레이에서의 지구적 협약에서[25] 원조수혜자는 양질의 거버넌스 확보와 개발관련 정책우선사항 책정이 자신의 가장 중요한 책임(자원성: ownership)이라는 것을 인정하였고, 반면 원조제공자는 원조금액과 원조품질을 높임으로써 수혜자의 선택을 지원한다는 것(파트너 국가의 정책과 제도에 입각한 원조수행: alignment), 그리고 주요한 정책변화, 특히 무역개방을 통해 개발도상국이 부를 창출할 수 있는 기회를 크게 넓혀 준다는 것에 동의하였다. 이는 2015년까지 달성되어야 하며, 국가별 사정에 따라 조정된 유엔 새천년개발목표는 이러한 양측의 집단적 행위를 측정하는 기준점으로 간주되

24 Andrew Rogerson(2004).
25 UN(2002).

고 있다. 빈곤축소전략(PRS) 주기는 저소득국가가 국가목표를 제시하는 한편, 이에 따라 원조제공자는 지원의 초점을 맞추는 가장 가시적인 장치이다. 몬테레이에서 서약된 원조금액은 2006년까지 160억 달러 증액, 또는 약 30% 증액에 달하였다.

몬테레이협약의 기본정신에 입각하여, 원조액수 증액과 함께 원조의 효과성을 높이기 위한 논의가 그 후에도 지속되었다. 2003년 2월 로마에서 "원조의 효과성을 높이고 그를 통해 새천년개발목표를 달성하는 데 기여하기 위해, 원조제공기관들의 실무정책, 절차와 실천을 파트너 국가와 조화시키기 위한" 선언이 채택되었다.[26] 이는 개발원조를 준비하고 전달하며 모니터하는 것과 관련하여 원조제공측의 실무정책과 절차를 상호 조율하고, 제공측의 원조활동이 받는 측의 개발관련 정책우선사항과 수행체계에 부합하도록 하기 위한 것이었다. 2004년 2월 마라케시에서 세계은행과 OECD 개발원조위원회 및 각 지역 개발은행의 대표들이 모여, 원조제공국은 성과중시 원조를 수행하며, 원조수용국은 능력함양과 개발성과의 관리를 개선하기 위한 각서를 채택하였다.[27] 이어 2005년 3월 파리에서 이상의 논의를 종합하는 '원조효과성에 관한 파리선언'이 채택되었다.[28] 이 선언은 다섯 가지 원칙을 강조하였다. 즉, ① 파트너 국가의 주도와 책임의 원칙(ownership), ② 원조제공자 간 협력관계 수립(harmonization), ③ 파트너 국가의 기관과 제도체계를 사용한 원조수행(alignment), ④ 성과중시 원조관리(results), ⑤ 상호보고책임이다.[29]

6.2. 새천년개발목표[30]

합의의 두 번째 요소는 2000년 유엔 주도로 채택된 새천년개발목표이다. 새천년개발목표의 주요 내용은 2015년까지 ① 극도의 빈곤을 제거, ②

---

[26] *Rome Declaration on Harmonization*(2003).

[27] *Joint Marrakech Memorandum: Managing for Development Results*(2004).

[28] *Paris Declaration on Aid Effectiveness: Ownership, Harmonization, Alignment, Results and Mutual Accountability*(2005).

[29] 다음 문헌도 참조. OECD DAC(2003); OECD DAC Working Party on Aid Effectiveness (2005).

[30] http://www.un.org/millenniumgoals/

초등교육의 보편적 실시, ③ 남녀평등과 여성의 사회정치적 능력신장, ④ 유아사망률 감소, ⑤ 모성보건 개선, ⑥ HIV/AIDS, 말라리아, 기타 질병과의 투쟁, ⑦ 환경지속성 보장, ⑧ 개발을 위한 지구적 파트너십의 발전이다.

이 목표는 현재 개발 및 원조에 종사하고 있는 주요 행위자(주요 원조제공국, 유엔체계, 세계은행, OECD 개발원조위원회 그리고 원조수용국 등)가 사실상 공유하고 있는, 또는 공유해야 하는 것으로 요구받고 있는 국제적인 목표라고 할 수 있다. 양자 간·다자 간 원조제공자는 새천년개발목표를 기준으로 원조와 개발사업의 방향을 결정하도록 요구받고 있고, 원조수용국도 새천년개발목표를 현지사정에 맞게 실현하는 것을 도모하는 개발정책 또는 원조활용정책을 추진하도록 요구받고 있다. 새천년개발목표는 여러 국가에 모두 적용되는 분명한 기준점, 그와 연계된 긍정적 경쟁의 압력, 그리고 원조제공자의 결과에 대한 책임성을 높이는 데 유용하며, 모니터가 가능한 중간점검지표와 비용예측을 제공하고 있다.

6.3. 파트너십 방식과 빈곤축소전략 과정

합의의 세 번째 요소는 파트너십에 입각한 새로운 접근방식이다. 원조는 과거와 같이 주는 측이 기획하고 수행에서도 주도적 역할을 하는 방식이 아니라, 수용국이 스스로 선정한 정책우선사항을 중심으로 수립된다. 주요 원조제공자는 이를 지원하지만 지시하지는 않는다. 개발 파트너십에 관한 문헌은 오랜 역사를 가지고 있었다. 스웨덴과 UNDP, DAC, 유럽연합의 파트너십 합의 등이 파트너십 접근을 주장해 왔다.

최근 들어 이 요소는 더욱 중요해졌다. 1999년 세계은행이 제시한 포괄적 개발지침(Comprehensive Development Framework)[31]은, ① 개발전략은 포괄적이어야 하며, 장기비전에 기초하여 수립되어야 한다는 것, ② 개발목표와 전략은 해당 국가가 스스로 원하고 책임을 지는 것(owned)이어야 한다는 것, ③ 원조를 수혜하는 국가가 이해당사자 파트너십을 통해 원조의 관리와 조정에서 주도적 역할을 해야 한다는 것을 내세웠다. 이는 여러 나라에서 순전히 자발적 접근하에 시험적으로 실시되었는데, 기대된 바와 같이 유망한

31 http://web.worldbank.org/WBSITE/EXTERNAL/PROJECTS/STRATEGIES/CDF/0,,pagePK:60447~theSitePK:140576, 00.html

성과가 나올지에 대한 완전한 평가는 아직 존재하지 않는다.

포괄적 개발지침이 광범위하게 사용된 계기는 2001년 세계은행과 IMF의 이사회가 매우 유사한 개념틀에 입각한 빈곤축소전략(PRS) 주기(cycle)를 채택하면서부터이다.[32] 이 전략이 제기된 것은 국제적 개발원조가 빈곤축소를 핵심 화두로 하여 전개되고 있다는 것을 보여 주었다. 따라서 의미 있는 수준의 원조를 받고자 하는 국가는 빈곤축소전략을 작성하고, 이를 토대로 잠재적 원조제공측과 정책대화에 들어가야 한다는 것이었다. 빈곤축소전략의 채택 여부는 저소득국가가 채무변제의 확대에 접근할 수 있는지 없는지, 그리고 두 기관의 양허성 자금을 받을 수 있는지 없는지를 결정하게 되었다. 유럽연합 집행위원회와 영국을 비롯한 일련의 원조제공자는 빈곤축소전략을 전적으로 뒷받침하고 있으며, 저소득국가에 증여를 제공할 때 기준으로 삼고 있다.

6.4. 원조효과성에 입각한 새로운 원조배분의 모색

적어도 1990년대 이전까지 원조제공국과 수혜국의 관계는 후자에 매우 불리한 것이었다. 원조제공국은 원조목표를 설정하고, 이를 달성하기 위한 일련의 전략과 수단을 발전시켰다. 원조수용국은 목표와 전략 그리고 개입방식에 대해 거의 발언권을 가지지 못하였다.

그런데 1990년대에 들어서면서, 원조제공국은 개발정책 또는 원조가 지원하는 개혁정책과 관련하여 원조수혜국의 자발성과 책임성(ownership)을 말하기 시작하였고, 원조제공국과 수혜국 사이의 파트너십을 거론하기 시작하였다. 이는 특히 1980년대 구조조정 대부의 경험으로부터 원조를 통해 정책을 바꾼다는 것이 사실상 어렵다는 자각, 제대로 된 정책과 제도를 갖춘 나라에 원조를 해야 원조가 효과를 낼 수 있다는 자각에 기초하고 있었다. 세계은행은 1980년대의 경험으로부터 구조조정 대부가 성공하기 위해서는 해당 국가가 대부에 의해 추진되는 개혁에 대해 정책의지를 가지고 있어야 한다는 것을 배우게 되었다. 따라서 정책의지가 없거나 유지가 불가능한 국가에 대해서 조건부 대부를 실시하더라도 그것이 기능하지 않는다는 것이다.

[32] http://web.worldbank.org/WBSITE/EXTERNAL/TOPICS/EXTPOVERTY/EXTPRS/0,,menuPK:384207~pagePK:149018~piPK:149093~theSitePK:384201,00.html

건전한 빈곤축소정책 기반과 적절한 제도를 갖추고 있는 나라는 원조를 성장촉진과 빈곤감소를 위해 사용할 수 있다. 그런데 이러한 자체의 기반이 존재하지 않으면, 정책을 변경하기 위해 원조를 제공하든지 또는 제공하지 않든지, 어느 경우에도 정책은 바뀌지 않는다. 이와 같은 견해는 많은 경험적 증거에 의해 뒷받침되고 있다. 수행환경이 나쁜 국가에 대량의 자원이 흘러가도 상황은 개선되지 않으며, 경우에 따라 필요한 변화를 연기하기도 한다.

분명 냉전시기에는 원조의 효과성과 관련 없이 정치 및 안보적 기준에 의해 원조를 배분하는 것이 타당하였지만, 이제 그러한 이유가 소멸하면서 원조의 효과성에 대한 관심이 현저히 증대하였다. 만약 원조가 고도의 빈곤과 현존하는(다시 말해, 단지 약속된 것이 아닌) 적절한 빈곤감소정책과 제도를 가진 국가에 집중되면, 수백만의 사람이 추가로 빈곤으로부터 벗어날 수 있다. 이러한 발상에서, 한편에서는 몬테레이협약에 기초하여 위에서 서술한 바와 같이 원조의 효과성을 높이기 위한 노력이 지속적으로 추진되고 있다. 그러나 다른 한편에서는 아예 원조수행실적이 좋은 국가에만 원조를 몰아주자는 의견이 강화되고 있다. 그런데 불행하게도 실제의 원조패턴은 이와 같은 이상으로부터 크게 벗어나 있다. 다수의 양자적 원조제공자와 유럽연합이 실적에 따른 원조를 행하지 않고 있고, 완전히 그렇게 하는 국가도 존재하지 않는다. 많은 원조제공자들이 적어도 통계상으로는 (빈곤축소정책으로만 평가하였을 때) '좋지 않은' 배분을 행하고 있다는 것은 원조제공시 빈곤축소가 아닌 다른 목표를 추구하고 있다는 것을 보여 준다.

이러한 점에서 미국 정부가 2002년부터 기존 원조기관인 미국국제개발처(USAID)와는 별도로 추진하였던 새천년도전기금(Millenium Challenge Account)[33]은 획기적인 시도라고 할 수 있다. 새천년도전기금은 선행적이고, 공개되고 매우 선택적인 기준을 정해 놓고, 이 기준을 통과하는 국가만이 원조를 받을 자격이 부여된다. 그 핵심적 기준은 공정한 통치(정치적 권리, 시민적 자유, 부패통제, 정부의 효과성, 법치, 시민의사 표출과 정부의 보고책임), 인간에 대한 투자(면역률, 보건지출, 기초교육지출, 기초교육 이수율), 경제자유(규제의 품질, 신용등급, 사업개시에 걸리는 날짜, 무역정책, 인플레이션, 재정정

33 http://www.mca.gov/

책)이다. 1차 시험을 통과한 소수의 국가는 추가적인 주요 조건이 부가되지 않은 원조를 받을 수 있다.[34]

그런데 이와 같은 원조배분에서의 가장 큰 문제는 최소실적능력 아래에 있는 가난한 국가들, 특히 실패국가들을 어떻게 가장 잘 지원할 수 있는가이다. 이와 같은 문제는 2001년 9.11 이후 더욱 심각한 문제로 대두하였다.

6.5. 9.11과 개발원조

냉전의 종결은 동서갈등으로 연유한 개발도상국 간의 대리전쟁을 감소시켰으나, 매우 파괴적인 국가 내부갈등은 지속적으로 발생하였다. 이에 따라 냉전종결 이후 국제적 구호와 개발은 점점 더 빈번히 국가 내 갈등과 내부붕괴에 따른 인위적 재난, 또한 그로 인한 취약성 때문에 증폭되는 자연재해의 피해에 개입하고 있다.

이러한 상황에서는 현재 몬테레이합의가 대표하는 '통상적' 관념의 개발원조는 중단될 수밖에 없으며, 순수자연재해의 경우와는 달리 국제공동체가 아직도 무력갈등이 지속되고 있는 지역에 대해 인도주의적으로 개입해야 하는 필요성을 증가시켰다. 그리고 해당 국가·지역 또는 사회에서 다양한 인도주의 위기가 중첩되어 있고, 내부적·외부적 갈등으로 인해 권위가 완전히 또는 상당한 정도로 붕괴되어 있었다. 설령 갈등이 완화되거나 종결되더라도, 이와 같은 경우에는 해당 국가에 원조의 효과적 사용과 개발정책을 추진할 만한 의지, 그리고/또는 능력을 갖춘 정부가 아예 존재하지 않거나 너무 취약하였다. 또한 이와 같은 '실패국가' 또는 '취약한 국가'들은 인도주의적 대참사, 대량의 피난민 발생, 환경파괴, 에너지 불안, 세계적 전염병, 국제범죄, 지역 불안정, 대량살상무기 확산과 국제테러리즘의 진원지였다. 이와 같은 국가들에서는 인도적 위기가 장기화되는 경향, 그리고 구호와 개발의 의사일정이 혼합되는 경향이 있었다.[35]

2001년의 9.11은 이러한 지역 또는 국가들에 대한 관념을 크게 변화시

[34] Steven Radelet(2002); Lael Brainard, Carol Graham, Nigel Purvis, Steven Radelet, and Gayle E. Smith(2003).

[35] World Bank(1997a); OECD DAC(1997a).

켰다. 이와 같은 상황은 1990년대 이래 계속되고 있었지만, 주로 단순한 인도주의 개입 차원에서 인식되었다. 그러나 9.11은 이와 같은 문제를, 특히 미국을 비롯한 선진 서방세계에 대한 핵심적 안보문제로 대두하게 만들었다. 통상적 관념에서 볼 때, 이와 같은 '취약국가'들에 대해서는 원조의 효과성이라는 차원에서는 원조를 삭감하는 것이 당연하지만, 이제 안보상의 이유에서 오히려 더 많은 관심을 기울여야 하는 대상으로 등장하였다. 그런데 이와 같은 국가의 경우 문제가 되는 것은 해당 정부가 원조를 효과적으로 사용할 만한 의지가 아예 없거나 또는 의지가 있다고 해도 능력이 없다는 것이었고, 따라서 몬테레이합의가 제시하는 바의 원조제공자와 수혜자 간의 파트너십 모델은 불가능하다는 것이었다. 그러나 이러한 국가들을 새천년개발목표와 몬테레이합의 자체의 기본정신에서나, 이 국가들이 제기하는 잠재적·현재적 안보위협 때문에 무시할 수는 없었다. 그리하여 9.11 이후 국제원조업계에 양자적·다자적 원조기관들이 어떻게 접근해야 하는가 하는 문제가 핵심적인 문제의 하나로 등장하였다. 이와 관련하여 세계은행은 2001년 '스트레스하의 저소득국가'라는 개념하에 실무작업반을 발족시켰으며,[36] OECD 개발원조위원회도 2001년부터 관련연구를 강화하면서 2003년 '파트너십이 어려운 국가에 대한 연구와 자문'을 위한 그룹을 결성하였다.[37] 이 밖에도 미국의 국제개발처(USAID), 영국의 국제개발국(DFID) 등 개발 및 원조에 관한 실무 및 연구집단도 이에 대한 관심을 증가시켰다.

7 요약과 결론

이상의 서술에서와 같이 제2차 세계대전 종결 이후 지난 60여 년 동안 개발 및 원조에 관한 이론과 정책은 이 문제에 대한 경험과 교훈의 축적 그

36 World Bank(2002); World Bank(2003a).
37 OECD DAC(2002b).

표 2-1 | 제2차 세계대전 이후 개발·원조에 관한 이론 및 정책

시기구분	주요 개발목표	주요 정책과 전략	주요 원조목적과 방식
1945~1950년대 초	· (서유럽의) 전후 복구	· 교통·공업·도시재건	· 기술원조와 재정원조
1950~1960년대	· 국민총생산 증대	· 국가 및 원조주도 성장 · 공업화 및 하부구조 투자	· 기술원조와 하부구조 투자 재정원조 · 프로젝트원조
1970년대	· 국민총생산 증대 · 고용과 소득재분배 · 빈곤축소	· 통합적 농촌개발 · 포괄적 고용전략 · 기초필요 충족 · 성장과 재분배	· '성장과 재분배' 및 '기초필요 충족'을 위한 프로젝트와 프로그램 · 빈곤축소
1980년대	· 안정화 · 대내외 수지균형 · 구조조정	· 안정화와 구조조정 · 대외지향 · 시장역할 확대와 정부역할 축소	· 구조조정 대부 및 대부조건 부여 · 빈곤축소보다 거시경제 안정 · NGOs 활용 및 민간부문에 원조
1990년대	· 구조조정 지속 · 양질의 거버넌스와 제도형성 · 빈곤완화의 재대두 · 아시아 금융위기 완충	· 안정화와 구조조정 · 대외지향 · 국가와 시장의 역할 동시 인정 · 동아시아 '기적' 정책요소 확산 · 규제철폐와 자유화 · 빈곤축소와 사회경제적 복지개선	· 원조피로와 원조효과성 강조 · 대부시 조건부여의 한계 인정 · 정책 및 제도개선을 위한 원조 · 거버넌스 개선 대부
2000년대	· 빈곤축소 · 양질의 거버넌스와 제도형성 · '취약국가'가 유발하는 안보위협 차단	· 포괄적 개발원칙과 빈곤축소전략 · 빈곤축소형 성장전략, 시장과 국가, 대외지향	· 수용국의 원조효과성 개선요구와 제공국의 원조액 증대 · 대부조건의 간소화 · 실적에 따른 원조배분 · 파트너십

리고 환경변화에 따라 시기적으로 변화해 왔다.

1950~1960년대에는 원조에 의해 자금이 조달되고, 정부가 주도하는 물적 자본 및 하부구조의 축적이 개발의 주요 수단이라 인식되었다.

1970년대가 되면, 이전 시기에서처럼 물리적 자본의 축적에만 관심을 두어서는 충분하지 않다는 인식이 대두하였고, 교육과 보건 같은 인간적 자본의 축적이 최소한 물리적 자본과 동등하게 중요하다는 인식이 주류를 이루게 되었다. 또한 공업화를 중심으로 한 국민총생산의 증대만으로는 고용, 빈곤 및 소득격차의 문제가 저절로 해결되지 않는다는 것이 분명해졌다. 이에 따라 개발관념에도 변화가 일어나 국민총생산 증대와 함께 기초필요 충족, 고용과 소득재분배에 관심을 두는 정책이 채택되었다.

이 시기까지의 개발관념이 정부의 주도를 당연시하였음에 비해, 1980년대는 시장중시 정부역할 축소가 대세론을 이루면서, 누적채무문제를 해결하기 위한 경제의 안정화와 구조조정, 그리고 대외지향적 정책이 주가 되었다. 1980년대의 핵심적 관심이 '좋은 정책'(안정화, 구조조정, 대외지향)이었다고 할 수 있는데, 동아시아와 사하라 이남 지역 국가들 간의 '좋은 정책' 수행실적에서 현격한 격차는 제도(거버넌스)의 품질 때문이라는 인식을 대두시켰다. 나아가 동서 간 냉전의 붕괴, 원조제공에서 안보적 고려의 감소는 서방 국가들이 원조의 효과성을 한층 중요시하게 되었고, 또한 수용국의 제도체계(거버넌스) 품질을 거론할 수 있는 공간을 열어 주었다. 이는 이제 개발이 물리적 자본(하부구조)과 인간적 자본(보건과 교육)뿐 아니라, 사회적 자본(제도체계)에 의해 뒷받침되어야 한다고 인식됨을 의미하였다.

이와 같은 배경하에서 2000년대에는 빈곤축소와 포괄적 개발론이 개발업계의 주요 관심으로 대두하였다. 빈곤은 복합적인 것(물리적·인간적·사회적인 것)이므로 복합적 정책수단을 통해 해결되어야 하며, 개발은 당사자의 주도와 책임 아래 장기적 비전하에서 국가의 전체 정책과 관련해야 한다는 것이다. 이처럼 그 어느 때보다도 개발국 당사자의 주도성이 핵심 사안으로 등장하고 원조는 이를 지지하는 차원에서 수행되어야 한다는 입장이 강조되고 있지만, 일련의 국가들 경우에는 개발에 관한 정책의지나 수행능력이 존재하지 않는 것이 문제로 대두하였다. 특히, 9.11 이후 이러한 국가들은 더욱 주목받게 되었는데, 이들은 내부 무력분쟁과 인도주의 위기를 넘어서 난민발생과 전염병, 테러집단과 대량살상무기 개발 등 이웃 국가와 국제안보에 심각한 위협을 제기하고 있기 때문이었다. 이에 따라 이와 같은 '취약국가'를 어떻게 개발로 유도하는가가 원조업계의 주요한 관심 중의 하나가 되었다.

제 3 장

현 개발이론의 주요 관심

1. 빈곤축소
2. 참여형 개발과 양질의 거버넌스

현재 개발 및 원조논의의 주요 관심은 크게 ① 개발목적에 관한 것으로 빈곤축소, ② 참여형 개발과 양질의 거버넌스라는 두 가지로 나눌 수 있다.

빈곤축소목표는 1970년대에 제기된 이래 1990년대 중반부터 다시 한 번 개발과 원조사업의 핵심 의제로 떠올랐다. 빈곤축소는 현재 사실상 '개발'이라는 개념과 동의어로 간주될 정도로, 대부분의 주요 원조제공국 및 수용국 그리고 주요 국제원조기관의 사업에서 총괄목표와 사업추진의 준거틀은 빈곤축소이다. 특히, 2000년 유엔이 주도하고 빈곤축소를 핵심 화두로 하는 새천년개발목표(MDGs)는 사실상 국제적 지향목표로 간주되고 있다.

참여형 개발과 양질의 거버넌스도 1990년대부터 주요한 관심사로 등장하였다. 그 배경에는 과거 정부주도형 개발정책에 대한 반성, 1980년대 구조조정정책에서 해당 국가가 원하지 않는 정책을 강요한 데 따른 부작용에 대한 반성, 그리고 냉전의 종결에 따라 민주주의 확산에 대한 관심증대 등이 있었다. 이 모든 사항은 개발정책이 성공하자면 이해당사자, 다시 말해 크게는 개발정책이 해당 국가 국민의 지향과 의지를 반영하고 정부가 정책추진능력이 있어야 성공할 수 있다는 것, 좁게는 개발사안에 이해당사자가 공정하게 참여할 수 있는 조건이 구비되어 있어야 궁극적으로 성공할 수 있다는 인식이 자리잡고 있다. 이러한 관심은 냉전의 종결에 따라 개발원조제공국이 개발도상국의 정치행정체제에 대한 것까지 관여할 수 있게 된 것과도 관련되어 있다.

1 빈곤축소

1.1. 배　경

1990년대 중반을 경과하면서, 빈곤축소는 개발과 원조의 핵심 의제로 등장한다.[1] 1970년대에도 빈곤축소가 개발과 원조의 핵심 의제였으나, 1980

년대에는 개발도상국의 과잉채무 해소, 1990년대 전반 구사회주의권의 경제 이행문제, 1997년 태국에서 시작된 아시아 국가들에서의 통화금융위기가 발생하자 개발원조가 이에 집중되었다. 이와 같은 문제들의 대응이 일단락되어 가면서 빈곤축소가 개발의 궁극적인 목적이라는 데 대한 국제합의가 증가하였다.

1996년의 개발원조위원회(DAC) 고위급 회담은 『21세기를 향하여: 개발협력을 통한 공헌』이라는 전략문서[2]를 채택하였다. 이 문서는 빈곤축소를 개발과 원조에 관한 국제적 노력의 일반적 목표로 설정하는 데 중요한 시도로, "2015년까지 절대빈곤을 반으로 줄인다"는 국제적 개발목표(international development goal: IDG)를 내세웠다. 목표를 실현하기 위한 이념으로서, 개발도상국의 주도와 책임(ownership), 파트너십(원조제공국과 수혜국의 협조), 포괄적 체계(다양한 요소와 분야를 포괄), 성과중시 접근 등 현재에 이르기까지 주요 흐름으로 정착해 있는 항목이 거론되었다. 이 전략은 냉전 후 국제개발질서의 재구축에 일정한 방향성을 주는 시도였다고 할 수 있다. 1996년에는 국제통화기금(IMF)과 세계은행(World Bank) 연례 총회에서 과중채무빈곤국가(heavily indebted poor countries: HIPC)에 대한 채무구제계획이 시작되었다.

그 후 이 기본적 이념은 1999년 1월 세계은행이 제시한 포괄적 개발지침과 9월의 세계은행·국제통화기금 총회에서 합의된 빈곤축소전략문서(PRSP)에 계승되었다. 포괄적 개발지침은 지속적인 성장과 빈곤감소를 위해서는 개발도상국이 주도와 책임을 지며, 광범위한 관계자가 참가한 시장경제의 경제적·제도적·구조적 및 사회적 기반의 정비에 포괄적 조치를 취해야 한다고 주장하였다. 이에 기초한 빈곤축소전략문서는 개발도상국 정부의 책임과 주도하에 광범위한 관계자가 참여하여 책정되고, 빈곤감소에 초점을 맞춘 3년간의 경제사회개발계획이었다. 이는 과중채무빈곤국가의 부채탕감조치 적용 여부와 국제개발협회(IDA)와 국제통화기금의 대부제공 등의 판단자료로 사용되고 있다. 빈곤감소전략문서는 일련의 국가에서는 실질적인 새로운 국가개발계획으로 간주되고 있는 등 현재 매우 중요한 개발전략문서라고 할 수 있다.

---

[1] 國際協力事業團 國際協力總合硏修所 編著(2003), pp. 3, 35; 국제협력기구 국제협력총합연수소(2003), pp. 1~10.

[2] OECD DAC(1996).

2000년은 빈곤감소에 대한 세계적 관심이 높아지는 해였다. 세계은행은 연례 『세계개발보고』[3]에서 빈곤을 주제로 삼았고, 빈곤축소를 위해서는 '기회확대(opportunity)'와 '사회정치적 능력확대(empowerment)', '안전보장의 강화(security)'가 중요하다고 주장하였다. 2000년 9월에 개최된 유엔의 새천년 정상회담에서는 「새천년선언(MD)」과 「새천년개발목표(MDG)」가 채택되었는데(〈표 3-1〉 참조), 이는 1996년 DAC의 국제개발목표(IDG)를 계승하였다고 할 수 있다. MDG는 IDG에 추가하여 남녀 간의 평등, HIV/AIDS 등의 만연방지, 지구적 개발 파트너십의 구축(민간부문과 시민사회 등의 광범위한 지구적 파트너십의 주체화)을 포함하여, 대상분야와 주체를 한층 포괄화·다양화하였다. 현재는 국가별로 작성되는 빈곤축소전략문서는 MDG를 실현하기 위한 개별 국가단위 전략으로 간주되고 있다. MDG는 사실상 현재 각 원조제공국, 국제기관, 개발도상국과 시민사회 등의 개발주체가 달성해야 하는 국제적 일반목표로 간주되고 있다.

2001년 4월에는 DAC의 고위급 회담에서 빈곤을 5개의 잠재능력과 관련시켜 다면적으로 파악한 『빈곤축소 DAC지침』[4]이 채택되었다. 이 지침은 DAC 회원국이 개발도상국과 기타 관계자(국제조직, 비정부기구, 민간부문 등)와 협력하여 빈곤축소에 관여할 것을 제안하였다. 또한 이 지침은 빈곤삭감을 지향하여 OECD 국가들이 개발에 영향을 주는 여러 정책에서 일관성을 강화할 것을 요구하기도 하였다.

2002년 3월 멕시코의 몬테레이에서 열린 유엔개발자금 국제회의는 MDG를 달성하기 위한 개발자금을 동원하는 것을 목적으로 하였다. 이는 유엔이 주관한 최초의 개발자금에 관한 국제회의였다. 이 회의에서는 정부개발원조의 대폭적인 증액요구에 기초하여 개발자금은 원조자금뿐 아니라 개발도상국 국내자금의 동원, 민간투자의 촉진, 무역의 촉진, 채무삭감 등 여러 흐름을 통해 충족되어야 한다고 촉구하였다. 이 회의는 2001년의 9.11로부터 6개월 후에 열려 '테러와 개발'이라는 문제에 대한 대응의 성격도 가지고 있었다. 이러한 문맥에서 서방 국가들은 장래에 개발원조를 크게 확충할 것을 선언하였기 때문에, 이 회의의 1차 목표는 성공을 거두었다고 할 수 있다.

---

[3] World Bank(2001a).

[4] OECD DAC(2001a).

표 3-1 | 2015년까지 달성해야 하는 새천년개발목표

총괄목표 1: 극도의 빈곤과 기아를 제거한다.
목표 1: 하루에 1달러 이하로 살고 있는 사람의 비율을 절반으로 줄인다. 목표 2: 기아로 고통받는 사람의 비율을 절반으로 줄인다.
총괄목표 2: 초등교육을 보편적으로 실시한다.
목표 3: 소년과 소녀가 똑같이 초등교육을 이수할 수 있도록 한다.
총괄목표 3: 남녀평등과 여성의 사회정치적 능력신장(empowerment)을 촉진한다.
목표 4: 교육의 모든 단계에서 남녀차별을 철폐한다.
총괄목표 4: 유아사망률을 줄인다.
목표 5: 5세 이하 사망률의 2/3를 줄인다.
총괄목표 5: 모성보건을 개선한다.
목표 6: 모성사망률의 3/4을 줄인다.
총괄목표 6: HIV/AIDS, 말라리아, 기타 질병과 투쟁한다.
목표 7: HIV/AIDS의 확산을 막는다. 목표 8: 말라리아와 기타 주요 질병의 발생을 저지하고 그 발생률을 낮춘다.
총괄목표 7: 환경지속성을 보장한다.
목표 9: 지속가능한 개발의 원칙을 국가정책에 통합하고, 환경자원의 손실을 저지하고 회복을 도모한다. 목표 10: 안전한 물에 지속적으로 접근할 수 없는 사람의 비율을 반으로 줄인다. 목표 11: 적어도 1억 슬럼 거주자의 생활을 상당히 개선시킨다.
총괄목표 8: 개발을 위한 지구적 파트너십을 발전시킨다.
목표 12: 개방적이며 규칙에 근거하고 예측가능하며 차별 없는 무역 및 금융체계의 구축을 추진한다. 목표 13: 수출에서 관세 및 할당량의 폐지 등 가난한 국가의 필요를 배려한다. 목표 14: 육지로 둘러싸여 있거나 섬나라인 소규모 국가의 특별한 필요를 배려한다. 목표 15: 국내외 조치를 통해 개발도상국의 부채문제를 포괄적으로 다루며 채무가 장기적으로 지속가능하도록 한다. 목표 16: 개발도상국과 협력하여 젊은이들에게 품위 있고 생산적 직장을 제공한다. 목표 17: 제약회사와 협력하여 개발도상국에 싼 가격으로 필수의약품을 입수하여 이용하게 한다. 목표 18: 민간부문과 협력하여 새로운 기술, 특히 정보통신분야의 신기술에 접근성을 높이고 이익을 얻을 수 있도록 한다.

출처: http://www.un.org/milleniumgoals/goals.html

1.2. 빈곤의 정의

최근 국제적으로 광범위하게 수용되고 있는 빈곤에 관한 개념정의의 특징은 그 다차원성이다.[5] 빈곤은 단순히 소득이 낮다는 것만을 의미하지 않고 여러 차원의 결핍, 특히 정치적·사회적 차별과 제한을 포함한다. 가난한 사람들은 소득이 낮을 뿐 아니라, 자신의 생활에 영향을 주는 정책입안에 대하여 효율적인 '의사표출'능력이 없으며, 생계유지능력을 갖는 데 필요한 자산에 접근하기 어렵고, 남녀차별 또는 사회적 집단차별을 받고 있으며, 자연적·인위적 충격과 재난에 취약하다.

빈곤은 남녀 어느 쪽이든 인간이 상이한 사회와 지역의 맥락에서 결핍되고 대응능력이 결여되어 있는 모든 중요한 분야를 포함한다. 구체적으로 빈곤개념은 그 핵심적 차원인 경제적·인간적·정치적·사회문화적·보호적 차원과 각 차원 간의 인과적 연계를 포괄하며, 남녀평등문제와 환경적으로 지속가능한 발전의 핵심적 중요성을 포괄한다.

1.2.1. 경제적 능력

이 능력은 소득을 벌고, 소비하며 자산을 소유하는 능력을 의미한다. 이는 식량안보, 물질적 복지와 사회적 신분에 핵심적인 것들이다. 이 밖에도 생산적인 금융 및 물질자원인 토지, 가축, 임업, 농업, 어업, 대부 및 품위 있는 직장에의 안전한 접근도 경제적 능력에 포함되는 것으로 자주 거론된다.

1.2.2. 인간적 능력

이 능력은 보건, 교육, 영향, 깨끗한 물, 주택에 기초하는데, 이들은 복지의 핵심 요소이자 생계를 개선하는 중요한 수단이다. 질병과 문맹은 빈곤 축소를 위한 경제적 및 기타 능력에의 장애이다. 따라서 읽고 쓰는 것은 의사소통을 촉진하며, 이는 사회적·정치적 참여에 매우 중요하다.

1.2.3. 정치적 능력

이 능력은 인권, 공적인 정책과 정치적 우선사항에 대한 의견표시와 약

---

[5] 별도의 언급이 없는 한 이하의 내용은 OECD DAC(2001a), pp. 37~41의 내용을 요약한 것이다.

간의 영향력을 포함한다. 기초적인 정치적 자유나 인권이 결여되어 있는 상태가 빈곤의 주요 측면이며, 여기에는 경찰 또는 기타 공적 기관의 자의적이고 불공정하며 폭력적이기까지 한 행위도 포함된다. 이는 빈곤층이 심각하게 우려하는 사항이다. 정치적으로 취약한 자는 정책개혁에서 의견을 표시할 수 없고, 빈곤으로부터 탈출하는 데 필요한 자원에 안전하게 접근할 수 없다.

1.2.4. 사회문화적 능력

이 능력은 가치 있는 구성원으로서 공동체에 참여할 수 있는 능력과 관련되어 있는데, 사회적 신분, 품위, 그리고 빈곤층 자신이 높이 평가하는 사회에 소속할 수 있는 여타 문화적 조건과도 관계된다.

1.2.5. 보호적 능력

이 능력은 사람들이 경제적·외적 충격을 견뎌 낼 수 있게 해 주므로 빈곤을 예방하는 데 중요하다. 불안전과 취약성은 다른 모든 차원과 강력한 연계를 갖는 빈곤의 차원이다. 가난한 사람들은 기근과 식량안보가 질병, 범죄, 전쟁 및 극빈상황과 함께 핵심 우려사항이라고 지적한다. 빈곤은 계절적 변동과 외적인 충격에 대한 대응에서 상당히 주기적으로 반복된다. 예를 들어, 자연재해, 경제위기와 폭력갈등이 그러한 것들이다. 어떤 사람들은 항상 빈곤하며 가난을 계승하지만, 다른 사람들은 잠시 또는 과도적으로 빈곤하다.

빈곤과 남녀평등문제 및 환경과의 관련

빈곤, 남녀평등문제와 환경은 지속가능한 개발에 상호적으로 보강하면 상호 연관되어 있는 평면이라고 할 수 있다.

남녀불평등은 빈곤의 모든 차원에 관련하지만 남녀 양성에 중립적이지는 않다. 여성의 빈곤은 남성의 빈곤보다 빈번하며 통상 더 심각하다. 빈곤한 가계의 여성은 사적 소득과 공적인 서비스에서 공평한 몫보다 덜 받는다. 여성은 빈곤한 가계의 생계와 기초적 인간능력에서 핵심적 역할을 한다.

그림 3-1 | 빈곤과 풍요의 상호 관계

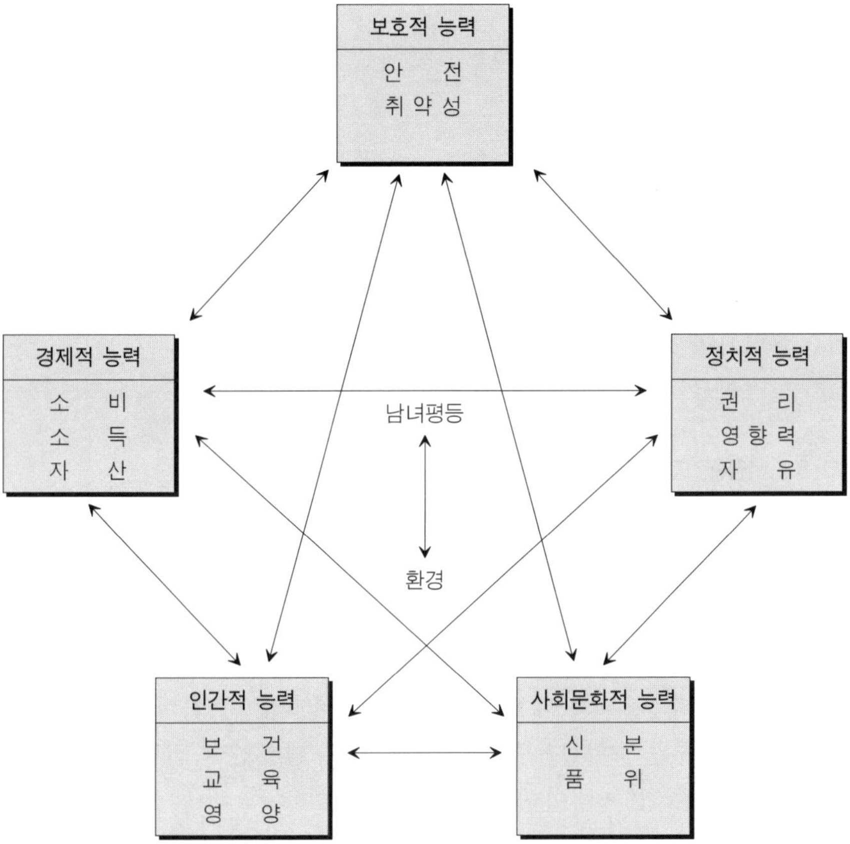

출처: OECD DAC(2001a), p. 39.

환경과 빈곤은 여러 방식으로 연계되어 있다. 도시와 농촌 모두 환경이 악화되면 가난한 사람들이 가장 많은 피해를 받는다. 역으로 환경악화는 빈곤의 결과이기도 하다. 지속가능한 개발과 빈곤축소가 이루어지자면 자연적 생태체계의 통합성을 유지하고 그 생계지원기능을 보존하는 것이 필요하다.

1.3. 빈곤축소전략

빈곤은 다차원적인 것이기 때문에 그에 대한 대응도 다차원적으로 이루어져야 한다. 빈곤축소전략은 다음의 여섯 가지 요소를 주축으로 하고 있다.[6]

① 빈곤축소형 성장

② 행위능력 신장, 권리행사 및 빈곤축소형 거버넌스

③ 인간개발에 필요한 기초적 사회서비스

④ 인간에 대한 안전보장: 자연적·인위적 재난에 대한 취약성 개선

⑤ 남녀차별 개선을 주요 문제로 취급

⑥ 환경의 지속가능성을 주요 문제로 취급

1.3.1. 빈곤축소형 성장

빈곤축소를 위해서는 경제성장이 중요한데, 특히 그 성장의 속도와 품질이 빈곤축소 여부를 결정한다. 경제성장의 속도와 품질은 저소득으로 인한 빈곤을 감소시키는 데 직접적인 역할을 하며, 나아가 빈곤축소를 위한 여러 분야의 요소를 개선하는 데에도 영향을 끼친다.[7]

① 성장속도는 정부의 수입에 영향을 주며, 정부수입이 증가하면 빈곤층이 생산적 생활을 영위할 수 있도록 하는 데 필요한 사회서비스의 공급을 재정적으로 뒷받침할 능력이 증가한다.

② 경제가 성장하면 빈곤층의 경제적 행위능력이 증가(또는 감소)하며, 이에 따라 그들이 성장의 패턴과 분배에 작용하는 정책과 제도에 영향을 끼칠 수 있는 능력이 증가(또는 감소)할 수 있다.

③ 성장의 지속가능성은 빈곤층이 경제적 충격을 얼마나 흡수할 수 있는가에 영향을 준다.

④ 성장과정의 포용성(inclusiveness)과 균등성은 빈곤층에서 높은 비율을 차지하는 여성에 대한 경제차별의 정도를 결정한다.

⑤ 성장과정의 성격은 자원의 사용, 환경의 지속가능성이 경제와 사회의 발전에 통합되는 수준에 영향을 끼친다.

6 OECD DAC(2001a), pp. 44~54.

7 OECD DAC(2004a), pp. 12~16.

일반적으로 경쟁적 시장경제에서는 다음과 같은 조건이 구비되면 민간부문의 생산성, 저축과 투자가 경제성장을 발생시킨다.

① 적절한 공공부문과 기업통치(corporate governance), 지속가능한 개발을 촉진하는 정책·행정·법률·재정의 체계

② 거시경제와 정치안정

③ 모든 사람이 이용가능한 물적·사회적 서비스 제공을 위한 인프라

④ 가난한 여성과 남성이 토지, 자금, 인적 능력 등에 접근이 가능

⑤ 노동집약적 생산형태

⑥ 사회적 통합, 계층 간 이동, 재분배, 남녀평등을 촉진하는 사회정책

빈곤축소형 경제성장(pro-poor growth)을 위해서는 다음과 같은 조치와 고려가 필요하다.

① 재정관리, 무역, 노동시장, 금융부문, 인프라와 토지이용에 관하여 적절한 법적·정책적·제도적 틀을 정비하여야 한다.

② 거시경제의 안정을 통해 낮은 인플레이션, 가격과 생산의 안정, 경쟁력 있는 시장, 저축과 투자를 추진하는 정책을 추진해야 한다.

③ 작고 가난한 나라가 세계경제에 통합되는 것도 빈곤감소에 기여하지만, 세계화가 수반하는 위험을 줄이기 위해 무역과 투자에 관한 정책능력을 향상시켜야 한다.

④ 자산과 소득의 격차는 성장의 질과 속도를 저하시키며, 지역갈등과 마찰을 야기하여 빈곤을 점차 악화시킬 수 있다.

⑤ 급격한 경제성장은 빈곤감소를 촉진하지만 평등을 촉진하는 경제성장이 특히 중요하다.

⑥ 빈곤층이 자신의 생산성과 소득을 높이는 데 사용할 수 있는 인간적·물적·금융적 자산에 접근할 수 있도록 하는 정책의 추진, 예를 들어 (특히, 교육과 보건 같은) 사회적 서비스의 공급증대, 토지임차방식 개혁, 소액대부제도(micro-finance schemes)를 실시한다.

⑦ 소농 농업과 노동집약적 제조업의 발전, 이를 지원하는 하부구조와 제도를 마련한다.

⑧ 창업의 위험과 비용을 줄이며 생산자원에 대한 접근성을 개선하는 제도와 정책, 가난한 자에게도 균등한 기회를 제공한다.

1.3.2. 사회정치적 행위능력 신장, 권리행사 및 빈곤축소형 거버넌스

빈곤은 종종 무력감, 불공정과 사회적 참여로부터의 배제, 정치적 권리를 포함한 인권의 배제를 의미한다. 따라서 빈곤층이 자신의 생활에 영향을 끼치는 정치적·사회적 과정에 영향을 끼칠 수 있는 능력이 신장되어야 빈곤이 감소될 수 있다.

최근 점점 관심이 높아지고 있는 것은 빈곤감소를 권리에 기초하여 접근하는 것이다. 이는 가난한 여성과 남성의 사회정치적 능력신장, 그리고 어린이의 권리를 인권에 관한 국제적 합의의 규범·기준과 원칙의 틀과 연계시키는 것이다. 이 접근은 시민적·문화적·정치적·사회적 및 경제적인 것을 포함 모든 인권의 실현을 위해 권리-담지자와 의무-책임자를 밝혀 냄으로써 빈곤의 원인에 대응하는 것이다. 인권에 대한 강조는 정의가 자선대상이 아니라 권리사항임을 보여 준다. 이를 인정하고 권리를 어떻게 주장할 수 있는가를 알게 되면, 가난한 자와 사회적으로 배제된 그룹의 자신감이 증가할 수 있고, 개발에의 참여증대를 촉진할 수 있다.

빈곤층의 사회정치적 행위능력 신장을 위해서는 민주적 거버넌스가 필요한데, 그 주요 구성요소는 다음과 같다.

① 정책의 입안과 집행, 그 영향평가에 대중참여를 강화

② 민주적이고 책임 있는 거버넌스와 투명성 강화

③ 인권과 소외집단의 권리를 강화

④ 시민사회의 상호작용과 결사의 자유에 대한 범위를 확대

⑤ 자유언론에 대한 지원

⑥ 법치의 강화, 재판의 공정한 진행

⑦ 품위 있는 작업조건 장려

⑧ 빈곤층이 자신이 수혜하는 서비스의 유형, 균등성과 전달방식에 대해 의견개진과 통제를 강화

1.3.3. 인간개발에 필요한 기초적 사회서비스

인간개발은 개개인이 능력을 향상시키는 선택폭의 확대를 의미한다. 인간개발에는 소득과 부뿐만 아니라 영양, 안전한 물, 의료서비스, 학교교육, 교통운수, 적절한 주거, 고용, 생계 등이 포함된다. 인간개발과 관련된 정책

에서는 특히 HIV/AIDS, 빈곤층에 대한 기초교육 등이 중요한 분야이다.

1.3.4. 인간에 대한 안전보장

인간의 안전보장은 충격과 위험으로부터 빈곤층을 보호하는 것을 의미한다. 빈곤층이 직면하는 위험은 상당하며 출처가 다양한데, 특히 식량부족, 질병, 노령화, 자연재난, 실업과 기타 경제조정 충격 등을 거론할 수 있다. 빈곤한 여성은 내부 폭력의 위험에 노출되어 있고 빈곤한 노동자는 노동과정에서의 위험들에 노출되어 있다. 이 밖에도 폭력갈등, 자연재해, 기후변동 등의 위험도 커지고 있다. 안전보장 접근은 가난한 여성과 남성에게 피해를 주는 위험의 원천을 밝혀 내고 다루어야 한다.

1.3.5. 남녀차별 개선을 주요 문제화

여성이 자원과 기회에 대한 접근에서 불평등한 것이 빈곤의 주요 원인

빈곤감소를 위한 파트너십

과거 많은 원조기관은 자신이 운영하는 프로젝트에만 관심을 가지고 있었다. 그러나 빈곤감소를 위한 과정에서는 원조제공기관과 수용국 사이, 그리고 원조제공기관 사이에 파트너십이 반드시 필요하다.[8]

⌘ 파트너십의 기본원칙

① 개발전략·정책, 정책우선사항에 대해 개발주체의 자발성이 존재해야 한다.
② 개발도상국의 자발성을 촉진하자면, 파트너십이 매우 중요하다.
③ 국가·지역의 특성을 정확히 파악한다.
④ 참여와 사회정치적 능력신장을 촉진한다.
⑤ 남녀평등은 빈곤감소에서 주요 문제로 인식되어야 한다.
⑥ 파트너십을 형성하고 빈곤감소를 위해서는 관련당사자 사이의 업무조정과 장기적 의지가 필요하다.
⑦ 파트너십의 실행을 평가하고 빈곤축소지향 효과를 보장하자면, 개발실무와 결과를 모니터하고 평가해야 한다.

[8] OECD DAC(2001a), pp. 55~56.

빈곤감소를 위한 협력에 초점을 맞춘 정책분야

그 형태가 어떠하든 빈곤에 초점을 맞춘 개발협력은 다음과 같은 분야를 다루어야 한다.[9]

⌘ 양질의 거버넌스에 대한 지원

빈곤감소를 위한 거버넌스에서 중요한 문제는 가난한 남성과 여성이 정책형성에서 더 많은 영향력을 행사하고 적절한 품질의 기초서비스에 대한 접근을 개선하는 것이다. 이와 관련하여 여성의 접근을 증가시키기 위한 특별한 관심과 전략 및 자원이 필요하다.

⌘ 공공서비스 개혁

개혁은 공공기관의 책임성을 강화해야 한다. 이를 위해서는 정부 공무원을 능력 위주로 선발·임명·승진시키며, 행위규범을 만들어 준수시키고, 선거된 기관을 통해 정부의 정책과 실적을 점검하며, 서비스배달의 효과성과 품질을 모니터하고 보고하도록 해야 한다. 개혁은 사회적 포용을 확대해야 한다. 이를 위해서는 공적 필요를 충족하도록 공직을 개방하고, 빈곤층 주민과 상담하기 위한 새로운 접근을 채택하며, 기초서비스에 대한 최소한의 평균적이며 실행가능한 기준을 책정한다.

⌘ 재정관리 개혁

빈곤감소를 위해 특히 중요한 개혁은, ① 조세 및 관세행정 개혁을 통한 예산확보, ② 국세청의 설치와 세법 제정, 공공지출 감사 등의 제도개혁, ③ 조세징수와 조세의 소득재분배기능을 개선하여 자원을 보다 효과적으로 배분하는 것 등이다.

⌘ 지방분권화

지방분권은 자치단체의 책임성을 높이고 보다 현지에 맞는 정책을 실시할 수 있게 해 준다. 그러나 지방정부가 지방의 엘리트에 의해 장악될 위험도 존재한다. 이익갈등을 중재하고 여러 이해당사자의 능력을 강화하는 것을 목적으로 한 기술원조가 유효하다.

⌘ 토지소유 개혁

농업중심국가에서 토지개혁은 공정한 자원과 자산의 배분을 실현하는 데 중요하다. 토지개혁에서는 가난한 사람의 재산권을 강화하는 법률제정이 필요하다.

⌘ 시민사회 지원

소농조직이나 노동조합과 같은 전문단체 및 인권조직을 지원하여 시민사회의 다원성을 촉진해야 한다. 이와 같은 현지조직은 중요한 변화추동자가 될 수 있고, 정치적으로 소외된 집단의 필요와 이익을 신장하는 데 중요하다. 인권문제를 제기하고 정부의 행위와 정책개혁을 거론하는 데서 최고위급 정치 및 행정 차원에서 정책대화가 가장 좋은 방법이다.

9 OECD DAC(2001a), pp. 74~75.

⌘ 민간부문 개발

민간부문은 고용과 기술을 창출하여 빈곤층을 경제활동에 참가시키는 데 매우 중요하다. 개발기관은 법적 환경개선, 투자에 대한 행정규제 감소, 금융부문 강화, 국유기업의 민영화 장려 등을 도울 수 있다.

이자 지속가능한 개발의 주요 장애이다. 남녀불평등을 줄인다고 하는 것은 여성의 고용, 대부와 여타 생산적 자원에 대한 여성의 접근성을 개선하는 것이며, 이를 통해 여성이 소득을 벌 수 있게 해야 한다.

1.3.6. 환경지속 가능성의 주요 문제화

지속가능한 환경은 국제개발목표의 하나로서, 지속가능한 개발은 정치적 기본방침이다. 특히, 농촌에서 자연자원 기반을 붕괴시키지 않으면서도 스트레스와 충격에 대응할 수 있는 지속가능한 생계영위방법이 추진되어야 한다.

1.4. 주요 원조기관별 빈곤축소형 성장전략

빈곤은 단순히 소득이 낮다는 것만으로는 개념정의될 수 없는 복합적 현상이며, 그 처방 역시 복합적이라는 데 일반적 합의가 존재한다. 그리고 처방이 복합적이라도 빈곤극복의 핵심은 경제성장, 특히 빈곤축소형 경제성장을 실현하는 것이라는 점도 일반적으로 합의될 수 있다. 그런데 어떻게 빈곤축소형 경제성장을 실현할 수 있는가에 대해서는 주요 원조기관 간에 공통점과 차이점이 존재한다. 여기에서는 주요 원조기관인 개발원조위원회(DAC), 스웨덴의 국제개발협력기관(Sida), 독일의 기술협력청(GTZ), 세계은행, 아시아개발은행의 빈곤축소 경제성장전략을 소개하고 비교한다.[10]

1.4.1. 개발원조위원회 「빈곤축소지침」(2001)

어떠한 빈곤축소 성장전략·정책이 효과적인가는 각 나라의 조건, 다시 말해 자원부존, 기술 및 인적 자본의 수준, 역사적·제도적·사회문화적 상

[10] 이 내용은 國際協力事業團 國際協力總合研修所 編著(2003), pp. 48~53에 의거한다.

황에 따라 다르다. 그러나 일반적으로 다음과 같은 주요 조건을 충족하면, 경쟁적인 시장경제는 민간부문의 생산성과 저축·투자에 유리한 상황을 만들어 주고 경제성장을 촉진할 수 있다.

① 법적·제도적 거버넌스의 정비(기업통치구조의 정비, 재무관리·무역·노동시장·금융부문·하부구조와 토지에 관한 정책·인센티브·제도의 개혁)

② 거시경제의 안정(낮은 인플레이션, 가격·생산변동의 최소화, 효율적이고 경쟁적인 시장, 저축·투자를 촉진하는 정책)과 정치적 안정

③ 빈곤층의 자원(토지, 금융, 인적 능력)에의 접근 확보: 소액신용대부, 사회서비스(특히, 교육과 보건)에의 접근의 개선, 빈곤삭감을 촉진하는 재정정책

④ 대외시장에의 통합을 적극적으로 관리: 지역 간 경제통합부터 시작하는 것도 가능

⑤ (남녀·민족·사회·지역 간 등)자산·소득의 불평등 개선: 토지개혁 등

⑥ 노동집약적인 생산

⑦ 도시편중을 시정하고 농업(특히, 소규모 농업)부문의 성장과 농촌개발을 촉진

⑧ 국가의 지속가능한 개발전략의 체계 속에 성장정책을 편성

1.4.2. 스웨덴 국제개발협력기관(Sida)의 빈곤축소성장(2001)

경제구조와 불평등·빈곤의 패턴은 국가마다 매우 다르기 때문에 일반적인 정책제시는 의미가 없다. 빈곤축소성장에 필요한 정책디자인은 국가별 또는 적어도 지역별로 작성되어야 한다. 그러나 최근 연구는 거의 모든 저소득국가에 공통된 사항을 밝혀 냈는데, 내용을 보면 다음과 같다.

① 빈곤축소탄력성이 높은 부문을 우선: 어떤 부문(또는 하위부문)의 성장이 보다 더 많은 빈곤축소를 초래할 수 있는가에 주목한다. 부문별 빈곤축소탄력성의 자료가 존재하지 않는 경우에는 어떤 부문에 빈곤층이 많은가를 살피고, 비교가능한 다른 나라의 빈곤축소탄력성 자료를 참조한다. 대부분의 경우 농업부문 또는 농촌이 대상이다.

② 바람직한 형태의 성장을 실현하기 위해서 이용할 수 있는 정책수단 동원: 여기에는 구체적으로 다음의 세 가지가 있다.

· 공공투자(대부, 원조프로젝트, 경상지출 등을 포함)의 부문별 방식에 따

라 발생하는 인센티브와 역인센티브: 우선할 만한 부문의 투자를 저해할 수 있는 공공지출·원조패턴을 개선한다.

· 조세제도로부터 발생하는 인센티브와 역인센티브(특히, 소규모 사업과 소규모 토지사용과 관련하여): 많은 개발도상국의 조세부과가 역진세인데, 이를 개선해야 한다. 많은 농업 중심의 경제는 소규모 농업의 조세부담을 경감하고 토지소유에 누진과세를 도입한다.

· 시장실패에 대처: 빈곤층은 정보가 부족하며, 거래비용이 높고, 위험에 대해 취약하기 때문에 시장에 맡기지 말고 이를 시정할 수 있도록 특별한 배려를 해야 한다.

③ 자산(토지, 노동, 금융자원, 인적 자본, 천연자원, 공공하부구조 등)의 재분배와 자산의 새로운 창출을 검토: 토지개혁, 초등교육의 의무화, 소액신용대부 등을 통해 빈곤층이 가지고 있는 자산의 수익을 높이도록 한다.

④ 성장촉진을 할 수 있는 소득안정화 정책 검토: 위험대책으로 빈곤층에 사회적인 보호를 제공한다. 빈곤층 중에서도 가장 가난한 계층(노인, 어린이, 장애자)은 자산을 거의 가지고 있지 않으며, 자산을 형성하는 것도 어려우므로 안전망이 필요하다. 빈곤층은 전반적으로 자연·사회경제적인 위험에 취약하여 일시적 빈곤에 빠지기 쉬우므로 소득평준화 정책을 검토한다.

⑤ 정치적 측면의 고려: 이제까지 서술한 바와 같은 정책에 대한 찬성을 증가시키고 반대를 완화하는 방책을 검토하는 등 빈곤축소성장의 실행에 필요한 정치적 요건도 중요시한다.

1.4.3. 독일기술협력청(GTZ)의 빈곤축소형 성장을 위한 기본개념

어떤 국가에서 채택할 수 있는 빈곤축소 성장전략은 어떠한 것이며, 어떤 전략이 가능한가에 대하여 아직 논쟁중이다. 그러나 적어도 건전한 거시경제 운영과 전체적 안정성이 필요하다는 데 대해서는 의견이 일치한다. 이에 더하여 경제의 구조적·제도적 측면 및 빈곤축소적인 직접개입도 중요하다. 이를 개괄하면 다음과 같다.

(1) 구조적·제도적 편견의 제거

① 빈곤축소성장을 제약하는 거시정책의 시정(과대평가된 환율, 무역·금융부문에 존재하는 부적절한 규제·제도, 지역편중을 초래하는 산업정책과 공공

투자)

② 공공지출과 정책의 시정(낮은 수도요금과 같이 고소득자 거주지에 대한 공공서비스에의 보조금, 주요 수익자가 빈곤층이지 않은 국공립대학에서의 낮은 수업료, 염가주택의 공급을 방해하는 주택정책 등)

③ 노동시장 진입에 대한 인위적 장벽의 제거

④ 남녀, 민족, 종교를 이유로 한 차별의 철폐

(2) 빈곤축소를 위한 직접개입

① 기초교육, 보건, 가족계획 서비스에 대한 접근의 개선

② 중요한 생산요소(토지, 자본 등)에 대한 접근의 개선

③ 상품시장에 대한 접근의 개선

④ 조세제도(특히, 누진과세)의 개선

1.4.4. 세계은행 『세계개발보고 2000/2001 빈곤과의 투쟁』(2001)

과거 10년 동안 얻어진 여러 증거와 체험 그리고 지구화라는 변화에 근거하여, 기회확대(opportunity), 사회정치적 능력 향상(empowerment), 안전보장(security)의 세 가지 사항이 빈곤과의 투쟁의 관건이다.

(1) 기회의 확대

① 효과적인 민간투자의 강화: 민간투자자의 위험경감(안정된 재정·금융정책, 투자체제, 건전한 재정체계, 명확하며 투명한 사업환경), 법의 정비, 상거래 관행의 왜곡·부정의 시정, 영세기업·소규모 사업의 지원(신용접근 등), 민간부문의 제약(특히, 여성에 대한)을 경감시킨다.

② 국제시장에의 확장: 국제시장은 고용과 소득증가에 기회를 확대한다. 무역시장(무역에 의한 피해자에 대한 정책대응, 하부구조와 제도의 정비)과 자본시장(국내금융부문 개발과 동조된 신중한 자본자유화)을 구축한다.

③ 빈곤층의 자산구축: 공적 지출의 초점을 빈곤층에 맞춘다(사회·경제서비스). 양질의 서비스를 제공(공적 서비스의 개혁, 민영화)하고, 서비스 공급측의 책임을 향상(서비스의 선택·실시·모니터링에 빈곤층 참여)시킨다.

④ 성, 민족, 인종, 사회적 지위에 의한 자산의 불평등을 개선: 공적 지출, 제도개혁, 가난한 사람의 참여와 결부하면 한층 효과적이다(빈곤여성에

의 소액대부 등).

(2) 사회정치적 능력의 함양

① 정치적·법적 기반의 정비: 민주적이고 참여형의 투명성이 높은 제도, 경제성장과 법적 평등을 촉진하는 법제도를 구축한다.

② 성장과 평등을 촉진하는 행정: 정책을 효율적으로 실행하며, 부패가 없는 행정, 시민의 공공부문에의 참가와 감시, 가난한 자의 필요에 대한 정부기관의 대응을 개선하는 개혁을 시행한다.

③ 분권화와 지역공동체의 개발: 지방에의 권한이양(지방의 능력강화, 재정자원의 강화), 감시를 위한 장치, 공동체와 가계의 지방활동 참가를 실시한다.

④ 남녀격차의 시정: 여자 어린이의 취학보조, 소액신용대부 등을 추진한다.

⑤ 사회장벽에 대한 대처: 계급, 성, 민족, 인종의 차별 등 배타적이고 불평등한 사회구조는 빈곤층의 사회적 상승이동을 방해한다.

⑥ 가난한 사람의 사회관계 자본에 대한 지원: 사회적인 인권기준의 확립, 사회적 네트워크는 빈곤을 탈피하는 관건으로 가난한 사람과 관련된 법률·법규의 개선이 필요하다.

(3) 안전보장

① 가난한 사람의 위험관리에 대한 지원: 공동체, 시장, 국가 차원에서 여러 방식으로 개입한다. 경제불황에 대한 공공사업계획, 재해시 사회기금과 식량공급 프로그램 등을 마련한다.

② 금융·자연재해 충격의 방지: 건전한 거시경제, 확고한 금융체계, 단기자본거래의 신중한 관리, 사회정책 프로그램과 보조금, 재해기금의 설치, 보험제도의 정비 등을 추진한다.

③ 국내의 갈등에 대한 대응: 분쟁·내전의 예방(소수파의 권리를 지원, 분쟁의 평화적 해결을 위한 제도적인 체계의 제시, 포괄적이고 참여형의 정치 등)이 필요하다.

1.4.5. 아시아개발은행 『아시아와 태평양에서 빈곤과의 투쟁: 빈곤축소전략』(1999)

아시아개발은행은 빈곤축소 기본대책으로서 빈곤축소형 지속가능한 성장, 사회개발, 양질의 거버넌스의 세 가지를 제시한다. 빈곤축소형 지속가능한 경제성장에 필요한 요소는 다음과 같다.

① 고용과 소득의 창출: 특히, 노동집약적 성장의 빈곤축소효과가 높다. 과대평가된 환율, 수입·수출 제한, 국유기업에 대한 의존회피, 민간부문과 관련된 환경의 정비, 여성과 공적인 노동시장으로부터 소외되기 쉬운 그룹을 위한 고용기회, 소득창출기회를 증가시키는 프로그램을 실시(소액대부제도 등). 이에 더하여 하부구조 정비, 가난한 자의 자영(自營) 기회, 건전한 거시경제 운영이 중요하다.

② 민간부문의 활용: 민간부문이 가난한 자와 관련된 기본서비스를 제공하도록 한다. 물적·사회적 하부구조의 정비를 촉진한다. 정부의 역할은 민간의 역할이 확대되는 것에 비례하여 소유자·생산자의 역할로부터 촉진자·규제자의 역할로 변화한다.

③ 농촌지역의 가난한 사람과 도시의 실업자에 대한 기본적 서비스의 접근 및 자영기회를 제공하는 개입을 행한다.

④ 지역협력·준지역협력: 지구화 시장에 참여하는 실마리로서 보다 큰 시장, 규모의 경제, 분업을 발생시키는 지역협력과 준지역협력에 참가를 검토한다. 이는 특히 작은 나라에 유효하다.

⑤ 환경에 대한 배려: 자연환경과 자원을 보존하지 않으면 성장은 지속가능하지 않다.

1.4.6. 유엔개발프로그램(UNDP) 『인간개발 보고서: 경제성장과 인간개발』(1996)

UNDP는 빈곤축소가 아니라 인간개발이라는 단어를 사용하고 있다. 그러나 경제성장으로부터 인간개발에의 연계를 강화하기 위하여 필요한 요소로서 다음과 같은 것들을 거론하고 있다.

① 공정: 자금이 공정하게 배분될수록 소득증가가 생활향상에 반영된다.

② 우선도가 높은 사회 서비스에 대한 지출: 특히, 기본 서비스의 보편

적 제공에 중점적으로 자금을 배분한다.

③ 소득증가 기회: 고용창출형의 경제성장이 필요하다.

④ 생산재에의 접근: 토지, 자금, 시설 등의 생산재에 대한 접근을 방해하는 요인을 제거한다.

⑤ 양질의 거버넌스: 정부가 국민의 경제성장의 성과를 누릴 수 있는 기회를 제공하고, 국민이 공적인 활동에 참가한다.

⑥ 지역활동: 많은 NGO와 지역 그룹이 정부를 보완하고 여론을 환기함으로써 인간개발의 우선순위를 높인다.

1.4.7. 기관별 빈곤축소 성장전략의 비교

이상과 같은 논의를 종합하여 도표로 작성하여 비교·제시하면 〈표 3-2〉와 같다.

2 참여형 개발과 양질의 거버넌스

참여형 개발과 양질의 거버넌스에 대한 관심은 1990년대 초반 급격히 증가하였다. 그 배경으로는 ① 1950년대 이래 개발전략 수행에서의 경험과 교훈, 그리고 개발전략의 진화, ② 개발환경의 변화가 있었다. 냉전이 종결된 이후 주요 선진국의 개발도상국 원조에서의 변화, 그리고 1980년대 후반 이래 정치적 민주화, 경제적 자유화, 시장지향 경제로의 이행과 같은 범세계적 추세 속에서 참여는 개발원조의 핵심 요소로 간주되었다. 참여형 개발은 현재 개발과 원조사업에서 핵심 사항인 빈곤축소전략의 작성과 실행에서 사회정치적 능력신장과 가장 많은 관련이 있으며, 사실상 대부분의 빈곤축소전략의 입안과 실행에서 고려되어야 하는 기본요소로 정착해 있다.

이 절에서는 참여형 개발과 양질의 거버넌스에 대한 관심이 증대한 배경, 그 내용, 양자의 관계, 개발원조위원회의 정책방향에 관하여 살펴보기로

표 3-2 | 각 기관의 빈곤축소전략 비교

		DAC	Sida	GTZ	세계은행	아시아 개발은행	UNDP
공통의 정책	거시경제의 안정	○	△1	○			
	법적·제도적 거버넌스의 정비(민간투자 촉진에 필요한 것 포함)	○	△1	○	○	○	○
	빈곤층의 사회경제자본에 대한 접근 개선	○	○	○	○	○	○
복수 기관에 공통의 정책	노동집약적이고 고용발생적인 성장의 촉진	○				○	○
	불평등 차별의 시정			○	○		○
	농촌개발의 중시	○	△2			○	
	빈곤탄력성이 높은 부문을 우선시		○				
	시장에의 통합	○			○	△3	
	위험·충격에 대처	○	○		○		
기타 정책	조세제도 개혁		○	○			
	중소기업의 진흥			○			
	지방분권화의 촉진				○		
	NGO 등의 지역활동을 지원						
	개혁의 정치적 측면을 배려		○				
	환경에 대한 배려					○	

주: △1: Sida는 경제성장에 필요한 일반적 조건(고도 인플레이션 회피 등)을 논하고 있지는 않지만, 여기에서는 거시경제 안정을 경제성장의 필요조건에 포함된 것으로 해석하였다.
△2: Sida는 빈곤탄력성이 높은 부문을 우선해야 한다고 보고 있는데, 결과적으로 많은 개발도상국에서 농촌·농업부문이 그에 해당한다.
△3: 아시아개발은행은 지구적 시장에 참가하는 실마리로서, 먼저 지역통합을 중시하고 있다.
출처: 國際協力事業團 國際協力總合硏修所 編著(2003), p. 49.

한다.

2.1. 배 경

여기에서는 참여형 개발과 양질의 거버넌스에 대한 관심이 높아진 배경이 되는 개발전략과 관련된 경험과 교훈으로서, ① 정부주도형 개발접근에 대한 반성, ② 1980년대 구조조정정책의 경험과 교훈, ③ 수익자와 개발도상국 정부의 적극적 역할의 중요성을 서술한다. 그리고 환경의 변화로서 민주주의의 확산과 냉전종결하의 변화된 정세를 거론한다.[11]

2.1.1. 정부주도형 개발접근에 대한 반성

1950년대, 1960년대부터 개발도상국 다수가 채택하였던 정부주도형 개발접근은 공업화를 위하여 희소한 자원을 계획적·집중적으로 투입하는 방법으로서 효과적이고 효율적이었지만, 지역주민 및 지역사회의 참가능력이 충분하지 않은 상황 때문에 개발이익의 수혜자이어야 할 주민과 지역사회가 수동적 입장에 빠지는 경향이 있었다. 이와 같은 정부주도형 개발의 추진방법 때문에 개발에 의해 수익을 얻는 사회계층과 지역이 고정되고, 사회계층 간의 사회적·경제적인 격차, 남녀 간 격차, 지역격차, 도시와 농촌 간 격차 등 뿌리 깊은 문제가 해소되지 못하고 확대되기까지 하였다.

이와 같은 문제가 개발프로젝트 또는 개발 자체의 효과와 지속성을 손상하며, 또한 경제가 성장한다고 해서 자동으로 해소되는 문제도 아니라는 반성이 있었다. 따라서 이러한 문제를 해소하자면 개발전략이 애초부터 이와 같은 문제의 해결을 설정해야 하며, 이를 위해서는 이해당사자들이 의사결정과정에 참여해야 한다는 것이었다.

2.1.2. 1980년대 구조조정정책의 반성

1980년대 개혁정책 추진을 조건으로 하여 실시되었던 구조조정 대부정책은 기대한 만큼의 효과를 내지 못하였다. 그 이유 중의 하나는, 일련의 국가에서는 효과적으로 정책을 입안하고 실시할 능력과 체제가 존재하지 않았다는 것이다. 다시 말해, 정부의 부패구조, 정책결정의 불투명성, 책임의 결여, 민간부문 육성진흥정책의 부재, 법의 경시와 불비, 공공부문의 비효율적 운영 때문에 개발자금의 공정하고 효율적 사용을 방해하므로, 지속가능한 개발을 위해서는 관과 민이 활동하는 틀로서 예견가능하고 투명한 규칙과 제도가 필요하다는 인식이 발생하였다. 이로부터 책임성의 중시, 정

[11] 이에 관해서는 國際協力事業團(1995), pp. 1~8.

책결정과정의 투명성, 법의 지배 등 '양질의 거버넌스' 확보가 원조를 받는 측인 개발도상국 정부가 구비해야 하는 전제조건이라고 인식되었다.

2.1.3. 수익자와 개발도상국 정부의 적극적 역할의 중요성

과거 공적 개발원조와 비정부기구의 원조활동은 본래 개발도상국 정부 자신이 수행해야 하는 임무를 대신해 주는 경우가 많았다. 이렇게 되면 원조를 받는 정부측의 자조능력이 육성되지 않고, 그 결과로 애초에 예정된 원조기간이 종료하면 사업도 동시에 중단되는 경우가 있었다. 이는 단지 인도주의에만 기초한 원조제공자 주도의 원조프로젝트는 해당국 정부와 시민사회 자체의 의지와 능력에 기초하지 않는 한 지속가능하기가 어렵다는 것을 보여 주었다.

나아가 1980년대 구조조정 대부의 경험은 외부기관이 강요하는 개혁정책은 성공할 수 없다는 것을 보여 주었다. 개혁정책이 성공적으로 추진되려면, 우선 정부가 스스로 개혁의지를 가지고 있어야 하며, 시민사회 다수가 이를 정치적으로 지지해 주어야 한다. 이를 위해서는 민주적인 정치제도에 기초한 의사결정과 이를 뒷받침할 수 있는 정치적 여건의 구비가 필요하였다.

이 두 가지 사항이 보여 주는 것은 지속가능한 개발은 해당국 정부와 수익자 자신이 개발에 강력한 의지를 가지고, 스스로도 책임을 나누고 합하여 개발을 향해 주체적으로 노력하는 것이 중요하다는 것이다. 이를 위해서는 국민이 정치·사회·경제의 각 분야에 광범위하게 참가하고, 이를 가능하게 해 주는 구조와 기반을 정비하는 것, 다시 말해 '참가'가 효과적으로 이루어질 수 있도록 개개인에게 교육과 의료의 기본서비스 등을 보장해 주는 것과 같은 것이 개발도상국 정부 자신이 책임을 지고 추진해야 하는 중요한 역할이며, 이에 대해 원조를 해야 한다는 사고방식이 원조제공국 사이에 확대되었다.

2.1.4. 변화된 정세: 민주주의의 확산과 냉전의 종결

국제정세의 변화도 개발에서 참여를 보다 적극적으로 간주하도록 만들었다. 먼저 민주주의의 확산을 들 수 있다. 1980년대 말기 이후 아프리카 여러 나라에서 행해졌던 복수정당제하에서의 대통령선거와 의회선거, 그리고 한국, 대만, 타이 등에서 나타났던 중간층의 급속한 증대에 의한 민주화

요구의 흐름에서 나타나듯이, 민주화의 방향성 또는 정치적 다원주의는 세계사의 거역할 수 없는 흐름처럼 보였다. 또한 구조조정정책, 중국과 베트남에서의 경제개혁 조류, 소련과 동유럽 사회주의 정권의 붕괴 후에 나타난 경제의 자유화 시장지향형 경제로의 이행도 세계적 추세였다.

이와 함께 냉전의 붕괴도 참여에 관한 사고를 바꾸는 계기였다. 냉전체제하에서는 서방의 원조제공자는 민주화의 촉진, 시장지향형 경제의 도입을 사회주의·공산주의 또는 계획경제에 대항하는 개념으로 취급하는 경향이 있었고, 실제로 원조실시도 서방 진영에 속하는 국가에 대해서는 그 국가가 실현하고 있는 바의 민주주의와 시장경제기구의 실태에 대해 어느 정도 고려가 있었다. 그런데 냉전종결 이후에는 개발원조를 보다 효과적·효율적으로 실시하기 위해서도, 또는 동서 이데올로기 대립에 대신하는 새로운 원조전략을 확립하여 선진국 국민을 납득시키기 위해서도 냉전체제하에서는 언급이 회피되었던 인권의 옹호, 민주화의 촉진과 같은 정치개혁에의 지원이 중요하다는 것이 인식되었다. 다시 말해, 과거에는 개발도상국의 정치체제·정치기구에 관여하는 것은 내정간섭이라고 간주되었던 것과는 반대로, 현재에는 원조하는 측이 개발원조의 전제조건으로서 개발도상국의 정책과 실시체제에 대하여 적극적으로 관여해야 한다는 인식이 강해졌다. 그리하여 1990년대가 되면 서방의 선진국들은 여러 경로를 통하여 자유·민주주의 원칙의 추진을 내세우기 시작하였다. 그 내용은 여러 가지이지만, 그 핵심은 복수정당제 민주주의, 다원주의와 시장경제가 지속가능한 개발과 사회적 정의의 실현에 불가결하는 것이다. 그리하여 이와 같은 조건을 원조제공에서 중요한 요소로 간주하는 경향이 강화되었다.

2.2. 참여적 개발과 양질의 거버넌스 내용

2.2.1. 개　　관

국제사회에서 '참여형 개발'이라는 표현이 최초로 등장하였던 것은 1989년 12월 DAC가 채택한 「1990년대의 개발협력에 관한 정책선언(Policy Statement on Development Co-operation in the 1990's)」이었다. 이 문서는 지속가능한 개발, 환경문제 및 참여형 개발을 1990년대 개발원조의 가장 중요한 과제로 제시하였다. 이어 1993년 12월 "참여형 개발을 위한 정책방향(Orientation Paper for Participatory Development)"이 제시되었고, 1994년 5월 '참여형 개발과 양질의 거버넌스를 위한 잠정실무그룹'이 구성되어 1997년까지 활동하였다. 1997년에 발간되었던 이 그룹의 최종보고서는,[12] 민주적 거버넌스에 대한 자원투자는 개발목표의 진척에 기여할 것이며, DAC의 전략에 명시되어 있는 여러 목표, 즉 빈곤축소, 남녀평등의 증진, 기초교육과 보건수준 향상, 환경악화의 역전과 같은 목표들의 달성을 위해서 핵심적인 것은 보다 참여적이고 투명하며 책임 있는 사회가 탄생하는 것이라고 주장하였다. 또한 참여적이며 책임 있고 능률적인 거버넌스는 국가와 그 시민이 지속가능한 사회적·경제적 개발목표에 보다 적극적으로 나설 수 있게 할 것이라고 주장하였다.

1995년 개발원조위원회는 『참여형 개발과 양질의 거버넌스 정책지침』을 출간하였다.[13] 이 지침에 제시된 참여형 개발과 양질의 거버넌스에 관한 내용을 살펴보면 다음과 같다. 이 지침은 "공개적이고 민주적이며 책임 있는 거버넌스 체계 및 인권의 존중은 지속가능한 경제적·사회적 개발을 성취하는 능력과 긴밀히 연계되어 있음이 점점 분명해지고 있다"는 것[14]으로부터 출발하고 있다. 또한 이러한 연계는 너무도 중요한 것이기 때문에 참여형 개발과 양질의 거버넌스는 개발원조를 배분하고 디자인하는 데서 핵심적으로 고려되어야 한다는 것이다. 이러한 목적을 달성하는 것은 중요하고 긴급한 것이지만, 어느 사회든지 길고 복잡하고 불균등한 과정이 존재하여 이를 완전하게 달성할 수는 없다는 것이 인정되고 있다.

이 지침은 참여형 개발, 민주화, 양질의 거버넌스, 인권, 정책의 일관성과 협력을 주요 내용으로 하고 있는데, 양질의 거버넌스, 참여형 개발, 인권과 민주화는 다음과 같이 분명히 상호 연계되어 있음에서 출발한다.[15]

① 정부의 정통성은 참여적 과정의 존재와 통치되는 자의 동의에 의존한다.

② 정부의 정치적·실무적 구성요소는 그 행위에 대해 보고책임을 져야 한다. 이는 정보의 취득가능성, 대중매체의 자유, 의사결정의 투명성, 개인

[12] OECD DAC(1997b), p. 3.
[13] OECD DAC(1995).
[14] OECD DAC(1995), p. 5.
[15] OECD DAC(1995), p. 5.

또는 기관이 자신의 행위에 대해 책임을 지게 만드는 장치의 존재 유무에 좌우된다.

③ 정치적 차원에서도 보고책임은 대의적 정부와 정치과정에 존재한다.

④ 적절한 정책을 작성하고, 적절한 시기에 결정을 내리며, 이를 효과적으로 실행하고 서비스를 배달하는 정부의 능력이 필요하다.

⑤ 인권과 법치를 존중하고, 개인과 그룹의 권리·안전을 보장하며, 경제적·사회적 행위에 대해 존속가능한 체계를 제공하고, 개인들이 참여하도록 장려한다.

그런데 이와 같은 모든 항목에서 공통적으로 주의를 기울여야 하는 것은 모든 제도와 과정에서 인구의 절반인 여성의 기회가 확장되어야 하고, 환경과 자연자원의 효율적 관리에 중요한 지역자치단체의 관여가 증가해야 한다.

2.2.2. 참여형 개발

참여형 개발은 "사람들이 자신의 생활에 영향을 미치는 결정을 내리는 데 적극적이고 영향력 있는 역할을 하는 과정"이라고 정의된다.[16] 참여형 개발이 중요한 이유는 적어도 두 가지이다.

① 이는 그룹, 지역자치체와 조직들의 사회정치적 능력을 향상시킴으로써, 시민사회와 경제가 기관과 제도와 협상하는 데에서 발언권을 강화하며, 그리하여 공공정책에 영향을 미치고 정부권력을 견제한다.

② 참여형 개발은 개발프로그램의 효율성, 효과성과 지속가능성을 증가시킨다. 참여형 개발은 어렵고 긴 과정일 수도 있지만 많은 이득을 발생시킨다. 이에는 현지지식을 개발에 동원, 목적과 결과가 인식된 필요에 더 부합할 가능성, 정부관리와 계약자가 공공의 감시를 받고 있기 때문에 그 정직성과 효율성이 증가, 지자체 기반의 조직이 행위에 대해 주도성과 책임성(ownership)을 가지는 것이 있다.

2.2.3. 민주주의

민주화는 참여를 국가의 정치생활에 통합시키며 정부 정통성의 기반이

[16] OECD DAC(1995), p. 8.

된다. 민주화를 지향하는 국가의 개념요소는 다섯 가지 사항으로 이루어진다.[17]

① 정통성으로서, 국가권력의 행사과정에서 민의반영의 보장, 민주주의의 존중, 국민의 신임을 얻는 정부의 선출, 주권 및 권력의 적정한 제어를 위한 법의 지배, 이의제기절차가 확립되고 기능한다는 것이다.

② 책임성으로서, 국가권력의 자의성 배제, 권력행사에서 정보공개, 권한과 책임의 명확성이다.

③ 인권보장으로서, 국민의 기본적 인권을 존중하고, 여성과 소수 그룹의 권리를 존중하며, 국민의 복지를 증대하는 자세를 취한다.

④ 지방자치와 분권으로서, 지방의 자치와 분권을 제도적으로 보장한다.

⑤ 과도한 군사지출에 관한 문민통제를 확보한다.

2.2.4. 양질의 거버넌스

양질의 거버넌스는 복합적 용어이다. 여기에서는 DAC의 "사회적·경제적 개발을 위한 자원의 관리와 관련하여 정치적 권위의 사용과 사회에서의 통제행사"[18]라는 의미로 개념정의한다. 이와 같은 광범위한 정의는 경제관리기구가 기능하는 환경의 마련, 수익배분의 결정과 통치자와 통치받는 자의 관계의 성격결정에서 공적 기관의 역할을 포괄한다. 거버넌스의 세 가지 측면을 구분해 보면, 정권의 형태·권위가 국가의 경제적·사회적 자원의 관리에서 행사되는 과정, 정부가 정책을 작성하고 실행하며, 그리고 정부기능을 행하는 능력이다. 거버넌스의 중요한 차원을 구분해 보면, ① 법치, ② 공적 부문 관리, ③ 부패의 통제, ④ 과도한 군사지출 삭감인데, 항목별로 살펴보면 다음과 같다.

(1) 법　　치

객관적이고 신뢰할 수 있으며 독립적인 사법부에 기반한 예측가능한 법적 환경은 민주화, 양질의 거버넌스와 인권에 핵심적 요소 중의 하나이다. 또한 법치는 사회와 경제가 효과적으로 기능하는 데에도 중요한 요소이다.

17 국제협력사업단(1995), p. 29.

18 OECD DAC(1995), p. 14. 거버넌스에 관해서는 이 밖에도 World Bank(2000); 近藤正規(2003) 참조.

(2) 공적 부문 관리

정부기관은 법과 질서를 유지하며 정책을 개발하고 규칙을 강제하며, 재산권과 기타 권리를 보장하며, 투자와 성장을 통해 고용을 증대하는 체계를 마련함으로써, 주민에 봉사하기 위해 존재한다. 정부기관은 사회와 경제의 바탕이 되는 교육·보건과 하부구조와 같은 기초서비스를 제공하는 환경을 마련하거나 보장하는 데에서 핵심 역할을 한다. 정부는 투명성, 건전한 관리와 정부를 통제해야 하는 민주적 과정에의 피드백체계를 가지고 있어야 한다.

(3) 부패의 통제

공적 자원의 사용에서 투명성, 책임성과 정직성이 부족하면, 국가는 신뢰와 권위를 누릴 수 없다. 부패가 만연하면 민주적 기관의 신뢰가 추락하며 양질의 거버넌스를 붕괴시킨다.

(4) 과도한 군사지출 삭감

군사비와 관련해서 군사지출이 과도하면 갈등과 억압을 초래하여 지역을 불안정하게 할 수 있으며, 희소자원을 개발의 필요가 아닌 곳으로 유출한다.

2.2.5. 인　권

개발원조위원회 회원국은 개발도상국이 모든 인간의 인권을 존중하는 데 국제적으로 규정된 원칙과 기준을 준수할 것을 기대한다.[19] 회원국은 비정부 인권그룹의 인권개선에서의 역할을 인정한다. 여성에 대한 차별, 특히 폭력에 의한 차별은 개선되어야 한다.

2.2.6. 참여형 개발과 양질의 거버넌스의 관계

일본의 국제협력단은 양질의 거버넌스를 국가와 정부의 두 차원으로 이해하고, 이 두 차원과 참여형 개발의 관계를 설정하고 있다. 여기서 참여형 개발은 개발의 영향을 받는 인간이 개발국면에서 담당자 또는 수익자로

[19] OECD DAC(1995), pp. 23~24.

그림 3-2 | 참여형 개발과 양질의 거버넌스의 상호 관계

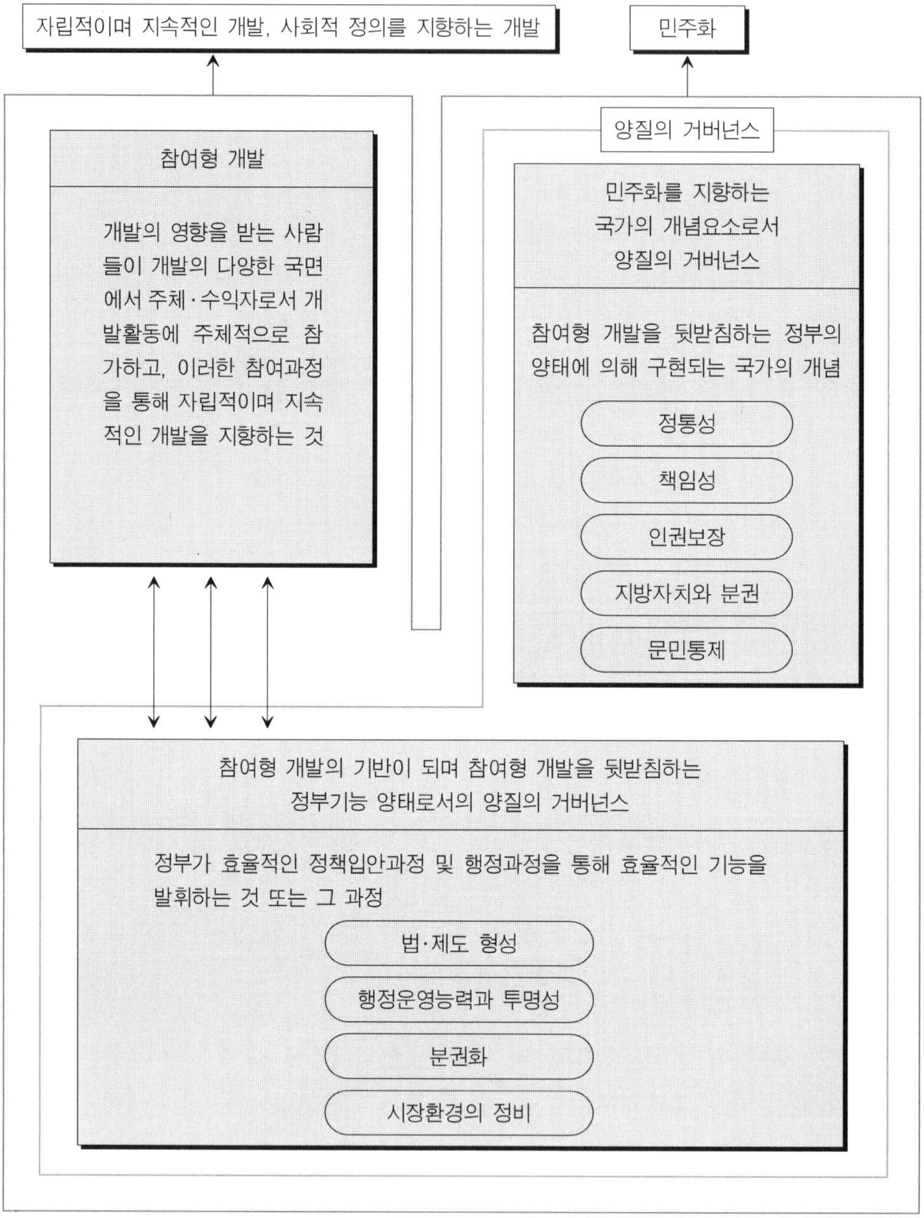

출처: 國際協力事業團(1995), p. 32.

서 개발활동에 주체적으로 참여하고, 이러한 참여과정을 통해 자립적이며 지속적인 개발을 지향하는 것이라고 정의되고 있다. 양질의 거버넌스는 국가 차원에서 민주화를 지향하는 국가의 개념요소로서 양질의 거버넌스와, 정부 차원에서 참여형 개발의 기반이 되고 또한 참여형 개발을 뒷받침하는 정부기능의 존재양식으로서 양질의 거버넌스의 양 차원으로 파악된다. 양질의 거버넌스와 관련하여 국가의 개념은 참여형 개발을 뒷받침하는 정부기능의 존재양식에 의해서 구현되는 것으로 이해되며, 이는 정통성, 책임성, 인권보장, 지방자치와 분권, 문민통제를 포괄한다. 정부와 관련해서 양질의 거버넌스는 효율적인 정책과정 및 행정과정을 통해 효율적으로 기능하는 것 또는 그 과정으로 파악된다. 이는 법과 제도의 구비, 행정운영능력과 투명성, 분권화, 시장환경의 정비를 포괄한다. 이를 그림으로 나타내면 〈그림 3-2〉와 같다.

2.3. 개발원조위원회의 정책방향

『참여형 개발과 양질의 거버넌스 정책지침』에는 개발원조위원회 회원국과 개발도상국이 참여적 개발과 양질의 거버넌스분야에서 협력할 수 있는 다양한 방도를 제시하고 있다. 이는 광범위한 토대를 갖는 경제개발에 대한 공동의 정책의지에 기반하며, 모든 인간에 내재해 있는 잠재성에 기초를 두고 있다. 이를 '참여형 개발과 양질의 거버넌스를 위한 잠정실무그룹'이 최종보고서에서 제시한 바에 따라 주요 요소를 요약해 보면 다음과 같다.[20]

2.3.1. 참여형 개발

① 운영가능하고 효과적이며 지속가능한 모든 주민에 대한 교육과 훈련서비스를 제공하는 프로그램을 통해 개발도상국이 자신의 인간자원을 개선할 수 있도록 도움으로써 참여적 개발을 촉진한다.

② 저소득 주민과 여성을 포함하여 모든 주민의 사회정치적 능력을 향상시킬 수 있는 제도와 기관을 지원한다. 그리하여 모든 주민이 개발의 주

[20] OECD DAC(1997b), p. 6.

역이 될 수 있게 해 주며, 강력한 시민사회의 등장에 이바지하도록 한다.

③ 분권화 프로그램에 지원을 제공하고 풀뿌리 조직과 그룹을 지원함으로써 지역 차원에서 주민참여를 향상시킨다.

④ 원조수용국 의사결정자와 원조기관 직원들이 참여적 접근과 주민의 목소리에 반응하는 정부의 채택을 촉진하는 식으로 활동하도록 주의를 환기한다.

⑤ 프로젝트 디자인, 실행, 모니터링과 평가에 그 프로젝트에 관한 모든 이해당사자를 참여시킨다.

2.3.2. 민 주 화

개발원조위원회 회원국은 민주화를 지원한다. 민주화는 각 국가의 구체적인 사회경제적이며 문화적 맥락에 대한 포괄적 이해가 광범위하게 진행중인 과정이라고 간주된다. 이에 대한 지원은 다음과 같은 것을 포함한다.

① 다원주의적 시민사회와 독립적이고 전문적 대중매체가 형성되고 강화되도록 돕는다.

② 대의정치기관의 기능을 개선하도록 지원하며, 여러 단계에서 선거과정을 지원한다.

③ 교육, 토지임차, 가족계획에서 여성의 권리가 보장되고, 시민사회와 정치과정의 의사결정에서 여성의 발언권이 강화되도록 돕는다.

2.3.3. 양질의 거버넌스

(1) 법 치

법적·사법적 그리고 법집행체계를 개선·강화하는 원조를 제공함으로써 법치가 강화되도록 지원하며, 국가와 사회의 모든 곳에서 그 효과적 적용이 보장되도록 한다.

(2) 공공부문 관리

공공부문 관리와 투명성·책임성을 강화하기 위해서는, ① 회계실무를 개선하며, ② 예산수립과 수행 및 공공지출관리를 개선하고, ③ 공무원체계를 개혁하도록 돕는다.

(3) 부　　패

반부패전략 지원을 통해 부패행위의 기회를 줄이고 대중매체를 통해 부패행위를 폭로하도록 장려함으로써 부패를 통제할 수 있게끔 돕는다.

(4) 군사지출

군사예산에서 투명성과 적절한 통제를 보장하며, 효과적이고 효율적인 안보전략을 개발하고, 군사력의 규모를 줄이도록 지원함으로써 과도한 군사지출을 줄이도록 고무한다.

2.3.4. 인　　권

개발도상국이 인권을 진흥하고 방어하며 국제적으로 합의된 원칙과 기준 그리고 빈선언을 준수하도록 고무하고 지원한다. 그리고 인권에 대한 교육을 강화하고 인권그룹과 자유대중매체의 발전을 지원한다.

2.3.5. 정책일관성

개발원조위원회 회원국은 해당 정부 내에서 해당 분야의 정책일관성을 개선하기 위해 노력한다. 정책일관성의 여부는 원조제공국이 참여적 개발과 양질의 거버넌스에 관해 취하는 입장의 효과성과 신뢰성 여부에 핵심적 역할을 하기 때문이다.

제 4 장

현 원조이론의 주요 관심

1. 원조의 효과성
2. 주요 원조수단
3. 취약국가에 대한 대응
4. 주요 원조기관의 원조정책 방향

현재 원조이론의 주요한 관점은 어떻게 하면 원조의 효과성을 높일 수 있느냐이다. 이에 기초하여 원조의 방법과 수단에 대한 관심이 높아졌다. 또한 내란 등에 의해 개발정책을 수행할 만한 능력과 의지가 없는 '취약국가'에 대해 어떻게 대응할 것인가가 주요 관심으로 등장하였다.

원조의 효과성은 냉전종결 이후 관심이 높아지고 있는데, 그간의 원조사업 경험에서 원조가 효과를 내자면 수용국의 정책과 제도가 제대로 되어 있어야 한다는 것이다. 또한 원조는 수용국이 스스로 추진하는 정책을 도울 때에만 효과를 낼 수 있기 때문에, 원조는 수용국 정책이 변한 이후에 이를 지원하기 위해 제공되어야 한다는 것이다.

나아가 원조제공국과 수용국 사이, 원조제공국 간의 관계도 원조효과성과 관련되어 있다. 우선 원조제공국과 수용국의 관계는 과거처럼 원조제공국 주도가 아니라 수용국 주도로 바뀌어야 한다는 것이다. 또한 원조는 수용국의 정책수립 및 실행능력을 키워 주는 방향에서 수용국의 정책과 제도에 제휴해야 한다는 것이다. 원조제공국들 간에 원조의 목적과 정책, 실행에서의 협력이 존재할 때(조화) 이러한 제휴가 쉽게 이루어질 수 있고 또한 원조배달에서의 거래비용이 삭감될 수 있다.

원조방법은 앞서 거론한 여러 지향에 적합하도록, 그리고 구체적 상황에 맞게 취사선택되어야 한다. 이러한 의미에서 과거 주류를 이루었던 원조제공국이 주도가 되어 서비스를 수용국에 직접 배달하였던 프로젝트원조 대신 수용국의 정책과 예산집행을 지원하는 프로그램원조가 점차 강력히 추천되고 있으며, 프로젝트 원조방식의 혁신 등 여러 가지 새로운 시도가 존재한다.

또한 냉전이 종결함에 따라 '제3세계'에서 국가 간의 갈등보다는 내부갈등에 의해 내부붕괴, 인위적 재난 등으로 개발정책을 추진할 만한 의지 그리고/또는 능력이 결여된 국가의 숫자가 증가하였으며, 방치할 경우 내부의 주민, 주변 국가 나아가 국제적으로 큰 피해를 발생시키거나 그러한 위험이 존재하였다. 따라서 이러한 국가에 대한 '정상적 원조'가 불가능함에도 불구하고, 그 잠재적 위험성 때문에 국제적 원조를 통해 대응해야 하는 문제가 대두하였다.

1 원조의 효과성

원조의 효과성에 대한 관심은 냉전종결 이후 급격히 높아졌는데, 이에 기여한 요인들은 다음과 같다.[1]

① 냉전체제하에서 행해졌던 전략원조의 전제가 붕괴하였다는 것이다. 냉전체제하에서 동서 간의 대결은 원조제공의 핵심적 이유가 경제성장이나 빈곤축소라기보다는 서방의 안보이익에 부합하는 독재정권의 연명과 군비확장인 경우가 많았다. 이제 이러해야 할 이유가 사라지면서 원조의 효과성에 대한 관심이 높아졌다.

② 그간에 축적된 여러 경험적 자료에 기초하여 원조가 어떠한 경우에 효과적인가에 대한 통찰이 증가하였다. 원조의 주요 수혜자였던 아프리카와 중남미 국가들의 경제정체 때문에 원조효과에 대한 의심이 증가하였지만, 일련의 동아시아 국가들의 경험은 시장에 기반하고 효과적 국가가 경제적으로 촉진자의 역할을 하게 될 때 급속한 성장이 가능하다는 관념도 함께 강화시켰다.

원조의 효과성에 대한 관심은 세 가지 사항을 기축으로 표현되었다.

① 원조수용국의 정책과 제도가 좋아야 원조가 효과를 낼 수 있다는 것이다.

② 개발추진과 원조관리에서 수용국이 주체가 되어야 하며, 아울러 제공국과 수용국 사이의 거래비용을 줄여야 한다는 것이다.

③ 언급된 사항과 관련하여 기존 원조수법이 개선되거나 새로운 시도가 개발되어야 한다는 것이다.

[1] World Bank(1998a).

1.1. 정책과 제도개혁의 최우선성

1990년대 중·후반 들어 개발전략에 관한 사고가 변화하면서 원조에 대한 사고방식, 그리고 그 효과성에 관한 사고방식이 변화하였다. 개발전략의 기축은 ① 성장을 촉진하는 시장지향적인 정책추진(안정된 거시경제 환경, 효과적 법과 질서, 무역자유화 등), ② 사적 시장은 제대로 또한 균등하게 조달할 능력이 없는 중요한 공공서비스(하부구조 서비스와 교육 등)의 제공보장이다. 이 두 가지 핵심 사항을 실현하는 데서 건전한 정책과 고품질의 제도를 갖춘 개발도상국은 그렇지 않은 국가보다 더 빨리 성장하였으며(전자 2.7%, 후자 −0.5%), 동시에 1인당 소득의 성장뿐 아니라 생활품질의 광범위한 개선(소득증가는 바람직하지만 동시에 빈곤축소, 문자해독과 보건의 개선, 환경적으로 지속가능한 발전)을 이루었다.

이러한 개발관념에 입각해서 보면, 과거의 개발경험에서 성패를 좌우하였던 것은 개발자금 조달문제가 아니라 '정책입안, 제도형성, 공공서비스 제공'에서의 성패였다.[2] 이에 따라 원조의 역할도 달리 인식되었다. 즉, 개발원조는 자본을 조달하는 것보다는 양질의 제도와 정책을 지원하는 것을 더 중시해야 한다는 것이다. 자금도 중요하지만, 효과적인 원조는 자금과 아이디어의 꾸러미를 제공해야 한다. 나라마다 상황과 문제가 다르기 때문에 자금과 아이디어의 적절한 배합을 찾아 내는 것이 개발원조의 관건이라는 것이다.[3] 이와 같은 사고방식을 뒷받침하는 명제들은 다음과 같다.

첫째, 정책환경이 좋아야 자금원조가 기능할 수 있다. 자금원조는 경제를 건전하게 관리하고 있는 개발도상국에서는 빈곤축소를 가속화하고, 사회적 지표를 개선시킨다. 그러나 경제관리가 부실한 국가에 대한 원조는 거의 효과가 없다. 이는 외국의 자금원조보다는 내부의 경제관리가 더 중요하다는 것을 보여 준다. 따라서 원조자원은 유한하며 효율적으로 사용되어야 하므로, 경제관리가 건전한 저소득국가에 대해 우선적으로 제공되어야 한다. 만약 경제관리를 건전하게 하고 있는 국가들에 원조를 100억 달러 증가시키면 1년에 2,500만 명이 빈곤으로부터 벗어날 수 있지만, 이를 구별하지 않고 전반적으로 100억 달러를 증가시키면 700만 명만이 빈곤으로부터 벗

[2] World Bank(1998a), pp. 9~11.

[3] World Bank(1998a), p. 13.

어날 수 있다.

둘째, 빈곤축소에서 비약의 핵심은 개발도상국의 경제적 제도와 정책을 개선하는 것이다. 그런데 사회가 개혁을 원하는 경우에만 외국원조는 아이디어, 훈련, 자금을 통해 중요한 도움을 줄 수 있다. 정부가 이미 개혁을 지향하는 경우에 대해서는 시기적절한 외부원조가 핵심적 역할을 한다. 반대로 개혁지향 운동이 존재하지 않는 국가에서 정책개선을 '구매'하고자 하는 시도는 대체로 실패한다. 이와 같은 경우, 원조제공자는 자금원조가 아니라, 분석작업, 훈련, 기술원조를 통해 개혁을 양성하고자 노력해야 한다. 비(非)자금원조는 개혁운동이 발전하고 개혁계획을 공고화시키는 데 기여해야 한다. 자금원조는 어떤 국가가 정책과 제도의 개혁에서 상당한 진척을 보여주는 상태에서만 큰 효과를 낼 수 있다. 그런데 대규모 자금원조의 시기도 적확해야 한다. 너무 빠르면 체계적 개혁프로그램이 등장하지 못하게 될 수 있고, 주어진 자금도 성장에 큰 효과를 주지 못할 개연성이 높다. 반면에, 너무 늦으면 개혁이 성장에 미치는 효과를 높이며, 정책체계를 공고화시킬 수 있는 기회를 놓치게 된다.

일정한 개혁정책 채택을 조건부로 자금을 대부하는 시도는 해당 정부가 그 개혁프로그램을 자기 것으로 간주하고 그 개혁실행의 필요성에 대해 진실로 확신하고 있을 때에야 성공할 수 있다. 개혁정책에 대한 국내지지기반이 존재하는 경우, 구조조정 대부와 외국원조는 개혁정책의 성과를 다음과 같은 세 가지 방식으로 공고화시킬 수 있다.

① 조건부 대부는 개혁지향 정부가 정책조치에 대해 공개적으로 공언하는 수단이다.

② 부대조건은 민간부문에 대하여 개혁프로그램이 믿을 만한 것이라는 신호를 주며, 투자자가 이 신호에 빨리 반응할 동기를 만들어 낸다.

③ 개혁이 신속히 진행되어 정책환경이 개선되면, 자금원조는 큰 효과를 낼 수 있고, 이는 개혁에 대한 정치적 지지를 공고화시킨다.

셋째, 효과적 원조는 민간투자를 보완한다. 경제관리가 건전한 나라에서는 외국원조가 민간투자 시도를 대체하지 않는다. 이러한 국가에 대한 원조는 실제로 원조 1달러당 거의 2달러의 민간투자를 끌어당기는 역할(crowd in)을 한다. 개혁을 지향하는 나라에 대한 원조는 민간부문의 신뢰를 증가시키고 중요한 공공서비스를 지원한다. 심히 왜곡되어 있는 환경에서는 원조가 민간투자를 몰아 내는(crowd out) 역할을 한다. 따라서 원조의 파급효과는 작다.

넷째, 개발프로젝트의 가치는 제도와 정책을 강화하여, 서비스가 효과적으로 배달되도록 하는 것이다. 원조는 지식과 자금의 꾸러미로 되어 있다. 대부분의 원조는 특별한 부문, 예를 들어 도로, 물공급 또는 교육과 같은 부문에 대한 투자프로젝트로 배달된다. 그런데 이러한 프로젝트에서 더 중요한 것은 제공된 자금이 아니라 제공된 새로운 지식이다.

그 이유는 원조자금의 대체가능성(fungibility) 때문이다. 다시 말해, 어느 특정 부문에 대해 프로젝트자금을 제공하는 것이나 용도지정 없이 그냥 무조건으로 증여하는 것이나, 그 특정 부문에 대한 지출을 증가시키는 효과에 큰 차이가 없을 수 있다. 따라서 기초 보건 또는 교육과 같이 매우 고상한 부문을 선택하였다는 것 자체가 자금이 좋은 용도로 사용되는 것을 보장하지는 않는다. 물론 그 부문에 대한 자금지출이 증가하지만, 원조에 의해서 재정유입이 증가하거나 재정지출에 여유가 생기면, 해당 정부는 여유자금으로 다른 사업을 할 수 있게 된다. 따라서 명목상 특정 부문에 대한 자금제공은 그 부문과 함께 정부가 여유자금으로 행하는 그 어떤 다른 부문에 동시에 자금을 제공하는 것이나 마찬가지이다. 따라서 명목상 어떤 특정 부문에 대한 원조라 할지라도 그 원조는 사실상 공공부문 전체에 대해 자금을 지원하고 있는 것이다. 그러므로 원조제공자는 자기가 자금을 지원한 부문의 지출증가만 보아서는 안 되고, 전반적인 재정배분과 공적 지출의 효과성을 살펴보아야 한다. 그러므로 원조에 의한 자금지원이 큰 실익을 거두기 위해서는 전체적으로 정책과 제도의 품질향상이 중요하다. 이에 비추어 볼 때, 프로젝트의 가장 중요한 기여는 어떤 특정 부문에 대한 자금을 증가시키는 것이 아니라, 부문과 현지의 제도를 강화시켜 서비스배달을 개선하는 것이다. 원조의 양 측면(지식+자금) 중에서, 제공된 지식은 특정 부문에서의 개선을 발생시키며, 다른 한쪽인 자금부문은 공공서비스 일반을 확장시킨다. 설령 자금의 일부가 다른 곳에 전용되더라도 프로젝트에 의해 창조된 지식과 향상된 제도능력은 그 부문에 고착되어 중요한 기여를 할 수 있다.

효과적이고 고품질의 서비스를 제공하는 공적 부문을 갖추고 있는 나라에는 대규모 자금지원도 가능하다. 그런데 이러한 자금지원은 국가예산에 대한 직접지원방식으로 행하는 것이 합당하다. 앞에서 언급한 것처럼, 궁극적으로 원조자금의 효과적 사용을 결정하는 것은 해당 국가의 전반적인 재정관리(적절한 배분과 효과적 사용)이다. 국가예산에 대한 직접적인 지원은 전반적 예산배분과 사용에 대한 영향력을 증대시킬 수 있으며, 원조제공측과 사용측 모두 원조전달 및 수용과 관련한 업무비용을 절감시킬 수 있다.

다섯째, 활발한 시민사회는 공공서비스를 개선시킨다. 최근의 많은 원조프로젝트는 참여적 접근을 사용하면 서비스배달이 현저히 개선된다는 관념에 입각해 있다. 가장 좋은 원조프로젝트는 공적 부문이 업무를 행하는 방식을 바꾸도록 하는 창조적 조치를 지원하는 프로젝트이다. 농촌에서 물공급, 초등교육, 자연자원 관리 등등에서 위로부터 아래로 가는 테크노크라트적 접근에 기초한 프로젝트 디자인과 서비스배달은 제대로 기능하지 못하였기 때문이다.

여섯째, 가장 왜곡된 상황에서도 원조는 개혁을 양성할 수 있지만, 인내가 요구되며, 자금전달이 아니라 지식전달에 중점을 두어야 한다. 일련의 가장 가난한 나라에서 정부는 효과적 정책이나 서비스를 제공하고 있지 않다. 이것이 정부 대 정부의 자원이전이 효과를 내지 못하는 이유이다. 그렇지만 종종 지방 또는 부문에 개혁옹호자가 있는 경우가 있고, 원조가 이를 지지하면 때때로 효과를 낼 수 있다. 또는 시민사회에 원조를 제공하여 정부에 압력을 가하도록 할 수도 있다.

1.2. 원조파트너십

이와 같은 측면에서의 원조효과성은 ① 개발정책과 원조관리의 주도권 문제, ② 원조의 제공과 수용에서 거래비용의 문제, ③ 원조의 성과중시의 세 가지 측면을 포함한다.[4]

첫째 문제와 관련해서는 과거 원조제공자가 자원제공과 동시에 그 사용에 대해서도 수용국에 대해 지시하는 식으로는 지속가능한 개발이 불가능하다는 인식에서 출발하였다. 원조수용국의 자구노력이 존재하며, 그를 도와 주는 방식의 원조만이 성공적일 수 있다(ownership)는 것이다. 다시 말해, 당사국 스스로의 노력에 의해서만 당사국이 발전할 수 있지, 원조제공

[4] *Paris Declaration on Aid Effectiveness: Ownership, Harmonization, Alignment, Results and Mutual Accountability*(2005); OECD DAC Working Party on Aid Effectiveness(2005).

자가 해당국을 대신 발전시켜 줄 수 없다는 것이다. 따라서 해당 국가는 성취하고자 하는 성과가 무엇인가에 대해 스스로의 자기 비전을 가져야 하며, 이를 달성하기 위해 어떤 길을 가고자 하는가를 스스로 선택해야 하고, 이와 같은 목표달성에 도움을 주기 위해 제공되는 원조제공자의 노력과 자원을 조정하는 역할을 담당해야 한다는 것이다.[5]

둘째, 원조의 거래비용과 관련해서는, 원조가 증가하면 수용국에 수익도 증가하지만 의도하지 않은 부담도 증가한다. 예를 들어, 원조제공자의 정책과 요구사항은 통상 원조제공자 간에 서로 다르고 또한 수용국의 그것과도 다르다. 이 때문에 원조가 추진하는 정책사항이 해당 수용국의 필요와는 다르며, 노력이 잘못된 곳에 투입되고, 원조체계와 프로그램에서 일관성이 없고, 정보가 부족하며, 피할 수 있는 중복과 낭비가 발생하는 상황이 종종 초래되었다. 원조제공자가 추진하는 업무방식은 해당 수용국의 체계 및 제도의 효과성을 공고화시키는 것이 아니라 붕괴시키는 데 종종 기여하였다. 나아가 절차, 보고서, 시찰단의 숫자가 엄청나서 수용국은 해마다 막대한 비용을 지불해야 하였는데, 특히 심각한 것은 기회비용이었다. 다시 말해, 개발프로그램을 기획·실행하는 데 사용되었어야 하는 유능한 공무원과 정치인들의 능력이 절차, 보고서, 시찰단을 대응하는 데 사용되고 있었다. 이러한 모든 것은 빈곤을 축소하고 어린이를 교육하며 생명을 구하고 성장을 촉진하는 데 사용되었을 수도 있는 자원이다.

이와 같은 원조의 비용에 대한 인식에서 출발하여 1990년대 후반, 상호 보다 효과적으로 작업하는 방법을 찾아 내기 위한 관심과 노력이 증대하였다. 특히, 양자 간 원조제공자, 다자적 개발은행, 원조수용국은 실무기술그룹을 통해 모든 당사자가 모범실무표준이나 원칙으로 합의할 수 있는 정책과 절차를 규정해 내고자 시도하였다. 이와 같은 작업은 여러 분야를 포괄하였다. 즉, 원조제공자 협력, 국가분석, 자금관리, 구매와 환경평가분야가 포괄되었다. 그 목표는 원조제공자와 수용자가 함께 정책과 절차를 조화시키기 위해 이와 같은 모범실무사례를 사용하자는 것이었다.

셋째, 개발성과지향 관리와 관련해서는, 2000년대에 들어서면서 새천년 개발목표 달성과 관련하여 개발성과의 관리, 다시 말해 개발의 성과와 파급

---

[5] 이와 관련된 여러 경험적 문제에 관해서는 Torgny Homgren and Charles Soludo(2002) 참조.

효과를 높이는 관리전략의 필요성에 대한 전 세계적 관심이 높아졌다.[6] 이에 따라 다자적 개발은행, OECD 개발원조위원회, 유엔과 원조수용국은 성과지향 접근의 요구와 능력을 증가시키는 데 더욱 관심을 모으게 되었다. 이 밖에도 원조제공국은 능력형성에 대해 조율된 지원을 제공하며, 성과의 측정, 모니터링과 관리에서 접근을 서로 조화시킨다는 필요가 제기되었다. 또한 원조기관들이 성과지향 기업문화와 인센티브 및 기업보고제도를 발전시켜야 할 데 대한 관심이 높아졌다. 이와 같은 성과와 관련한 의제가 제기됨으로써 개발행위자가 자신의 업무에 대한 효과성에 책임을 져야 한다는 기대가 확산되었다. 그러나 동시에 모든 당사자들이 한정된 자금을 잠시 신탁관리하는 개별 책임이 아니라, 영속적 빈곤축소의 집단적 효과 차원에서 사고하도록 하는 계기가 되었다. 이는 원조체계의 문화적 변화를 의미하였다. 다시 말해, 투입을 효율적으로 배달하고 개별 기관의 임무에 순응하는 것을 강조한 오랜 관행으로부터의 변화를 의미하였다.

원조수용국의 주도권문제, 원조제공자와 수용자 간의 거래비용문제, 성과중시문제는 2002년의 몬테레이협약, 2003년의 로마선언, 2004년의 마라케시선언, 2005년의 파리선언의 주요한 주제가 되었다. 이를 다음과 같은 네 가지 분야로 요약해 보면 다음과 같다.[7]

⌘ 원조수용국의 주도(ownership)

개발공동체는 수용국이 개발의제를 설정하고 빈곤축소와 성장을 위해 자신의 전략을 수립하는 권리와 책임을 수용한다.

⌘ 제휴(alignment)

원조제공자는 수용국이 설정한 개발의 정책우선사항과 성과지향 전략에 개발원조를 제휴시킨다. 원조를 배달함에 있어서, 원조제공자는 수용국의 체계를 점차로 사용하며, 이 체계의 개선에 필요한 능력형성을 지원한다. 제공국은 수용국의 체계와 평행한 독자적 원조배달체계를 수립하지 않는다. 수용국은 제공국이 자신의 체계를 사용할 수 있도록 하는 데 필요한 개혁을 수행한다.

⌘ 조화(harmonization)

제공자는 개발원조 배달에서 모범실무의 원칙을 실행한다. 제공자들은

[6] *Joint Marrakech Memorandum: Managing for Development Results*(2004).

[7] OECD DAC Working Party on Aid Effectiveness(2005), pp. 13~14.

그림 4-1 | 피라미드

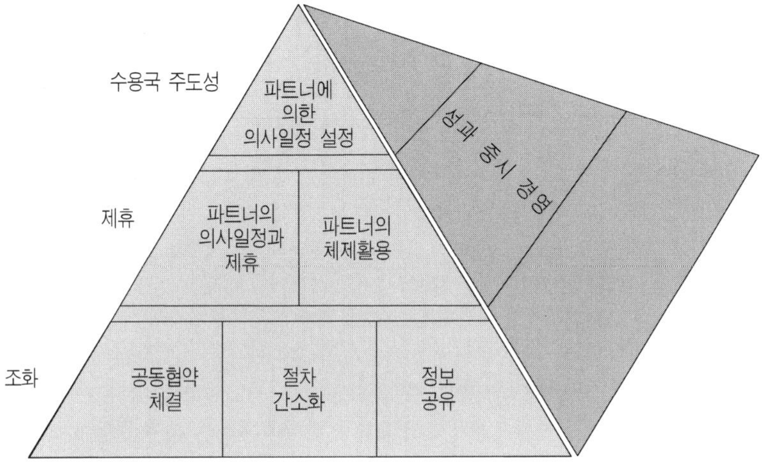

출처: OECD DAC Working Party on Aid Effectiveness(2005), p. 18.

정책·절차·실무를 간소화하고 상호 조화시키고, 임무위임의 협력을 강화하며, 수용국 주재 직원의 유연성을 증가시켜 프로그램과 프로젝트를 보다 효과적으로 관리할 수 있도록 한다. 또한 제공자들은 관리층과 직원이 업무제휴로 인한 이득을 더 중시할 수 있도록 기관 내의 인센티브를 발전시킨다.

⌘ 성과지향 관리

수용국은 성과지향 원칙을 받아들어야 한다. 이는 성과지향 전략에서부터 출발하여 계획·실행·평가에 이르기까지 개발주기의 모든 단계에서 성과에 초점을 맞추는 것에 의해 실행된다. 원조제공국은 수용국가가 책정한 정책우선사항, 목표와 성과에 기초하고 지지해야 하며, 다른 제공자와 조율하여 프로젝트와 프로그램을 계획·실행하며, 성과에 대해 보고하고, 개발의 과정과 결과를 평가하는 것과 관련되는 수용국의 제도·체계와 능력을 강화해야 한다.

이와 같은 네 가지 분야를 도식적으로 나타내 보면 〈그림 4-1〉과 같다.

피라미드 해석

위로부터 아래로 읽거나 아래로부터 위로 읽거나, 피라미드는 조화/제휴/성과지향 관리와 관련하여 제기된 의제에 관한 통찰을 제공한다.

⌘ 위로부터 아래로

수용국이 개발성과의 달성을 위한 의제(예를 들어, 새천년개발목표)를 설정하면, 이에 대한 원조제공국의 반응은 자신의 지원을 수용국의 성과지향 전략에 제휴시키고 수용국의 체계를 사용하기로 한다는 것이다. 의제 제휴와 체계 사용의 양 차원에서 능력 강화와 제도개발이 매우 중요하다. 피라미드의 가장 밑바닥 층에서, 원조제공자들은 공동의 제도적 장치의 설정, 절차의 간소화, 정보의 공유와 같은 윗층에서의 제휴를 보완하는 행동을 취한다. 피라미드의 모든 층에서 성과중시가 매우 중요하다. 즉, 수용국의 개발의제는 달성하고자 하는 성장과 빈곤축소의 성과에 지향되어야 한다.

⌘ 아래로부터 위로

아래로부터 위로 읽어 가보면, 이 피라미드는 원조관계에서의 성숙단계, 각 단계에서 획득되는 분리가능하지만 상호 보강하는 이득을 보여 준다. 가장 취약한 국가의 상황을 포함 거의 모든 상황에서, 맨 아래 층에 서술되어 있는 행위들—공동의 접근을 채택하는 것(예를 들어, 지출, 구매와 회계), 절차를 간소화하는 것(예를 들어, 보고요구들), 분석을 공유하는 것—은 원조효과를 개선시키거나 적어도 그 비용을 감소시킨다. 궁극적 목표는 피라미드에서 윗층으로 올라가는 것이다. 가장 진화된 국가의 상황에서, 수용국 정부는 정책우선사항과 성과기초전략을 분명히 제시할 뿐 아니라 원조제공자가 어떻게 또한 어떠한 양태로 협력해 주어야 하는지 의견을 전달한다. 만약 어느 한 원조제공자가 공동의 노력에 참가하기를 꺼린다면, 수용국은 그가 제공하는 원조를 받지 않기로 결정할 수 있다.

1.3. 원조대상과 수단에서 선택성

원조의 선택성은 ① 원조의 효과성이라는 관점에서 원조대상을 선별하여 성과가 좋은 국가에 원조를 집중해야 하며, ② 원조대상에 따라 원조의 방법과 수단이 달라야 한다는 두 가지를 함축한다.

첫째 사항과 관련해서 보면 이렇다. 원조대상의 선별에서 가장 중요한 것은 원조수용국이 의미 있는 개발정책을 추진할 만한 의지와 능력을 가지고 있느냐이다. 다시 말해, 현 개발론의 주요 관심인 빈곤축소전략, 그리고 참여형 개발과 양질의 거버넌스를 지향하는 개혁과정 추진과 관련한 정책의지와 능력을 가지고 있느냐이다. 어떤 국가는 의지와 능력을 겸비할 수 있고, 어떤 국가는 의지는 있으나 능력이 없을 수 있고, 어떤 국가는 능력은 있으나 의지가 없을 수 있고, 어떤 국가는 의지도 능력도 없을 수 있다.

이러한 경우 원조가 가장 많은 성과를 거둘 수 있는 것은 의지와 능력을 겸비한 국가에 대해 원조를 시행할 때이다. 능력은 있으나 의지가 없는 국가에 대해 원조하는 경우, 원조된 자원은 개발목적 이외에 정권의 강화, 군비증강 등에 오용될 가능성이 있다. 가장 협소한 의미에서 원조의 선택성의 관점을 따르자면, 정책의지와 능력을 겸비한 국가에 원조를 가능한 한 몰아 줄 때에 원조의 효과성은 극대화된다고 주장될 수 있다. 그러나 그렇지 못한 국가를 방치할 경우 내부 주민의 고통이 증가하거나, 주변국가와 국제적으로 많은 문제를 야기할 것이기 때문에 방치할 수는 없다. 따라서 제기되는 문제는 원조의 효과성을 극대화할 수 있는 원조자원 배분(능력과 의지가 있는 국가에 원조집중)의 필요성과 함께, 원조의 필요성이 크지만 원조를 할 경우 의도된 효과를 발생시키기 어려운 '취약국가'에 대한 자원배분의 필요성 사이에서의 선택이다.

나아가 원조가 성과를 거두는가 아닌가의 여부는 수용국만의 책임이 아니라, 제공하는 측에도 상당한 책임이 있다. 다시 말해, 동일한 목적의 원조라고 해도, 다양한 잠재적 수행주체 중에서 누가 실무를 담당하며, 어떠한 방식으로 언제 전달하는가에 대해서 여러 가지 선택이 가능할 수 있는데, 다른 조건이 일정하면 그 선택의 현명성에 따라 수용측의 수용능력이 달라진다. 특히, 원조수용국측의 상황에 따라 원조전달의 주체, 방법과 양식이 달라야 한다. 여기에서 중요하게 고려되는 것은 수용국 자체가 빈곤축소전략 수행에 대한 의지 그리고/또는 능력이 있느냐이다. 의지와 능력을 모두 갖춘 나라, 의지는 있는 데 능력이 없는 나라, 의지도 능력도 없는 나라, 능력은 있지만 의지는 없는 나라에 대한 원조의 전략과 수법은 달라야 한다. 다시 말해, 원조의 효과성과 관련한 그간의 경험에서 볼 때, 어떤 원조수단은 특정한 상황과 여건 속에서만 사용가능하거나, 또는 특정 여건이 구비되지 않았을 때는 다른 원조수단을 사용해야 한다는 것이 나타나고 있다.

그간의 경험을 토대로 원조방법과 수단은 원조의 효과성을 높이는 방향으로 진화해 왔다. 원조수용국이 능력과 의지를 갖추고 있는 경우, 그 주요 방향은 과거에는 정부 대 정부관계를 주로 하고 명확하고 좁은 차원에서 물자전달 위주의 프로젝트형 원조가 주를 이루었으나, 이제는 수용국의 국가 전체 또는 일부 부문(sector)의 개발전략을 대상으로 주로 직접적 재정지원에 기반한 프로그램형 원조가 시도되고 있다. 이와 같은 최근의 원조경향은 과거의 단순물자양도 또는 서비스제공과는 달리 국가 또는 일정 부문의 개발전략 전체를 포괄하는 방향으로 나가는 것, 다시 말해 제공국과 수용국 사이에 상호 관여의 깊이를 증대시키고 있다. 또한 중앙정부뿐 아니라 지방정부 및 시민단체, 사기업 등을 포괄하는 다양한 행위자와 다양한 방법을 구사하는 등 제공국과 수용국 사이의 상호 협의와 접촉의 면이 넓어지고 있다. 원조의 효율적 사용을 위해 수용국의 주도와 책임(ownership)을 강조하면서, 제공국측과 원조활동을 조정하는 원조협조 조정이 강화되고, 궁극적으로 수용자의 자활능력 배양에 주력하는 능력개발원조 등이 모색되고 있다.

2 주요 원조수단

원조기관들은 다양한 수단을 통해 파트너 국가들의 빈곤축소를 돕고 있다. 각 수단은 채택목적이 다르고 장단점을 가지고 있으므로, 원조수단 선택은 상황에 따라 달라야 하고 그 조합도 변화한다. 수단의 선택, 직접 및 간접 그리고 범위 및 초점 간의 균형은 정부 및 여타 이해당사자와의 대화를 통해 밝혀지는 그 나라의 필요분석에 따라 결정되어야 한다.

2.1. 프로젝트원조

프로젝트원조는 특정 활동을 중심으로 전문가의 파견과 기자재 제공, 학교건설, 도로정비 등 사람과 물건, 서비스를 통하는 방식이 주를 이루며, 일정한 목적, 기간, 예산, 조직 등에 기초한다. 프로젝트원조는 과거 주로 사용되던 방식으로 오랜 역사를 가지고 있는데, 경험을 통해 이와 같은 원조방식의 장단점이 드러났다. 현재에는 수용국 정부에 대한 신뢰가 존재하는 경우, 일반적으로 프로젝트원조보다는 프로그램원조를 선호하거나 또는 과거와는 다른 방식의 프로젝트 구상이 시도되고 있다.

프로젝트형 원조의 장점으로는 다음과 같은 점이 있다.[8]

① 프로젝트형 원조에서는 자금지원이 구체적 특정 활동에 주어지므로 자금지원의 목적이 분명하고, 자금이 목적을 달성하였는가를 추적하는 것이 용이하다(지원자금의 효과적 통제).

② 프로젝트자금의 지원대상은 뚜렷한 특정 활동이나 조직이며, 따라서 그에 대한 자금지원자가 누구인가도 뚜렷이 드러나기 때문에, 자금지원자가 생색을 내기가 용이하다(자금지원자의 기여가 명백히 부각됨).

한편, 프로젝트형 원조의 약점으로는 다음과 같은 점이 있다.

① 자금지출에 대한 통제가 용이하다고 상정되었는데, 사실은 그렇지 않다. 원조제공국이 어느 프로젝트에 대해 자금지원하면, 수용국은 그에 사용되었을 수도 있는 자신의 재정자금 일부를 다른 목적(심지어는 미심쩍은 목적)으로 사용할 수 있다. 예를 들어, 원조제공국의 지원으로 수용국 정부가 건설을 원하였던 학교가 건설되는 경우, 수용국은 정부재정에서 생긴 여유자금으로 대통령을 위한 새로운 비행기를 구입할 수 있다.

② 프로젝트는 수용국 정부에 많은 비용을 초래할 수 있다. 프로젝트는 매우 엄격하게 모니터링되는데, 수용국이 원조제공국의 모든 관심사에 대응하자면 시간과 자금을 상당히 소모해야 하기 때문이다.

③ 원조제공국이 자금을 지원하는 프로젝트는 수용국 정부의 핵심 행정능력을 강화하기보다는 공동(空洞)화시킨다. 개발과정에서 가장 중요한 목표 중의 하나가 정부의 행정능력 강화인데, 원조제공국은 자신의 프로젝트에만 관심을 가지기 때문에 중앙정부의 예산관리능력을 포함한 행정능력을 구축하는 데 거의 관심을 두지 않기 때문이다. 원조제공국이 자금을 지원하는 프로젝트에 사용되는 상당 부분의 자금은 수용국 정부예산과는 상관 없이 조달되고 정부행정조직과는 별도의 조직에 의해 운영된다. 예를 들어, 보건 프로젝트는 자체 사무실을 가지고 외국인과 현지인 직원을 고용하며, 원조제공국이 공급하는 자금은 해당 프로젝트를 관리하는 용역회사로 직접

[8] 프로젝트형 원조의 장단점은 Steven Radelet(2003), pp. 98~100; 國際協力事業團 國際協力總合硏修所 編著(2003), pp. 13~15.

지급된다. 원조제공국은 자금사용을 비롯하여 프로젝트 추진의 효율성을 높이고자 하는데, 이에 따라 가장 유능한 회계사, 감사 그리고 기술자들이 해당 프로젝트에 종사하게 되고, 이렇게 되면 수용국 정부가 자신의 프로젝트와 프로그램을 관리행정하는 능력은 약화된다.

④ 프로젝트 자금지원은 프로그램 자금지원과 비교할 때, 수용국에 주는 유연성이 훨씬 작기 때문에 수용국 정부가 자금을 가장 선호하는 우선사업에 배분하는 것을 어렵게 한다. 그렇지만 이러한 유연성의 결여는 어떤 나라의 정부 의도와 능력에 대한 신뢰가 존재하지 않는 경우에 반드시 나쁜 것은 아니다.

⑤ 프로젝트가 일단 종료되면, 운영과 유지 및 보수를 위한 경상비용이 확보되지 않아 사업의 지속성이 없게 된다. 지원되는 프로젝트자금의 대부분은 자본비용과 기타 창업비용에 사용되며, 직원, 물자 또는 운전 및 유지와 관련되는 경상비용에는 거의 지출되지 않기 때문이다. 일단 건설이 종료된 이후, 많은 개발프로젝트는 장기간에 걸친 자금부족에 직면해 있는 경우가 많은데, 그 이유는 수용국 정부가 원조제공국이 만들어 놓은 프로젝트에 충분한 자금을 댈 능력이 없거나 자금을 대고자 원하지 않기 때문이다. 따라서 원조수용국에는 여기저기에 원조제공국이 자금을 대어 건설해 놓은

프로젝트원조에서 경상비용 부족의 세 가지 이유

① 원조제공자들은 경상비용은 자본지출에 비해 모니터와 평가가 훨씬 힘들다고 간주하고 있으며, 만약 경상비용을 부담하게 되는 경우에 부담이 장기간이고 언제 끝날지 모르기 때문에 경상비용 지원약속을 꺼리고 있다.

② 원조제공국은 수용국이 프로젝트비용의 일부를 부담함으로써, 해당 사업에 대한 정책의지와 자기 책임을 보여 주기를 원하는데, 자본비용과 경상비용을 구분하고, 수용국이 후자를 부담하게 하는 것이 비용분담의 편리한 방법이다. 그런데 자본비용과 경상비용은 명확히 구분되지 않으며, 두 비용에 관한 계정을 분리하게 되는 경우 모니터링 비용이 높다.

③ 역사적으로 자본비용과 경상비용을 구분하는 지원방식은 대외지원의 주요 역할은 소비증진이 아니라 저축증대와 투자자금 제공이라고 하는 견해에 기초하고 있다. 이는 경제학자들은 자본비용은 투자로, 경상지출은 소비로 분류하기 때문이다.

도로와 우물이 널려 있는데, 이것들은 적절한 유지·보수자금의 부족 때문에 급속하게 수리가 불가능한 상태가 되어 버린다.

그러나 프로젝트의 단점은 취약국가, 다시 말해 빈곤축소전략 추진에의 정책적 의지 그리고/또는 능력을 갖추지 않은 나라에 대한 원조에서는 강점이 될 수 있다. 프로젝트는 신뢰할 수 없는 원조수용국의 정부체계를 회피하여 독자적인 기획과 집행체계를 통해 가난한 주민에게 필요한 물자와 서비스를 직접 제공할 수 있기 때문이다. 이와 같은 프로젝트는 주로 인도지원의 경우 유엔체계와 비정부조직을 통해서 수행된다.

프로젝트원조의 여러 약점 때문에, 개발기관들은 성과의 지속가능성과 빈곤에의 효과가 더 큰 프로젝트방식을 모색하고 있다. 현재 강조되고 있는 것은 프로젝트활동은 국가 차원의 지원 또는 부문 차원 총괄접근의 일부로서 보다 광범위한 개발의 틀 내에서 기획되어야 한다는 것이다. 주도성과 책임성(ownership), 참여와 지속가능성을 강조하는 사회정치적 능력배양(empowerment) 프로젝트가 추진되기 시작하고 있다. 이러한 프로젝트는 스스로를 조직하고 동원하는 것과 관련한 현지의 능력을 증대하고 공동체의 행위능력을 배양하는 것을 목표로 한다. 이 프로젝트는 또한 기획과 수행에서 그리고 자금조달의 지속성을 마련하는 데에서 이해당사자들의 지도력을 조장하고 있다. 이러한 프로젝트가 성공하자면 두 가지 핵심 요소가 충족되어야 하는데, 이는 ① 프로젝트가 주변의 제도적·문화적 틀에 부합해야 한다는 것과 ② 지방과 중앙의 공적 기관과 시민사회가 프로젝트를 수용해야 한다는 것이다.

빈곤축소를 위한 최선의 조치라는 차원에서 볼 때,[9] 프로젝트는 빈곤층의 다양한 관심(예를 들어, 소득, 존엄성과 안전)을 다루어야 하며, 동시에 그들이 지속가능한 생계를 누릴 수 있는 능력을 고무하고 강화해야 한다. 이에는 다음과 같은 것이 포함된다. 빈곤평가와 수혜자 필요조사를 통해 누가 가난한가, 그들의 상황은 어떠한가를 밝혀 낸다. 가난한 사람들을 프로젝트에 직접 참여시키는 참여적 접근을 사용하고, 그들이 자신의 상황, 행위와 대응전략에 대해 가지고 있는 지식을 활용한다. 프로젝트 전체 과정에서 남녀평등문제를 2차적 문제가 아니라 주요 문제로 고려한다.

[9] OECD DAC(2001a), pp. 80~82.

2.2. 프로그램원조

프로그램원조는 국제수지 균형 또는 예산지원과 같은 어떤 특정한 프로젝트활동과 결부되지 않은 일반적 개발목적에 기여하기 위해, 파트너 국가에게 제공되는 재정적 기부금으로 이루어져 있다. 이는 거시경제 차원 그리고/또는 특정 부문에서의 정책개혁을 촉진하기 위해 제공되는 경우가 많다.

이와 같은 프로그램원조는 빈곤축소를 위한 좋은 전략을 집행할 추진의사를 가지고 있고, 이를 위해 제공된 원조를 효과적으로 사용할 만한 실무능력을 갖추고 있는 나라에 대해 자금을 지원하는 것이 가장 효과적이다. 빈곤축소전략 추진의사가 없는 나라에 대해 이와 같은 예산지원을 하는 것은 적절하지 못하다. 그러나 의지는 있지만 능력이 없는 나라에 대해서는 예산지원을 고려할 만하다.

프로그램원조의 종류에는 국제수지 균형지원, 채무구제, 일반예산지원, 부문예산지원이 있다.[10]

① 국제수지 균형지원: 정책개혁 지원, 제한적 회계요구에 기초하여 외환을 중앙은행에 이전한다. IMF의 금융지원은 보통 이와 같이 수행된다.

② 채무구제: 앞으로 지불해야 하는 채무를 감소시켜 주는 국제수지 균형지원의 한 형태이다. 채무구제를 받기 위해서는 일정 조건을 충족해야 하지만(예를 들어, 과중채무국가 채무변제는 빈곤감소전략문서 채택 여부와 연계되어 있다), 한 번 제공되면 돌이킬 수 없다.

③ 일반예산지원: 정부예산에 제공되는 자금을 지칭하는데, 사용처가 거의 지정되어 있지 않다. 이는 성장, 빈곤축소, 재정조정, 제도강화, 특히 예산과정의 강화에 초점을 둔 정부 프로그램을 지원한다.

④ 부문예산지원: 특정 부문에 사용되도록 사용처가 지정된 예산지원이다.

프로그램원조는 파트너 국가가 정책을 개선하는 경우 그에 부응하여 원조자금 활용에 관한 결정과 관리에 관한 책임을 파트너 국가에 양도할 수 있다는 의지를 보여 주는 개발협력의 형태이다. 이는 다른 경우에서처럼 파트너 국가의 행정능력에 불필요한 부담을 주지 않기 때문에, 거래비용을 상

---

[10] Mick Foster and Jennifer Leavy(2001).

당히 줄일 수 있다. 프로그램원조의 특징 중 하나는 신속한 지출이 가능하다는 것으로, 이를 통해 파트너 국가는 거시경제의 안정이 위협받는 경우, 또는 빈곤축소를 위한 중요한 프로그램을 위해, 당장 필요한 자금을 지원받을 수 있게 된다.

프로그램원조는 파트너 국가 내의 제도요건이 잘 갖추어져 있어야 가능하다. 프로그램원조는 거버넌스 개혁과 빈곤축소 프로그램 수행을 위해, 정부의 대주민 책임능력을 포함하여 정부의 능력을 강화하는 것을 목적으로 하는 특수 프로젝트나 기술협력을 동반하는 경우가 보통이다. 프로그램원조를 위해 제공된 자금이 다른 용도로 전용될 가능성이 있기 때문에, 이러한 프로그램은 다자적 원조기관인 IMF와 세계은행과 합의된 개혁프로그램의 맥락 안에서 수행되는 것이 적절하다. 이 두 다자적 기관이 자금을 제공하고 경제개혁을 위한 조언을 하는 데 중요한 역할을 한다는 것을 인정하면서도, 쌍무적 원조기관들도 자신이 지원하는 모든 개혁프로그램이 빈곤축소를 핵심 요소가 될 수 있도록 관심을 기울여야 한다. 이러한 점에서 프로그램 지원은 거시경제 개혁과 양질의 거버넌스 같은 핵심 분야에서 빈곤축소정책에 관한 대화가 지속될 수 있는 수단이 될 수 있다.

2.2.1. 프로젝트형 원조와 프로그램형 원조의 장단점 비교

첫째, 프로젝트형 원조에 비해 프로그램형 원조는 제공국과 수용국 사이의 훨씬 고차원의 신뢰와 협조에 기초해야 하며, 이러한 경우에 대해 주요한 원조양식이 되어 가고 있다.

① 프로젝트형 원조가 특정 물자와 서비스의 1회성 제공임에 비하여, 프로그램형 원조는 어떤 특정 부문에 관한 전반적인 정책 또는 국가 전체의 개발전략 등 보다 포괄적 목표에 대한 쌍무적 합의에 기초하며, 수용국에 구체적 정책수립과 집행에 대해 자율성을 인정하는 방식으로 진행되어야 하기 때문이다.

② 프로젝트형 원조대상 사업은 비교적 단순하지만, 프로그램형 원조가 대상으로 하는 사업은 교육, 보건, 빈곤감소 등 보다 추상적이고 포괄적인 대상, 따라서 원조제공에 대한 구체적 생색, 원조에 의한 구체적 성과기여 측정이 비교적 쉽지 않은 사업에 대해 추진된다.

둘째, 프로그램형 자금지원은 (문제를 제거하지는 못해도) 많은 문제를 줄일 수 있다.

① 프로그램 자금지원은 재정을 통해 이루어지며, 프로그램의 기획과 집행에 있어 수용국 정부의 제도와 요원을 활용하기 때문에, 행정비용이 낮고 정부의 제도를 강화시킨다.

② 원조제공국은 예산 전체를 모니터하며, 따라서 수용국 정부가 예산을 미심쩍은 용도(예를 들어, 군사비, 정권 위신과시용 사업 등)로 사용하는 기회를 줄일 수 있다.

③ 프로그램 자금지원에서는 수용국이 자금을 진실로 우선순위가 높은 사업에 배당할 수 있고, 자본비용과 경상비용에 적절하게 자금을 나누어 배정할 수 있다. 따라서 프로젝트형 원조와는 달리 경상비용문제는 일반적으로 훨씬 덜 문제가 된다.

셋째, 프로그램에 대한 관리와 평가는 프로젝트에 대한 것에 비해 어떤 점에서는 더 복잡하고, 어떤 점에서는 더 용이하다.

① 복잡한 이유는 전체 예산이 (개괄적 차원에서) 모니터되어야 하기 때문에, 어느 개별 항목도 세세하게 관리되지 못한다.

② 그러나 전체 예산을 모니터하게 되면, 수용국의 전반적인 개발정책 또는 부문별 정책방향과 사업내용에 대해 원조국 제공자금이 어떠한 영향을 끼쳤는가에 대해 보다 정확한 상을 가질 수 있다.

2.2.2. 프로젝트와 프로그램의 국가별 상황에 따른 적용 필요[11]

프로젝트와 프로그램은 상호 배타적인 것이 아니며, 사업목적에 따라 그리고 특히 수용국의 상황에 따라 두 가지 중 어느 하나가 더 적절할 수 있다. 정책의지와 업무능력에 대해 신뢰할 수 있는 나라에 대해서는 프로그램형 지원방식이 적절하며, 그렇지 못한 국가에 대해서는 프로젝트 자금지원이 더 적절하여 상당한 자금을 NGO에 배당해야 한다.

① 거버넌스가 좋은 국가에서는 수용자가 우선순위를 정하고, 원조에 의해 자금조달되는 프로그램을 기획하는 데서 훨씬 더 많은 발언권을 가져야 한다. 반대로 정부가 좋은 개발정책에 대한 의지가 거의 없는 취약한 실패국가, 거버넌스가 나쁜 국가의 경우에는 원조제공국이 정책우선순위, 프

[11] Steven Radelet(2004), pp. 16~19.

로그램 기획에서 강력한 발언권을 행사해야 한다.

② 원조제공국은 거버넌스가 좋은 국가에 대해서는 프로그램 또는 재정지원에 더 많은 자금을 제공해야 한다. 부패수준이 높고, 예산절차가 불명확하며, 모니터링과 감독이 취약한 국가들에 대해 관대한 프로그램원조는 의미가 없기 때문에, 이러한 국가에 대해서는 주로 (또는 오직) 프로젝트에만 자금을 지원해야 한다.

③ 프로그램 및 재정에 대한 지원에 부합하게, 원조제공국은 통치가 잘 되는 나라에 대해서는 보다 광범위한 활동영역에 대해 지원해야 하며, 통치가 부실한 나라에 대해서는 한정된 목표를 달성할 기회를 찾아야 한다.

2.3. 부문 전체 총괄지원

이는 이미 앞서 서술한 프로그램 지원의 한 형태이다. 개발협력의 효과성과 관련, 특정 부문 전체에 대한 총괄지원접근(sector-wide approaches: SWAps)이라는 형태를 띤 부문지원에 대한 관심이 높아지고 있다.[12] 그 이유는 이러한 접근이 현장 차원의 주도권과 책임성을 고양하고 파트너십을 강화하며, 외부자원과 국내자원을 조정하며, 개발과 빈곤축소에 적절한 제도적 환경을 마련하는 데 잠재적으로 강력한 수단으로 간주되고 있기 때문이다.

부문 전체 총괄지원(SWAps)은 원조기관과 파트너 국가가 어느 한 부문의 종합적 발전을 지원하는 기제이다. 기관들은 자신의 지원을 해당국 정부의 책임하에 진행되는 어느 단일부문(예를 들어, 보건·교육)의 정책과 지출프로그램에 몰아 주고, 모든 기금의 지출과 회계와 관련해서는 가능하면 공동의 관리 및 보고절차를 사용하고자 노력한다. 부문 전체 총괄지원은 최근에야 시도되는 새로운 접근이며, 아직 제도개혁과 이해당사자 참여와 같은 복합적 문제를 완전히 해결하지는 못하였다. 제도능력 강화, 국가 전체와 지방 차원에서 기획과 집행을 개선하며, 부문프로그램에서 이해당사자의 주도권과 책임성을 강화하는 등 기존의 한계가 극복되는 경우에 이 접근은 빈곤축소를 위한 파트너십을 만들어 내는 유망한 방법이 될 수 있다.

부문프로그램이 제대로 실행되기 위해서는 원조관리와 관련하여 개발

[12] OECD DAC(2001a), pp. 77~79.

기관들은 종래의 전통적 업무수행과 조직체계를 바꾸어야 한다. 부문프로그램이 실행되기 위해서는 개발기관들이 현장의 주체가 주도권을 가지고 진행하는 부문전략을 충분히 존중해야 한다. 따라서 개발기관은 한층 겸손해야 하며, 느린 속도의 변화를 감내할 수 있어야 한다. 그 이유는 부문프로그램은 과거와 같이 청사진을 제시하고 이의 실현을 요구하는 것이 아니라 파트너십 형성을 주요 수단으로 하고 있는데, 이것의 형성에는 시간이 걸리기 때문이다. 이러한 형태의 지원이 가능한가 아닌가는 국가의 사정에 따라 달라지는데, 파트너 국가가 적절한 재정거버넌스 책임을 질 만한 능력이 있는가 여부 등 일련의 전제조건 충족이 필요하다.

2.4. 기술협력

기술협력[13]은 전문가, 훈련과 장학금, 연구 및 관련비용에 대한 자금제공을 통해 자문 그리고/또는 숙련을 제공하는 것이다. 기술협력은 ① 프로젝트와 연계되어 있는 투자와 관련한 기술협력, ② 독립적 기술협력이라는 두 가지 종류가 있다. 아직까지 대부분의 기술협력은 수용국이 아니라 원조제공국이 책임지고 자금을 대고 있다. 그러나 최근에는 개발도상국이 가능한 경우 예산을 사용하여 자문서비스를 직접 구매·관리할 것에 관한 논의가 진전되고 있다. 그런데 이를 위해서는 수용국이 어떠한 자문서비스가 필요한지를 알아 내고 구매·관리할 수 있는 능력을 가지고 있어야 한다.

기술원조는 특히 정부가 개혁의지를 가지고 있지 않기 때문에 자금원조가 적합하지 않다고 판단되는 취약국가에 대한 원조수단으로 추천되어 왔다. 예를 들어, 세계은행의 스트레스하의 저소득국가론이 그러한데, 자금보다는 지식과 아이디어를 공급하여 장기적으로 스스로 개혁을 원하는 세력을 키워야 한다는 것이다. 그러나 경험적 연구에 따르면, 정치적 의지가 선행하지 않는 경우 기술원조는 거의 효과가 없는 것으로 나타나고 있다.[14] 즉, 기술원조는 그것을 원하고 필요를 느끼는 정부에 제공될 때에만 효과가 있다는 것이다. 이러한 논리가 함축하는 것은 다음과 같다.

① 현재의 상식 및 정책과는 반대로, 원조제공국은 기술원조를 통해 수

[13] 이하의 항목에 관해서는 Nicholas Leader and Peter Colenso(2005), pp. 25~40을 참조.
[14] Lisa Chauvet and Paul Collier(2004).

용국의 정책과 제도를 바꿀 수 있으리라 기대해서는 안 된다.

② 원조제공국은 수용국에 정치적 변화가 발생하면 신속히 기술원조를 제공할 수 있어야 한다.

③ 기술원조의 공급은 변화하는 개발상황에 충분히 적응할 수 있는 방향에서 조직되어야 한다.

④ 만약 기술협력이 수용국 정부가 원하고 필요를 느끼는 경우에만 생산적이라면, 취약국가도 그 관리까지는 아니더라도 수용국 정부가 어떤 기술원조가 필요한지를 요구할 수 있다.

⑤ 기술원조를 평가할 때 고려사항은 기술원조는 그 성격상 실패할 가능성이 많은 고도의 위험투자행위이지만, 때때로 그 수익이 매우 크다는 것이다.

2.5. 사회기금

사회기금은 취약국가와 관련하여, 특히 갈등종결 직후 광범위한 재건과정에서 사용이 증가하고 있다. 매우 다양한 디자인이 있지만, 모든 것에 공통적인 것은 지자체에 일정 금액의 증여를 제공하고(사용권리 이전), 과정과 디자인에 관련한 일정 기준의 준수를 전제로 지자체가 선정한 작은 규모의 프로젝트에 사용하도록(참여) 하는 것이다. 아직까지 공식적인 평가가 존재하는 것은 아니지만, 일련의 비공식 평가를 보자면, 이 기금은 취약국가의 경우에 유용한 수단이라고 할 수 있다.

이와 같은 접근이 취약국가의 상황에 적합한 이유는 다음과 같다.

① 이는 작은 규모의 하부구조를 배달하는 데 효과적인 장치가 될 수 있으며, 수요자 주도이기 때문에 효율적 배분이 지속될 가능성이 높다.

② 이는 가족과 지자체 그리고 지자체와 지방정부 간에 관계를 형성하거나 개혁하는 데 기여하며, 그리하여 지방정부와 지방지자체의 구조를 더 효율적이고 참여적이며 민주적으로 만든다.

③ 사회기금의 증여가 국가로부터 주어지는 것으로 간주되는 경우에는 국가의 정통성을 높이는 데 기여할 수 있다.

④ 이 기금은 매우 다양한 마을단위의 상황에 잘 대처할 수 있다. 특히, 갈등종결 직후 재건에서 그러하다.

⑤ 이는 민간부문을 자극할 수 있다.

⑥ 국가적 프로그램으로서의 사회기금은 원조제공자가 자금사용을 꺼리는 분야에 대해서 상당한 규모의 예산을 흡수할 수 있다.

사회기금은 강력하고 단순한 핵심 개념과 다양한 디자인 유연성을 혼합하기 때문에 현지의 상황에 잘 적응할 수 있다는 것이 장점이다. 물론 인도지원만큼이나 신속한 장치는 아니지만, 사회기금은 갈등종결 직후 재건상황에서의 즉각적 필요를 충족하는 데 기여할 수 있다.

이 기금의 단점은 지역엘리트에 의해 오용될 수 있고, 기존 국가조직의 바깥에 평행독립조직을 조장함으로써 국가체제를 약화시키며, 규모가 커지는 경우 관리가 어렵고, 기금의 분배가 정치적으로 오용될 수 있다는 것이다.

2.6. 합동프로그램과 공동출자기금

대개 전국을 대상으로 한 단일한 프로젝트, 프로그램 또는 기관에 대하여 공동출자기금을 사용하는 것은 새로운 시도이다. 이에는 미얀마의 면역결핍증(HIV/AIDS)에 관한 합동프로그램과 짐바브웨에서의 비정부조직 합동기금, 또는 아프가니스탄의 국가정책 우선사항 프로그램이 있다.

미얀마의 HIV/AIDS 퇴치 합동프로그램은 전국단위 프로그램으로, 정부가 관여하고 있고 여러 원조제공국이 자금을 대고 있다. 미얀마와 국제공동체 사이에 일반적으로 적대관계가 존재함에도 이 프로그램을 통해 다른 많은 비정부조직 및 시민사회와의 협조가 이루어지고 있다. 유엔은 원조제공자와 정부 사이에 핵심적인 중립적 중재자 역할을 하고 있고 기금을 관리한다. 이 기금은 비정부조직, 정부 및 민간부문이 제기한 프로젝트를 지원하기 위해 사용된다. 미얀마에서의 2003~2005년간의 경험에서 얻어진 교훈은 아래와 같다.

① 유엔은 양자적 원조제공자가 정부와 직접 업무를 할 수 없을 상황에서 조정역할을 수행하는 데 비교우위를 가지고 있다.

② 정부와 대화를 지속하는 것은 중요하지만, 이 때문에 핵심 분야의 정책이 반드시 바뀌는 것은 아니다.

③ 서비스배달을 감시하기 위해 독자적인 기구를 세울 수 있지만, 이는 매우 취약하며, 강력한 지도력이 없으면 붕괴하기 십상이다.

④ 사업의 모멘텀이 유지되자면 미래의 사업에 대한 자금조달 여부가 미리 선언되어야 한다.

⑤ 업무조정이 쉽지 않은데, 특히 비국가기관으로서 사업수행에 참가하는 파트너에게 합동프로그램이 최선이라는 것을 납득시키기 어렵다.

2.7. 다자신탁기금

다양한 종류의 신탁기금이 사용되고 있다. 취약국가에서 일반적으로 사용되고 있는 다자신탁기금은 ① 갈등종결 직후 재건을 위한 기금, ② 인도적 대응을 위한 기금, ③ 안보부문 개혁을 위한 기금 등 세 가지이다.

대부분의 신탁기금은 국가별로 조성되어 있지만, 몇 개는 지구적 문제(Central Emergency Fund)와, 몇 개는 지역적인 문제(아프리카의 대호수지역 무장해제 군대해산과 재통합)와 관련되어 있다. 신탁기금 관리를 위한 체계는 기금마다 다르지만, 대개 세계은행, 인도사무조정국(OCHA) 또는 유엔개발프로그램(UNDP)이 총관리를 맡고, 원조제공국으로 구성되는 감독평의회가 존재한다.

다자신탁기금에 대한 관심이 높아지는 이유는 다음과 같다.

① 다자신탁기금이 자금을 모을 수 있게 해 주기 때문이다. 그런데 원조제공자가 기꺼이 자금을 제공하게 만들기 위해서는 균형이 필요하다. 즉, 원조제공자가 자신의 자금이 자신이 승인하는 사용처에 제공된다고 주장할 수 있게 하는 동시에, 엄격한 자금사용처 지정(earmarking)을 피해야 한다.

② 원조제공자 간에 조정을 가능하게 하기 때문이다. 기금은 원조제공자 간 조정, 정부의 계획 또는 예산에의 조화를 개선할 수 있다. 이렇게 되면 정부의 정책우선사항과 계획에 따라 의사결정이 이루어진다.

③ 보다 공정하고 효율적인 자원배분을 보장할 수 있기 때문이다. 기금을 통해 덜 매력적인 프로젝트나 지역에 자금을 댈 수 있다. 기금은 수용국 정부의 경상비에 대한 자금공급을 보다 예측가능하게 만든다.

④ 거래비용을 줄일 수 있다. 단일한 기금, 단일한 보고체계와 구매절차는 갈등 직후 취약한 정부와 비상사태의 경우 거래비용을 상당히 줄일 수 있다. 그렇지 않으면 원조기관과 양자적 원조제공자 사이에 다각적인 협상이 벌어져야 한다.

2.8. 지구적 문제해결기금과 파트너십

이는 개별 국가의 국경을 초월하며 특정한 지구적 개발목표 달성에 종사하는 공적·사적 참여자그룹을 포함한다. 이는 연구와 개발, 능력함양, 관심증대, 기술원조와 자금조달의 많은 기능을 지원하는데, 네 가지 주요 목적에 따라 분류될 수 있다.

① 국가의 부문프로그램의 실적을 향상시켜 국가적 개발목표를 달성하는 것(예를 들어, Education Fast Track Initiative, Global Environment Facility)

② 민간부문 자금과 같은 추가적 자금을 끌어 모으고 관리하고 지출함으로써 새천년개발목표를 달성하기 위한 원조수준을 높이는 것(예를 들어, Global Fund for Aids, TB and Malaria, Business Link Challenge Fund)

③ 새천년개발목표 달성을 위한 새로운 전략사고와 관심증대를 발생시키는 것(예를 들어, Global Water Partnership, Global Health Forum)

④ 새로운 제품과 기술을 개발하여 지구적·국가적 공공재를 배달하는 것(예를 들어, Consultative Group on International Agricultural Research, Medicines for Malaria Venture)

이 기금은 해당 국가 주도의 개발과정을 해칠 수도 있지만, 다음과 같은 잠재력을 가지고 있다.

① 신뢰할 만한 정부 채널이 존재하지 않을 때 서비스배달을 유지하는 것

② '원조고아'에게 자원을 전달하는 것

③ 정치적으로 어려운 환경에서 사업을 위한 발판을 만드는 것

2.9. 인도지원

인도지원은 특히 취약국가에 유용한 수단이다. 인도주의 원조는 국가를 '회피하여', 다시 말해 수용국의 국가체계를 사용하지 않는 방식으로 제공된다. 이 때문에 원조제공자는 정부를 통하거나 그와 협력하지 않고서도 그 국가 내에서 사업을 추진할 수 있는 수단을 갖게 된다. 예를 들어, 탈레반 장악하의 아프가니스탄, 짐바브웨와 같은 경우가 그러한데, 이러한 경우 정부를 통하거나 협력하는 것은 정치적으로 수용되기 어려웠을 것이다.

그런데 취약국가에서 빈곤축소를 추진하는 인도주의 수단은 대체로 현

지상황에 임시변통으로 적응하고 있는데, 이에는 중요한 약점이 존재한다. 실제로는 만성적인 장기빈곤 때문에 장기적 서비스배달과 사회적 보호를 필요로 하는 상황이 인도주의적 필요라고 개념정의되는 경우가 있는데, 그 이유는 상황대처수단이 인도지원수단이기 때문이다. 따라서 만성적으로 불안정한 많은 상황에서 단기신속대응이 주 임무인 기관들이 서비스를 10년 이상 제공하고 있다. 이는 관리 측면에서도 좋지 않은데, 그 이유는 다음과 같다.

① 인도지원은 그 문화, 직원구성, 자금조달체계에서 대체로 단기 위주인데, 취약국가에서의 빈곤축소를 위해서는 장기적 접근이 필요하다.

② 인도지원은 대부분이 프로젝트사업이며, 현지적응적이고 조정하기 어렵기 때문에, 개별 원조제공자와 원조기관 사이의 일련의 개별 협상결과에 따라 잡동사니식 서비스제공을 초래하며, 수혜가 골고루 돌아가는 것이 아니라 우연적이다.

③ 인도주의적 접근은 또한 국가와의 사업 그리고 현지의 능력함양에 거부적인데, 그 이유는 그것이 인도주의적 독립성과 중립성을 해치기 때문이다. 이에 대하여 취약국가에서의 빈곤에 대한 장기접근은 국가와의 사업과 특히 능력함양에 기초해야 한다.

④ 인도지원이 습관적으로 사용하는 수단의 폭은 제한적이고 가용상품에 따라 달라지는 경향이 있다. 이에 비해 보다 광범위하고 유연한 사회보호 접근이 더 적합할 것이다.

요약하자면, 인도지원은 즉각적 필요, 그리고 어느 정도 장기필요를 충족하는 데에는 좋은 수단이지만, 지속가능한 체계를 개발하는 데에는 그다지 좋지 않은 수단이다. 이상에서 서술한 각 원조수단의 장단점을 요약하면 〈표 4-1〉과 같다.

표 4-1 | 원조수단의 장단점

프로젝트원조

	즉각적 필요/ 서비스배달	지속가능한 체계 건설	정치개혁	원조제공의 좋은 방식
장점	신속하며 목표가 뚜렷하고 유연할 수 있다.	특히, 기술원조와 결부되는 경우 체계의 발전을 지원할 수 있다.	직접적으로 개혁의 촉매제가 될 수도 있다. 또는 업무를 다른 방법으로 할 수 있음을 보여 주어 개혁을 간접적으로 촉매할 수 있다.	프로젝트원조는 사용국의 정책에 제휴되거나 원조제공자 간에 조화될 수 있다. 그러나 과도한 외부관리통제 때문에 쉽지 않다.
단점	현장의 이해관계에 의하기보다는 외부적·국가적 이해관계에 의해 주도된다.	외부관리요원에 의존할 수 있다. 장기제도형성보다는 서비스배달에 초점을 둘 수 있다.	과도한 외부영향과 통제가 국내개혁과정에의 관여를 제한할 수 있다.	너무 많은 프로젝트원조는 수용국의 정책에 잘 제휴되지 않으며, 제공국 간의 조화에도 어렵고, 장기적이지도 않다.

프로그램원조

	즉각적 필요/ 서비스배달	지속가능한 체계 건설	정치개혁	원조제공의 좋은 방식
장점	정부는 사용처가 지정되지 않은 자금에 신속히 접근할 수 있다. 이 자금은 정책선택과 능력에 따라 즉각적 필요를 충족하는 데 사용될 수 있다.	수입에 대한 예측가능성이 높기 때문에 정부는 재정정책을 보다 잘 꾸릴 수 있다. 정부는 능력을 형성하고 신탁기금을 통해 제공되는 경우 기금관리 위험성을 줄일 수 있다.	이는 국가 및 정치과정의 정통성을 높일 수 있다. 거시경제 안정이 개선되면 사회적·정치적 안정이 동반할 수 있다.	수용국의 정책에 강력히 기초한다. 원조제공국 간의 조화를 강화시킬 잠재력도 존재한다.
단점	더디고 둔감한 수단이 될 수 있다. 긴박한 필요에 대해 신속하며 목표가 뚜렷하고 유연한 대응이 어렵다. 수용국에 관리능력이 있어야 한다.	정책과 제도가 개선된다는 보장이 없다. 기금관리에 위험성이 있다.	정부가 기금의 사용을 결정한다. 따라서 다른 개혁가를 지원하지 않을 것이다. 자금이 다른 용도로 사용될 가능성이 있다(군사지출은 갈등을 악화시킬 수도 있다).	예측가능성은 조건의 활용에 따라 결정된다.

표 4-1 | 계 속

기술원조

	즉각적 필요/서비스배달	지속가능한 체계 건설	정치개혁	원조제공의 좋은 방식
장점	다른 수단과 함께 사용되면 유용할 수 있다.	개발과정이 본격적으로 시작되는 경우 정책과 체계를 지원하는 데 매우 유용하다. 또한 개발역전상황을 막아 내는 데에도 기여할 수 있다.	정부 바깥에 존재하는 기관에 기술원조를 수행하면 국내개혁을 지원할 수도 있다.	기술원조는 예산에 제공될 수 있고, 수용국 정책에 제휴할 수 있으며, 기술원조 공동기금은 원조제공자 간 조화를 지원할 수 있다.
단점	서비스제공보다는 자문서비스를 위한 것이다.	정부의 의지가 없는 경우 효과적이지 않다. 중장기로 가면서 수익이 체감한다.	정부 내 변화를 촉매할 것 같지 않다. 정부의 의지가 없으면 효과가 없다.	자주 원조제공자 주도로 이루어진다. 예측이 불가능할 수 있다.

사회기금

	즉각적 필요/서비스배달	지속가능한 체계 건설	정치개혁	원조제공의 좋은 방식
장점	수요자 주도로 지자체의 필요를 충족한다.	지역에서 참여와 계획을 강화할 수 있다.	지역의 책임성을 높일 수 있다.	공동기금은 원조제공자 간 조화를 촉진한다.
단점	느리고 촉구가 필요하다.	평행구조를 만들어 낼 수 있다.	엘리트가 과정을 장악하게 되면 지방의 권력자를 강화시킬 수 있다.	

합동프로그램

	즉각적 필요/서비스배달	지속가능한 체계 건설	정치개혁	원조제공의 좋은 방식
장점	국가적·전략적 접근이 더 가능해진다.	정부와 함께 사업할 수 있거나 정부가 주도할 수 있다.		원조제공자 간 조화를 촉진하며 수용국 정책과의 제휴도 가능하다.
단점	이해당사자가 많다.			

표 4-1 | 계　속

다자신탁기금

	즉각적 필요/ 서비스배달	지속가능한 체계 건설	정치개혁	원조제공의 좋은 방식
장점	신속하고 보다 조정된 대응을 촉진하는 데 사용될 수 있다.	예산의 직접지원에 초점을 둘 수 있으며, 감독과 기술원조를 동반하면 위험을 줄일 수 있고 능력함양을 촉진할 수 있다.	무장해제, 군대해산과 재통합에 광범위하게 사용된다.	원조제공자 간 조화를 촉진하며 수용국 정책과의 제휴도 가능하다.
단점	너무 느리며 둔감할 수 있다.			

지구적 문제해결기금

	즉각적 필요/ 서비스배달	지속가능한 체계 건설	정치개혁	원조제공의 좋은 방식
장점	서비스 배달수단을 포함 일련의 수단을 위한 추가적 자금을 제공할 수 있다.	연구, 관심증대, 기술지원기능은 체계와 능력을 형성하는 데 기여한다. 다른 방식의 서비스배달을 보여 주는 전시효과가 유용한 기능을 할 수 있다.	정책대화와 관심증대를 통해 잠재적으로 정치적·제도적 개혁에 영향을 줄 수 있다.	일련의 지구적 기금은 수용국 주도 접근을 지향한다.
단점	많은 지구적 기금은 즉각적 서비스배달을 위한 것이 아니다. 사용처 지정 때문에 경직될 수 있다.	평행구조를 만들어 낼 위험이 있으며, 거래비용이 높다.	정치변화를 지원한다는 증거가 거의 없다. 대부분의 지구적 기금의 목적은 이것이 아니다.	중복평행구조를 만들어 낼 위험이 있으며, 거래비용이 많이 든다.

인도지원

	즉각적 필요/ 서비스배달	지속가능한 체계 건설	정치개혁	원조제공의 좋은 방식
장점	신속하고 양질의 접근, 국가를 회피하면서 업무추진 가능, '중립적 공간'을 만들어 낼 수 있다.	국가제도를 지원할 수 있다.	보통 관계가 없다.	OCHA 주도의 공동기금은 원조제공자 간 조화를 증진할 수 있다.
단점	단기의 초점이고 가용상품 주도	보통 평행구조, 비전략적, 조정부재, 지속가능하지 않다.	보통 관계가 없다.	프로젝트 초점, 경쟁적 모금은 원조제공자 간 조화의 결여를 조장하거나 정당화할 수 있다.

출처: Nicolas Leader and Poter Colenso(2005), pp. 45～46.

3 취약국가에 대한 대응

이상에서 서술한 빈곤축소전략의 여러 차원은 원론적인 내용으로 현실 적용에서는 여러 가지 문제에 직면한다. 그 중에서 가장 어려운 것 중의 하나가 빈곤축소정책의 수행의지와 능력이 없는 국가에 대한 접근방법이다. 이러한 국가는 취약국가(fragile states), 관계를 맺기 어려운 국가(difficult partners), 스트레스하의 저소득국가(low income countries under stress: LICUS) 등 다양하게 불리고 있는데, 여기에서는 편의상 취약국가라고 통칭한다. 이러한 나라들에 대해서는 현 국제적 원조에서 권장되고 있는 이상적인 원조전략, 제공국과 수용국의 상호 관계 등이 그대로 적용될 수 없다. 이상적인 원칙과 규범에 따를 때 이러한 국가에 대한 원조는 축소 또는 중단되어야 하지만, 그러한 경우 해당 국가의 주민이나, 상황악화로 인한 이웃 국가에 더 큰 피해가 발생한다. 이와 같은 상황은 2001년 9.11 이후 대테러전과 관련 국제적 핵심 안보사항의 하나로 간주되고 있다. 따라서 이러한 국가에 대한 원조는 외면될 수 없지만, 이상적 전략과 규범을 침해하지 않는 방향에서 해당 국가의 여러 현실에 적절하게 변형되어 적용되어야 한다.

3.1. 현실에서 원조수용국의 네 가지 유형

현실세계에서 원조수혜가 필요한 모든 국가의 정부가 정책의 최우선 목표로 빈곤축소를 추진하지도 않으며, 또한 설령 추진의지가 있다고 해도 그것을 입안·집행할 능력이나 자원을 가지고 있는 것도 아닌 경우가 많다. 빈곤축소정책의 추진의사 유무, 정책을 추진할 국가능력(권위, 경제능력, 권력배분, 집행능력)의 유무에 따라 네 가지 유형으로 구분할 수 있다(〈표 4-2〉 참조).

제3유형과 제4유형의 국가는 원조업계에서 다양하게 지칭되고 있다.

표 4-2 | 원조수용국의 네 가지 유형

제1유형	빈곤축소정책의 추진의사와 국가능력이 동시에 존재하는 국가: 이른바 '실적이 좋은 국가(good performer)'
제2유형	빈곤축소정책의 추진의사는 있으나 국가능력이 없는 국가: 9.11테러전쟁 이후 아프가니스탄의 경우에서처럼, 새로운 지도부는 비전과 의지를 가지고 있지만, 그것을 실현할 국가의 재원과 행정체계가 거의 존재하지 않음.
제3유형	빈곤축소정책의 추진의사도 국가능력도 없는 국가: 진행되고 있는 내란 또는 내란 직후 단계에서 권위와 능력 있는 중앙정부가 존재하지 않음.
제4유형	빈곤축소정책을 추진할 의사는 없지만 국가능력은 존재하는 국가: 짐바브웨, 미얀마, 북한처럼 국가기구 자체가 집권 도당의 사적 이익에 봉사 또는/그리고 극도의 억압에 의해서만 유지 또는/그리고 국가자원이 인식된 외부위협에 대한 방어를 위해 사용되는 경우

출처: Magui Moreno Torres and Michael Anderson(2004), pp. 15~19; Steven Radelet(2004), pp. 16~19; Chris Berry, Ali Forder, Sonya Sultan, and Nagui Moreno-Torres(2004); Lisa Chauvet and Paul Collier(2004) 참조.

즉, ① 취약국가, 실패국가, 위기국가(fragile, failed, or crisis states), ② 실적이 좋지 않은 국가(poor performing countries), ③ 쉽지 않은 쌍무관계 국가(difficult aid partners)로 불린다.

3.1.1. 취약국가

이는 미국국제개발처(USAID)의 취약국가전략에 기초하고 있는데,[15] 취약국가란 주민에게 최소한 기초적 서비스와 안보를 제공할 능력이 존재하지 않거나 의사가 없는 국가를 말한다. 정치·경제·사회·안보의 네 가지 핵심 영역에서 국가의 효율성(행정능력과 자원의 수준)과 정당성(권력의 행사에 있어서 타당성 또는 공정성에 대한 인식 정도)에 초점을 두고 국가의 취약성을 평가하는데, 국가위기를 동태적으로 설명할 수 있으며, 안보, 갈등관리, 국가능력 형성에 초점을 두고 있다.

3.1.2. 실적이 좋지 않은 국가

이는 세계은행의 스트레스하의 저소득국가(LICUS)론에 기초하고 있다.[16]

[15] Bureau for Policy and Program Coordination U.S. Agency for International Development (2004).

이러한 국가의 특징은 정책, 제도와 거버넌스의 취약성이며, 이러한 환경에서는 정부가 빈곤축소를 위해 세입을 효과적으로 사용할 능력 또는 의사가 없기 때문에 원조가 제대로 효과를 내지 못한다. 따라서 세계은행은 LICUS에 대하여 다음과 같이 접근하고 있다. 즉, 정부와 대화를 추진하며, 보다 탄탄한 정치적·경제적 분석에 토대하여 전략을 수립하며, 긍정적 변화를 위한 국내적 요구와 능력을 배양하고, 간단하고 실시가능한 시초단계 개혁을 지원하며, 사회적 서비스배달을 위한 창의적 기제를 탐색하는 것이다.

3.1.3. 쉽지 않은 파트너 국가

이는 OECD의 DAC의 개념으로 원조제공측과 수용측 간의 관계가 쉽지 않은 경우를 지칭한다.[17] 이러한 '쉽지 않은 쌍무관계'가 발생하는 이유는, ① 빈곤축소에 대한 정치적 관심의 부재, ② 취약국가 및 비국가기관이 빈곤축소정책을 실시할 능력이 부재, ③ 권력연장이라는 목표에 비할 때 개발목표는 전혀 중요하지 않으며, 따라서 파트너 정부는 효율적 정책의 입안과 집행에 대한 신뢰할 만한 의지를 보이지 않기 때문이다. 따라서 통상적 원칙인 파트너 책임과 주도원칙이 적용될 수 없고, 원조를 둘러싼 관계가 원조제공측과 수용국 간에 좋지 않다. 이에 대한 대응은 세 가지 차원에서 진행되는데, ① 빈곤축소에 기여하는 변화를 촉진하고, ② 개발활동을 유지하며, ③ 원조제공자 간에 업무를 조정하여 정책 간의 정합성을 높이는 것이다.

3.2. 국가유형에 따른 원조전략과 방식

현재 일반화되고 있는 원조의 이상적 규칙과 규범에 따르면, 원조수용국은 스스로의 의지에 의해 빈곤축소전략을 입안하고 추진한다. 이 때 원조수용국은 내부의 광범위한 참여에 기초한 민주적 과정을 통해 개발목표와 전략을 수립해야 한다. 원조제공국은 이에 부합하게 원조를 제공하며, 원조수용국의 국가체계에 기초하여 원조를 실행해야 하는데, 가능하면 원조제공국 예산에 직접적으로 자금을 제공해야 한다.

---

16 World Bank(2002); World Bank(2003).

17 DAC는 취약국가 대응에 대해 많은 공식 입장을 밝히고 있다. OECD DAC(2002a, b); OECD DAC(2005a, b); DAC(2004b).

그런데 원조수용국 정부가 빈곤축소지향적 개발정책을 수립할 의지를 가지고 있지 않거나 또는 의지가 있다 하더라도 그것을 실행할 능력이 없을 때, 이와 같은 이상적 규칙과 규범은 그대로 적용될 수 없다. 먼저 원조제공자가 원조를 민주적 정통성을 결여한 수용국 정부에 직접 제공하는 경우에 발생할 수 있는 정치윤리의 문제, 그리고 수용국 정부가 원래 목적 외로(다시 말해, 군사비나 정권유지비용) 전용할 것에 대한 우려, 정부의 의지와 능력이 없는 경우 주어진 원조를 효과적·효율적으로 사용하지 못할 가능성에 대한 우려가 존재하기 때문이다.

취약국가와의 개발파트너십이 어려운 이유는 개발목표가 권력연장의 목표에 비해 전혀 중요하지 않기 때문에 발생하며, 그 결과로 파트너 정부가 효과적인 정책과 그 실행에 신뢰할 만한 의지를 가지고 있지 않기 때문이다. 따라서 이러한 국가에서는 참여적 개발의 진실된 원칙은 근본적으로 손상되고 있으며, 여러 특징 중에서도 부패와 정치억압이 이와 같은 정권의 표준적인 특징이다. 파트너십은 DAC의 파트너십 모델(파트너 국가의 주도와 책임)에 부합하게 이루어질 수 없는데, 정부의 주도권과 실천의지가 존재하지 않기 때문이다. 그 결과로 원조제공측은 정부 대 정부 간에 완전한 관계를 맺어 가거나 원조를 파트너의 개발틀에 맞추기를 꺼리게 된다. 따라서, 예를 들어 '쉽지 않은 파트너십' 국가들은 원조제공측이 지원하는 빈곤삭감 전략문서를 작성할 자격을 갖추지 못하고 있다.

이러한 유형의 국가에 대한 국제지원이 직면하는 여러 애로를 정리한 것이 〈표 4-3〉이다. 이러한 국가에 대한 국제원조관련 표준적 처방은 다음과 같다.[18] ① 원조를 삭감하고, ② 원조는 예산에 대한 직접 지원(프로그램 원조)이 아니라, 비정부단체나 인도지원 프로젝트를 통한 현물과 서비스의 제공을 중심으로 하는 프로젝트원조를 주로 하며, ③ 단기원조로 한정된 활동에 국한하고, ④ 기술원조를 통해 정부가 정책을 개선하도록 설득하며, ⑤ 해당 국가가 정책을 개선해 감에 따라 프로젝트원조로부터 예산지원으로 원조방법을 바꾼다. ⑥ 모범적 사례는 원조제공국들이 상호 원조목표와 수단을 수용국 정부의 입장에 부합하게 조화시킨 후 원조의 실행이 해당국의 국가체계를 통해 이루어지도록 하는 것이지만, 이것이 불가능하기 때문

[18] Nicholas Leader and Peter Colenso(2005), p. 4.

표 4-3 | '취약국가'에 원조효과성 원칙을 적용할 때의 문제점

	원조효과성의 원칙	'취약국가'에 원조효과성 원칙을 적용할 때의 문제점
1	해당 국가의 자기책임성과 주도권	취약국가는 핵심 국가기능을 발휘할 능력 그리고/또는 의지가 존재하지 않음. 특히, 빈자에 대하여 그러함.
2	예산의 직접지원을 통해 빈곤축소전략을 원조하는 문제	취약국가는 예산이 존재하지 않거나 예산과정이 존재하지 않을 수 있음. 또는 원조제공측이 지원하고 싶지 않은 예산을 운영하고 있을 수 있음. 대부분 빈곤축소전략문서를 가지고 있지 않음.
3	효율적 제도·기관을 통한 원조배달	취약국가의 제도·기관은 비효율적일(저급한 능력) 가능성이 많거나, 또는 동시에 제도·기관의 정당성이 존재하지 않음(저급한 의지)
4	성과중시 원조관리	성과를 측정하거나 결과에 책임을 질 만한 능력이 없을 수 있음.
5	극빈자에 초점을 둔 원조배분	'빈곤극복에의 효과성'이라는 원칙을 적용하게 되면, 취약국가는 원조청원자격 자체를 가지고 있지 못함. 전체 국제원조에서 취약국가에 대한 원조는 감소되었음.
6	원조제공측이 빈곤축소전략에 제휴하는 문제	파트너측의 정책과 제도의 제휴를 통해 도와 줄 만한 빈곤축소전략이 존재하지 않을 가능성이 있음.
7	원조제공측 간의 업무협력관계 수립	취약국가에 대한 원조의 특징은 수단, 배달, 보고체계가 다양하다는 것. 정책이나 프로그램에서 원조제공측이 상호 조정할 만한 틀이 적절하지 못함. 원조제공측 간의 업무협력관계 수립은 쉽지 않지만, 불가능한 것은 아님.
8	미래 흐름의 예측가능성, 구매선 미지정 원조(untied)	안보부재와 정치적 불안 때문에 원조흐름이 중단될 수 있으며, 원조제공측은 원조에 조건을 더 많이 붙이고 있음.
9	최소한의 조건과 해당국 정책에 기반한 원조	'의지가 없는' 국가의 경우, 정부와 원조제공측의 정책과 우선순위가 서로 일치하지 않기 때문에 원조제공측이 조건을 더 많이 부과할 개연성이 많음. '능력이 낮은' 국가의 경우, 올바른 정책을 만들어 보고자 노력할 수도 있음. '의지가 없는' 국가의 경우, 원조제공측이 볼 때 빈곤축소를 목표로 하지 않은 정책을 가지고 있을 수 있음.
10	원조수단은 개발국 시민에 대한 설명책임을 강화해야 함.	시민이 국가에 대해 책임을 물을 수 있는 기제가 취약하거나 존재하지 않음.

출처: Nicholas Leader and Peter Colenso(2005), p. 57.

에 원조제공자 간의 일방적인 상호 정책조율만이 가능하다.

이와 같은 상황을 고려하면 각 유형에 따라 원조제공측의 원조방법과 수단이 달라질 수밖에 없는데, 특히 제1유형과 제4유형에서 큰 차이가 발생한다. 이를 정리하면 다음과 같다.[19]

ж 제1유형

파트너 국가의 의지와 능력에 대한 높은 신뢰를 기반으로 하여 파트너 국가가 수립한 정책에 대해 직접 예산지원을 행하며, 파트너 국가의 정부기구에 의해 집행·평가되도록 한다. 제1유형에 대한 원조의 효과성은 다른 유형에 대한 원조의 경우보다 높은 것으로 기대되고 있기 때문에, 한정된 원조를 가장 효율적으로 사용해야 한다는 원칙에서 생각할 때, 이 유형의 국가에 원조를 선택적으로 몰아 주어야 한다는 것이 국제원조업계의 일반적 동향이다.

ж 제4유형

파트너 국가의 의지에 대해 신뢰가 없기 때문에, 예산전용에 대한 우려에서 정부예산에 대한 직접지원은 하지 않으며, 집행에서도 정부행정체계의 이용을 회피하는 원칙에서 유엔 주도하에 주로 프로젝트원조와 NGOs를 활용하여 원조를 진행한다. 다시 말해, 제4유형에 대한 원조는 파트너 국가에 대한 불신에도 불구하고 공여하는 것이기 때문에, 주어진 원조가 주는 측의 의도대로 활용될 수 있도록 엄격한 제한 속에서 공여된다. 이와 같은 방식의 원조는 긴급인도지원 차원의 원조틀과 수단만이 동원되고 있으며, 보다 실질적 의미에서의 빈곤축소를 위한 원조라고는 볼 수 없다.

각 유형별로 원조의 틀과 수단을 정리하면 〈표 4-4〉와 같다. 만약 제4유형에 속하는 국가 중의 하나인, 예를 들어 북한이 빈곤축소정책 추진의지를 분명히 하게 되는 경우, 북한에 대한 지원전략은 제2유형 국가의 원조틀과 수단을 거쳐서 제1유형 국가에 대한 지원틀과 수단을 사용하는 방향으로 단계적으로 수정될 것이다.

[19] Steven Radelet(2004), pp. 17~18.

표 4-4 | 수용국가의 네 가지 유형과 원조틀과 수단

	제4유형 (능력존재, 의지부재)	제3유형 (능력취약, 의지부재)	제2유형 (의지존재, 능력취약)	제1유형 (의지와 능력이 존재)
국가	· 짐바브웨, 미얀마, 북한	· 탈레반하의 아프가니스탄, 콩고민주공화국, 소말리아	· 아프가니스탄(현재), 동티모르, 모잠비크	
원조틀	· 합동호소과정(CAPs) (UN 주도)	· CAPs(UN 주도) · 때때로 과도기의 성과 매트릭스(TRM)	· 과도기 CAP · 평화협정 · 과도기의 성과매트릭스(TRM) · (I) PRSP · 국가예산	· PRSP · 국가예산
수단	· 주로 국가예산 밖에서 이루어지는 사회 프로젝트, 보통 인도지원 프로젝트, 보통 NGOs, UN을 통해 · 때때로 기술협력과 정책대화	· 주로 국가예산 밖에서 이루어지는 사회프로젝트, 보통 인도지원 또는 재건지원 프로젝트, 보통 NGOs와 UN을 통해, 때때로 NGOs/시민사회와 함께 '변화주체' 작업 · 때때로 기술협력과 정책대화 · 때때로 다수기부자 신탁기금, 특히 무장해제, 군대해산과 재통합	· 국가예산 밖에서 인도지원과 재건 프로젝트. 선거, 정당 등 · 기술협력, 특히 능력형성을 위한 것 · 재건을 위한 다수기부자 신탁기금 · 지역공동체 주도 재건/사회기금 · 예산에 대한 제한적 직접지원 · 지구적 기금	· 예산에 포함시켜 예산집행을 통한 개발프로젝트 · 기술협력 · 지역공동체 주도 개발/사회기금 · 예산지원, 부채탕감 · 지구적 기금
원조 제공측	· 조정	· 조정	· 조정(원조제공자 간 협력관계 수립과 파트너측과 제휴관계 수립을 지향)	· 원조제공자 간 협력관계 수립과 파트너측과 제휴관계 수립

출처: Nicholas Leader and Peter Colenso(2005), p. 15.

3.3. 취약국가 대응에서 논리와 방향

원조의 효과성이라는 관점에서 보면, 원조에 사용될 수 있는 한정된 자산을 고려할 때, 취약국가에 대한 원조를 삭감하는 것이 당연하다. 그러나 원조중단의 경우 주민이 입게 되는 피해, 내부혼란 증가에 따른 주변국에의 부정적 파급, '원조미아'가 되면 오히려 내부정책이 퇴행적일 수 있다는 우려 등이 존재한다.

따라서 원조기관들이 쉽지 않은 쌍무관계가 존재하더라도, 해당국 정부와 이를 개선하기 위해 노력하는 한편, 해당국의 가난한 사람들에 대한 개발지원을 유지하고 있다. 이 때 대두하는 문제는 다음과 같다.

① 쉽지 않은 파트너십이란 정확히 어떠한 상황을 말하며, 개발기관이 취할 수 있는 전략이 어떠한 것인가?

② 쉽지 않은 파트너십하에서도 어떻게 빈곤축소지향 개혁을 촉진할 수 있는가?

③ 원조사업의 실적이 나쁜 경우, 이것이 원조배분에서 어떻게 고려되어야 하는가?

④ 쉽지 않은 파트너십하에서도 어떻게 하면 일정 수준의 개발원조를 유지하고, 그리하여 가난한 사람에게 도움을 주며 개발지원이 효과를 내도록 할 수 있을까?

⑤ 쉽지 않은 파트너십에 대하여 원조기관들의 접근방법을 조정할 수 있는 제도를 어떻게 만들어 낼 수 있을까?

여기에서는 이와 같은 질문들에 대한 하나의 해답으로써, OECD 개발원조위원회(DAC)의「쉽지 않은 관계하에서도 개발을 지원하는 기초적 접근방법」[20]을 소개한다.

3.3.1. 대응목적

(1) 대응의 목적과 방법

쉽지 않은 관계하에서도 원조제공측이 적극적으로 활동해야 하는 목적은 다음과 같다.

① 개발원조가 계속적으로 빈곤층에 도달하도록 하는 것

② 정부 대 정부 간 원조가 삭감되었더라도 가능한 한 원조사업의 효과성을 유지하는 것

③ '쉽지 않은 파트너십' 상황을 벗어나서 해당국 주도의 빈곤축소정책이 수행될 수 있는 조건을 만드는 데 기여하는 것

[20] OECD DAC(2001b).

④ 어떻게 하면 시민사회조직뿐 아니라, 핵심 행위자인 정부와 함께 작업하여 쉽지 않은 관계를 개선하는 방법을 모색하는 것

원조제공측은 갈등에 쉽게 빠지는 국가를 포함, 심각한 거버넌스문제를 가진 국가의 가난한 사람들을 도와야 하며 이는 중요하다. 상황과 국가에 따라 다르지만, 경제적·사회적 개발과 양질의 거버넌스에 대한 지원을 유지할 수 있는 정책방안들이 존재한다. 이러한 정책방안은 시민사회의 참여도 포함하는데, 이는 쉽지 않은 파트너십을 초래한 배경문제를 다루는 여러 방법 중의 하나이다. 일련의 경우에서는 원조기관이 실용적 차원에서 단기 진보에 초점을 맞출 필요가 있지만, 동시에 장기적 능력을 쌓을 수 있는 조치도 취해야 한다. 그 한 사례는 해외교포 중에서 일부를 귀국시켜 국내제도가 재건되는 과정에서 핵심적 공공부문 프로그램의 개선을 돕도록 참여시키는 것이다.

빈곤축소 의지의 강화, 효과적 파트너십의 강화에 대한 조건을 배양할 것으로 기대되는 방법에는 다음과 같은 것이 있다.

(2) 방　　법

1) 빈곤축소 지향적 변화의 조장

해당 국가의 문제점 정도와 심각성을 연구함에 있어서, 기관들은 상호 밀접한 조율과 상당한 현지경험에 기초하여 DAC의 표준모델인 해당 국가 주도 모델이 적용되는지 안 되는지를 결정해야 한다. 이러한 판단에서 중요한 것은 어떤 절대적 기준이 아니라, 의지와 파트너십의 잠재성이며 중기적 관점을 가지고 추세를 강조해야 한다.

개발에 대한 지원을 유지함에 있어서 원조제공측은 국가의 안과 밖에 존재하는 변화옹호자들을 포함시켜야 하는데, 여기에는 국회의원, 판사, 미디어, 전문집단, 노동조합 등이 있다. 이와 같은 상황에서 시민사회는 취약하지만, 정부와 주민 간의 간극을 메우는 데 핵심적 역할을 할 수 있다. 중앙정부와 관계를 맺는 것이 가능하지 않는 경우에는, 시민사회뿐 아니라 지방정부와 함께 작업하여 빈곤축소를 위한 단기원조를 제공하고 변화추동자를 지원할 수 있다. 사적 부문은 취업, 사회적 서비스의 직접 제공, 수입동원과 관련하여 건설적인 역할을 할 수 있을 것이다.

그러나 필요한 만큼의 변화가 발생하자면 시간이 걸리며, 아마도 세대

교체가 가장 중요한 영향을 끼칠 수도 있다. 만약 어떤 국가로부터 완전히 철수하게 되면, 개발잠재력이 현저하게 손상될 수 있다. 따라서 원조기관들은 불안정 심화, 폭력의 격화로 인한 위험증가로 철수할 경우, 일반주민에 대한 장기적 영향을 고려하여 사업의 지속에 따른 비용차이를 심사숙고해야 한다. 또한 교육과 보건체계가 붕괴하면 그 결과가 다음 세대에 나타나고, 갈등의 동태성이 악화되고 환경에 부정적 영향을 끼칠 가능성이 있다. 그러나 모든 관여양식은 각 경우마다 다르게 평가되어야 한다.

2) 빈곤층에 도움이 되는 개발활동을 지속 추진

쉽지 않은 개발파트너십의 상황 —가장 어려운 경우에서조차— 에서 정부와 대화를 유지하는 것이 매우 중요하다. 이러한 대화는 궁극적으로 빈곤축소정책을 초래하고, 고립과 절망의 감정이 악화되는 것을 막고 변화를 촉진할 수 있다. 고립과 절망의 심화는 갈등, 극단주의와 테러리즘이 발생할 수 있는 좋은 환경이 될 것이다. 이는 모든 원조제공측이 계속해서 또는 동일한 수준의 밀도로 관여해야 한다는 것을 의미하지 않는다. 원조제공측은 이 문제와 관련하여 상호 긴밀히 조정해야 할 것이다.

원조제공측은 정책환경이 나쁜 곳에서는 원조가 그다지 효과가 없다는 것을 알고 있다. 쉽지 않은 파트너십 국가에 원조를 배분할 경우, 원조기관들은 원조를 효과적으로 사용할 수도 있었을 나라에 원조가 주어진 경우에 발생할 빈곤축소와 관련된 기회비용을 염두에 두어야 한다. 그럼에도 불구하고, 일련의 경우에는 효과성 기준에서 볼 때 적합한 것보다 훨씬 더 많은 원조를 필요로 하는데, 예를 들어 갈등 또는 국가붕괴 예방을 위한 경우에 그러하다.

원조수단을 선택할 때는 원조제공측은 유연해야 하며, 빈곤축소 성과에 초점을 두어야 한다. 예를 들어, 쉽지 않은 파트너십 국가의 일정 지역 지방정부를 통해, 다른 지역에서는 NGOs를 통해 기초보건과 교육을 지원할 수 있다.

3) 원조제공측의 조정과 정책정합성 개선

쉽지 않은 파트너십을 개선할 때 원조제공측이 복수인 경우에는 상호 조정이 핵심이다. 통상의 원조조정 기제와 유사한 협의체가 존재하지 않거나 기능하지 않는 경우에는 임시조치를 취할 필요가 있다. 이 때 효과적 조정을 위해서는 더 많은 노력이 필요하다. 즉, 분석의 공유, 공동평가기준 마련, 관여시 가장 적합한 조건에 대한 합의, 지도적 기관을 정하고 임무를 부여, 양자 및 다자기관의 강점을 비교하고 그에 기초하여 사업을 해야 한다. 쉽지 않은 파트너십과 관련한 조정은 지역 차원도 고려할 필요가 있다. 예를 들어, 이웃 국가에의 확산효과 또는 지역기관의 건설적 참여기회 등이다.

모든 정책수단(예를 들어, 대외정책, 무역, 투자, 환경, 마약통제, 국가안보문제, 무기수출 등)을 고려함으로써, 쉽지 않은 파트너십관계에 있는 국가와 관계가 보다 정합적으로 이루어지도록 해야 한다.

4 주요 원조기관의 원조정책 방향

제2절에서는 주요 원조수단의 내용과 장단점, 그리고 용도에 대해 설명하였다. 이미 이러한 서술에서 어떤 원조수단은 특정한 상황과 여건 속에서만 사용이 가능하며, 특정 여건이 구비되지 않았을 때에는 다른 원조수단을 사용해야 한다는 것이 나타나고 있다. 이와 관련되어 있는 개념이 원조의 선택성이라는 개념이다.

원조의 선택성은 ① 원조의 효과성이라는 관점에서 원조대상을 선별하여 성과가 좋은 국가에 원조를 집중해야 한다는 것과, ② 원조대상에 따라 원조의 방법과 수단이 달라야 한다는 것이다. 이와 같은 두 가지 원칙과 밀접히 관련되어 있는 것이 제3절의 내용이었다. 거기에서는 원조수용국을 빈곤축소전략 시행에의 의지 그리고/또는 능력이 있느냐에 따라 수용국의 유형을 네 가지로 분류하였고, 유형마다 원조의 틀과 방법이 달라야 한다는 것을 서술하였다.

여기에서의 주요 관심은 주요 국가별로 원조의 선택성과 원조수법 선택과 관련한 사고방식에 차이가 있다는 것이다. 이를 영국, 네덜란드의 사례를 들어 구체적으로 서술한다.[21]

4.1. 영국 국제개발국(DFID)의 원조선택성에 관한 사고방식

영국 원조정책의 특징은, ① 원조를 (특히, 좋은 정책을 실시하는) 저소득국가에 집중하며, ② 프로젝트형 원조로부터 프로그램형 원조(특히, 재정지원)으로 중점을 옮긴다는 것이다. 국제개발국(DFID)은 빈곤축소에 대한 효과를 극대화하기 위하여, 원조를 빈곤자가 다수인 저소득국가 및 빈곤축소의 정책개혁을 실시하고자 하는 국가에 집중하는 정책을 취하고 있다. 정책환경이 정비되지 않은 국가에는 원조를 선택적으로 적용하여, 빈곤층에의 단기원조(인도지원 등), 사회적·정치적 개혁을 촉진하기 위한 원조(중립적 대중매체, NGO 등에의 원조), 좋은 정책을 실시하고 있는 지방정부와 개별 부서에의 지원을 행한다. 중소득국은 자국 내 또는 민간부문으로부터 자금조

그림 4-2 | 영국의 원조수법 선택기준

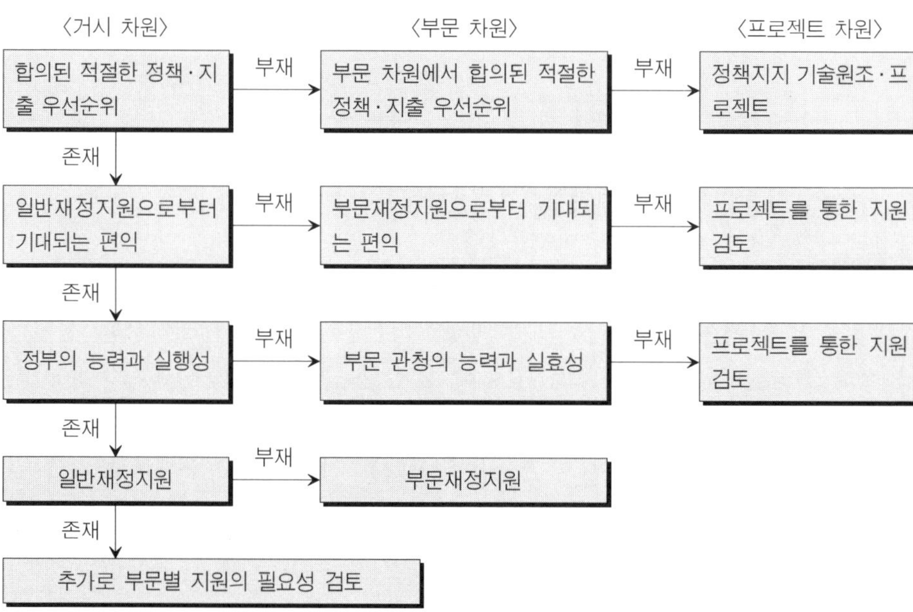

출처: M. Foster and L. Jennifer(2001).

[21] 國際協力事業團 國際協力總合研修所 編著(2003), pp. 131~137에 의거하였다.

달이 가능하기 때문에, 대규모 자금지원보다도 빈곤과 불평등을 극복하기 위한 정책개혁에의 지원(정부의 능력과 시장의 효율성을 개선하기 위한 기술원조 등)에 중점을 두고 있다.

원조수법에 관해서는 개별 프로젝트로부터 부문(sector) 전체의 개혁지원에 중점이 이동하고 있다. 수용국이 빈곤축소에 강한 정책의지를 가지고 좋은 정책을 실시하고 있는 경우에는 적극적으로 직접재정지원(일반재정지원 및 부문재정지원)을 행한다. 원조수법을 검토하는 경우, 먼저 거시 차원에서 일반재정지원이 가능한가를 검토하고, 다음으로 부문 차원의 지원을 검토하며, 마지막으로 프로젝트 차원에서의 지원이 가능한가를 검토한다. 모든 나라에 직접재정지원을 할 수 없다는 것이 인정되고 있지만, 직접재정지원 실시에 의해 기대되는 편익이 위험도보다 높은 경우, 예방책(특정 지출항목에의 용도지정, 제도능력 강화를 위한 기술제공 등)을 취하는 가운데 직접재정지원을 검토하는 것도 가능하다.

4.2. 네덜란드의 원조선택성 사고방식

네덜란드의 특징은 ① 지원을 행하는 국가 및 부문의 선별 축소, ② 개별 프로젝트로부터 부문접근으로 중점을 바꾸고 있다는 것이다. 1999년 9월 새로운 양자 간 원조정책에 의해 중점적으로 원조를 실시하는 파트너 국가가 선정되는데, 이 때 특히 중요시되는 것은 빈곤 정도(세계은행의 IDA 판단기준인 1인당 925달러 미만), 양질의 거버넌스(정부의 대국민 설명책임, 정책책정·실시에의 참가, 지방분권화 등), 인권중시의 정도, 사회·경제정책의 품질(빈곤축소에 대하여 포괄적 개발전략, 거시경제정책)이다. 부문에 관해서는 양질의 거버넌스, 빈곤축소, 여성과 개발, 제도·조직의 구축, 환경을 5개 우선부문으로 간주하고 있다. 기본적으로 나라마다 2~3개(최대 4개)의 중점부문(특히, 교육·보건·농업)을 정하고 원조를 행한다.

원조수법과 관련하여 원조자금의 용도지정이 강한 순서로부터 보면, ① 프로젝트원조, ② 부문프로그램원조(부문공동기금, 부문개혁에의 협조대부, 부문재정지원), ③ 거시경제 지향 프로그램원조(복수 부문관련 개혁에 대한 협조대부, 사회기금, 일반재정지원)로 분류되고 있다. 원조수법의 중심이 되는 것은 부문프로그램원조인데, 수용국의 정책과 거버넌스 신뢰도가 높은 경우,

표 4-5 | 네덜란드의 원조수법 선택

차원	원조방법	자금용도 지정	목적	정책기준	재무관리기준
거시	일반재정지원	약	거시정책에 대한 직접예산지원	양호한 정책실적	중앙정부 차원: 예산관리능력 평가
	사회기금	↑	사회부문 정책에 대한 직접예산지원	양호한 정책실적(특히, 대상부문에서)	중앙정부 차원: 예산관리능력 평가
	복수부문에 걸친 개혁에 대한 협조대부		거시 차원에서 개혁지원	양호한 정책실적(특히, 대상부문에서)	세계은행의 재무관리체제
부문	부문재정지원		부문재정에 대한 직접예산지원	양호한 정책실적, 적절한 부문정책	부문 차원: 대상관청의 재무관리능력 사전평가
	부문개혁에 대한 협조대부		부문 차원에서의 개혁지원	개혁프로그램 승인	세계은행의 재무관리체제
	Basket 기금	↓	부문정책·프로그램에 대한 직접예산지원	부문정책·프로그램의 지원	원조제공자 간에 합의된 재무관리체제
프로젝트	프로젝트지원	약	특정 활동에 대한 직접예산지원	목적·활동내용에 관한 합의	프로젝트 차원에서 합의된 재무관리체제

출처: M. Foster and L. Jennifer(2001).

보다 거시 차원에서의 원조를 늘리는 것이 가능하다. 거시 차원 지향 프로그램원조의 제공 여부를 판단하는 기준으로서 네 가지 정책평가기준을 설정하고, 이를 모두 만족시키면 원조대상으로 지정한다. 이에는 ① 다국 간 원조기관의 견해와 정책대화(세계은행·IMF의 거시경제정책에 관한 견해, 정책대화의 실적), ② 거시경제정책(경제안정정책, 구조개혁정책), ③ 양질의 거버넌스와 제도능력(투명성과 효율성, 참가와 합법성), ④ 사회개발과 정책(빈곤축소, 남녀평등)이다.

4.3. 세계은행의 개발관련 활동에서 거버넌스문제

세계은행은 적절한 경제운영의 전제로서, 공적 부문관리, 설명책임, 법적 틀, 투명성 등으로 이루어진 거버넌스 강화의 필요성을 강조하고, 나아가 주민참가, 군사지출, 인권도 개발에 관련된 문제로서 세계은행 대부정책의 대상으로 간주하고 있다. 많은 국가에서 번잡한 법체계, 부패한 사법, 왜곡된 금융제도, 복잡한 등기제도 등이 빈곤층을 괴롭히며, 사회 전체의 개발을 저해하고 있다는 것이다. 세계은행은 정치문제를 다루지 않는다는 정관 때문에 거버넌스의 개념정의에서 분석틀로서의 거버넌스와 실시틀로서의 거버넌스를 명확히 구분하고 있다. 분석상 거버넌스는 ① 정치형태, 체제의 양태, ② 개발을 위한 경제적·사회적 자원관리하에서 권력이 집행되는 과정, ③ 정책결정·계획·실시에서 정부의 능력이다. 실시틀에서는 공식적으로 ②와 ③만을 대상으로 한다는 것을 천명하고 있지만, 세계은행 이사회 등에서 서방 국가의 요구에 의해 ①도 사실상 고려하고 있다. 정관과 정치문제 개입의 상충성을 해소하는 절충안으로서, '정치적' 이유로부터 거버넌스의 개선을 요구하는 것이 아니라, 자원배분의 개선에 공헌한다고 하는 '경제적' 이유에서 양질의 거버넌스를 중시한다고 설명한다. 세계은행은 거버넌스와 관련하여 세 분야를 중시한다. ① 공공부문 개혁으로 공무원제도 개혁, 금융재정 관리와 세무관리능력 향상, 국영기업의 합리화·민영화, 공적 서비스의 개혁 등이 포함된다. ② 지방분권화 강화로 설명책임을 중시한다. ③ 법의 지배강화로 법정비와 사법절차 개선을 중시한다.

세계은행은 1999년 이후 거버넌스 개선과 부패의 구조적 원인규명에 관한 정책지원과 조사를 행하고, 그에 기초하여 개혁에 대한 명확한 의지가 있는 국가에 대해서는 공공부문 관리 개혁지원을 적극적으로 행하고, 없는 국가에 대해서는 지방자치체 등의 커뮤니티능력 강화, 부패방지 지원을 행하고 있다. 이와 관련한 자금분배에서도 그 나라의 빈곤상황 등을 포함한 거시경제지표, 거버넌스의 정도, 이제까지 세계은행 안건의 진척상황에 대한 평가에 따라 차등을 두고 있다.

제 5 장

개발 및 원조관련 주요 기관

1. 개발원조위원회
2. 세계은행
3. 유엔체계

개발 및 원조와 관련하여 거론할 수 있는 주요 기관은 OECD의 개발원조위원회, 세계은행과 유엔의 여러 기관을 들 수 있다. 이 중에서 OECD의 개발원조위원회는 양자적 주요 원조제공국들이 원조에 관한 정책을 논의하는 포럼과 연구기관의 성격을 가지고 있다. 세계은행은 개발자금을 제공하는 실무기관임과 동시에 개발에 관한 이론과 실무개선 연구에 관한 지식을 제공하는 종합연구기관이기도 하다. 유엔은 인도지원과 개발원조를 동시에 수행하며 산하에 여러 프로그램과 기금을 운영하고 있다. 이 세 기관 사이에는 대체로 업무분담이 존재하는 동시에 여러 차원에서 협력도 증가하고 있다. 현재 개발과 원조에 관한 주요 정책방향 중의 하나는 원조기관 간의 공동분석과 현지의 업무협조를 강조하고 있는데, 이러한 논리를 내세우는 기관이 바로 이 세 기관이기도 하다.

1 개발원조위원회

1.1. 구성국가

개발원조위원회(Development Assistance Committee: DAC)는 주요한 양자적 원조제공자의 중심 회의체로서, 1961년 출범 이후 회원국들의 전략설정과 정책 및 실적평가에서 중심적 역할을 맡아 왔다.[1] 또한 개발원조위원회는 주요 원조제공국들의 프로그램 개발목표에 초점을 유지하도록 하며, 원조제공국 간 원조조율을 촉진하고, 원조의 효과성을 평가하는 기능을 해 왔다. 현재 개발원조위원회에는 21개국이 참가하고 있는데, 한국은 2006년 4월 가입의사를 표명하였다.

[1] 여기의 내용은 OECD DAC의 공식 홈페이지 내용을 참조하여 정리(http://www.oecd.org/about/)하였다.

개발원조위원회(DAC) 구성국가

호주(1966), 오스트리아(1965), 벨기에(1961), 캐나다(1961), 독일(1961), 그리스(1999), 아일랜드(1985), 이탈리아(1961), 일본(1961), 룩셈부르크(1992), 네덜란드(1961), 뉴질랜드(1973), 노르웨이(1962), 포르투갈(1961~1974; 1991), 스페인(1991), 스웨덴(1965), 스위스(1968), 영국(1961), 미국(1961)

1.2. 운영목적

현재 개발원조위원회는 회원국들이 지속가능한 개발을 지원하기 위한 공동노력의 효과성이 높아지도록 협력하고 있다. 따라서 개발원조위원회는 ① 국제개발협력이 개발도상국의 국제경제 참여능력을 어떻게 증진시킬 수 있는가, ② 개발협력이 주민의 빈곤을 극복하고 자기 사회에 완전히 참여할 수 있는 능력을 어떻게 증진시킬 것인가라는 두 가지 분야에 중점을 두고 있다.

개발원조위원회 회원국은 원조프로그램과 관련하여 일정한 목표를 공유할 목적으로 각국의 본부와 현지에 주재하는 개발실무자를 위한 지침(the DAC Guidelines)을 발간하고 있다. 이 지침은 양자 간·다자 간 원조제공자 공동체의 개념과 행위에 상당한 영향력을 미치고 있다. 여러 원조제공국이 이와 같은 지침을 만드는 데 참여하고 있기 때문에 지침은 사실상 합의적 효력을 갖는다. 여러 측면에서 개발원조위원회는 개발에 관한 토론에서 지도적 역할, 그리고 회원국들을 상당한 정도로 고취시키는 역할을 해 왔다.[2] 또한 매 3년마다 한 회원국의 원조정책과 실적을 다른 회원국에게 평가받는데, OECD 직원의 연구와 개발원조위원회에서 위촉된 두 명의 '검사관'에 의해 수행된다.

[2] Stephan Klingebiel(2001), p. 5.

1.3. 조직체계

개발원조위원회의 의장은 위원회의 회의를 주재한다. 이 회의에는 파리에 주재하는 회원국 대표와 회원국에서 파견된 정부관리가 참가한다. 개발원조위원회는 해마다 고위급 회의를 개최하는데, 참가자는 원조 주무부서 장관이거나 원조기관의 총재이다. 개발원조위원회의 업무는 OECD 이사회 중 하나로 개발원조위원회 총무국(the DAC Secretariat)이라고도 불리는 개발협력이사회(Development Co-operation Directorate)의 뒷받침을 받는다.

개발원조위원회는 실무그룹(Working Parties)을 운영하고 있는데, 회원국은 여기에 대개 전문가를 파견하고 있다. 각 실무그룹의 임무는 개발원조위원회가 현재 주요 관심을 기울이고 있는 분야와 목표를 보여 준다. 즉, 개발의 금융적 측면, 개발원조와 환경, 통계, 원조평가, 남녀평등, 양질의 거버넌스와 능력함양, 갈등과 평화와 개발, 원조실무의 조화 등이다. 산하기구를 그림으로 나타내면 〈그림 5-1〉과 같다.

1.3.1. 통계실무그룹

통계실무그룹(DAC Working Party on Statistics)의 임무는 개발도상국과 이행국 그리고 다자적 기관에 흘러가는 자원에 대한 통계적 보고를 검토하고 개선을 제안하는 것이다. 이 그룹은 개발원조위원회에 다음과 같은 주제를 제안할 수 있다. 즉, 공적 개발자금의 취득자격, 보고의 지침과 개념정의, 자료의 상호 호환성, 개발원조위원회의 통계사용 등이다. 이 그룹은 통계보고지침의 수정을 개발원조위원회에 제안하여 결정을 내리도록 할 수 있다. 또한 이 그룹은 개발원조위원회가 거론한 관련주제를 다룰 수 있고, 적절하다고 생각하는 경우 개발원조위원회에 보고할 수 있다.

1.3.2. 원조효과성과 원조제공국 실무그룹

원조효과성과 원조제공국 실무그룹(DAC Working Party on Aid Effectiveness and Donor Practice)은 개발을 위한 2002년 몬테레이회의에서 채택된 국제적 합의의 맥락에서 설치되었다. 이 회의는 지구적 파트너십을 촉진하고 새천년개발목표의 달성을 가속화하는 데 필요한 행위를 논의하였다. 이 합의에 따르면, 개발원조위원회 회원국은 개발협력활동의 관리·배달·상호 보

그림 5-1 | 개발원조위원회 산하기구

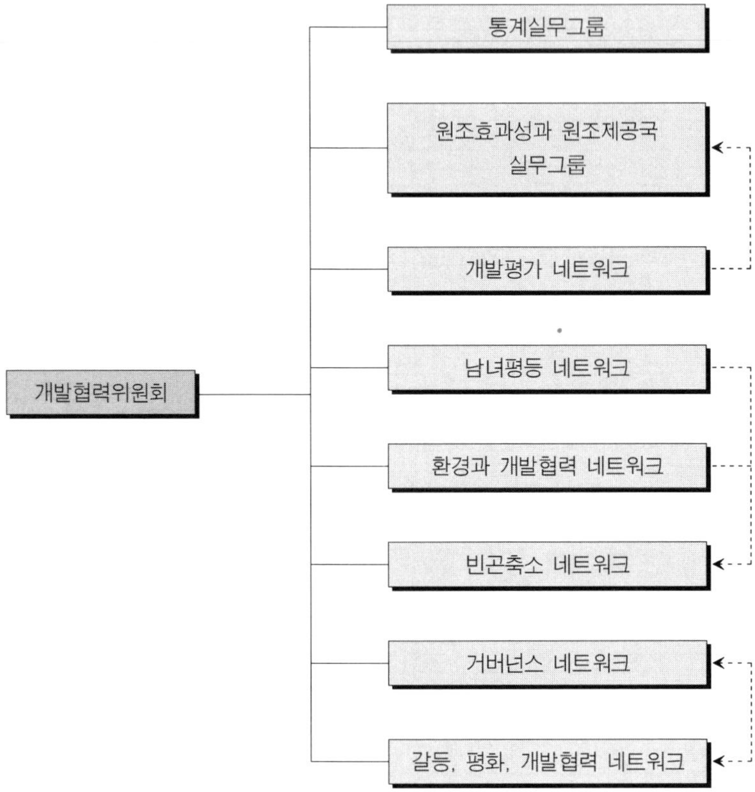

주: 1) 2003년 3월 28일 합의된 DCD/DAC(2003) 12/REV1에 의거.
2) 점선과 화살표는 한 산하기구 책임자가 다른 기구의 책임자를 겸한다는 것을 표시.
출처: www.oecd.org

완성을 개선하여 최고의 개발효과가 나도록 하였다. 이러한 임무의 일부로 이 그룹은 원조제공국의 실무를 상호 조화하는 작업, 수용국이 주도하는 빈곤축소전략에 제휴하는 작업을 평가·지원한다. 그리고 수단과 배분의 적절한 사용, 사용처 비지정원조와 구매문제의 준수에 관한 추적, 성과지향 측정, 모니터링과 관리도 포함하여 기타 개발틀, 체계도 평가·지원한다.

이 그룹의 업무초점은 합의된 정책과 모범실무의 장려와 실행, 그리고 현지사정, 모범실무의 상호 교환 장려, 선택적인 정책개발의 평가에 관한 전반적 평가이다.

1.3.3. 개발평가 네트워크

개발평가 네트워크(DAC Network on Development Evaluation)의 임무는 네 가지 주요 분야를 포괄한다.

첫째, 네트워크 회원 간, 그리고 필요하다면 개발평가 파트너 간에 평가에 관한 정보, 경험, 협력의 교환을 강화하고자 하는데, 그 취지는 ① 개별 회원국의 평가활동 개선, ② 방법상·개념상 틀의 조화와 표준화 장려, ③ 주요 평가연구의 조정 촉진, ④ 평가와 최선 실무에서 새로운 방법의 개발·장려 등이다.

둘째, 개발효과성의 개선에 이바지하는데, 이는 ① 평가로부터 정책상 전략적·실무적 교훈을 끌어 내고 종합하여 개발원조위원회 그리고 넓은 의미의 개발공동체가 숙고하도록 해 주는 것, ② 개별 회원국이 수행한 평가와 연구가 합동으로 이루어지거나 조정되도록 장려함을 통해서이다.

셋째, 개발원조위원회와 그 산하기구에 동료 간 검토(peer review), 개발성과와 원조효과성에 대해 자문과 지원을 제공한다.

넷째, 원조수용국의 평가능력 개발을 촉진하고 지원한다.

1.3.4. 남녀평등 네트워크

남녀평등 네트워크(DAC Network on Gender Equality)의 임무는 세 가지 주요 분야를 포괄한다.

① 개발협력의 품질과 효과성을 개선하는 데 기여한다. 개발이 효과적이고 지속가능하며 진실로 인간지향적이 되려면, 여성과 남성의 지식, 통찰과 경험이 필요하다. 따라서 남녀평등과 여성의 사회정치적 능력의 개선은 개발도상국의 경제적·사회적·정치적 상황을 개선하는 데 매우 중요하다.

② 개발원조위원회의 정책에 전략적 지원을 제공한다. 이 네트워크는 촉매자로 행위하며, 개발원조위원회의 업무에서 남녀평등에 관한 관점이 주요 문제로 인식되도록 전문적 지식을 제공하고, 이 정책우선사항이 회원국의 정책에서 강화되도록 하며, 수용국의 개발원조를 지원한다.

③ 개발원조위원회 회원국과 네트워크의 필요에 부응하는데, 이는 네트워크가 남녀평등 관점과 여성의 사회정치적 능력함양을 위한 전략과 실무에 관한 혁신적이고 촉매적 사고를 교환하는 특별한 기회를 제공함으로써

개발협력의 모든 분야에서 수용국의 자체 노력을 지원하기 때문이다.

1.3.5. 환경과 개발협력 네트워크

환경과 개발협력 네트워크(DAC Network on Environment and Development Co-operation)의 임무는 OECD의 지속가능한 개발에 관한 횡단면적 접근의 맥락에서 지속가능한 개발에 관한 일관된 접근을 작성하는 데 기여하는 것이다. 이 네트워크는 환경과 지속가능한 개발을 지원하는 개발협력 노력에 대해 구체적 지침을 작성한다. 그리고 개발협력에 환경문제를 통합하는 것과 관련하여 경험을 교환하고 모범실무를 확산시키는 정책회의체 기능을 수행한다.

1.3.6. 빈곤축소 네트워크

빈곤축소 네트워크(DAC Network on Poverty Reduction)의 임무는 네 가지 주요 분야를 포괄한다.

① 빈곤의 다면성과 개발도상국에서 불평등, 경제성장과 빈곤축소 간의 관계에 초점을 둔다.

② 빈곤축소지향 성장, 다시 말해 성장을 발생하고 성장과 지구화로부터 수익을 얻는 데 빈곤층을 참여시키는 성장에 관한 경험과 최선의 실무를 교환하는 회의체 역할을 한다.

③ 이와 같은 관점에서 하부구조, 농업, 무역, 투자능력 형성, 정보와 통신기술, 민간부문과 공적·사적 파트너십의 역할과 같은 분야에서 전략과 정책을 수립한다.

④ 새천년개발목표, 광범위한 토대에 기초한 성장의 핵심 역할, 국가빈곤축소전략의 전략적 틀 내에서 그 결정인자가 추구될 수 있도록 한다.

1.3.7. 거버넌스 네트워크

거버넌스 네트워크(DAC Network on Governance)는 거버넌스와 능력개발 지원에서 제공국 원조의 효과성을 개선시키는 것을 목적으로 한다. 그리고 경험과 교훈을 교환하고, 모범실무를 발굴·전파하며, 빈곤축소지향 정책과 분석도구를 개발하는 정책포럼의 역할을 한다. 이 네트워크의 업무는 부패에 대한 투쟁, 공공서비스 개혁, 능력개발, 인권, 민주주의, 법치, 거버넌스 개발의 평가, 어려운 파트너십과 같은 광범위한 분야에서 지원효과를 어떻게 개선하는가 등이다. 그리고 이 업무는 국가, 시민, 시민사회와 민간부문 사이의 관계를 포괄한다.

1.3.8. 갈등, 평화, 개발협력에 관한 네트워크

갈등, 평화, 개발협력에 관한 네트워크(DAC Network on Conflict, Peace and Development Co-operation)는 개발원조위원회의 갈등지침 그리고 폭력갈등 예방 지원(Helping Prevent Violent)선언에서의 원칙과 합의를 촉진함으로써, 개발협력의 효과와 회원국 정책의 일관성을 개선하기 위해 노력한다. 특히, 취약국가, 관계가 어려운 국가, 갈등에 빠지기 쉬운 국가와 같은 개발도상국 행위자에 대한 원조제공국의 업무를 개선하여 구조적 안정과 평화를 촉진하고, 폭력갈등을 방지·관리하며, 위기시에 구호와 재건원조를 제공한다.

2 세계은행

일반적으로 '세계은행'이라 하면 국제부흥개발은행(IBRD)과 국제개발협회(IDA)를 지칭하며, '세계은행그룹'이라고 하면 앞서의 두 기관과 함께, 국제금융공사(IFC), 다국 간 투자보장기구(MIGA), 그리고 국제투자분쟁해결기구(ICSID)의 총 5개 기관을 지칭한다.[3]

2.1. 국제부흥개발은행과 국제개발협회

대부, 정책자문과 기술원조를 통해 세계은행은 개발도상 세계에서 빈곤

[3] 여기의 내용은 World Bank(2003) 및 공식 홈페이지 www.worldbank.org의 내용을 참고하여 정리하였다.

축소와 생활수준 개선을 지원하고 있다. 세계은행의 업무는 국제부흥개발은행(International Bank of Reconstruction and Development: IBRD)과 국제개발협회(International Development Association: IDA)로 나뉘어 있는데, 국제부흥개발은행은 중간소득국가 및 신용을 가진 빈곤국가를 지원하며, 국제개발은행은 가장 가난한 나라만을 상대로 업무한다. IBRD와 IDA를 통해 세계은행은 금융자원, 숙련직원, 광범한 지식기반을 사용하여 개별 개발도상국이 안정적이고 지속가능하며 공정한 성장을 달성하도록 돕고 있다.

IBRD와 IDA는 같은 방식으로 운영된다. 두 기관은 직원과 본부를 공유하며, 동일한 상급자에게 보고하고, 프로젝트를 평가할 때 같은 기준을 사용한다. 일련의 국가는 두 기관 모두에게 자금을 빌리고 있는데, IDA는 '딴 서랍'의 자금을 운영할 뿐이다. IBRD의 회원국만이 IDA의 회원국이 될 수 있다.

2.1.1. 국제부흥개발은행(IBRD)

IBRD는 1945년에 설립된 세계은행그룹의 창시기관이며, 사람들이 세계은행이라고 할 때 IBRD를 뜻할 때가 많다. IBRD는 세계은행그룹 중에서 가장 많은 수의 회원국과 가장 넓은 임무, 가장 많은 직원을 가지고 있다.

오늘날 IBRD는 중간소득국가와 신용 있는 저소득국가에 대한 대부, 보증 및 분석과 자문업무를 통해 빈곤축소에서 중요한 역할을 하고 있다. IBRD는 시장의 경우보다 회원국에게 대규모의 자금을 좋은 조건으로 더 오랜 기간 보다 지속가능한 방식으로 대부한다. 어떤 국가가 소득을 향상하여 중간소득국가에서 벗어나면 IBRD로부터 '졸업'하게 된다.

2.1.2. 국제개발협회(IDA)

제2차 세계대전 이후 유럽의 재건이 끝나자 세계은행은 관심을 개발도상국으로 돌렸는데, 매우 가난한 국가들은 세계은행이 제시하는 조건으로 개발자금을 빌릴 수 없었다. 따라서 세계은행 회원국 중 일부 그룹은 매우 가난한 개발도상국에 보다 쉬운 조건으로 대부하는 기관을 창시하기로 결정하였다.

1960년에 업무를 시작한 IDA는 세계의 가장 가난한 국가들에게 이자 0%, 유예기간 10년에 35~40년에 달하는 지급만기조건의 대부를 제공함으로써 빈곤감소를 돕고 있다. 이와 같은 신용대부는 종종 양허성 대부라고 불린다. IDA 신용은 가장 가난한 국가들이 보다 신속하고 환경적으로 지속가능한 성장을 달성하기 위해 필요로 하는 인간자본, 정책, 제도와 물리적 하부구조의 형성을 돕는다. IDA의 목표는 특히 기초교육, 기초보건, 물공급과 위생에서 국가 간 또는 국가 내에서 격차를 줄이며, 더 많은 사람들이 생산성을 높여 경제적 주류에 속하도록 만드는 것이다.

IDA의 자금은 선진회원국 정부의 기여에 의해 대부분 충당된다. 제공국 정부의 대표들은 3년마다 모여 IDA의 자금을 재충전하는데, 2005년에 있었던 14차 재충전에서는 미국(13.0%), 영국(12.1%), 일본(11.8%), 독일(8.0%), 프랑스(7.2%), 이탈리아(3.8%)와 캐나다(3.8%) 등 G7이 총 60%를 제공하였으며, 한국은 1.0%를 기여하였다. 총재충전액은 180억 달러이며, 14차 충전기간 동안 IDA가 사용가능한 총자원은 330억 달러였다.

IDA는 1인당 소득이 매우 낮은 국가 —2006년 기준으로 965달러(2004년도 1인당 국민소득)— 그리고 IBRD로부터 자금을 빌릴 능력이 없는 국가에 대부한다(현재 IDA 대상국 주민수는 25억 명으로 개발도상국 인구의 절반이다). 이들 국가에서 주민 대부분은 하루에 2달러 이하, 10명 중 4명(총 11억 명)은 하루에 1달러 이하로 생활한다. IDA로부터 대부를 받을 수 있는 국가 중 일부는 신용등급이 높기 때문에 IBRD로부터도 자금을 빌릴 수 있는데, 이러한 국가로는 인도와 인도네시아가 있다.

IDA 대부자격은 가장 가난한 국가들이 투자자금을 시장에서 빌릴 수 있는 능력이 생길 때까지 상당한 자원에 접근을 가능하게 해 주는 경과성 자격이다. 경제가 성장하면 IDA 대부자격으로부터 졸업하게 된다. 이제까지 32개국이 졸업하였는데, 이 중 일부는 '역졸업'하여 IDA에 재가입하였다. 가장 최근에 졸업한 나라에는 필리핀(1993), 중국(1999), 이집트(1999), 마케도니아(2002)가 있다.

IDA는 현재 가장 가난한 국가에 대한 사회서비스를 위한 단일 최대규모의 기금이다. 그 자금은 2004년 7월 1일부터 2005년 6월 30일의 12개월 동안 교육, 보건, 사회안전망, 물공급과 위생에 36%, 법, 사법, 공적 행정에 23%, 공업에 18%, 하부구조에 14%, 농업과 농촌개발에 8% 사용되었다.

2.2. 국제금융공사

IBRD와 IDA는 회원국 정부에게만 대부할 수 있지만, 국제금융공사(International Financial Corporation: IFC)는 민간부문을 통해 경제개발을 촉진한다. 비즈니스 파트너와 협력하면서 IFC는 개발도상국에서 정부보증을 받지 않는 지속가능한 사기업에 투자한다. 이와 같은 비즈니스에 대한 직접대부는 IFC와 세계은행의 본질적 차이이다.

IFC는 고객에게 주식, 장기대부, 대부 보증, 위험관리, 자문서비스를 제공한다. IFC는 개발도상국에서 민간부문 프로젝트를 위한 대부와 주식자금조달의 가장 큰 원천이다. IFC는 다른 방법으로는 자본에 대한 접근이 제한되어 있는 지역과 국가의 비즈니스를 돕는다. IFC가 참여하지 않으면 상업적 투자자에게는 너무 위험한 것으로 보이는 자금조달 프로그램을 시장에서 제공한다. IFC는 이 밖에도 기업통치, 환경적·사회적 전문성, 비즈니스와 정부에 대한 자문과 기술원조를 제공함으로써, 자신이 자금을 조달하는 프로젝트를 지원한다.

2.3. 다국 간 투자보장기구

다국 간 투자보장기구(Multilateral Investment Gurantee Agency: MIGA)는 개발도상국에 외국투자를 장려한다. 그 방법은 재산몰수, 화폐비태환성, 전쟁과 시민소요 또는 계약파기와 같은 비상업적 위험에 기인하는 손실에 대한 보증을 외국투자자에게 제공하는 것이다. 그 밖에도 MIGA는 도상국이 투자기회에 대한 정보를 확산시키는 것도 돕고 있다. 이 기관은 요구가 있을 경우 투자분쟁 중재서비스도 제공한다.

2.4. 국제투자분쟁해결기구

국제투자분쟁해결기구(The International Center for Settlement of Investment Disputes: ICSID)는 외국투자를 장려하는데, 그 방법은 투자분쟁에 화해와 중재를 위한 국제시설을 제공함으로써, 국가와 외국투자자 사이에 상호 신뢰의 분위기를 조성한다. ICSID는 중재법과 외국투자법 분야에서 연구와 출판도 하고 있다.

2.5. 국제통화기금과의 관계

세계은행그룹과 국제통화기금(IMF)은 총칭하여 브레튼우즈 기관이라 불린다. 두 기관은 긴밀히 협력하여 유사한 관리구조를 가지며, 유엔과도 유사한 관계를 맺고 있고, 미국의 워싱턴에서 서로 가까운 곳에 자리잡고 있다. 세계은행그룹 조직에 대한 회원가입은 IMF 회원가입이 전제되어 있지만 두 기관은 별개이며, 업무는 보완적이지만 개별 역할은 매우 다르다.

세계은행그룹과 IMF의 업무상 차이는 다음과 같다.

① 세계은행은 개발도상국 또는 이행국가에만 대부하는 데 비해, 부유하거나 가난하거나에 상관없이 모든 회원국은 IMF의 서비스와 자원을 사용할 수 있다.

② IMF의 대부는 단기경제문제를 다룬다. 이 대부는 해당 국가가 어려움을 타개하기 위해 정책을 취하면, 국가의 경상수지 균형과 외환보유를 일반적으로 지원한다. 세계은행그룹은 주로 장기문제에 관련한다. 세계은행그룹은 개발도상국을 보다 광범위한 세계경제에 통합하고 빈곤을 축소하는 성장을 촉진하고자 노력한다.

③ IMF는 세계경제의 거시경제 상황, 그리고 거시경제 및 금융부문 정책에 집중한다. 세계은행그룹의 초점은 해당 국가 경제의 특정 부문에까지 확대되며, 구체적 개발프로젝트와 광범위한 정책문제까지 포함한다.

2.6. 유엔 전문기구와의 관계

세계은행그룹과 유엔의 협력은 두 조직이 탄생하면서부터(1944년과 1945년) 있어 왔다. 그 협력은 빈곤축소, 지속가능한 개발의 촉진, 인간에 대한 투자와 같은 경제적·사회적 분야에서 상호 관심사에 초점을 두었다. 나아가 세계은행그룹과 유엔의 회원국은 거의 겹친다. 유엔 회원국 중 몇 나라만 제외하고 모두 세계은행그룹의 회원이다.

실무관계에서 보면, 세계은행그룹은 유엔의 프로그램 및 기금과 정책, 원조와 프로젝트의 실행을 조율하고 있다. 세계은행그룹은 유엔이 주관하는 대부분의 지구적 회의를 준비하는 데 기여하고 참가하며, 사후업무에서도 책정된 목표를 국가 차원에서 실행하는 데 중요한 역할을 하고 있다.

3 유엔체계

구호와 개발에 관한 유엔체계를 보면 구호업무와 관련해서는 인도사무조정국(OCHA)이 개발업무에 관련해서는 유엔개발그룹(UNDG)이 주관한다.

3.1. 인도사무조정국의 구호사업

3.1.1. 인도사무조정국의 역사[4]

유엔 총회는 복합위기사태와 자연재해에 대한 유엔의 대응능력을 높일 목적으로 1991년 46/182 결의안을 통과시켰다. 이에 의해 고위급 긴급구호조정관(Emergency Relief Coordinator: ERC) 직책이 신설되어 복합위기와 자연위기에 관한 기능을 총괄하게 되었다. 긴급구호조정관의 업무처리를 위해 기관합동상임위원회(Inter-Agency Standing Committee), 합동호소(the Consolidated Appeals Process: CAP), 긴급구호중앙기금(the Central Emergency Fund: CERF)이 신설되었다. 그 후 인도지원국(the Department for Humanitarian Affairs: DHA)이 신설되고 긴급구호조정관을 유엔 부사무총장(Under-Secretary-General: USG) 직급을 갖는 인도지원국장으로 임명하였다. 1998년 유엔 인도지원국은 인도사무조정국(OCHA)으로 재조직되어 인도적 대응, 정책개발과 인도적 사업관련 관심환기에 관한 조정을 포함하는 등 기능을 확대하였다.

[4] Office for the Coordination of Humanitarian Affairs(2002), pp. 12~14.

3.1.2. 인도사무조정국의 권한

인도사무조정국의 핵심 기능은 ① 인도적 대응의 조정, ② 정책개발, ③ 인도지원 사안에 대한 관심환기이다.[5] 이 밖에도 국제인도지원 공동체를 위한 정보관리, 기술과 자원동원기능이 있다.

(1) 인도지원 대응의 조정

인도지원에서 조정이 필요한 이유는 긴급사태에 대하여 체계적으로 대응을 해야 그 이득이 극대화하고 잠재적 실수가 극소화되기 때문이다.

1) 공동전략의 개발

인도지원은 참여행위자가 공동의 정책우선순위를 규정해 낼 수 있고, 목표를 공유하며 전술에 합의하고 과정을 합동으로 모니터할 때 가장 효율적으로 전개될 수 있다. OCHA는 유엔체계 내외의 동반조직들과 협력하여 인도지원행동공동전략(the Common Humanitarian Action Plan: CHAP)을 개발하고 있으며, 인도지원 필요사항에 대처하는 데에서 명확하게 책임을 분담하고 있다.

2) 상황과 필요의 평가

위기의 원인, 동태성과 파급효과를 이해하자면, 정치적·사회적·경제적 환경을 지속적으로 분석하며 인도지원 필요를 주기적으로 평가해야 한다. 긴급사태가 전개되고 필요가 변화함에 따라 개별 분야와 특정 프로그램을 담당하는 구호단체와 여타 행위자가 구호지원에 참여하거나 이탈한다. 이와 같이 유동적인 전체 위기과정 동안 OCHA가 해야 하는 것은, ① 전반적 인도지원 필요를 밝혀 내며, ② 이러한 필요를 충족하며 중복을 피할 수 있는 현실적 행위계획을 개발하며, ③ 상황진행을 모니터하고 필요하면 프로그램을 변화시키며, 그 파급효과를 측정한다.

3) 조정포럼을 개최

서로 만날 수 있어야 구호상황을 분석하며, 획득된 교훈을 교환하고, 동료들 간에 네트워크를 만들어 낼 수 있다. 서로 만나게 되면 행위자 간에 신뢰, 존중, 투명성과 책임성이 발전하며 문제해결이 모색될 수 있다. OCHA

[5] Office for the Coordination of Humanitarian Affairs(2002), pp. 17~30.

의 조정기능 중 일부는 모임을 개최하는 것이다. 이에는 작고 부문별 모임으로부터 대규모 기획포럼 그리고 원조제공자와의 모임 등이 있다. 이와 같은 모임들을 통해 대응행위를 토론하고 행위계획을 짜며 공동관심사를 거론한다.

4) 자원동원

합동으로 또한 비용을 줄일 수 있는 접근을 통해 기금을 거두며, 이를 통해 기금에의 접근을 개선하고 자원을 보다 효율적으로 배분한다. 이와 같은 권한의 일부로, OCHA는 자원동원을 위한 합동호소(CAP)를 주관한다.

5) 공동문제의 거론

위기 중에는 여러 기관과 NGO에 영향을 주지만 어느 한 기관의 권한에도 속하지 않는 문제가 발생한다. OCHA는 인도지원 행위자에게 공동적인 문제들, 예를 들어 구호가 필요한 민간인에게 접근하기 위해 전투중에 있는 집단들과 협상을 하며, 안보상황이 변화하는 가운데서도 준비를 갖추고 대응을 지원하기 위해 유엔의 안보담당관과 함께 일한다.

6) 조정장치와 수단에 대한 행정관리

OCHA는 IASC와 같은 기관 간 조정기구의 총무부서 역할을 수행한다.

(2) 정책개발

OCHA는 정책개발 지원을 통해 실무지침을 강화하고, 평가와 모니터링 장치를 만들어 내며, 핵심 이해당사자들과 함께 평화건설, 무장집단과의 협상조건 등과 같은 분야에서 정책개발을 지원한다. 정책개발의 중점사항은 다음과 같다.

① 인도주의 원칙의 준수와 발전
② 인도지원 조정의 확대
③ 민간인의 보호
④ 자연재해에 대한 정책개발
⑤ 연구와 평가수행
⑥ 현장에서 발생하는 주요 문제의 해결

(3) 인도지원에 대한 관심환기

인도지원 사안에 대한 관심환기는 OCHA의 조정과 정책개발의 모든 행위에서 핵심적 사항인데, 구체적으로 살펴보면 다음과 같다.

① 인도지원원칙을 강력히 대변
② 망각된 긴급사태 부각
③ 취약주민에 대한 접근 협상
④ 지지의 동원
⑤ 위기에 처한 주민의 이익을 대변
⑥ 재해 대응준비와 대응능력의 강화

3.2. 유엔체계의 개발지원

유엔이 추진하는 개발업무의 주관기관은 유엔개발그룹(UNDG)이고 해당 국가 현지에서는 유엔국가팀(UN Country Team: UNCT)이며, 주요 정책수단은 국가공동평가(CCA)와 유엔개발원조지침(UNDAF)이다.[6]

현재와 같은 유엔 개발업무체계가 성립한 것은 1997년 유엔의 개혁조치에 의해서이다. 이 조치의 취지는 극도의 효과를 올리기 위해서는 개발활동이 지금보다 더 통합되고 협력적인 접근을 해야 한다는 것이다. 중앙과 현지에서의 구체적 조치로 UNDG가 구성되었다. 그 목적은 정책 합동형성과 의사결정을 촉진하며 프로그램상의 협력을 장려하고, 경영효과성을 실현하기 위한 것이었다. 다음으로 본부 차원에서의 이러한 변화에 부응하기 위해 지역 및 국가단위의 체계가 수정되었다. 주요 내용은, ① 유엔국가팀의 상주조정관체계의 강화, ② 유엔 개발관련 모든 프로그램을 UNDAF 내로의 통합이었다.

3.2.1. 유엔개발그룹

(1) 성격과 목적

유엔개발그룹(UNDG)은 유엔 개혁의 일환으로 1997년 창설되었다.[7] 그 목적은 국가단위에서 유엔 개발의 효율성을 향상하기 위한 것이었다. 이 그룹은 개발에 관여하고 있는 실무기관의 집합체이다. 그 그룹은 유엔 사무총장을 대신하여 유엔 개발프로그램의 총책임자(the Administrator of the UNDP)

---

[6] 여기에서 사용하는 주요 공식 자료는 UNDG 공식 홈페이지 www.undg.org를 참조하였다.
[7] United Nations General Assembly(1997).

에 의해 관장되고 있다.

유엔개발그룹은 빈곤축소를 포함하여 유엔 새천년개발목표를 달성하는 것을 목표로 하는 유엔 개발업무의 효과성과 파급효과를 높이기 위해 다음과 같이 노력하고 있다.[8]

① 유엔 여러 기관의 개발관련 정책형성과 의사결정에서 협력을 강화한다.

② 각 구성기관이 개발활동에서 서로 노력의 중복을 피하고 상호 보완성과 체계성을 높이도록 함으로써, 전체 유엔의 목적을 달성하기 위해 각 기관이 해야 하는 역할이 보다 분명해지도록 한다.

③ 유엔개발그룹은 구성기관이 협력할 수 있도록 정책과 절차를 개발하고, 해당 국가의 여러 문제를 분석하며, 지원전략을 계획하고, 지원프로그램을 집행하며, 결과를 모니터하고 변화의 필요성에 주의를 환기한다.

(2) 조직 및 업무체계

유엔개발그룹은 25개 구성단체와 5개 관찰참여기관으로 이루어져 있다. 이 그룹은 1년에 적어도 세 번을 만나서 개별 국가단위에서 새천년개발목표를 달성하는 데 필요한 조정과 관련한 여러 문제를 결정한다.

⌘ 유엔개발그룹 집행위원회(Executive Committee)

① 창설멤버는 유엔 사무총장에게 직접 보고하는 네 기금, 즉 UNICEF, UNFPA, WFP와 UNDP이다.

② 집행위원회는 프로그램 간의 상호 조화성이 높아지며 유엔개발그룹 구성단체 간의 협력이 증가될 수 있도록 정책우선순위를 정하고 있으며, 평화와 안보, 경제 및 사회업무와 인도지원업무 집행위원회와 공동으로 부문별 경계를 넘어서 업무연계를 발전시키고 있다.

③ 집행위원회는 브레튼우즈 기관체계 및 여타 개발단체들과의 동반협력관계를 발전시키고 있다.

이 밖에도 중앙기구로 지원그룹(Support Group), 관리그룹(Management Group), 프로그램그룹이 존재한다.

---

[8] UNDG and the Executive Committee of the UNDG(2002).

3.2.2. 해당 국가 현지 유엔체계와 개발업무

(1) 상주조정관체계[9]

상주조정관체계(the Residential Coordinator System: RCS)는 공식적으로 해당 국가에 상주하는지 여부와 상관없이 개발실무활동을 담당하고 있는 유엔체계의 모든 기관을 포괄한다. 상주조정관은 사무총장의 대리인이며 UNCT의 책임자이다. 브레튼우즈 기관과 여타 국제조직은 적절한 경우 상주조정관체계/국가팀과 긴밀한 연계를 갖도록 장려된다. UNDP는 RCS의 관리자이자 자금제공자이다.

상주조정관은 유엔 본부의 조정행정위원회(Administrative Committee on Coordination: ACC) 구성원과의 협의, UNDP 행정관(Administrator)의 추천에 의해 사무총장이 임명한다. 상주조정관은 임무수행에서 사무총장에게 책임을 지며, UNDP 행정관을 통해 사무총장에게 보고한다. 상주조정관은 유엔체계를 대표하고 유엔체계 조직의 해당국 대표와의 상담을 통해, 그 국가에서 수행되고 있는 개발실무활동에 대한 전반적 책임을 지고 조정을 행한다. 이러한 업무는 해당국 정부의 목표와 정책우선사항 그리고 유엔 기관의 권한과 목표에 부합하도록 수행되어야 한다.

(2) 유엔체계 국가팀

유엔체계 국가팀(UNS Country Team)은 해당 국가와 관련하는 유엔 기금과 프로그램, 특별기관과 여타 유엔 단위체의 대표로 구성된다. 이 팀에는 브레튼우즈 기관의 대표자도 참여할 수 있다.

(3) UNDAF로 유엔개발 프로그램의 통합

목표지향적 협력, 프로그램의 체계성과 상호 보완성을 달성하기 위해, 유엔의 원조프로그램은 공동의 목표와 작업시간을 명기한 단일한 UNDAF의 일부로 작성되고 제시된다.[10] 개별 프로그램과 기금에 의해 관리되는 프로그램 기금은 UNDAF에 포함되나 구별될 수 있어야 한다. UNDAF의 준비작업은 만약 해당 정부의 국가전략지침이 존재하면 그 전략과의 호환성 문

[9] Administrative Committee on Coordination(ACC)(1999).
[10] UNDG.

통일적 유엔개발 업무의 추진

⌘ 상주조정관체계는 통일적인 유엔개발 업무체계의 수립에 기여

① 유엔은 개별 국가에서 해당국 정부, 비정부단체와 협력하면서, 개발촉진, 난민구호, 어린이 예방 또는 인도지원 수행의 다양한 노력을 통해 업무를 수행하고 있다. 그런데 종종 이러한 활동에 관여하고 있는 개별 유엔 기관은 다른 기관의 개입활동과 상관없이 또는 그로부터 이득을 보지 못하고 개별적으로 활동을 진행하고 있다. 따라서 유엔 본부 차원에서 업무의 목적과 체계의 통일성을 개선하기 위한 전략적 조치는 업무현장에서도 반영되어야 한다.

② 개발업무의 주요 초점은 개별 국가단위이다. 국가단위별로 유엔의 개발프로그램이 그 국가의 정책우선사항을 지원할 목적으로 배치된다. 해당 국가의 정책우선사항에 프로그램의 초점을 맞추는 것은 프로그램의 실효성을 보장하며, 해당 국가가 정책수행에서 자발성을 유지할 수 있고, 해당 국가의 개발능력 발전에 성공적으로 기여할 수 있다.

③ 유엔 총회는 프로그래밍과 자원사용의 체계성, 프로그램의 개발과 하위 계획의 승인, 능력과 권위를 높이기 위해 분권화를 통해 현장사무소의 능력을 강화하며, 현장사무소에 그에 부합하는 기술적 및 내용상의 전문성을 함양한다.

⌘ 세계은행과 유엔체계의 책임분담과 협력증가 필요성[11]

① 세계은행도 지역 및 국가단위 사무소로 업무분권화를 급속히 추진하고 있으며, 이제까지 유엔의 업무목록에 속하던 분야와 유사한 분야로 진출하고 있다.

② 이 때문에 유사한 목적에 사용될 수 있는 자원이 추가로 증가하고 있지만, 세계은행과 유엔이 적절하게 책임을 분담해야 할 필요성을 증가시키고 있다.

③ 이러한 책임분담은 유엔과 세계은행 간의 업무에서 상호 보완적이고 협력적인 방식의 기능적 합리화를 통해 이루어져야 하는데, 이는 양 기관이 같은 부문에서 상호 보완적 방식으로 실무를 진행할 수 있게 해 주어야 한다.

④ 관련국가 정부들은 유엔과 세계은행이 정부 간 차원에서뿐 아니라 해당 국가 차원에서도 협력할 수 있게 하는 데 중요한 역할을 할 수 있다.

⑤ 예를 들어, 관련정부의 적극적인 참여와 함께, 해당국의 정책우선사항은 CCA와 UNDAF, 세계은행 정책입안지침을 보다 밀접히 조정하는 기반이 되어야 한다.

⑥ IMF와 유엔 간에도 국가 차원에서 구조조정 등의 문제와 관련하여 상담이 증가하고 있다.

[11] UNDG(2003a, b).

제를 포함하여 해당국 정부와의 협력적 프로그래밍과 긴밀한 상담을 요구한다.

(4) 유엔사무소

개별 국가에서 임무를 수행중인 모든 유엔 기관은 공동의 시설—유엔사무소(UN House)—내에서 실무를 보아야 하며, 단일한 유엔 깃발 아래에서 업무를 진행해야 한다. 상주조정관이 존재하는 나라에서는 모든 기금과 프로그램 그리고 유엔정보센터는 상주조정관 산하의 단일한 유엔사무소의 일부가 된다.

(5) 브레튼우즈 기관들(BWIs)

세계은행과 IMF는 공식적으로 상주조정관체계의 구성원은 아니지만, 해당 국가단위에서의 기관합동그룹, 예를 들어 주제별 그룹에 초대되어야 하며, UNDAF와 CCA를 포함하는 관련활동에 참여시켜야 한다. 이의 목적은 업무의 상호 보완성과 분담을 높이기 위한 것이며, 또한 부문별 활동에서 체계성을 높이기 위한 것이다. 유엔과 브레튼우즈 기관의 협력은 기존 협약과 해당국 정부의 정책우선사항에 부합하는 것에 기초해야 한다.

제 6 장

갈등, 구호 그리고 개발에 대한 개입

1. 갈등과 개입의 성격 및 구호와 개발의 체계
2. 유엔체계의 인도지원과 개발원조
3. 세계은행의 개발원조

구호와 개발과 관련된 기관·국가의 원조사업에 대한 이론 및 사업체계는 개발과 원조에 대한 관념과 목표의 변화(특히, 냉전 이후에는 원조의 효과성, 참여적 개발, 빈곤축소, 자원성, 거버넌스 강조, 원조제공자 간 조정과 원조수혜측과의 파트너십), 그리고 원조가 개입해야 하는 재난과 갈등의 성격변화에 맞추어 진화해 왔다.

여기에서는 원조가 개입해야 하는 재난, 갈등과 그 성격변화 및 이에 대한 구호와 개발의 개입단계에 대해 서술한다. 여기에서의 서술은 다음 장에서 유엔체계의 구호와 개발에 대한 원조체계와 세계은행의 개발원조체계를 서술하는 배경이 된다.

1 갈등과 개입의 성격 및 구호와 개발의 체계

1.1. 국가 내 갈등에 따른 복합적 긴급사태

구호와 개발에 관한 국제원조가 개입해야 하는 사안은 자연적·인위적 재난이다. 냉전종결 이후 국제적 구호와 개발은 국가 내 갈등과 내부붕괴에 따른 인위적 재난, 또한 그로 인한 취약성 때문에 증폭되는 자연재해로 입는 피해에 개입하는 빈도가 갈수록 증가하고 있다(그 피해자의 90%가 민간인이다).

유엔은 이와 같은 상황을 복합적 긴급사태(complex emergency)라고 규정하고 있다. 복합긴급사태는 한 나라, 지역 또는 사회에서 다양한 인도주의 위기가 중첩되어 있는 상황이다. 이와 같은 상황에서는 내부적·외부적 갈등으로 인해 권위가 완전히 또는 상당한 정도로 붕괴되어 있다. 이러한 상황에서는 다부문적·국제적 대응이 필요한데, 이는 어느 한 기관 또는 진행되고 있는 유엔 국가프로그램의 권한 또는 능력을 벗어나기 때문이다(기관합동상임위원회, 1994년 12월).[1]

세계은행은 갈등피해국가(conflict-affected countries)라는 개념을 사용중이다. 1997년도 관련지침은 주요 개입을 갈등 이후 재건(post-conflict reconstruction)에 초점을 두었으나,[2] 2001년부터 그리고 9.11 이후 갈등예방과 함께 갈등취약국가에 대한 관심을 강화해 가면서, 핵심 개념 자체를 갈등피해국가로 바꾸어서 접근하고 있다.[3]

세계은행의 한 문서는 국가 내 폭력갈등을 겪은 사회의 특징을 다음과 같이 요약하고 있다.[4] 갈등이 남겨 놓는 것은 대규모 피난민, 학교, 보건시설, 주택과 여타 건물을 포함하여 망가진 하부구조, 감소된 생산능력, 정부재정수입 기반의 붕괴, 인간자본과 사회자본의 침식, 안전의 상당한 감소, 사회적 원조를 필요로 하는 주민비율의 증가이다. 대인지뢰가 하부구조, 농업토지와 여타 생산시설에 대한 접근을 방해하는 경우도 증가하고 있다. 집단적으로 이러한 유산들은 갈등 이후 사회에 무거운 부담을 지우며, 갈등이 야기한 여러 가지 방식의 사회에 대한 큰 피해는 전쟁으로부터 지속가능한 평화로 완전히 이행하는 데 필요한 능력을 감소시킨다. 갈등을 벗어난 많은 국가는 하부구조와 물질적 부에서 갈등 이전보다도 더 열악하다. 폭력과 내부 쟁투는 경제기반을 붕괴시키고, 미래에 대한 예측과 확신을 무너뜨리며, 시장과 유통망, 은행 및 신용체계를 교란시킨다. 민간생활은 광범위한 군사화에 의해 대체되고, 피난민의 처지는 과거 생계방식과 기본서비스에 대한 접근을 불가능하게 만든다. 남녀 간의 역할은 변화되어 사회조직과 가족단위가 붕괴되거나 새로운 환경에 적응되어 있다. 그리고 대부분의 제도와 기관에 대한 불신이 만연되어 있으며, 전체 사회와 생활이 군사화에 적응해 있거나 피난민에 의한 주민유출로 정상적인 생산활동으로의 복귀가 어렵다. 갈등이 장기간 진행된 경우—20개국이 10년이 넘는 전쟁을 경험하였다—몇 세대 전체가 갈등상황에서 성장과정을 밟는다. 갈등은 수십 년 동안에 걸쳐 축적된 인간자본의 자산과 개발투자를 단시간에 파괴할 수 있다.

유엔체계의 구호와 개발에 대한 관념은 '복합적 긴급사태'에 관련하여 구호와 개발을 위한 개입을 중심으로 전개되고 있으며, 세계은행은 구호가

---

[1] Office for the Coordination of Humanitarian Affairs(2002), pp. 9~12.

[2] World Bank(1998b).

[3] World Bank(2003a).

[4] World Bank(1998b), pp. 15~17.

아니라 개발에 주력하면서, '갈등피해국가'의 개발업무와 관련된 물적·지적 원조를 통한 개입을 중심으로 사업을 전개하고 있다. 두 경우 모두 개발사업은 빈곤하지만 안정되어 있는 국가의 개발사업과는 다른 성격의 지적 및 정책수단의 투입을 요구하고 있다.

1.2. 갈등의 전개단계와 구호와 개발의 진행단계

구호와 개발의 이론과 정책은 당면한 갈등의 성격과 처리방식에 관련된 이론 및 정책과 밀접히 연계되어 전개되고 있다. 다시 말해, 현재의 구호와 개발에 관한 이론과 정책은 다음 사항에 대한 지원과 관련되어 전개되고 있다.

① 폭력적 갈등의 원인과 전개방식에 대한 이해 및 예방과 대처
② 갈등진행중에 인도주의적 구호의 개입방식
③ 갈등진행중 또는 갈등종결 이후 평화의 수립과 유지
④ 갈등종결 이후 갈등에 의한 유산처리와 국가와 사회의 정상적 발전

갈등의 전개단계에 따라 구호와 개발과 관련한 개입의 성격과 방법이 변화하고 있는데, 도식적으로 보았을 때 5단계로 구분할 수 있다(〈표 6-1〉 참조).

세계은행의 1997년도 상황전개 도식도 유사한 내용을 보여 주는데, 이를 보면 〈그림 6-1〉과 같다.

표 6-1 | 갈등·구호·개발의 5단계 도식

단 계	기본적 활동(UN, NOGs)
1. 개발	사회·경제적 개발프로그램 재난예방-재난준비(취약요소에 대한 분석, 데이터베이스의 준비, 완충재고의 준비), 조기경보 시스템의 설치
2. 초기 경보	일정한 지표사항이 발생하면 적색경보
3. 긴급사태와 구호	상황평가, UN의 합동호소, 자원동원, 긴급업무 시작
3. 복구	자원동원, 재건활동 구축
5. 개발	개발재개와 재건프로젝트

출처: Francois Grünewald(1995).

그림 6-1 | 세계은행의 갈등단계 구분과 개입수단

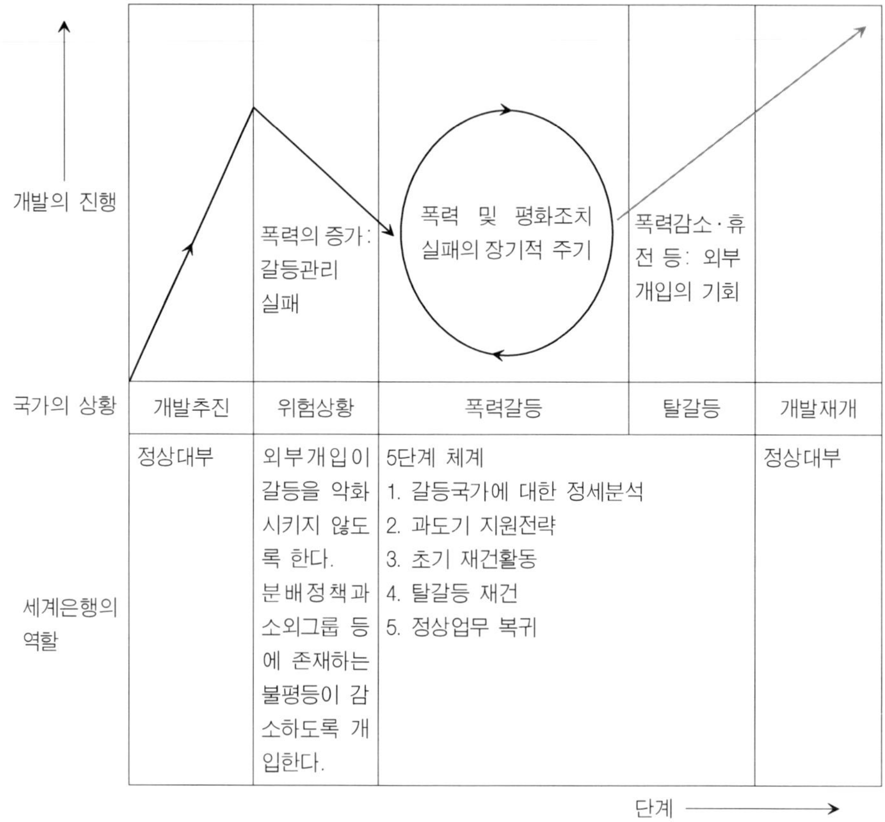

출처: World Bank(1998b), p. 59.

이와 같은 도식은 유용하지만 두 가지 단점이 있다.

① 한 국가의 내부 폭력갈등에 따른 상황전개가 잠정적으로 도래한 평화를 다시 내란으로 내몰 수 있으므로, 긴급사태→복구→개발의 단선적 상황호전단계에 따라 전개되지 않는다는 것이다.

② 현재의 구호활동은 단순구호가 아니라, 구호필요의 제공과 함께 개발의 씨앗을 뿌리는 등 복합적으로 전개되므로 구호활동과 개발활동을 엄격히 구분할 수 없다는 것이다. 세계은행이 2001년부터 갈등 이후 재건 대신 갈등피해국가라는 보다 포괄적 개념을 사용하는 것도 같은 이유이다.

1.3. 갈등에 대한 국제적 개입과 역할분담

갈등상황에 대한 국제대응은 네 가지로 이루어지는데, 이는 갈등 이후 상황에까지 지속된다.[5]

① 정치적·외교적 대응: (예를 들어, 평화협상을 통한) 갈등해결과 화해, 갈등방지, 특히 탈군사화를 추진한다. 주요한 행위자는 주요 정부들인데, 이들은 양자적 동맹관계와 다자적 포럼, 예를 들어 유엔, 북대서양조약기구, 유럽연합, 유엔안보협력기구(OSCE)를 통해 행위한다.

② 안보: 폭력적 대결방지, 구호와 부흥의 제공을 위한 평화유지를 포함하는 평화업무를 수행한다.

③ 구호 또는 긴급사태 원조: 기초필수품의 제공, 그리고 가능한 경우 인간적·사회적 자본을 유지한다. 원조제공국들은 이를 주로 UNHCR, UNICEF, ECHO, WFP와 같은 기관을 통하거나 양자적 관계를 통해 제공하며, NGO도 중요한 기여자이다.

④ 재건과 개발을 위한 원조: 경제적·물리적 하부구조 재건, 제도·능력의 강화, 그리고 지속가능한 개발의 기초를 제공한다. 주요한 제공자는 유럽연합, UNDP와 같은 유엔 기관, 원조제공국들, NGOs, 지역 개발은행, 세계은행, IMF를 포함한 국제금융기구이다.

1.4. 유엔체계와 세계은행의 구호와 개발에 관한 사업추진체계

유엔체계와 세계은행의 구호와 개발에 관한 이론과 정책은 두 기관이 가지고 있는 독특한 성격과 임무인식에 따라 상이한 전략문서와 원조수단을 발전시키고 있다. 여기서 전략문서는 원조제공자들이 분석하여 전략과 지출을 수용국 정부 또는 다른 원조기관과 상호 조정하는 장치이다.[6] 이는 예를 들어 인도주의 공동행동계획(CHAP), 유엔합동호소(CAP), 과도기 달성 성과나열도표(TRM), 빈곤축소전략(PRSP)과 같은 것이 있다. 원조수단은 원조제공자가 자원을 원조수용국에 전달하는 장치와 절차이다. 예를 들어, 예

[5] World Bank(1988b), pp. 60~61.

[6] Nicholas Leader and Peter Colenso(2005), p. 11.

표 6-2 | 갈등국가에서 외부행위자의 역할

업무내용 / 행위자	정치·외교 (갈등관리, 해결과 방지)	안 보 (폭력을 방지하고 구호와 복구가 가능하도록 평화유지)	긴급사태 구호 (기본필요 충족, 인간 및 사회자본의 유지)	재 건 (물리적·경제적 자산의 재건, 제도능력의 복원 등)
원조 제공국	양자적 그리고 다자적 동맹국 (OSCE와 같은 지역집단들)	평화유지군	주로 대리기관(유엔, ECHO, NGOs)을 통해, 군대를 사용하기도 함.	양자적으로 그리고 대리기관을 통해
유엔	안전보장이사회, 정치업무부/유엔 사무총장	평화유지업무부/유엔 사무총장, 평화유지군	유엔기관을 통해(OCHA, WFP, UNHCR, UNICEF, 기타)	유엔기관(UNDP, UNHCR, UNICEF, OCHA, OPS)
유럽연합	유럽이사회, 유럽 집행위원회	관찰자	ECHO(유엔 기관과 NGOs를 통하기도 함)	유럽이사회 (DGs I and VIII), 유엔기관(UNDP, UNHCR, UNICEF, OCHA), NGOs
NATO	총무부서	평화유지군		
NGOs	인권, 갈등예방		독자적 활동 또는 정부·유엔·유럽연합의 대리기관으로 활동	독자적 또는 대리기관의 자격으로
IMF				거시경제적 원조
세계은행	평화제안의 경제적 파급효과 평가		구호활동은 하지 않음. 그러나 갈등상황 전개중 모니터링과 비대부서비스 제공에서 역할이 증대	대부 및 비대부 서비스에서 유연성을 통해 정상화 유도를 위해 노력

출처: World Bank(1988b), p. 62.

산지원을 포함한 프로그램원조, 지구적 문제해결기금, 사회기금, 보다 일반적 의미에서 프로젝트와 인도지원을 포함한다.

두 기관의 이론 및 업무추진체계는 위에서 언급한 바의 보다 일반적인 '갈등의 전개단계와 구호와 개발의 진행단계' 및 '갈등에 대한 국제적 개입과 역할분담'을 배경으로 진행되고 있다. 도식적으로 보았을 때, 두 기관은 갈등전개의 단계에 맞추어 구호 및 개발을 위한 개입단계를 설정하고 있는데, 이는 3단계로 나누어 볼 수 있고, 각 단계에 상응하는 계획도구와 정책

그림 6-2 | 기관별 구호와 원조에의 개입단계와 수단

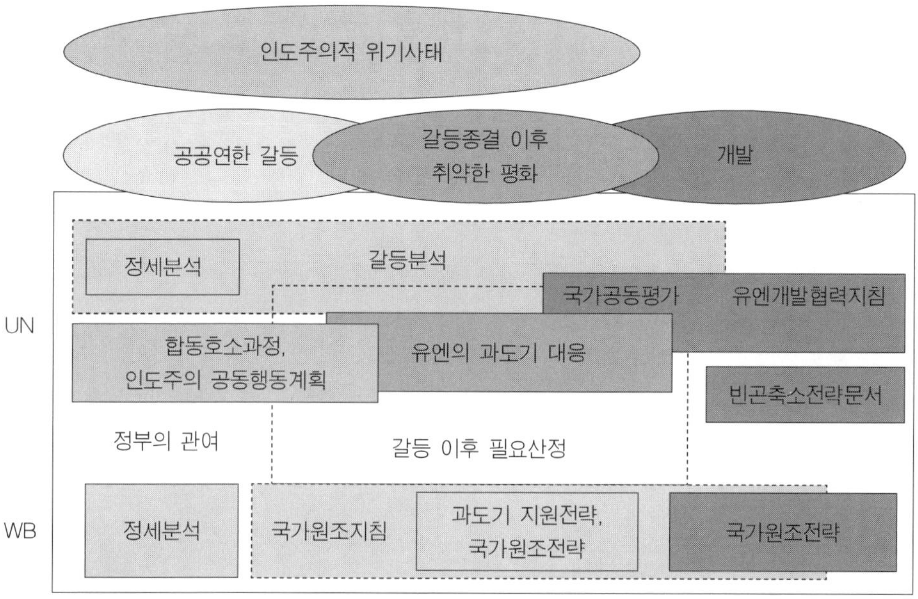

주: 위 그림에서 세계은행의 과도기 지원전략(Transitional Support Strategy: TSS)은 2005년 이후 잠정전략지침(ISN: Interim Strategy Notes)으로 바뀌어 불리고 있음.
출처: UNDG, UNDP, WB(2005), p. 5; *Inter-agency framework for conflict analysis in transitional situations*(2004), p. 2.

수단이 존재한다.

① 1단계: 공개적 갈등단계(UN: 합동호소과정(CAP)과 인도주의 공동행동계획(CHAP))

② 2단계: 갈등 이후/취약한 평화단계(UN: 갈등 이후 필요산정(PCNA)에 기초한 과도기 대응; 세계은행: 과도기 지원전략(TSS)과 국가원조전략(CAS))(인도지원 긴급사태는 1단계와 2단계를 포괄)

③ 3단계: 개발단계(UN: 국가공동평가(CCA)와 유엔개발협력지침(UNDAF); 세계은행: 국가원조전략(CAS); 당사국: 빈곤축소전략문서(PRSP))

이를 그림으로 나타내면 〈그림 6-2〉와 같다.

전략문서와 원조수단의 선택은 원조수용국의 상황, 정부의 능력과 의지에 대한 신뢰 여부에 따라 달라진다(〈표 6-3〉 참조). 예를 들어, 수용국 정부

표 6-3 | 전략틀과 원조수단

<table>
<tr><td rowspan="7">전략적 기획 및 조정</td><td>국가계획과 예산틀</td><td rowspan="3">전략기획장치, 전형적으로 수용국 정부가 주도하는데, 원조제공측의 영향력은 상황에 따라 다름.</td><td rowspan="2">안정/개발단계</td></tr>
<tr><td>빈곤축소전략문서</td></tr>
<tr><td>과도기 성과매트릭스(TRM)</td><td>과도기단계</td></tr>
<tr><td>국가공동평가(CCA)</td><td>필요평가</td><td>안정/과도기</td></tr>
<tr><td>합동필요평가</td><td></td><td>과도기단계</td></tr>
<tr><td>인도주의 공동행동계획(CHAP)</td><td rowspan="2">국내외 차원에서 자원동원 및 실무조정</td><td rowspan="2">갈등단계</td></tr>
<tr><td>합동호소(CAP)</td></tr>
<tr><td rowspan="8">자금의 조달 및 배달</td><td>프로그램원조</td><td rowspan="8">자금조달 및 실무수단, 수용국의 정책 및 행정체계에의 제휴 정도에는 차이가 있음. 원조제공자 간의 상호 조화에도 차이가 있음.</td><td></td></tr>
<tr><td>기술원조</td><td></td></tr>
<tr><td>프로젝트</td><td></td></tr>
<tr><td>사회기금</td><td></td></tr>
<tr><td>합동기금</td><td></td></tr>
<tr><td>다자신탁기금</td><td></td></tr>
<tr><td>지구적 문제해결기금</td><td></td></tr>
<tr><td>인도지원</td><td></td></tr>
</table>

출처: Michaela Prokop, Petter Meirik, and Manuel Carballo(2002); UNDG/ECHA Working Group on Transition Issues(2004); Kimberly Mancino, Anita Malley, and Santiago Cornejo(2001).

의 정통성에 대한 회의, 빈곤축소전략의 실행의지와 능력에 대한 신뢰가 존재하지 않지만, 인도주의적 개입의 필요가 있을 때 주로 사용하는 것이 합동호소(CA)이다. 이 합동호소는 개발원조라기보다는 단기적 인도지원이며, 외부기관 주도로 수행하는 프로젝트원조가 중심이 되고, 원조제공자 간에 원조의 분야와 방식에 대한 충분한 협의가 존재하지 않는다. 이에 대해 수용국 정부의 의지와 능력에 대한 신뢰가 존재하는 경우, 수용국이 기획한 빈곤축소전략문서에 기초하여 원조제공국 간의 충분한 협의 속에서(조화) 수용국의 예산에 자금을 직접 지원하는 방식(프로그램원조)이 선호된다.

이를 보면 유엔체계는 구호와 개발의 두 과정 모두에 개입하고 있음에 비해, 세계은행은 개발업무를 중심으로 하면서 과도단계인 2단계에 대한 개입도 현재 주요 업무 중의 하나로 정착하고 있다. 또한 유엔체계와 브레튼우즈 기관(세계은행, IMF) 간의 협력이 강화되고 있다. 그 이유는 ① 앞서 지적하였듯이, 단계 간 경계와 구호와 개발사업 간의 경계가 모호해지는 경향이 있는 등, 상황대응에서 복합성이 증대하고 있으며,[7] ② 구호와 개발의 구분이 보다 모호해지고, 개발전략의 효과적 추진에 관한 이론적 합의와 정책수단에서의 일치성이 증가하며, 세계은행의 갈등지역에 대한 개입이 증가하면서 원조업무의 효율성 증대를 위한 원조제공자 간 조정의 필요성, 분석과 전략의 공유가 강조되고 있기 때문이다.

이하에서는 〈그림 6-2〉의 3단계 도식을 기준으로 유엔체계와 세계은행

구호·복구·개발의 개념정의[8]

구호·복구·개발작업은 종종 동시에 진행된다. 어떤 원조가 어떤 것으로 분류되는가를 결정하는 것은 직접적 목표와 실행기이다.

⌘ 긴급구호

이는 위기와 폭력갈등의 피해자에 대한 즉각적이며 생존을 위한 원조를 포함한다. 대부분의 구호작업은 사건발생과 함께 곧바로 시작되며 단기에 끝나는 작업으로 1년 내에 프로젝트 목적이 완수된다. 주요 목적은 식량, 의료와 주거를 제공하여 생명을 구하는 것이다.

⌘ 복구작업

이는 구호작업과 중복되며 그 목적은 대체로 2년 이내에 달성된다. 주요 목적은 전국적 또는 지방 차원에서 하부구조의 재건을 시작하고 생계수단을 구하거나 보호하는 것이다. 수혜자가 자립할 수 있도록 하는 것이 주요 목적이기 때문에 프로젝트·프로그램관리에 대한 통제는 점차로 현지기관에 이관된다. 비용복구계획, 대규모 고용창출 프로젝트, 경상비용 자금작업이 실행될 수 있다. 불안정이 계속되는 상황에서는 재난의 방제(긴급사태 재발방지)와 완화(상황악화가 초래하는 충격을 감소)가 복구노력의 핵심 측면들이다.

⌘ 개발작업

이는 2년 이상의 장기목표를 추진하며, 안전과 외부행위자와 파트너십 속에서 국가적 목적과 전략을 추진하는 기능을 하는 정부를 전제로 한다. 실행가능성 연구와 프로젝트에 대한 완전한 감정평가, 환경충격평가, (남녀평등문제를 포함) 사회분석이 통상적으로 진행된다.

---

[7] Nicholas Leader and Peter Colenso(2005), p. 11.

[8] UNDG/ECHA Working Group on Transition Issues(February 2004), p. 17.

개발적 구호[9]

긴급사태에 대한 효과적 대응은 구호의 필요를 충족시키는 과정에서 개발의 씨앗을 뿌림으로써 이루어질 수 있다. 이를 위해 다음과 같은 것에 관심을 기울여야 한다.

① 하부구조 재건
② 농업과 식량제공
③ 일반적 경제회복
④ 일할 기회의 창출
⑤ 과거 전사들을 해산하여 사회에 재통합
⑥ 사회체계, 보건시설, 사회안전망
⑦ 시민사회구조의 발전, 기능하는 법적 체계

이와 같은 과정에서 다음 세 가지 사항을 준수해야 한다.

① 참여적 접근의 사용: 구호프로그램은 현지 지자체의 필요와 능력을 밝혀 내며 숙련, 자원과 조직구조를 활용해야 하고, 재난 생존자들을 의사결정과정에 참여시켜야 한다.

② 보고책임성: 원조기관은 자신의 본부와 원조제공자에 대해서뿐만 아니라 재난 생존자에 대해서도 책임을 져야 하며, 정보를 현지주민 및 당국과 공유해야 한다. 수혜주민에 가능하면 가까운 상황에서 결정이 내려질 수 있도록 의사결정을 분권화하는 것이 중요하다.

③ 원조의존상황의 회피와 지속가능한 생계구축에의 관심: 원조는 재난생존자의 정상적 생계수단과 경쟁하는 것이 아니라 보완하도록 제공되어야 하며, 구호프로그램이 현지구조를 붕괴시키지 않도록 해야 한다. 나아가 능력신장에 노력을 기울여야 하며, 그리하여 인도지원기관이 떠난 후에도 현지의 기관이 지속적으로 기능할 수 있도록 해야 한다. 예를 들어, 구호프로그램은 구호종료 이후에도 지속될 현실적 가능성이 있는 보건·교육과 물공급에서 서비스와 복지체계의 개발이 개시되도록 해야 한다.

의 구호와 개발에 관한 단계적 사업추진체계를 서술하며, 아울러 주요한 전략조정문서에 대해 따로 자세히 설명한다.

[9] Michaela Prokop, Petter Meirik, and Manuel Carballo(2002), pp. 6~7.

2 유엔체계의 인도지원과 개발원조

구호와 개발에 관한 유엔체계를 보면 구호업무와 관련해서는 OCHA가, 개발업무에 관련해서는 UNDG가 주관한다. 아래에서는 앞서 제시된 대로 갈등기(구호)→과도기(구호 및 재건)→안정기(개발)의 3단계 도식에 따라 유엔체계의 인도지원과 개발지원에 대해 서술한다.

2.1. 복합긴급사태와 자연재해에 대한 대응

위기대응에서 OCHA의 주요 역할은 다양한 행위자가 서로 방해하는 것이 아니라 체계성·효과성·적시성을 높이도록 하는 것이다. 이를 위해 중앙과 현지에서의 조정이 중요하다.

2.1.1. 유엔기구 중앙 차원에서 조정의 주관

중앙 차원의 조정은 OCHA의 최고책임자 소관인데, 그는 인도지원을 위한 유엔 사무부총장이고, 긴급구호조정관을 겸임하며 뉴욕에 상주한다.[10] 유엔 부사무총장 겸 긴급구호조정관(USG/ERC)은 인도지원사안에 대해 유엔 사무총장을 자문하며, 인도지원 공동체와 유엔의 다자기관 사이의 행위, 유엔체계의 정치·안보·개발·인권관련 기관의 행위를 촉발하고 매개한다. 유엔의 주요 인도지원 관련기관으로 구성되는 인도지원사안 집행위원회(the Excutive Committee on Humanitarian Affairs: ECHA)를 한 달에 한 번씩 개최하여, 인도지원 관련위기와 문제에 관한 조정을 행한다.

USG/ERC는 유엔 중앙기구 차원을 넘어서도 조정을 행하는데, 그 주요 수단은 기관합동상임위원회(IASC)이다. USG/ERC는 기관합동상임위원회의

[10] Office for the Coordination of Humanitarian Affairs(2002), pp. 34~38.

기관합동상임위원회

기관합동상임위원회는 유엔 제46차 총회 결의에 의해 1992년 6월에 설립되었으며, 그 역할은 복합적인 위기상황과 자연재난에 대한 효과적인 인도적 대응과 조정을 위한 정책을 세우는 것이다. 이 기구는 유엔의 인도지원 관련기관, 국제이주기구(IOM), 국제적십자사, 인터액션 등 주요 국제 NGOs 협력체들로 구성되며, 광범위한 범위에서 유엔과 비유엔 인도지원 파트너들 간의 협력을 추구하고 있다. 구체적인 사업목표는 전반적인 인도주의 정책의 개발, 인도지원 프로그램에서 기관들 간의 책임과 역할 분장, 인도주의 활동에서의 공동윤리강령 개발, 인도지원 관련 이슈들에 대한 지원기관 간의 이견 조정 등이다.

의장기관으로서, 유엔과 비유엔의 인도지원 관련기관·단체의 회합을 주관한다. 여기에는 유엔 기관뿐 아니라 NGOs·세계은행 및 적십자와 같은 국제조직도 참여한다.

2.1.2. 현장에서의 조정

OCHA는 여러 부문에서 국제적 대응이 필요할 정도로 규모가 확대될 때 개입하는데, 조정을 위한 주요 장치의 기본구조와 역할은 다음과 같다.[11]

(1) 상주조정관과 유엔국가팀

상주조정관은 대체로 해당 국가에 상주하는 유엔 기관의 대표자 중에서 가장 선임자로 유엔 사무총장에 의해 임명되며, 유엔의 모든 조직을 대표한다. 상주조정관은 초기경보와 초기대응에서 OCHA를 대표하는 경우가 많은데, UNDP의 상주대표가 대부분 겸임한다.

상주조정관은 위기사태의 관리와 조정에 관련한 추가적인 책임을 부여받게 되면, 국제인도지원 대응과 관련하여 USG/ERC에 대해 책임과 보고의무를 진다. 조정을 행하기 위해 상주조정관은 유엔국가팀의 정기회합을 개최하는데, 이 팀은 현장에서 활동하는 유엔 기관의 대표로 구성된다. 위기시에 상주조정관은 NGOs, 적십자, 원조제공자, 국제조직을 포괄하는 조정포

[11] Office for the Coordination of Humanitarian Affairs(2002), pp. 39~44.

럼을 개최할 수 있는데, 이에는 특정 부문에서 인도지원 구호를 지원할 소규모 위원회도 포함된다.

(2) 인도지원조정관

위기가 더욱 확대될 기미가 보일 때, USG/ERC는 IASC와 협의한 후, 인도지원조정관을 임명할 수 있다. 그는 긴급사태 현장에서 유엔 인도지원 사무의 최고책임자가 되며, USG/ERC에 보고책임을 지고, 신속하고 효과적이며 잘 조정된 지원을 조성해야 한다.

(3) 상주/인도지원조정관

대부분의 경우 상주조정관은 인도지원조정관의 직책을 겸임한다. 그는 인도지원 조정과 관련한 모든 사무에서 USG/ERC에 보고책임을 지지만, 개발과 기타 자연재해문제와 관련해서는 UNDP에 계속 보고해야 한다.

(4) 유엔사무소

유엔사무소(UN House)는 상주/인도지원조정관의 인도지원 주요 자문역할을 수행하며, 유엔국가팀, 인도지원 및 해당 정부의 작업을 지원하는 역할을 한다. 이에는 인도지원의 특정 지역 접근에 관한 협상, 안전하고 효과적인 실무작업환경에 관한 최소한의 기준책정이 있고, 또한 평가실시, 행위계획 책정, 결과 모니터링 등을 통한 조정의 수행 등이 있다.

2.1.3. 대응의 단계와 수단[12]

일상실무에 얽매이지 않는 조정기구로서 OCHA는 인도지원과 관련한 모든 종류의 문제에 대해 관심을 기울인다. 이에는 실무작업환경의 변화를 예견하며, 위기발생 이전에 이미 국제인도지원 행동과 관련한 공통의 문제의식을 설정하는 것이 포함된다.

(1) 위기발생 이전의 준비

상주조정관 및 유엔국가팀(UNCT)과 밀접히 협력하면서, OCHA는 위기

[12] Office for the Coordination of Humanitarian Affairs(2002), pp. 45~82.

발생 이전에 전쟁과 자연재해 취약국가들에 대한 관찰과 평가를 수행한다.

(2) 위기대응

복합긴급사태가 발생하면, USG/ERC는 IASC, 상주조정관과 해당 정부와 상의하여 조정의 필요를 평가하고 국제공동체에 경보를 울린다. 그 후 OCHA는 지원팀, 자산과 자원을 중앙과 현장 차원에서 동원하며, 국제대응을 조정하기 시작한다.

조정기구가 설치·가동되기 시작하면 인도지원조정관이 OCHA를 대표하여 현장에서 인도지원 대응을 조정하기 시작한다. 진행이 느리고 장기에 걸친 위기의 경우, 인도지원조정관은 기관합동으로 주기적인 현장상황 평가를 실시하고 이에 대한 토론회를 개최한다. 이를 통해 인도지원 필요를 부문별·지역별로 파악하고, 어떤 조직이 어디에서 작업하는가에 대한 전반적인 틀을 제시하며, 파급효과와 개선을 평가하고, 취약집단이 누구인가를 밝혀야 한다. 인도조정관의 보좌조직 일부는 인도지원사안에 대한 관심환기 및 홍보기능을 수행한다. 인도조정관은 모든 지원조직을 대표하여 인도지원의 접근성을 개선하는 협상을 진행한다. 위기가 진행되는 동안 OCHA는 초기단계에서 긴급호소(flash appeal) 또는 기부자 경보를 통해 기금을 모금할 수 있다. 상황이 더 지속되면 모금활동은 합동호소과정(CAP)으로 통합된다. OCHA는 인도지원 원조동원상황을 추적하며, 필요산정과 대응수준에 대한 보고를 하고, 원조제공자에게 정기적으로 설명하며, 원조제공측과 관련한 여러 회합과 현장방문을 실시한다.

(3) 위기 이후 과도기

긴급사태에 대한 OCHA의 개입은 인도지원상황이 위기로부터 재건단계로 넘어갈 때 종료한다. 이 때 조정기능은 UNDP나 해당국 정부로 이관된다. 이 때 중요한 것은, ① 구호로부터 재건, 개발과 부흥으로 전이가 부드럽게 이루어질 수 있도록 해야 하며, ② 인도지원 긴급사태 대응에서 교훈을 획득하여 미래의 대응이 좀더 잘 조정되도록 할 수 있어야 한다.

2.2. 갈등해결 이후/과도기 대응

갈등 이후 과도단계의 특징과 과제는 다음과 같다.[13] 이 단계는 갈등에서 평화로, 인도지원 구호에서 개발사업 추진으로 가는 중간에 위치하는 과도기라 할 수 있다. 이 단계는 갈등종료과정이 진행중이거나 종료 직후의 시기로, 아직 갈등재발의 위험이 상존하는 취약하고 불안정할 가능성이 많다. 갈등 이후 과도단계에서는 내부제도와 하부구조의 붕괴, 피난민의 대규모 귀환, 병사들의 무장해제와 재통합, 지뢰제거 등 사회의 정상적 기능과 본격적 개발사업 개시의 기반을 닦기 위해 긴급히 처리되어야 하는 업무가 존재한다.

이 시기 유엔체계의 주요 정책수단은 갈등 이후 필요산정(post-conflict needs assessment: PCNA)과 과도기 달성 성과나열도표(transitional results matrix: TRM)이다.

2.2.1. 갈등 이후 필요산정

해당 국가가 갈등으로부터 벗어나게 되면, 인도지원 필요산정도 여전히 중요하지만 더 장기간의 기획이 가능해진다. 이 단계에서 갈등 이후 필요산정(PCNA)은 갈등 이후 복구과정에 즉각 필요한 정책우선사항, 그에 필요한 자원의 양과 그 동원가능성을 측정하기 위해 실시되며, PCNA에 기초하여 우선적으로 실시되어야 할 정책목표를 나열한 과도기 달성 성과나열도표(TRM)가 작성된다.[14]

갈등 이후 기간의 특징은 인도지원 필요와 복구필요가 동시에 존재한다는 것이며, 이러한 필요에 부응하자면 상이한 접근, 상이한 자원수준과 행위자가 요구된다. 실제적으로 PCNA에 앞서 합동호소과정(CAP)이 전개될 수 있는데, 이 때문에 과제와 행위에 중복이 불가피하다. CAP는 호소자가 주요 집행자의 역할을 하는 호소인 데 비해, PCNA는 해당국 정부가 관리해야 하는 자금요구, 예상지출, 자금관리와 회계장치에 대한 개요를 제공한다. CAP 이후에 곧바로 PCNA가 실시되는 경우에는, CAP와 PCNA에 규정

[13] UNDG/ECHA Working Group on Transition Issues(2004); Tobias Debiel and Ulf Terlinden (2004); OECD DAC(1997a).

[14] UNDP, World Bank, and UNDG(2004).

되어 있는 인도지원 필요의 성격과 비용에 관한 내용을 소개하고 분명히 하는 것이 필요하다. PCNA에는 국가예산의 모든 재정필요를 명시화하고, 또한 재원을 어떻게 배분할 것인지에 대한 절차를 규정할 수도 있는데, 이렇게 함으로써 원조제공자와 국가 내 이해당사자에게 보다 투명한 과정을 보여 줄 수 있다.

CCA나 UNDAF에 의해 밝혀지는 개발 필요산정과 비교할 때, PCNA는 12~24개월에 걸치는 대체로 단기간에 집중하지만, 통상 중기(24~60개월)에서 장기(5~10년)의 기간에 대한 기획을 예견하고 작성된다. 인도주의 필요산정도 유사하게 단기간에 관련하지만, 다른 점은 PCNA가 개발지향적인 것이며, 장기적인 평화와 발전을 가능하게 만들어 줄 조건을 마련하는 데 초점을 두고 있다는 것이다. 상황이 일정하게 안정되면 PRSP와 CCA/UNDAF 같은 개발지향적 계획과정이 시작될 수 있다.

갈등진행기간 동안 유엔과 세계은행이 대화와 능력함양을 통해 적극적인 관여를 유지하는 경우, 그 다음 상황에서 해당 국가의 행위자나 개발기관과 더 쉽게 접촉할 수 있으며, 갈등 이후 필요산정과정의 품질을 높이는 데 기여할 수 있다. 이와 같은 관여의 예를 들면, 유엔의 긴급호소와 CAP 같은 인도지원 필요산정을 통한 국제적 대응과, 유엔과 세계은행같이 정세관찰보고서(Watching Brief) 과정을 통해 상황을 모니터하고 재개입할 기회를 찾아 내고자 하는 노력 등이 있다.

갈등 이후 재건에 성공적인 나라는 평화적이며 지속가능한 개발의 도정에서 몇 단계를 거치고 있다. 이는 반드시 단선적 과정은 아니며, 후퇴가 발생할 수도 있지만, 경험과 조사를 통해 보면 주요 3단계가 존재한다(〈표 6-4〉 참조).

이러한 3단계 중에서 PCNA는 대체로 처음 두 단계에 관련한다. 이 두

표 6-4 | 갈등 이후 재건의 3단계

단 계	시간 지평	원조흡수능력	경제성장
안정/이행	12개월	낮음	낮음
변환/제도건설	12~36개월	증가	낮음
공고화	36~120개월	높음	높음

출처: UNDP, World Bank, and UNDG(2004), p. 6.

단계에서는 모두 국가능력이 낮아 외부원조를 효과적으로 사용할 수 없으며 경제성장도 느리지만, 개혁과 성장의 가속화 기반을 마련하는 것이 중요하다. 가속화는 통상 4~7년째 사이에 발생하였다가 갈등 이후 10년에 접근할수록 둔화되기 때문에 갈등 직후 시기를 넘어서 지속적으로 외부지원의 모멘텀을 유지하는 것이 중요하다.

2.2.2. 과도기 달성 성과나열도표

필요산정에 의해 정책우선사항들이 결정되면, 이들을 구체적 행위와 시간순서에 따라 실무지침으로 바꾸고, 이에 기초하여 과도기에 달성되어야 하는 성과나열도표(TRM)를 만들어 낼 수 있다.

TRM을 작성하는 데에서 복구지원계획을 보다 더 광범위한 시간지평 속에서 예견하게 되면, 갈등 이후 복구계획에 도움을 줄 수 있다. 구체적으로, ① 해당 국가에서 전개되고 있는 필요에 부응하여 복구우선순위를 정하며, ② 해당 국가의 관리 및 수행능력에 맞추어 외부지원의 시기를 조절한다.

정책우선순위는 앞에서 제시한 복구과정의 각 단계마다 달라야 한다. 〈표 6-5〉는 각 단계에서의 정책우선사항을 예시하는데, 이는 PCNA를 작성하면서 고려되어야 한다. 이러한 사항들 중에서 PCNA는 특히 평화과정에 위험을 주는 요소에 주목해야 한다.

2.2.3. PCNA와 TRM을 작성하는 원칙[15]

(1) 참여적 접근과정 추진

참여적 과정과 포용적 의사결정과정은 국제적·국내적, 전국적·지역적 등을 망라하여 모든 이해당사자들의 최소한의 대중적 지지와 참가를 얻어내기 위한 것으로, 이 과정은 복구와 장기개발의 길이 불가역적이라는 것을 확실히 하려는 것이다. PCNA와 TRM의 핵심 요소는 해당 국가의 당사자와 외부지원 제공자 간에 서로를 지지하고 도와 주는 역동적 과정을 만들어 내는 것이다.

[15] UNDG, UNDP, and WB(2005).

표 6-5 | 과도기 3단계의 주요 목표와 정책우선사항(TRM)

단 계	복구우선사항 지표
안정/이행 (12개월)	안보 정치틀 거시경제틀 국가능력에 대한 지원 소규모 민간서비스의 공고화 핵심 하부구조의 복원 핵심 서비스의 복원 인도지원 필요의 충족 난민의 복귀 과거 갈등당사자 간 대화와 신뢰형성
변환/제도형성 (12~36개월)	정치개혁 경제개혁 사법개혁/법치 제도능력 형성 안보부문 개혁 무장해제, 사병의 민간복귀와 재통합 중요 하부구조의 복원 생산능력의 복원 핵심 서비스의 확대 사회안전망 식량안보 난민복귀의 지속 화해과정·사회적 치유
공고화 (36~120개월)	개혁과정의 지속과 심화 제도능력 형성 하부구조와 서비스의 확대 화해/사회적 치유 포용적 정책

출처: UNDP, World Bank, and UNDG(2004), p. 6.

(2) 우선적 필요사항에 대한 여러 이해당사자 사이의 합의

PCNA와 TRM의 과정은 새로운 자료를 수집하거나 새로운 프로젝트와 프로그램을 발굴해 내는 데 있는 것이 아니라, 어떤 필요가 가장 우선적으로 충족되어야 하는가에 대해 집단적으로 분석해 내는 과정이라는 것이다. 이 과정은 왜 그리고 어떠한 이유에서 그러한 관여조치가 평화형성, 복구 또는 재해감소과정에 이바지할 수 있는가를 명확히 이해한 기초 위에서 이루어져야 한다.

(3) 우선적으로 산출되어야 할 결과와 성과의 발굴

마찬가지로 중요한 것은 발견된 필요들에 기초하여, 가장 먼저 달성되어야 할 결과와 성과를 명확히 규정해 내는 것이다. 그리고 이 결과와 성과들을 주어진 시간 내에 달성하는 것이 가능해야 한다.

2.3. 유엔체계의 개발지원

유엔이 추진하는 개발업무의 주관기관은 UNDG이고, 해당 국가 현지에서는 유엔국가팀(UN Country Team: UNCT)이며, 주요 정책수단은 국가공동평가(CCA)와 유엔개발원조지침(UNDAF)이다.

2.3.1. 국가공동평가와 유엔개발원조지침

유엔개발그룹이 해당 국가의 개발업무에 관여하는 가장 중요한 수단은 유엔개발원조지침(UNDAF)이며, 따라서 그 가장 중요한 업무 중의 하나는 UNDAF를 준비·검토·평가하는 것이다. 개별 국가단위에서 국가공동평가와 UNDAF는 개발업무에 관여하고 있는 모든 유엔 단체의 준거 프로그램들이며, 유엔국가팀이 해당국 정부와 긴밀하게 협력하여 작성한다.

UNDAF는 유엔의 지구적 문제에 관한 여러 회의에서 대부분의 국가 정부들 간에 합의된 목표를 효과적으로 실행하는 전략적 기반을 마련해 준다. 유엔의 개발업무는 새천년선언, 지구적 문제에 관한 정상회의와 회의들에서의 결정에 기초하는데, 이 중에서 가장 중요한 것이 새천년개발목표(MDGs)로, 이는 유엔, 브레튼우즈 기관들, 해당국 정부의 업무를 포괄적으로 규정하고 있다. 새천년개발목표를 개별 국가에서 구체화하여 달성하는 행동계획이 빈곤축소전략문서(PRSP)이다. 이러한 목표들을 달성하기 위해서는 세계은행을 포함하여 UNCT 내부에서의 긴밀한 협력과 조정이 매우 중요하다.

개별 국가에서 유엔 개발업무의 핵심 수단인 CCA와 UNDAF는 해당 국가의 PRSP 준비과정 및 내용과 직접적으로 연계되어야 한다.[16] CCA의 분석작업은 PRSP 작성에 도움을 줄 수 있으며, CCA와 PRSP 분석을 종합하면 시너지효과가 날 수 있고, PRSP가 이미 존재하면 UNCT는 이를 UNDAF의 기초로 활용해야 한다. 세계은행은 국가원조전략(CAS)과 같은 자신의 정책 수단을 CCA 및 UNDAF와 동조시키는 것이 의미 있다는 것을 인정하고 있으며, 원조제공자가 자신의 원조를 PRSP에 기반하여 제공하면 이상적이다.

2.3.2. 유엔 기관의 프로그래밍 주기

유엔 기관이 현지 해당 국가에서 개발사업을 진행하는 프로그램의 주기는 10단계로 되어 있다.[17]

1단계: 국가공동평가(CCA)

2단계: 유엔개발원조지침(UNDAF)

3단계: 달성목표제시도표(Results Matrix)

4단계: 모니터링과 평가계획

5단계: 합동프로그램 기회의 발굴

6단계: 합동전략회의

7단계: 국가프로그램 기획문서(Country Programme Document)

8단계: 국가프로그램 행동계획(Country Programme Action Plan)

9단계: 연간업무계획(Annual Work Plan)

10단계: 진행보고

(1) 1단계: 국가공동평가

1) 기본성격

국가공동평가(CCA)는 새천년개발목표와 여타 해당 국가의 정책우선사항을 기준으로 평가한 빈곤의 주요 원인에 대한 평가와 분석을 목표로 한다. CCA는 빈곤축소전략과 같은 다른 국가적 분석과정의 일부가 될 수 있는데, 유엔체계의 집단적 관심사를 완전히 망라하는 다른 분석과정이 이미 존재하는 국가의 경우 반드시 따로 진행될 필요는 없다. 이 때 UNCT는 해당 국가의 분석과정을 지원하며, 이 과정에 포함되지 않은 유엔의 관심사항이 존재하는 경우 이 사항에 대한 보조적 분석을 행할 권리를 가지고 있어

---

16 UNDG(2001); UNDG(2003a).

17 UNDG(2003c).

그림 6-3 | 유엔기관의 프로그래밍 주기

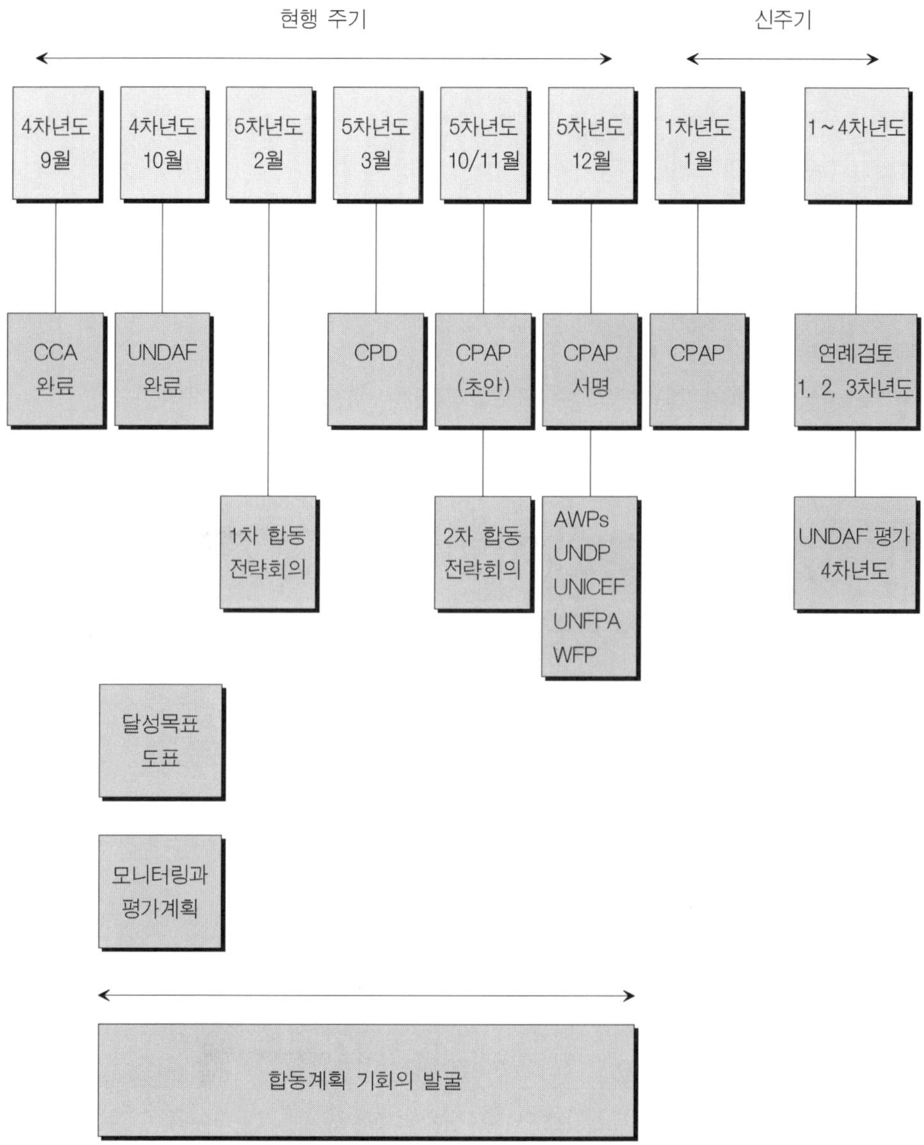

주: CPAP: 국가프로그램 행동계획.
CPD: 국가프로그램 계획문서.
AWPs: 연간업무계획(CPAP에 기초하여 기관별 작성).
출처: www.undg.org

야 한다. 보통 CCA는 새로운 공동프로그램 주기가 시작되기 1년 전에 완성된다.

2) 관련기관과 동반자

UNDP, UNFPA, UNICEF, WFP와 특별기관 등 유엔국가팀의 상주·비상주 모든 기관들은 CCA과정에 참여한다. 구체적인 문제의 세밀한 분석을 위해 기술지원을 담당하는 기관은 보다 전반적이며 보다 덜 세밀한 CCA 틀에 부합하게 분석결과를 가공해서 제시해야 한다. 그리고 해당 국가의 개발전략에 통합될 수 있도록 하기 위해, 국가팀은 해당국 정부를 CCA에 완전히 참여시키며, 시민단체, 국제개발 파트너와 지역 및 그 이하 단위기관의 의견을 반영해야 한다.

3) 유엔체계의 계획수립과 프로그래밍에 대한 CCA의 기여

① 해당국 정부를 완전히 참가하도록 노력해야 한다.

② 국가정책 우선사항 달성, 특히 새천년개발목표의 달성에 도움이 될 수 있는 사항의 성취에 기여한다.

③ 유엔이 집단적으로 큰 효과를 낼 수 있는 정책우선분야를 찾아 낸다.

④ 국내 그리고 국제적으로 이해당사자를 광범위하게 참여시키는 역동적 과정을 발생시킨다.

⑤ 이미 완성되어 다른 국가적 개발과정에 적용되고 있는 기존 분석을 발전시킨다.

⑥ 인위적 위기와 자연재해의 체계적인 예방과 대응의 문제를 다룬다.

⑦ 인권, 양성평등과 지속가능 개발관련 문제를 체계적으로 통합한다.

(2) 2단계: 유엔개발원조지침

1) 기본성격

유엔개발원조지침(UNDAF)은 국가의 정책우선사항에 대한 유엔의 대응으로, 해당 국가에 관여하고 있는 유엔체계의 실무활동을 위한 공동의 전략지침이다. 새천년개발목표를 해당 국가에 적절하게 적용하며, CCA가 발굴해 낸 주요 관심에 기초하여 유엔개발원조지침은 유엔 기관이 지원하게 될 주요 달성목표를 제시하며, 그 목표들을 직접적으로 국가프로그램 개별 기관에 연계시킨다. UNDAF는 새로운 공동프로그램 주기가 시작되기 1년 전에 완성된다.

2) 관련기관과 동반협력자

UNDP, UNFPA, UNICEF, WFP와 특별기관 등 유엔국가팀의 상주·비상주 모든 기관들은 UNDAF과정에 참여한다. 여기에는 UNDAF 자체뿐 아니라, 달성목표도표와 UNDAF 모니터링과 평가계획의 작성도 포함된다. UNDAF 달성목표를 제시한 도표는 유엔체계 업무의 기초를 제공하며, 이에 기초주제별 그룹은 각 목표달성을 최선으로 지원하는 방법이 무엇이며, 각 기관이 해야 할 일은 무엇인가를 숙고해야 한다.

3) 유엔체계의 계획수립과 프로그래밍에 대한 UNDAF의 기여

① 유엔체계의 지원을 해당 국가가 주도하는 국가정책 우선사항과 목표달성 노력에 맞춘다.

② 유엔 기관의 프로그램과 프로젝트의 시너지를 높이고 그것들이 보다 분명한 초점을 가질 수 있도록 한다.

③ 각 기관의 비교우위에 기초하여 합동조치의 기회를 발굴해 낸다.

④ 유엔체계 개발협력의 장기적 효과를 증대시킨다.

⑤ 인간의 권리에 기초한 프로그래밍 접근에 기반하여 남녀평등을 통합하는 전략지침을 제공한다.

⑥ 유엔자원의 효율적 사용과 추가자원의 동원을 가능하게 해 준다.

⑦ 유엔체계 협력의 효과성을 모니터하고 평가하는 공동의 계획과 장치를 제공한다.

(3) 3단계: 유엔개발원조지침 달성목표제시도표

1) 기본성격

달성목표제시도표(Results Matrix)는 유엔개발원조지침이 만들어 내야 하는 성과를 제시하며, 이를 유엔 국가프로그램 기관의 전략적 기여와 연계시킨다. 이는 개발원조지침이 어떻게 각 기관이 지원하는 국가 프로그램/프로젝트의 기획지침이 되는가를 보여 준다.

도표의 첫 번째 시안은 UNDAF의 틀 내에서 완성되는데, 이는 새로운 공동프로그램 주기가 시작되기 1년 전에 완성된다. 그 다음으로 도표는 개별 성과로 쪼개지며, 유엔 기관의 주제별 그룹과 그 파트너에 의해 전체 프로그램주기 동안 지속적인 계획과 모니터링의 기초로 활용된다.

2) 관련기관과 동반협력자

UNDG 기관들은 달성목표제시도표를 프로그램의 내용을 보다 분명히 하기 위해 사용한다. 이를 통해 중복을 피하고 책임성을 높여야 한다. 프로그램의 기획이 종료한 이후에는 달성목표별로 프로그램주기 동안 그 목표와 관련하여 지속적인 기획과 모니터링을 수행할 주제별 그룹이 구성된다.

3) 유엔체계의 계획수립과 프로그래밍에 대한 UNDAF 달성목표제시도표의 기여

① 해당 국가에서 유엔체계의 지원을 즉석에서 일목요연하게 보여 준다.

② 국가프로그램 계획문서(CPD)를 UNDAF에 연계시킨다.

③ 지속적인 계획과 모니터링 과정에서 유엔 프로그래밍과 관리의 공동수단으로 기능한다.

④ 진척을 보고하는 수단이 된다.

⑤ UNDAF의 최종평가를 위한 수단이 된다.

⑥ 자원동원수단이 된다.

(4) 4단계: UNDAF 모니터링과 평가계획

1) 기본성격

UNDAF의 한 구성요소로, 모니터링과 평가는 기관들이 합동으로 개별 국가에 맞게 조정된 새천년개발목표에 기여하는 유엔의 합의된 집단행위가 얼마나 달성되어 있는가를 추적할 수 있게 한다. 이는 또한 모니터링과 평가활동을 조정하는 데 도움이 되며, 프로그램주기의 말기에 UNDAF 평가수행을 용이하게 한다.

2) 관련기관과 동반협력자

각 기관은 모니터링과 평가계획을 채택하였으며, 다른 주제별 평가는 대체되었거나 보조평가수단으로 활용되고 있다.

3) 유엔체계의 계획수립과 프로그래밍에 대한 모니터링과 평가의 기여

① 전략적 초점을 맞추도록 해 준다.

② 모니터링과 평가활동에서 우선사항을 정하고 조정하며, 해당 국가 동반협력기관과 유엔 기관의 최종평가 수행비용을 낮춘다.

③ 팀이 달성하고자 기획한 것이 무엇이며, 성공선포의 척도가 무엇인지를 밝혀 준다.

④ 차후 CCA와 UNDAF에 반영될 최종평가를 요구한다.

(5) 5단계: 합동프로그래밍—기회의 발굴

1) 기본성격

기관들이 함께 프로그램을 숙고하여 계획하고 디자인하면 프로그램의 효과성이 높아지는데, UNDAF와 달성목표제시도표는 국가팀이 합동프로그램의 기회를 발굴하는 데 도움을 줄 수 있다.

전형적인 합동프로그램은 다음과 같은 선택지의 혼합으로 구성된다.

① 하나 이상의 기관이 동일한 목표달성을 지원하지만 해당 국가의 파트너가 다른 경우, 지원을 함께 계획하고 모니터하면서도 따로 수행하는 것이 좋다.

② 하나 이상의 기관이 동일한 목표달성을 지원하며 해당 국가의 파트너도 동일한 경우, 공동으로 지원하면 이해당사자의 거래비용이 최소화된다. 특히, 경상비용 지원 또는 '현금원조'의 경우에 그러하다. 관리기관으로 선정된 기관은 '통합된' 자원을 합의된 계획과 예산을 담보로 정부에 이관할 수도 있다.

③ 하나 이상의 기관이 동일한 목표달성을 지원하며 자금도 동일한 기부자로부터 나오고 있는 경우, '단순통과(pass-through)'장치를 통해 원조제공자로부터 참여기관들에게 자금을 흘러가게 하는 것이 좋을 수 있다.

2) 관련기관과 동반협력자

어느 한 기관도 혼자서 개발문제를 해결할 만큼 광범위한 포괄성을 지니고 있지 않다. 따라서 합동프로그래밍은 기관들이 개별 전문성을 혼합하고 상호 타방의 업무를 보강해 주고 지속가능성을 높이는 방법이다.

UNDG 기관들은 합동프로그래밍과 관련하여 새로운 지침을 승인하였으며, 이에 기반하여 UNCT는 합동프로그램이 어떤 경우에 추진하는 것이 좋고, 각 상황마다 얼마 정도로 합동하는 것이 좋은가를 판단하고 있다.

3) 유엔체계의 계획수립과 프로그래밍에 대한 모니터링과 평가의 기여

① 프로그래밍 해당 노력에서 중복 방지

② 거래비용 감소

③ 해당 국가 파트너들과 유엔체계 조직의 상이한 기여들의 와중에서 시너지를 극대화

(6) 6단계: 합동전략회의

1) 기본성격

합동전략회의의 목적은 UNDAF 달성목표제시도표에 제시된 기대목표에 비추어 달성되어야 하는 주요 목표, 그리고 기관별 국가프로그램(Country Programme: CP)을 비교하여 그 일관성의 측면에서 검토·토론하기 위한 것이다. 이 과정은 제안된 프로그램이 유엔 기관의 이사회에 제출되기 전에 해당 정부의 승인을 받을 수 있도록 하기 위한 것으로서, 합동전략회의는 유엔과 해당국 정부가 공동으로 주관해야 하며, 다른 핵심적 동반협력자(원조제공자, 시민사회, 비정부단체)도 초대된다. 이 회의는 통상 3~4월에 열린다.

유엔 기관의 국가프로그램이 집행이사회의 승인을 얻은 이후에는 해당 기관은 각각 국가프로그램 행동계획(Country Programme Action Plan: CPAP)을 준비한다. 두 번째 합동전략회의는 기관별 국가프로그램 행동계획을 애초 국가프로그램과의 정합성 측면에서 검토하는데, 이 회의는 연말 이전에 열리면 유용하다.

2) 관련기관과 동반협력자

해당 국가의 조정부서와 각 기관이 개별적으로 만나는 것 대신에, 기관들은 합동전략회의를 열어 UNDAF 달성목표제시도표의 정당성을 승인하고, 개별 기관이 국가프로그램을 준비하는 기반으로 삼고 있다. UNDP, UNICEF, UNFPA, WPF 그리고 전문기관들이 합동전략회의에 참가하는데, 이 회의는 기관들과 정부들 사이에 상담을 진행하는 주요 과정이다.

3) 유엔체계의 계획수립과 프로그래밍에 대한 합동전략회의의 기여

① 의사소통의 통로를 연다.

② 협력강화를 촉성한다.

③ UNDAF 정책우선분야에 초점을 유지한다.

④ 프로그램이 표류하고 유명무실화하는 것을 방지한다.

⑤ 일관성과 공동의 이해를 보장한다.

(7) 7단계: 국가프로그램 계획문서

1) 기본성격

국가프로그램 계획문서(Country Programme Document: CPD)는 기관의 협력프로그램이 다루어야 하는 주요 당면문제를 서술하며, 프로그램전략이

UNDAF 달성목표제시도표에 명시되어 있는 기대성과를 어떻게 만들어 낼 수 있는가를 선명히 보여 준다. 이 문서는 또한 계획된 소요자원을 보여 준다. 기관들은 국가프로그램 계획문서 초안을 UNDAF의 최종안과 함께 각 기관의 내부과정에 맞추어 해당 이사회의 총무부서에 제출한다. 보통 국가프로그램 계획문서는 최초 합동전략회의 이후, 기관별 집행이사회 개최 8~12주 이전, 현행 프로그램주기 최종년에 완성된다.

2) 관련기관과 동반협력자

UNDG 집행이사회 참여 네 기관(UNDP, UNICEF, UNFPA, WFP)의 각 기관은 국가프로그램 계획문서를 준비하고 해당 집행이사회에 제출하여 승인을 얻는다. 이 때 각 기관의 국가프로그램이 UNDAF 목표달성에 어떻게 기여하는가에 대한 서술에서 동일한 포맷을 사용한다.

3) 유엔체계의 계획수립과 프로그래밍에 대한 국가프로그램 계획문서의 기여

동일한 명칭과 포맷을 사용하고, 기관프로그램, 새천년개발목표, UNDAF 달성목표 사이의 뚜렷한 연계를 제시함으로써, 기관들은 국가프로그램의 시안을 상호 조화시킨다. 국가프로그램 계획문서는 기관마다 달랐던 포맷을 통일시킨 것이다.

(8) 8단계: 국가프로그램 행동계획

1) 기본성격

국가프로그램 행동계획은 해당국 정부와 개별 기관 대표자에 의해 서명된 것으로, 프로그램주기를 규제하는 법적 합의이다. 이 계획은 명시적으로 장기적 유엔개발업무 달성목표를 언급하는데, 이는 국가프로그램이 수행되는 동안 달성이 기대되는 주요 성과를 서술하고, 이러한 성과가 어떻게 달성될 것인가를 보여 주며, 유엔 기관과 해당국 정부가 제공하는 자원을 밝히고, 수행 및 모니터링문제에 대한 합의를 개략적으로 제시한다.

국가프로그램 행동계획은 통상 11월이나 12월에 초안으로 제시되고, 새로운 프로그램주기가 시작되기 직전인 1월에 서명된다.

2) 관련기관과 동반협력자

국가프로그램 행동계획은 포맷, 시간대, 파트너와의 준비과정이 서로 달랐던 각 기관의 다양한 프로그램과 프로젝트 계획문서를 대체한 것이다.

이 문서는 네 개의 집행이사회 기관(UNDP, UNICEF, UNFPA와 WFP)에 의해 각각 준비된다.

3) 유엔체계의 계획수립과 프로그래밍에 대한 국가프로그램 행동계획의 기여

① UNDAF가 어떻게 실무지침화할 수 있는지를 손에 잡히게 보여 준다.

② 기관과 정부의 전략과 의지천명에 관해 분명히 설명한다.

③ 유사한 언어를 사용하여 프로그램 의도에 관한 진술을 상호 조화시킨다.

④ (국가프로그램 행동계획은 제2차 합동전략회의에서 검토·토론되기 때문에) 접근가능하고 상담을 통한 과정을 발생시킨다.

(9) 9단계: 연간업무계획

1) 기본성격

연간업무계획은 프로그램 수행을 위한 매우 간편한 관리수단으로, 구체적 실무를 제시하며 국가프로그램 행동계획, UNDAF, 국가프로그램의 전략적 목표와 연계되어 있다. 이 계획은 새로운 프로젝트의 시작과 동시에 완성되며, 전년도 프로그램에 대한 연례검토 이후에 수정되는데, 업무수행에 참가하는 모든 당사자들이 연간업무계획의 초안에 대해 합의하면 최종문서로서 서명된다.

2) 관련기관과 동반협력자

연간업무계획의 공동언어와 포맷은 구체적인 문제에서 다양하고, 국가프로그램이나 UNDAF의 정책우선사항 분야와 항상 연계되는 것은 아닌 여러 종류의 프로젝트 계획문서를 대체한 것이다.

UNDP, UNICEF, UNIFEM, WFP는 각각의 국가프로그램 행동계획에 명시되어 있는 각 산출목표와 프로젝트에 대해 연간업무계획을 작성하기로 합의하였는데, 연간업무계획의 이와 같이 조화된 포맷은 과거 각 기관이 사용하던 여러 상이한 포맷을 대신한 것이다.

3) 연간업무계획은 유엔체계의 효율성에 기여

① 단순하고 표준화된 포맷은 각 기관의 역할을 분명하게 만든다.

② 집행이사회 구성기관들 그리고 파트너와 원조제공자 사이의 실무세부사항에 의사소통을 개선시킨다.

③ 정부와 여타 파트너는 이를 모니터링 수단으로 연례검토에 사용할 수 있다.

2.4. 유엔체계의 주요 인도지원전략 기획문서

유엔의 인도지원은 해당 국가의 지원에 참가하고 있는 유엔기구 및 그와 협력하는 관련 NGOs가 중심이 되어, 해당 국가의 인도적 상황과 필요를 평가하고, 내년도의 사업목표와 분야를 정한 후, 그러한 지원의 필요성과 자금모금을 대체로 1년 주기로 금년 말경 국제사회에 합동으로 호소하는 과정(CAP)을 거쳐 실행된다.[18]

2.4.1. 기구 간 상임위원회와 합동호소과정

유엔 인도지원체계의 핵심은 기구 간 상임위원회(IASC)와 합동호소과정(CAP)이다.

기구 간 상임위원회는 유엔 제46차 총회 결의에 의해 1992년 6월에 설립되었으며, 그 역할은 복합적인 위기상황과 자연재난에 대한 효과적인 인도적 대응과 조정을 위한 정책을 세우는 것이다. 이 기구는 유엔의 인도지원 관련기관, 국제이주기구(IOM), 국제적십자사, 인터액션 등 주요 국제 NGOs 협력체들로 구성되며, 광범위한 범위에서 유엔과 비유엔 인도지원 파트너들 간의 협력을 추구하고 있다. 구체적인 사업목표는 전반적인 인도주의 정책의 개발, 인도지원 프로그램에서 기관들 간의 책임과 역할분장, 인도주의 활동에서의 공동윤리강령의 개발, 인도지원 관련이슈들에 대한 지원기관 간의 이견조정 등이다.

합동호소과정은 IASC가 어떤 상황을 주요 또는 복합위기상황으로 규정한 경우, 해당 국가의 유엔 인도지원조정관이 1년단위의 인도지원계획을 추진하는 과정이다. 이 계획과정에는 IASC의 구성조직들과 상임초청기관(이하 IASC 해당 국가팀이라 함), 그리고 여타 관련 비IASC조직들에 의해 추진되는데, 다음의 여섯 가지 사항을 포괄한다.

① 전략기획(이에 기초하여 인도지원 공동행동계획을 수립, CHAP)

[18] OCHA(2002)를 요약 정리하였다.

그림 6-4 | 합동호소과정

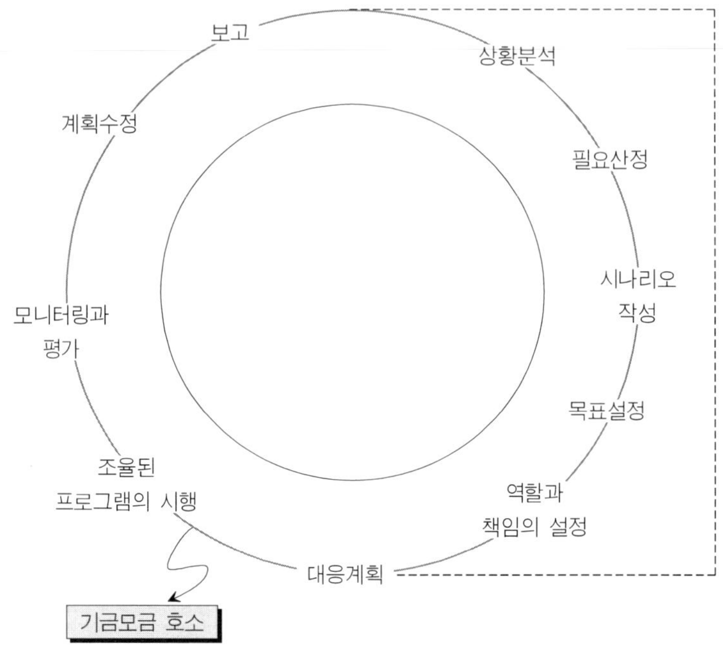

② 자원동원(이에 기초하여 합동호소(CA)나 긴급호소(FA)를 발함)
③ 집행의 조정
④ 공동검증 및 평가
⑤ 필요시 인도지원 공동행동계획 수정
⑥ 결과에 대한 보고

2.4.2. 인도지원 공동행동계획

인도지원 공동행동계획(CHAP)은 CAP과정의 핵심 문서로서, 해당 국가 또는 지역에서 발생한 인도적 위기에 대한 대응전략계획이다. 이 문서는 유엔 인도조정관의 감독하에 IASC 해당 국가팀에 의해 작성된다. 유엔 인도조정관과 IASC 해당 국가팀이 결정하는 바에 따라 작성작업에 비IASC조직도 참가가 가능하다. 해당 국가의 정부 그리고 원조기부자와 같은 여타 주요 이해당사자도 CHAP가 작성과정에서 자문할 수 있다.

인도지원 공동행동계획은 인도적 문제와 관련된 공동분석, 이를 통해 인도적 원칙과 인권침해와 관련된 주요 관심사를 밝혀 내야 하는데, 그 구성요소는 다음과 같다.

① 인도지원 필요에 대한 산정(이 경우 당사자 주민의 대응능력과 취약성(특별한 필요) 고려).

② 최선, 최악 그리고 가능성이 가장 높은 시나리오

③ 명확한 장기목표와 목적

④ 우선대응분야 선정과 집행계획

⑤ 전략을 검증하고 필요한 경우 수정하기 위한 틀

CHAP는 합동호소(CA) 또는 긴급호소(FA)를 성안하기 위한 기초로서, 합동호소과정의 핵심 과정이라고 할 수 있다. CHAP에 의거하여 자원동원을 위한 합동호소가 진행되나, 위기가 심각하지 않은 경우 CHAP만 작성될 수도 있다. CHAP에 프로젝트 제안이나 여타 모금호소가 포함되어 있는 경우에만 합동호소라고 불러야 한다.

2.4.3. 합동호소

어떤 위기가 얼마나 오래 가느냐에 따라 네 가지 종류의 문서가 작정될 수 있다.

① 상황보고: 자연재해 발생 후 48시간 이내에 신속한 정보 및 모금필요성 전파를 위해 사용되는 수단이다.

② 긴급호소(flash appeal): 위기발생 3~6개월 기간중 IASC 참가조직들 사이에 인도지원 대응과 기금모금을 조정하고 실행하기 위한 수단이다.

③ 합동호소: 위기가 3~6개월을 초과하여 장기로 진행되는 경우, IASC는 위기구호조정관(Emergency Relief Coordinator) 및 유엔 인도조정관과 IASC 해당 국가팀과 상의하여 해당 위기가 합동호소를 필요로 하는 복합 또는 주요 위기라고 규정하는데, 합동호소는 기존 IASC CAP 추진지침에 따라 준비되어야 한다.

④ 긴급호소, 합동호소, CHAP의 수정: 인도주의 전략 또는 기금목표액에 변화가 필요할 경우, 기존 IASC CAP 수정지침에 따라 긴급호소, 합동호소, CHAP는 수정될 수 있다.

이를 표로 표시하면 〈표 6-6〉과 같다. 그리고 합동호소에 관한 작업은

표 6-6 | IASC 호소 및 전략문서의 유형

시간 단위	· 위기발생 당일	· 위기 2~4주	· 위기 3~6달	· CA/FA기간 내
	인도지원 공동계획			
수단	· 상황보고	· 긴급호소(FA)	· 합동호소(CA)	· 문서수정
목적	· 인도상황에 대한 즉각적 정보제공 · 국제적 주의 환기 · 자원동원을 지원(금융 및 현물) · 국제적 대응의 조정	· 최초 3~6달 간 참여기관 간의 기금모집을 조정 · 인도적 상황에 대한 더 많은 정보와 분석을 제공 · 대응을 조정하고 실행 · 주요 위기의 전반적 필요물자와 기금의 수요에 관한 국제적 관심 환기	· 최고 12개월 간 참가기관의 기금모집을 조정 · 인도상황에 대한 심도 있는 분석을 제공 · 대응을 조정하고 실행 · 주요 위기의 필요물자와 기금의 수요에 관한 국제적 관심 환기	· CAP 순환주기 내에서 인도상황에 변화가 발생하고 자원수요가 현저하게 변하여 기금모금을 조정할 때 · 상황변화에 대한 대응의 조정과 실행 · 인도상황 및 CA 모금수요 변화에 국제적 관심 환기
시기	· 국제적 관심과 대응이 필요한 모든 위기상황(자연재해 또는 복합/주요 위기)이 발생한 48시간 내	· 위기상황 2~4주 내 · 6개월 내에 해소될 만한 위기 또는 앞으로 6개월 내에 새로운 호소가 필요한 경우	· 위기상황의 3~6개월 내 · 위기조정관이 없는 경우 새로 임명됨.	· 필요에 따라 어느 시기에나
담당자	· 인도조정관이 해당 국가팀과 협력 · 필요한 경우 해당 국가 정부와도 상의함.	· 인도조정관이 IASC 해당 국가팀, 위기구호조정관과 IASC 협의 · 중앙과 현지의 통일성을 기하기 위해 필요한 경우 해당 국가 정부와도 상의함.	· 인도조정관이 IASC 해당 국가팀, 위기구호조정관과 IASC 협의 · 중앙과 현지의 통일성을 기하기 위해 필요한 경우 해당 국가 정부와도 상의함.	· 인도조정관이 IASC 해당 국가팀과 협의 · 전략을 대폭 수정해야 할 경우, 위기구호조정관과 IASC와 협의 · 중앙과 현지의 통일성을 기하기 위해 필요한 경우 해당 국가 정부와도 상의함.
포함 내용	· 상황과 필요물자에 대한 최신 정보 · 이제까지의 대응(정부, 유엔, NGO, 적십자운동 등을 포함)	· CHAP: 시간제약과 가용 정보를 토대로 가능한 한 모든 요소를 포괄 · 프로젝트: 6개월 상한으로 전체 및 부문의 자금수요를 개괄. 추	· CHAP: 모든 요소 · 프로젝트: 12개월 상한으로 전체 및 부문 자금수요를 개괄. 추가로 참가기관의 개별 수요도 개괄. 프로젝트는 CHAP에 규정된	· 필요에 따라 CA, FA(CHAP 또는 프로젝트)의 어느 부분도 수정될 수 있음.

표 6-6 | 계 속

포함내용	· 대응에 필요한 자원량의 개략 산출(정부, 유엔, 여타 IASC이 각자 추정) · 필요한 금액과 품목	가로 참가기관의 개별 수요도 개괄 · 프로젝트는 인명구호가 우선이며, 3~6개월 내에 실행되어야 함. 기간 내에 실행이 가능하면 빠른 회복이 가능	목표와 목적을 지원하는 활동을 포함	
참가자	· 인도조정관의 조정하에 참여 · 가능한 한 참여범위가 넓어야 함. · 가능한 한 IASC 해당 국가팀, 여타 주요 비IASC 인도조직 · 필요한 경우 해당 국가 정부와도 상의함.	· 인도조정관의 조정하에 참여 · CHAP에의 참여는 가능한 한 넓어야 함. · IASC 해당 국가팀, 해당 국가팀의 의사에 따라 여타 주요 비IASC 인도조직 · 필요한 경우 해당 국가 정부와도 상의함. · ASC CT만이 FA를 통해 모금호소를 할 수 있음.	· 인도조정관의 조정하에 참여 · CHAP에의 참여는 가능한 한 넓어야 함. · IASC 해당 국가팀, 해당 국가팀의 의사에 따라 여타 주요 비IASC 인도조직 · 필요한 경우 해당 국가 정부와도 상의함. · IASC CT만이 CA를 통해 모금호소를 할 수 있음.	· 인도조정관의 조정하에 참여 · CHAP에의 참여는 가능한 한 넓어야 함. · IASC 해당 국가팀, 해당 국가팀의 의사에 따라 여타 주요 비IASC 인도조직 · 필요한 경우 해당 국가 정부와도 상의함. · 문서 수정사항 중 모금호소부분은 IASC CT 참가기관에만 해당

출처: IASC(2003), p. 5.

1년간 진행되는바, 그 개략적 시간표는 〈표 6-7〉과 같다.

2.4.4. 북한 관련 CCA, CAP문서의 분석

UN은 2003년 2월 *2002 DPR Korea Common Country Assessment*를 발간하였고, 후속작업으로 동년 9월 UNDAF를 발간할 예정이었으나 발간되지 못하였다. UNDAF 작성을 위해서는 북한 정부의 공식 협조가 필수적인데, 이를 얻지 못한 것으로 추정된다.

유엔은 1995년부터 2004년까지 총 10회에 걸쳐서 대북 지원을 위한 합동호소(CA)를 실시하였는데, 2004년 북한 합동호소에 참여한 기관은 ADRA, AFMAL-FBF, CESVI, CONCERN, DWH/GAA, FAO, HI-B, OCHA, PU, SC UK, TGH, UNFPA, UNICEF, WFP, WHO 등이다. 이러한 합동호소과정

표 6-7 | 합동호소과정의 시간주기(2002년도의 경우)

4월 초	OCHA가 인도조정관에게 팩스를 보내 금년도 검증 및 보고에 관한 계획을 요구. 합동호소과정에 대한 지침, 수정사항
4월/5월	CAP 해당 국가팀이 모여서 정보, 자금모집상황, 전년도 전략과 관련된 지표들을 분석
5월 중순	6~7월 배치예정으로 CAP 교관들이 교육을 받음. 호소가 최신상황에 따라 수정, 변경사항은 on-line 호소에 기재됨.
5월 29일	제네바에서 합동호소 중간점검회의가 열림.
6월	CAP 현지 워크숍이 시작됨. 모든 주요 이해당사자가 참여, IASC CAP 하부소조의 지원을 받아서 개최
7월 셋째 주	CAP 해당 국가팀이 상황을 점검하고 다음 연도 전략을 결정하기 위해 만남. 해당 국가 CAP 주요 담당자를 임명. 이들이 모여 시간계획, 호소의 구조, CHAP의 작성과 합의
8월 초	분야별 분석과 평가, 개선사항, 필요품목, 목표와 지표의 확정
9월	분야별 주도기관은 CHAP에 따라 활동우선분야를 결정하고, 새로운 호소에 포함되어야 할 관련 프로젝트를 결정. 프로젝트는 호소기관 본부와 협의하에 작성됨. 인도조정관과 CAP 해당 국가팀은 대응계획과 프로젝트를 검토하고 최종결정함.
10월 1일	현지 초안이 완성되어 OCHA 제네바에 최종승인을 위해 제출됨.
11월 초	합동호소 인쇄물이 회원국과 파트너조직에 배포됨.
11월 중순	유엔 부총장과 IASC 최고책임자에 의해 합동호소를 전 지구적으로 발함.

출처: OCHA(2002).

(CAP)에 따라 구성된 국가팀(CAP Country Team)에는 유엔기구, NGOs, 국제적십자/적신월사연맹, 상주쌍무원조단(Resident Bilateral Donors) 기구들이 참여하고 있으며, 비상주 NGOs도 세계식량계획의 식량지원연락단(WFP/FALU)을 통해 합동호소과정을 지원하고 있다. 이들을 중심으로 평양에서는 매주 분야별·주제별로 공동관심사항의 정보교환을 위한 정기모임이 개최된다.

이하에서는 CCA로 *2002 DPR Korea Common Country Assessment*와 CAP로 *Democratic People's Republic of Korea 2004*를 간략하게 분석한다.

(1) *2002 DPR Korea Common Country Assessment*

이 문서는 UN과 북한 정부가 협력하에 UNCT에 의해 작성되었다. 그 경과를 보면, 북한 정부와 UNCT는 합동관리위원회(JSC)를 구성하며, 그 아래 합동 핵심 작업반(JCWG)이 실무작업에 대한 조정책임을 맡고, 분야별 합동작업반(JCWG)이 분야별 분석을 진행하며, 비유엔 기관 및 외부자문가와 협력한다.

CCA의 목적은 북한 내부에서 인간발전에 대한 보다 총체적인 개관을 제시하고, 분야와 주제 간의 연계에 대해 포괄적으로 검토함으로써 지속가능한 발전을 위한 정책의 배경과 기본결정요소를 알아내기 위한 것이었다.

북한 CCA는 본문 60쪽, 부록 24쪽으로 구성되어 있으며, 그 주 내용은 다음과 같다.

① 머리말: 이 책의 성격에 대한 소개

② 전체 조망: 현 경제상황, 인간발전에 대한 영향, 주요 과제(식량안보, 경제현대화, 인간발전, 대외경제관계, 극복능력 함양, 발전협력)

③ 식량안보: 개념정의, 국제적 목표(이 분야에서 보편적 국제기준), 북한의 국가적인 식량안보상황, 지방별 식량안보상황, 국가식량배급체계(PDS), 영양상태, 일반적 제약, 외부기관의 지원

④ 보건과 영양: 서론, 정부정책, 국제적 목표, 주요 관심분야(어린이, 여성, 질병, 전염병, 가족계획), 기초보건서비스 제공, 보건의 질과 관련한 당면문제, 외부지원

⑤ 물과 환경위생: 서론, 정부정책, 주요 과제(물공급, 물의 질, 위생, 위생교육과 실무), 외부지원, 사업으로부터 얻은 교훈

⑥ 교육: 정부정책, 주요 당면과제(어린이 조기교육에의 관심, 교육의 적합성과 질의 개선, 여자아이 교육에서의 위험감소, 기초교육에 대한 적절한 재정지원, 외부지원 증대, 교육에서의 과제)

⑦ 성: 1쪽에 달하는 간략한 상황설명

⑧ 환경과 에너지: 환경(전반적 상황, 주요 환경과제), 에너지

⑨ 발전협력: 기존의 패턴, 발전협력의 목표, 주요 과제(계획수립, 환경의 질 개선, 정부의 발전능력 강화, 계획과 정책대화, 기부자의 유연성), 유엔체계의 역할

⑩ 결론

이 CCA를 토대로 북한 정부와 UNCT는 공동작업을 통해 UNDAF 작성을 예정하고 있었으나 실제로 작성되지는 못하였다. UNDAF는 유엔 기관이 해당 국가개발계획을 작성하는 데 대한 전략지침을 마련하기 위해 작성되

는 문서이다. 이 문서는 중점분야와 주요 분야 간 주제에 대해, 유엔 협력에 대한 일반적 전략우선순위를 설정하며, 유엔 협력을 통해 달성되어야 할 전반적인 성과를 제시하고, 이에 기초하여 협력의 일반적 효율성을 측정하는 수단을 측정하며, 개별 유엔 기관에 의해 추진되는 임무와 활동 간의 중복 방지, 기관 간 협력 또는 합동개발계획 기회를 탐색한다.

(2) *Democratic People's Republic of Korea 2004*

2004 북한 CAP는 2003년 11월(172쪽), 개정판이 2004년 5월(43쪽)에 발간되었는데, 주요 내용은 다음과 같다.

① 요약

② 2003년도 개괄: 인도적 상황의 변화, 재정상황 개괄, 검증보고 및 검증사항 매트릭스, 사업교훈

③ 전반적 인도상황 개괄 및 분석상의 지침

④ 2004년도 인도적 상황 전망: 최선, 최악, 가장 개연성 높은 것의 세 가지 시나리오

⑤ 2004년도 전략목표

⑥ 역할과 책임: CAP와 CHAP에 참가하는 기관들의 역할과 책임 서술

⑦ 여타 행위자와의 상호 보완성

⑧ 분야별 정책대응: 물과 환경위생, 보건 및 영양, 식량원조, 농업, 교육

⑨ 전략적 검증: 검증체계와 실태 서술

⑩ 프로젝트 우선순위 설정기준

⑪ 조정: 인도적 위기원조에서 기관 간의 조정문제 서술

⑫ 프로젝트별 사업개요: 분야별(물과 환경위생, 보건 및 영양, 식량원조, 농업, 교육)로 해당 분야 유엔 기관의 사업 및 모금내용 서술

2.5. 유엔체계의 주요 개발지원전략 기획문서

개발지원은 해당 국가의 상황과 필요에 대하여 해당국 정부 및 유엔 산하 여러 기구가 공동평가한 보고서(CCA)를 토대로 대체로 5년단위의 유엔 개발지원원칙(UNDAF)이 작성되며, 이 원칙에 따라 산하기구는 전문분야별로 해당 국가에 대한 구체적 개발지원계획을 수립·실행한다.[19]

2.5.1. CCA와 UNDAF

유엔체계는 당사국 정부, 기타 주요 기관과 협력하여, 조화롭고 통합적인 개발계획을 세우는 작업을 하고 있다. 이러한 과정에서 국가공동평가(CCA)와 유엔개발지원원칙(UNDAF)이 상황을 판단하고 목표를 세우는 핵심 절차이다.

CCA는 당해 국가의 개발상황을 분석하고, 주요 발전과제를 밝혀 내는 것을 목적으로 하는 유엔체계의 공동수단이다. CCA는 빈곤의 정도와 장소를 포착하여 적절하게 분류하고, 여러 차원에서 그 극복능력을 평가함으로써 누가 가장 취약한가를 지적해야 한다. 발전과제를 선정하는 기준은 새천년개발목표들[20]과 함께 국제회의, 정상회담,[21] 국제협약,[22] 유엔체계의 인권수단들에 제시된 정책방향, 목표, 정책대상이다.

UNDAF는 해당 국가단위에서 유엔체계가 실무활동을 수행할 때 지향하는 공동의 전략적 틀이다. 이는 빈곤감소전략기획서 등 해당 국가가 선정한 우선과제와 필요에 대해 유엔체계가 집단적·정합적이고 통일적으로 대응할 수 있도록 하는 것을 목표로 한다. 유엔체계의 대응은 새천년개발목표들과 함께 국제회의, 정상회담, 국제협약, 유엔체계의 인권수단들에 제시된 정책방향, 목표, 정책대상을 기준하여 결정되는데, CCA의 분석을 토대로 하여 작성된다.

두 문서(와 절차)는 1997년 유엔 개혁의 일환으로 유엔이 세계평화와

---

19 이하의 내용은 United Nations(2003)를 요약한 것이다.

20 목표 1: 극단적 빈곤과 기아의 제거, 목표 2: 초등교육의 보편화, 목표 3: 성평등의 성취 및 여성 능력개발, 목표 4: 어린이 사망률 저하, 목표 5: 산모 건강증진, 목표 6: 에이즈, 말라리아 및 여타 질병 퇴치, 목표 7: 환경의 지속가능성 보장, 목표 8: 개발을 위한 지구적 협력.

21 특히, 북한이 참가하였던 국제회의와 정상회담에는 ① 모든 사람에게 교육을 제공하기 위한 국제회의(Jomitien, 1989), ② 어린이를 위한 세계정상회담(New York, 1990), ③ 환경과 발전에 관한 유엔회의(Rio de Janeiro, 1992), ④ 인권에 관한 국제회의(Vienna, 1993), ⑤ 인구와 발전에 관한 국제회의(Cairo, 1994), ⑥ 사회발전을 위한 세계정상회담(Copenhagen, 1995), ⑦ 여성에 관한 세계회의(Beijing, 1996), ⑧ 인간의 정주를 위한 2차 유엔회의(Istanbul), ⑨ 세계식량정상회담(Rome), ⑩ 무역과 발전에 관한 9차 유엔회의(Medrand) 등이 있다.

22 북한 정부가 승인한 국제협약에는 ① 경제·사회·문화권에 대한 국제협약, ② 시민 및 정치권에 대한 국제협약, ③ 여성에 대한 모든 차별철폐 협약, ④ 어린이의 권리에 대한 협약, ⑤ 생물 종의 다원성, ⑥ 기후변화 등이 있다.

발전에 보다 효율적으로 기여하는 도구로 만들기 위해 채택되었다. 2003년 10월까지 80개 이상의 UNDAF와 100개 이상의 CCA가 만들어졌는데, 그간의 경험과 유엔의 활동 전반에 대한 전략방침을 반영하여 2003년 10월 작성지침이 새로 제정되었다. 이 두 문서작성의 주요 책임은 유엔의 해당 국가팀(UN Country Team: UNCT)에 있다.

2.5.2. 유엔의 해당 국가개발계획 수립과정

이는 3단계 6개의 절차로 구성된다.

(1) 3단계(〈그림 6-5〉 참조)

① 1단계: CCA는 해당 국가에 대한 종합적이고 거시적으로 상황을 분석한다.

② 2단계: 이를 토대로 유엔 기구와 해당 국가 정부가 협의하여 3~5개에 이르는 주요 과제에 대한 해결전략을 결정하는데, 이것이 UNDAF이다.

③ 3단계: UNDAF에 기초하여 유엔의 각 기관은 당해 국가에 대한 자신의 업무계획을 수립한다.

(2) 6개 절차

1) 평　　가

평가는 어디에 어떤 개발과제가 있고, 그 긴급성이 어떠하며, 누가 관련되어 있는가를 파악하는 작업이다. 새천년선언, 새천년개발목표들, 국제회의, 정상회담, 국제협약, 유엔체계의 인권수단들에서 표명된 문제해결 의지, 목표와 정책대상 등에 기초하여 해당 국가의 어디에 어떤 주요 과제가 존재하며 그 심각성은 어떠한가를 결정한다.

2) 분　　석

평가를 통해 선정된 주요 과제의 발생원인을 분석하고, 해당 국가가 그 과제들에 대해 얼마나 자각하고 있는가, 그 해결능력은 얼마인가를 평가한다. 또한 과제처리에 영향을 미치는 주요 요소와 정책대안을 밝혀 낸다. 여기까지 절차가 CCA, 다음 절차가 UNDAF 작업에 해당한다.

3) 개발과제 중에서 우선해결과제들을 선정

CCA를 통해 밝혀진 모든 과제를 일거에 처리할 수 없기 때문에, 3~5개

그림 6-5 | 유엔 국가개발계획과정의 이정표

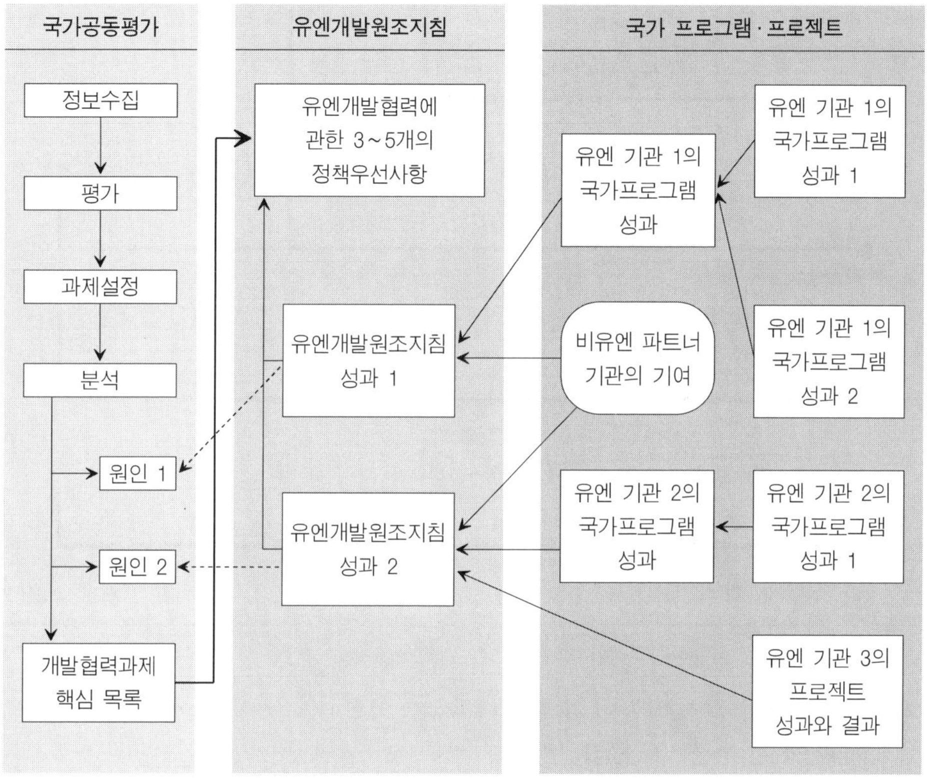

출처: United Nations(2003), p. 5.

정도의 우선순위 과제를 선정하여 유엔 개발작업의 집단적 효과를 높이며, 시너지를 도모하고, 해당 국가에 대한 유엔 국가개발계획 협력에서 거래비용을 감소시킨다. 우선순위는 과제의 규모와 긴급성, 국가의 해결의지, 유엔 소관 작업영역인지의 여부와 유엔이 담당할 경우의 효과성, 기관 간 협력이 이루어질 경우 시너지가 있는지의 여부, 그리고 가장 중요한 것은 유엔이 관여함으로써 일이 특별히 잘 될 수 있는가의 여부와 같은 기준에 따라 산정된다.

4) 창출하고자 하는 성과들과 여러 행위자의 역할을 결정

참가기관 및 개발파트너들이 창출해야 하는 성과, 그 성과를 창출해 내

그림 6-6 | CCA와 UNDAF의 상관관계

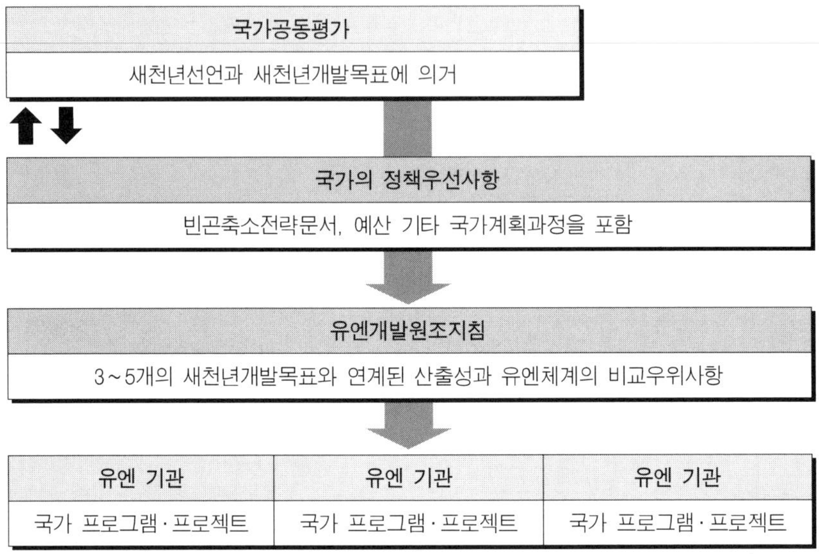

출처: United Nations(2003), p. 7.

기 위해 기관과 파트너들이 수행해야 하는 역할과 정책방향이 서술되며, 성과제시도표(〈표 6-8〉 참조)를 만들어 그 상호 연관성을 논리적으로 밝혀 줌으로써 선정된 우선과제들이 실제로 이행될 수 있도록 한다. UNDAF의 성과제시도표는 정부, 기타 당해 국가 파트너, 유엔 기관이 성취하고자 하는 결과들을 보여 줌으로써 UNDAF의 최종성과는 참가기관이 자기 역할을 수행할 때에만 달성될 수 있다는 것을 분명히 해 준다. 여기까지가 UNDAF 입안작업이며, 이에 기초하여 유엔 기관별로 작업이 진행된다.

5) 해당 국가 발전계획과 프로젝트 입안

유엔 기관은 해당 국가의 상대 파트너와 협의하여, 개발계획과 프로젝트를 합의하고 기안해 내며, 상급기관으로부터 승인을 받는다. UNDP, UNFPA, UNICEF와 WFP의 경우, 이러한 작업은 UNDAF에 기초한 국가프로그램 계획문서(Country Programme Document: CPD)의 초안을 만드는 작업에 해당한다. 이 문서는 해당 국가 정부와의 합동전략회의에서의 검토를 거쳐 각 기관의 실무이사회(Executive Boards)에 회부되어 수정을 거친 후 최종 확정된다.

표 6-8 | 유엔개발원조지침의 성과제시도표(각 산출성과에 대한 작성형식)

<table>
<tr><td colspan="4">1. 국가적 정책우선사항 또는 목표
· UNDAF를 실현시키면, 누구의 목표가 달성되게 되는가. 선택된 국가적 목적과 목표는 새천년개발목표의 구체적인 사안 그리고/또는 새천년선언과 국제회의, 정상회담, 유엔체계의 합의와 인권수단의 지향, 목적과 목표와 관련되어 있어야 한다.
· 국가의 정책우선사항 또는 목적이 주민생활에서 예상되며 입증될 수 있는 변화로 표현되면 이상적이다.</td></tr>
<tr><td colspan="4">2. 프로그램주기 종료시의 UNDAF 산출성과
· UNDAF의 산출성과는 선택된 국가정책 우선사항에 다루거나 선택된 국가적 목표를 달성하는 데 분명하게 기여한다.
· 대부분의 경우, UNDAF 산출성과를 달성하기 위해서는 유엔 기관들의 협력이 필요하다. 유엔 기관들은 다른 개발파트너와 동반협력관계를 맺어야 한다.
· UNDAF의 산출성과는 국가정책 우선사항이나 목적을 달성하는 제도적 능력에서 기대되는 변화 또는 행태상의 변화로 표현되는 것이 보통이다. 이는 국가 또는 지방 차원에서의 기여를 보여 줄 수 있다.</td></tr>
<tr><td>국가프로그램(CP) 산출성과</td><td>국가프로그램 산출성과</td><td>파트너의 역할</td><td>자원동원목표</td></tr>
<tr><td>기관 1
CP 산출성과는 어떤 기관이 지원하는 국가프로그램이 기여해야 하는 의도된 성과를 서술한다.
이 열에서 CP의 산출성과 총합은 다른 파트너의 기여와 함께 UNDAFT의 산출성과를 달성하는 데 합당한 것이어야 한다.
국가프로그램 계획문서(CPD)는 그 산출결과를 UNDAF 산출성과와 분명히 연계시켜야 한다.</td><td>기관 1
이 성과들은 개발관여로부터 발생하는 구체적인 제품이나 서비스와 관련한다. 이들은 CPD를 작성할 때 기안되어야 한다. 이들은 프로그램 수행중에 보다 개선될 수 있다.</td><td>관련된 UNDAF의 산출성과 또는 CP의 산출성과를 달성하는 데 국내 및 국제적 파트너의 역할과 기여를 밝힌다.</td><td>특정 CP 산출성과를 지원할 목적으로 기관들이 모금하고 사용할 수 있는 자원량을 최선으로 산정한 수치이다. 이들은 정규적 그리고 기타 자원으로 구분될 수 있다.</td></tr>
<tr><td>기관 2…… 등</td><td>기관 2…… 등</td><td></td><td></td></tr>
<tr><td colspan="4">3. 조정장치와 프로그램 양식
· UNDAF의 산출성과에 기여할 유엔 기관 간 그리고 다른 기관과의 조정장치를 서술한다(예를 들어, 주제별 그룹, 부문별 관리장치)
· 두 개 또는 그 이상 기관의 CP 산출성과가 밀접히 연계되어 있거나, 두 개 또는 그 이상의 기관이 동일한 정부기관과 동일한 프로그램분야에서 협력하는 경우, 구체적인 프로그램 양식이 제시되어야 한다(예를 들어, 합동업무계획, 자원배분과 자금지출에 대한 합의 등).</td></tr>
</table>

출처: United Nations(2003), p. 18.

6) 검증과 평가

해당국 정부와 협력하여, 유엔 기관들은 국가개발계획과 프로젝트의 일정 측면들에 대해 검토·평가함으로써, 애초 UNDAF가 기획하였던 성과를 달성하였는지에 대해 합동으로 진단해야 한다.

2.5.3. 유엔개발계획 수립과정과 지향성과에서의 지도원칙

CCA와 UNDAF는 정부, 시민사회가, 세계인권선언 및 여타 국제인권수단들에서 천명되었던 바의 보편적이고 불가분하고 상호 의존적인 인권을 실현해 가는 것을 도와 주어야 하는바, 그 작성에서 다음과 같은 원칙을 지켜야 한다.

① 계획수립과정의 모든 단계에서 해당 정부를 충분히 참여시키고 협의함으로써 UNDAF가 해당 국가 발전과정의 통합적 부분으로 인식될 수 있도록 한다.

② 해당 국가가 자체로 선정한 정책우선과제이면서도 유엔의 새천년발전목표, 그리고 새천년선언, 국제회의, 정상회담과 국제협약 또한 유엔체계의 인권수단들에 나타난 여타 정책방향, 목표와 정책대상을 성취하는 데 부합하는 과제들에 대해 특별히 관심을 가져야 한다.

③ UN이 집단으로 개입함으로써 가장 큰 효과를 낼 수 있는 분야에 주로 그리고 체계적으로 집중해야 한다.

④ 개발계획 수립과정이 포용적이고 동태적 과정으로 될 수 있도록 하기 위해 해당 국가 및 국제적인 주요 이해관계 당사자를 포괄할 뿐만 아니라, 비전통적 개발파트너를 참여시키고, 최근의 경향과 자료를 고려해야 한다.

⑤ 개인·기관·사회 차원에서 영속적인 국가 내 능력을 발전시킬 것을 목표로 삼아야 한다.

⑥ 작업부담과 거래비용을 최소화하기 위해 기존의 분석뿐만 아니라 빈곤축소전략기획서를 포함하여 이미 완료되었거나 수행중인 여타 국가개발과정을 토대로 개발계획 수립과정을 진행해야 한다.

⑦ 과거 개발협력 경험에서 얻어진 교훈들을 활용해야 한다.

⑧ 인간이 만든 위기와 자연재해를 방지하고 대응하는 문제에 대해 체계적으로 언급해야 한다.

⑨ 인권원칙, 성평등 및 지속가능한 발전과 관련된 문제를 체계적으로

통합시켜야 한다.

3 세계은행의 개발원조

갈등기(구호)→과도기(구호 및 재건)→안정기(개발)의 3단계 도식 중에서 세계은행이 관계하는 단계는 전통적으로 안정기(개발)의 단계였다. 그러나 구호와 개발이 동시에 진행되는 경우가 많게 되고, 갈등기→과도기→안정기가 일관되게 단계적으로 진행되지 않고 역전되거나 상호 중첩하는 경우가 증가함에 따라, 세계은행의 개발역할도 반드시 안정단계에만 머무를 수 없게 되었다.

세계은행이 어떤 국가의 개발을 지원하는 기본적인 수단은 국가원조전략(Country Assistance Strategy: CAS)이다. 그런데 갈등에 말려 있거나 갈등 직후의 국가에는 이와 같은 평시의 정상적 수단인 CAS의 수립이 불가능할 수 있다. 세계은행은 이러한 국가에 대한 개입을 증대하면서 정책과 수단을 개선해 오고 있다. 갈등피해국가가 안정된 개발궤도에 진입하게 되면, CAS에 기초한 대부와 지원이 가능해진다.

여기에서는 세계은행의 갈등피해국가(conflict affected countries)에 대한 개입에 대해 살펴보고, 이후 정상적 개발원조를 통한 개입에 대해 알아본다.

3.1. 갈등피해국가에 대한 개입

3.1.1. 개 요

세계은행은 갈등지역에 대해 1990년대 중반부터 갈등지역에 대한 개입을 증대시켜 오고 있다. 세계은행은 1994년 웨스트 뱅크와 가자 지역을 위한 Holst기금을 관리하였으며, 1995년에는 보스니아와 헤르체고비나에서 갈등 이후 재건을 위한 국제적 원조를 기획·조정하는 역할을 수행하였다. 그

후 세계은행은 르완다, 코소보, 시에라리온, 기타 발칸 국가, 동티모르, 콩고공화국과 아프리카 대호수지역, 그리고 가장 최근에는 아프가니스탄과 이라크에 관여하였다.

현재 세계은행은 광범위한 종류의 갈등피해국가에 관여하고 있으며, 많은 숫자의 개발실적이 나쁜 국가에 재개입하는 방도를 찾고 있다. 후자는 흔히 갈등에 휩싸여 있거나 그 사후효과로부터 회복한 적이 없는 국가들이다. 1990년대 중후반에서 2000년대 초까지 세계은행 대부의 16%가 갈등 이후 상황에 관여하고 있으며, 따라서 세계은행의 핵심 업무에 큰 영향을 미치고 있다.

갈등지역에 대한 개입이 시작된 이후, 세계은행은 경험과 연구를 바탕으로 이러한 개입에 관한 이론과 정책을 발전시켜 오고 있다. 1997년에 설정된 세계은행의 정책구상은 갈등이 대체로 종결된 이후 국면의 재건사업에 초점을 두고 있었다. 그러나 이러한 재건사업의 비용, 복잡성과 위험 그리고 가시성이 매우 높았던 경험을 바탕으로, 관심의 초점은 예방으로 옮아갔다.[23]

2001년에 새로 설정된 개발협력과 갈등에 관한 실무정책은 단순히 갈등 이후가 아니라 갈등피해국가에 대한 세계은행 정책을 규정하였다. 새로운 정책은 세계은행의 역할이 갈등 이후 재건을 넘어서서 갈등피해 및 취약국가에서 보다 적극적인 예방역할로 확대되어야 한다는 것에 입각하였다. 이 정책은 세계은행의 원조는 잠재원인을 최소화하고, 갈등문제에 많은 주의를 기울여야(conflict sensitive) 할 것을 요구하였다.[24]

3.1.2. 개입원칙

세계은행은 정관에 규정된 대로 대부와 증여자금을 통해 생산목적의 투자와 국제무역을 촉성하는 것을 통해 그 회원국의 재건과 개발에 자금을 대고 촉진하는 임무를 가진 국제조직이다. 세계은행은 세계정부가 아니므로 권한에 비추어 볼 때, 평화형성이나 평화유지의 업무를 담당하지 않는다. 이 업무는 유엔과 일정한 지역조직이 담당해야 하는 기능이다. 세계은행은 또한 병사의 무장해제를 직접 지원하지 않으며, 나아가 인도적 구호를 제공

23 World Bank(1997a).
24 World Bank(2003a).

하지 않는다. 이는 다른 원조제공자가 해야 할 일이다.

세계은행의 정관은 은행이 회원국의 내부사안에 간섭하는 것, 회원국의 정치적 성격을 질문하는 것을 분명히 금지하고 있다. 은행의 결정은 오직 경제적 고려에서만 내려진다. 따라서 은행은 회원국이 동의하지 않으면 그 회원국의 영토에서 업무를 추진하지 않는다. 세계은행은 현재 권력을 장악하고 있는 정부의 요구에 의해 개입할 수도 있다. 하나 이상의 정부가 존재하는 경우, 세계은행은 사실상의 정부에 대해 정책을 진행한다. 정부가 존재하지 않는 경우, 은행은 적절한 대표를 가진(다시 말해, 유엔 기관에 의한) 국제공동체의 요구에 따라 원조를 행할 수 있고, 각 경우마다 집행이사회의 사전승인을 받는다.

마지막으로, 은행의 정관에 의하면, 그 자원과 시설은 회원국의 이익을 위해서만 사용될 수 있다. 따라서 은행의 자원과 설비는 그와 같은 원조가 은행과 그 회원국에 득이 되고 집행이사회가 승인을 할 때에만 회원이 아닌 국가에 대해서 사용할 수 있다.

3.1.3. 정책과 수단

(1) 개 관

갈등피해국가에 관여하는 세계은행의 정책지침은 개발협력과 갈등에 관한 실무정책(O.P. 2.23), 긴급사태 회복원조 실무정책(O.P. 8.50)이며, 전략적 개입의 수단은 국가원조전략(CAS), 잠정전략지침(Interim Strategy Note), 정세관찰보고서(Watching Briefs)와 빈곤축소전략문서(PRSP)이다.[25]

그리고 정책연구조직으로서 갈등예방과 재건소조(Conflict Prevention and Reconstruction Unit)가 있다. 이 소조는 세계은행의 활동이 갈등문제를 깊이 고려하도록 하는 지침을 제공하는데, 이러한 지침은 갈등피해국가에서의 정책과 프로젝트 디자인을 최적화하기 위한 갈등연구도 포함하고 있다. 이 소조는 또한 갈등피해국가의 개발에 기여하는 특정 수단과 전략을 개발하며, 갈등의 경제적 원인과 결과에 관한 연구를 지원한다. 소조는 갈등 이후 기금(Post-Conflict Fund: PCF)을 관리하는데, 이 기금은 갈등으로부터의 이행 초기에 정부와 파트너 조직에 자금을 대서 재건의 터를 닦는 활동에 관한

[25] 이하의 내용은 World Bank 홈페이지(www.worldbank.org)의 "Conflict Prevention and Reconstruction"을 참조하여 서술하였다.

기획, 시험사업 개시와 분석을 지원한다. 갈등 이후 기금은 세계은행이 재건과정에 신속하고 유연하게 진입할 수 있도록 해 주는 장치이다.

(2) 개발협력과 갈등(OP 2.30)[26]

2001년 세계은행은 갈등피해국가에 대한 실무정책을 발표하였다. 이는 1997년 5월의 「갈등 이후 재건에 대한 세계은행 개입지침」과 세계은행의 업무평가부서(Operations Evaluation Department: OED)의 평가연구(『갈등 이후 재건에서 세계은행의 역할』, 1998)를 개정한 것이다. 2003년 2월 이사회는 정책집행 갱신에 관한 보고를 승인하였다.

OP 2.30에 제시된 '개입의 규칙'은 다음과 같이 요약될 수 있다.

1) 모든 회원국에 대한 개입규칙

사회적 통합성, 제도능력 형성과 양질의 거버넌스를 촉진하는 개발원조를 통해 경제성장과 빈곤축소를 성취하며 갈등의 잠재원인을 최소화한다.

2) 갈등피해지역에 대한 개입규칙

① 가능한 곳에서는 빈곤축소와 사회경제적 자산의 유지에 대한 노력을 지속한다.

② 회원국, 유엔 또는 다른 파트너가 요구하는 경우에 긴급사태 원조의 사회경제적 파급효과에 대한 자문을 제공한다.

③ 갈등이 경제개발에 미치는 여파를 분석하며, 기회가 발생하는 대로 대부원조의 재개를 준비한다.

3) 갈등에서 벗어나고 있는 지역에 대한 개입규칙

① 지속가능한 평화로의 이행을 촉진한다.

② 투자와 거시경제정책 자문을 통해 경제적·사회적 복구를 지원한다.

③ 갈등 이후 재건정책이 지속가능한 개발에 미치는 사회경제적 영향에 대한 자문과 지침을 제공한다.

(3) 긴급사태 복구원조(OP 8.50)[27]

긴급사태 복구원조의 목적은 파괴된 경제의 자산과 생산수준을 복원하는 것이다. 세계은행은 구호나 소비가 아니라 투자와 생산활동에 자금을 대

[26] World Bank Operational Manual(2001).
[27] World Bank Operational Manual(1995).

며, 은행이 비교우위를 가지고 있는 사업에 초점을 맞춘다. 즉각적 구호활동은 현지 그룹이나, 해당 정부, 양자구호 프로그램, 비정부단체와 전문국제구호조직이 추진할 때 가장 잘 될 수 있다.

세계은행의 긴급사태 원조형태로는, ① 긴급사태의 파급효과를 평가하고 복구전략을 개발하는 즉각적 지원, ② 세계은행이 그 나라에서 기존에 펼치고 있는 사업내용을 변경하여 복구활동 지원, ③ 아직 승인되지 않은 프로젝트의 디자인을 고쳐 복구활동에 포함, ④ 긴급사태 복구대부 제공 등이 있다.

긴급사태 복구대부는 긴급사태 이후 물리적 자산의 재건과 경제적·사회적 활동의 복구를 돕는다. 복구대부는 국가원조전략과 부문별 개발전략을 고려한다. 기존의 국가대부 프로그램은 새로운 복구대부에 적합하게 수정될 수 있는데, 대개 해당 국가의 일반적 대부배정의 한계 내에서 그러하다.

(4) 국가원조전략

국가원조전략(CAS)은 한 국가에 대한 개발원조를 조정하는 세계은행의 표준수단이다. 그러나 갈등이 진행되고 있는 경우, 세계은행이 이와 같은 표준수단을 사용하는 것이 어려워진다. 해당 국가가 갈등으로부터 성공적으로 벗어나는 경우, 세계은행은 정상적인 국가원조전략을 다시 채택할 수 있다.

(5) 정세관찰보고서

정세관찰보고서(Watching Briefs)는 갈등피해국가에 세계은행이 개입하는 시작단계로서 여러 활동과 생산물을 포함하는 과정이다. 갈등이 현재 진행중이고 세계은행이 원조나 다른 업무를 정상적으로 추진할 수 없을 때, 해당 국가는 정세관찰보고서 단계에 속하는 것으로 간주된다. 이 보고서 단계는 세계은행이 개입하지 못하는 국가에 대해 건설적 개입을 유지하기 위한 방도로 1996년 도입되었다.

(6) 잠정전략지침

갈등에서 벗어나고 있는 국가에 대해 세계은행은 잠정전략지침(Interim Strategy Notes)을 준비한다. 잠정전략지침은 과거 과도기 지원전략(Transitional Support Strategy: TSS)이라고 불렀다. 이와 같은 작업은 다른 원조제공자와의 파트너십으로 이루어지는데, 특히 신탁기금의 창조적 사용과 관련하여 추가 자원의 동원과 행동을 확보하기 위해서이다.

잠정전략지침은 법적 맥락, 세계은행의 개입역사, 지역 및 국제파트너의 역할뿐만 아니라 해당 국가의 맥락에 대한 토론을 포함하는 것이 보통이다. 그 내용은 다음과 같은 사항을 포함한다.

① 잠정전략지침은 즉각적(1~6개월 내)으로 그리고 중기적(6개월~2년)으로 실행되어야 하는 원조우선목표를 설정하고, 이러한 목표를 달성하는 데 필요한 원조프로그램을 제시한다. 지침은 이 프로그램을 위한 자금조달계획과 이 원조와 관련된 행정비용을 대기 위해 세계은행이 책정한 예산을 상세히 제시한다.

② 잠정전략지침은 국가원조전략보다는 필요문서와 통계분석을 덜 포함할 수 있다. 갈등으로부터 벗어나고 있는 국가의 변덕스러운 동태성을 고려하면, 많은 통계정보는 존재하지 않거나 믿을 수 없으며, 불완전할 것이고, 장기경제예측을 하는 데 실용적이지 않을 수 있다. 그러나 잠정전략지침은 단기·중기전략을 준비할 수 있을 만큼 충분한 분석을 포함하고 있어야 한다.

(7) 빈곤축소전략

빈곤축소전략문서(PRSP)는 성장을 촉진하고 빈곤을 축소하기 위한 해당 국가의 거시경제적 및 사회적 정책과 프로그램 그리고 관련된 대외자금 조달필요를 서술한다. 빈곤축소전략문서는 시민사회, 세계은행과 IMF를 포함한 개발파트너가 포괄된 참여적 과정을 통해 해당국 정부가 준비한다.

빈곤축소전략문서 과정은 갈등피해국가의 특별한 필요를 고려하면서 지원이 행해지면, 갈등을 예방하고 복구를 돕는 유용한 수단이 될 수 있다. 갈등피해국가의 빈곤축소전략문서가 보다 평화로운 국가의 당해 문서와 달라야 하는 것은 인정되지만, 실제로 어떻게 작성해야 하는지에 대한 합의는 존재하지 않는다. 갈등예방과 재건소조와 빈곤축소그룹은 IMF와의 협력하에서 갈등피해국가에서 빈곤축소전략문서 과정을 지원하기 위한 특정 지침과 최선추진방안을 개발하고 있는 중이다.

2004년 5월까지 7개의 갈등피해국가가 잠정 빈곤축소전략문서를 작성하였으며, 아제르바이잔, 캄보디아, 조지아, 네팔, 르완다, 세르비아와 몬테

네그로, 스리랑카, 타지키스탄, 우간다는 완전한 빈곤축소전략문서를 작성하였다.

(8) 스트레스하의 저소득국가

세계은행은 2002년 7월부터 스트레스하의 저소득국가(low income countries under stress: LICUS)정책을 실시하고 있는데, 이는 정책과 제도가 매우 취약한 국가에 대한 지원문제를 다루기 위한 것이다. 이 정책은 핵심적 정책과 제도적 틀이 존재하지 않는 상황에 대하여 개발과 원조제공자가 어떻게 개입해야 하는가와 관련된다.

2004년 1월 집행이사회(the Executive Directors)의 승인을 받아 2,500만 달러의 세계은행 잉여기금을 기초로 LICUS 실행 신탁기금이 설치되었다. 이 신탁기금은 가장 심각히 갈등과 제도적 문제를 가지고 있는 LICUS가 국제공동체와 다시 관여하는 데 필요한 개혁을 실시하고, 다자-원조제공자의 조정된 접근을 통해 긴급한 사회적 필요를 처리하는 것을 돕도록 고안되어 있다. LICUS 신탁기금은 해당 국가의 국제사회와의 관여재개 지침에 나와 있는 통합프로그램에 대해 자금을 제공한다.

LICUS 신탁기금은 갈등 이후 기금(PCF)과는 분리되어 있다. 후자는 갈등피해국가에서 소규모 능력형성, 사회분야 선도사업(예를 들어, 피난민 재정착, 교육과 보건의 복원에 대한 원조)과 분석업무 등을 지원한다. 그러나 갈등과 LICUS의 양자 사이에는 밀접한 연계가 존재한다. 두 프로그램은 상호보완할 수 있도록 고안되었다. LICUS 신탁기금은 PCF와 동일한 실무절차를 사용하며, PCF 확대위원회가 관리한다.

(9) 갈등 이후 기금

갈등피해국가의 상황은 불확실하고 취약하기 때문에, 세계은행 자금조달의 정상 원천으로는 창조적 업무가 불가능하다. 갈등 이후 기금은 이러한 업무의 일선에 서 있는 정부와 파트너 조직이 추진하는 기초활동의 계획, 시범사업과 분석을 지원한다. 이러한 지원은 신속하고 유연하지만 품질을 희생하지 말아야 한다.

세계은행의 갈등 이후 기금은 1997년에 설립되었는데, 갈등으로부터 벗어나서 지속가능한 평화와 경제성장으로 이행하고 있는 국가를 돕는 데서 세계은행의 능력을 향상시켰다. 갈등 이후 기금은 (제도, 비정부조직, 유엔 기관, 과도정부, 정부와 여타 시민사회제도를 포함하는) 광범위한 종류의 파트너에게 증여자금을 제공함으로써, 갈등피해국가에 대한 세계은행의 보다 빠르고 보다 광범위한 원조를 제공한다.

증여자금은 전쟁피해 주민의 생활과 생계를 복원하는 것에 초점을 두고 제공된다. 갈등, 원조제공자 및 집행기관과의 파트너십 그리고 여러 자금제공협약을 통한 자원증대를 특히 장려하고 있다.

3.2. 세계은행의 정상적 개발원조과정

여기에서는 세계은행의 정상적 개발원조 업무과정에 대해 서술한다. 이 과정의 주요 요소는 업무추진의 배경이 되는 전략으로서, 포괄적 개발전략 기본지침, 빈곤축소전략, 국가원조전략이 있다. 그 다음의 요소는 프로젝트 주기인데, 이는 이러한 전략요소들에 기초하여 프로젝트가 결정·집행·평가되는 순환과정이다.

3.2.1. 전 략

(1) 포괄적 개발전략 추진을 위한 기본지침

과거에 성공한 원조노력의 대부분은 해당 국가 자체가 의사일정을 주관한 경우였다는 것을 인정하면서, 세계은행은 해당 정부가 그 국가의 미래를 형성할 개발전략을 준비하고 집행하는 것을 돕고 있다.

이러한 철학에 입각하여 세계은행은 1999년부터 포괄적 개발원칙(Comprehensive Development Framework: CDF)을 바탕으로 개발도상국에 원조를 제공하고 있는데, 이의 네 가지 주요 원칙은 다음과 같다.

① 개발전략은 포괄적이어야 하며, 장기비전에 기초하여 수립되어야 한다.

② 개발목표와 전략은 해당 국가 스스로 원하고 책임을 지는 것(owned)이어야 하며, 현지의 이해당사자가 목표와 전략형성에 참여해야 한다.

③ 원조를 수혜하는 국가가 이해당사자 파트너십을 통해 원조의 관리와 조정에서 주도적 역할을 해야 한다.

④ 개발의 수행실적은 현지에서 측정가능한 성과에 기초하여 평가되어야

하며, 그 평가는 전략을 성과 여부와 세계변화에 적응시키는 데 사용한다.

(2) 빈곤축소전략

저소득국가에 대한 세계은행의 원조계획은 빈곤축소전략(Poverty Reduction Strategy)에 기초한다. 이 전략을 준비함에 있어서 해당국 정부는 현지사정을 단적으로 대표할 수 있는 광범위한 그룹이 참가한 자문과정을 진행하며, 그 결과를 해당국의 빈곤과 경제사정에 대한 상세한 분석과 결합시킨다. 이 과정은 채택될 전략에 대해 해당 국가가 스스로 원하고 책임을 질 수 있게 하기 위한 과정이며, 또한 정책결정과정의 개방성을 높이며, 해당 정부의 정책실행 의지를 증가시키기 위한 것이다. 자문과정이 끝나면 해당 정부는 3~5년 동안의 기간에 빈곤을 축소시키는 것과 관련한 해당 국가의 정책우선사항과 목표를 결정한다. 세계은행과 여타 원조기관은 자신들의 원조노력을 해당 국가 자체의 전략에 제휴시킨다. 과거의 경험에 비추어 보면, 이러한 제휴는 원조의 효과성을 높이는 확실한 방법이다.

(3) 국가원조전략

세계은행이 개별 국가에 대해 프로그램의 도안 및 자원배분과 관련하여 전략적 선택을 하는 데서 사용하는 주요 수단은 국가원조전략(Country Assistance Strategy)이다. 이는 저소득국가의 경우 2002년 7월 이후 빈곤축소전략문서(PRSP)에 기초하고 있다. 국가원조전략을 마련함에 있어서 세계은행은 해당국 정부와 상담을 진행하면서 해당국의 경제와 사회상황을 자세히 분석한다. 예를 들어, 빈곤수준, 농업, 보건과 교육체계, 환경정책, 정부의 구매 또는 재정관리 등에 관한 연구가 진행될 수 있다.

추가적으로 세계은행은 자신의 역할, 행동, 효과성 그리고 특정한 상황에 처한 국가들의 개발필요를 점검하였다. 특정한 상황이란 구체적으로 스트레스 상황에 처해 있는 저소득국가, 중소득국가와 소규모 국가이다.

3.2.2. 프로젝트주기[28]

매년 세계은행은 100개 이상의 협력국가를 위한 프로젝트를 위해 150

[28] 이하의 내용은 세계은행 홈페이지(www.worldbank.org)의 프로젝트주기(Project Cycle)를 참조하여 서술하였다.

억~200억 달러를 대부하고 있다. 프로젝트는 하부구조, 교육, 보건, 정부의 재정관리에 이르기까지 경제와 사회를 망라하고 있다. 세계은행이 자금을 대는 프로젝트는 매우 잘 문서화되어 있는 프로젝트주기에 의해 인식되고 감독된다. 세계은행이 자금을 대는 현재 업무에 대해 알고자 하는 이해당사자에게, 그리고 은행이 자금을 대는 프로젝트에 참가하고자 하는 사업가에게 프로젝트주기의 일부로 생산된 문서들의 소중한 정보를 제공한다.

이하에서는 8단계에 걸치는 프로젝트주기, 이 과정의 일부로 생산된 문서들, 그리고 그에 어떻게 접근할 수 있는가에 대해 단계적으로 설명한다.

① 1단계: 과정의 개시: 빈곤축소와 국가원조전략

② 2단계: 사업발굴 결정

③ 3단계: 해당 국가의 준비

④ 4단계: 감정평가

⑤ 5단계: 협상과 승인

⑥ 6단계: 실행과 감독

⑦ 7단계: 수행완료보고서

⑧ 8단계: 평가

(1) 1단계: 과정의 개시(빈곤축소와 국가원조전략)

세계은행은 자신의 원조를 포함하여 과거의 많은 원조노력이 실패한 이유는 원조관련 의사일정이 도움을 주고자 하는 해당국 정부가 아니라 원조제공자에 의해 주도되었기 때문이라고 인식하고 있다. 세계은행의 현재 개발정책은 해당 국가에 의해 소유되며, 광범위한 이해당사자에 의해 지지받는 프로그램이 성공가능성이 높다고 믿고 있다. 따라서 개발전략의 준비와 실행에서 해당국 정부가 주도하도록 돕고 있다.

저소득국가에서 세계은행은 빈곤축소전략(PRS) 접근을 사용하고 있는데, 이 접근은 개발을 어떻게 부양할까 하는 문제에 대한 광범위한 자문과 합의형성과정을 포함한다. 이 과정하에서 해당 국가는 국가적 빈곤축소전략을 준비함으로써 원조제공자가 조정을 개선하며, 그들의 프로그램을 해당국의 정책우선사항에 제휴시킬 수 있는 기본틀을 제공한다. 정부는 광범위한 현지그룹에 자문을 구하며, 이를 해당국의 사회·경제상황에서 빈곤에 관한 세밀한 분석과 결부시킨다. 정부는 이 과정에 기초하여 스스로 정책우선사

그림 6-7 | 프로젝트주기

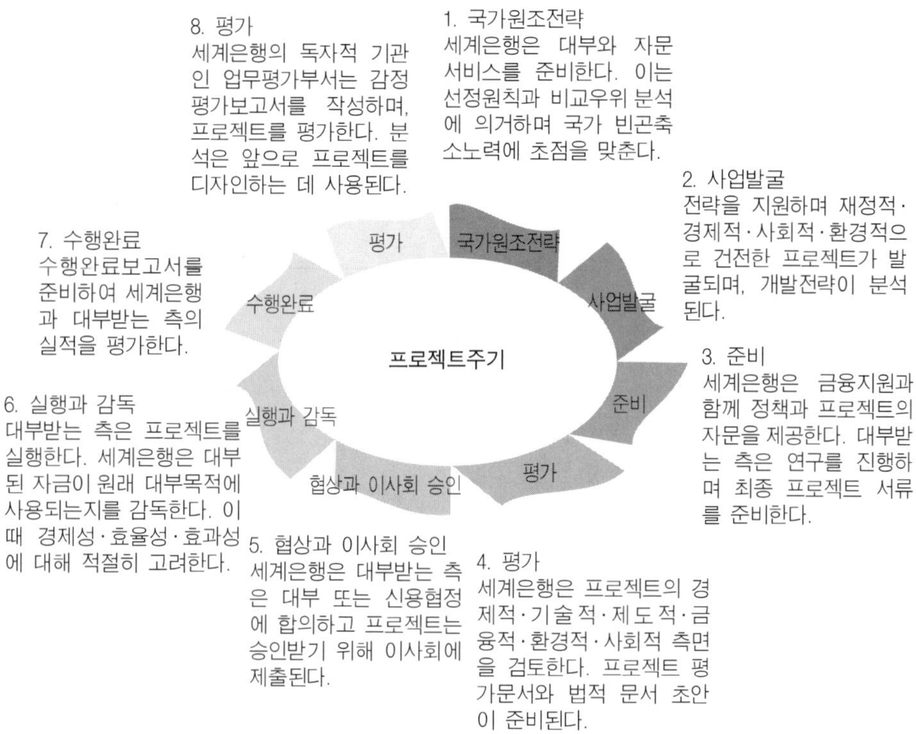

출처: www.worldbank.org

항을 정하고 3~5년에 걸쳐 달성되어야 하는 빈곤축소목표를 설정하는데, 이를 개략적으로 서술한 것이 빈곤축소전략이다. 세계은행과 여타 원조제공자는 해당국 자체의 전략에 자신의 원조노력을 제휴시킨다.

세계은행은 해당국에 대한 국가원조전략(CAS)에 따라 해당국과 업무를 추진하는데, 이 저소득국가에 대한 국가원조전략은 해당국의 빈곤축소전략 문서가 제시한 정책우선사항에 기반하여 도출된 것이다. CAS는 정부와 관심 있는 이해당사자의 협력 속에서 탄생한다. CAS 준비를 위해서는, 예를 들어 보건, 교육, 농업, 공공지출과 예산과정, 재정관리 또는 정부구매 등과 같은 광범위한 경제적·사회적 부문에 대해 세계은행 또는 다른 기관이 수행한 분석작업이 사용될 수 있다.

(2) 2단계: 사업발굴 결정

세계은행의 국가원조전략은 세계은행이 해당국을 원조하는 청사진이다. 저소득국가의 경우 CAS는 해당국의 빈곤축소전략문서가 제시한 정책우선사항에 기초한다. CAS에 개략 서술된 목적은 세계은행 대부프로그램의 정책우선사항을 결정하는 기초가 되며, 앞으로 세계은행이 어떤 분야에 대부할 것인가에 대해 관심을 갖는 이해당사자와 사업가에게 유용한 정보를 제공한다. 사업발굴단계에서 세계은행은 해당국 정부와 협력하여 상호 합의된 개발목적의 일부로서 자금제공될 프로젝트가 어떤 것인지를 결정한다. 프로젝트가 결정되면 세계은행팀은 프로젝트 개념 각서(Project Concept Note: PCN)를 작성하는데, 이는 4~5쪽으로 이루어진 내부문서로서 프로젝트의 기본요소, 프로젝트에 함축되어 있는 객관적 위험의 개연성, 프로젝트 추진의 대안 시나리오, 프로젝트 승인과정에 관련한 잠정시간표를 개략적으로 서술한다.

⌘ 유용한 공공문서

프로젝트 정보문서(Project Information Document: PID)는 PCN에 대한 내부검토가 종료된 이후에 작성되며, 세계은행의 InfoShop을 통해 공식 공개된다. 이는 보통 4~5쪽에 달하며 앞에서 언급된 정보, 즉 목적, 간략한 서술 등을 담고 있다. 이는 프로젝트를 총괄하는 세계은행 업무 관리책임자 또는 팀장의 이름도 담고 있는데, 프로젝트사업 입찰에 관심을 갖는 회사가 접촉하는 통로이기도 한다. PID는 해당 프로젝트에 대한 입찰문서를 만드는 핵심 자료이다.

통합감시자료문서(the Intergrated Safeguard Data Sheet: ISDS)는 프로젝트에 대한 최초의 공식 검토가 끝난 이후에 작성되며 공개된다. 이는 세계은행의 환경과 사회문제에 대한 감시정책(safeguard policies)과 관련된 주요 문제를 밝혀 주며, 프로젝트 준비과정에서 이 문제들이 어떻게 다루어질 것인지에 대한 정보를 제공한다.

(3) 3단계: 해당 국가의 준비

이 단계는 세계은행과 업무를 추진하고 있는 해당 국가가 주도하며, 제안된 프로젝트의 복잡성에 따라 몇 달에서 3년까지 걸린다. 세계은행은 해당국이 요구할 경우 분석과 자문을 제공하는 지원역할을 수행한다. 이 시기 동안 프로젝트가 당면하고 있는 기술적·제도적·경제적·환경적 그리고 재정적 문제들이 연구되고 다루어진다. 여기에는 동일한 목적을 다른 방법을 통해 달성할 수 있는지에 대한 검토도 포함된다. 세계은행으로부터 자금을 받고자 제안된 프로젝트는 그것이 환경적으로 건전하며 지속가능한 것인가에 대한 평가를 받아야 한다(환경평가). 환경평가의 범위는 프로젝트에 대한 잠재적 파급효과의 범위와 규모에 따라 달라진다.

⌘ 유용한 공공문서

환경평가보고(Environment Assessment Report: EA)는 계획된 프로젝트가 야기할 수 있는 환경파급효과와 가능한 피해를 축소할 수 있는 조치를 분석한다. 원주민 개발계획은 원주민의 보건, 생산자원, 경제와 문화에 야기될 잠재적인 부정적 효과를 밝힌다. 환경행동계획은 해당국의 주요한 환경의 관심을 서술하며, 문제의 주요 원인을 밝히고 문제를 다루기 위한 정책과 구체적 행동을 제시한다.

(4) 4단계: 감정평가

이 단계에 대해서는 세계은행이 책임을 지고 추진한다. 세계은행 직원들은 프로젝트 발굴결정 및 준비기간 동안 행해진 작업을 검토한다. 이를 위해 그들은 통상 3~4주를 고객국가에서 보낸다. 그들은 프로젝트 감정평가문서(투자프로젝트) 또는 (구조조정업무를 위해서는) 프로그램문서를 준비하여 은행경영진에 제출하며, 재정관리팀(financial management team)은 프로젝트의 재정적 측면을 평가한다. PID는 이 단계에서 갱신되는데, 이 문서들은 프로젝트가 승인된 후 일반에 공개된다.

(5) 5단계: 협상과 승인

세계은행 직원들이 제안된 프로젝트에 대한 감정평가를 마친 후, 세계은행과 자금을 빌리고자 하는 해당 국가는 마지막 조정협상을 진행한다. 양측은 대부의 기한과 조건에 합의한다. 그 후 프로젝트 감정평가문서(the Project Appraisal Document: PAD) 또는 프로그램문서(Program Document: PGD)는 총재의 각서와 법적 문서와 함께 세계은행 집행이사회(Board of Executive Directors)의 승인을 받아야 한다. 관련문서들은 각료회의의 승인 또는 입법기관의 비준이 필요한 경우, 이러한 절차를 위해 대부받는 정부에도 제출된다. 양측의 승인이 끝나면, 양측의 대표자들은 대부 합의문에 공식 서명한다. 양측 서명과 함께 대부 또는 승인은 유효한 것으로 선언되며, 또는 적절한 조건이 충족된 이후 지불이 가능해지고 합의는 일반에 공개된다.

⌘ 유용한 공공문서

프로젝트 감정평가문서(PAD)는 이사회가 제기된 제안에 대해 세계은행의 자금조달을 승인하는 데 필요한 모든 문서를 담고 있다. 1999년 이전, 이 문서는 세계은행측 감정평가보고서(the Staff Appraisal Report)라고 불리었다. 프로그램문서(PGD)는 구조조정 대부업무를 서술하며, 해당 프로그램의 실현가능성과 정당에 대한 세계은행측의 감정평가를 담고 있다.

실무기술사항 부록(the Technical Annex)은 프로젝트 감정평가문서 작성이 필요 없는 독립적 기술지원에 대한 총재의 각서와 권고를 보완하는 문서이다.

(6) 6단계: 실행과 감독

프로젝트의 실행은 대부받는 국가의 책임이며, 세계은행은 감독을 책임진다. 대부가 승인되면, 대부받는 국가는 세계은행의 기술지원을 받아 프로젝트를 위한 재화와 서비스구매를 위한 명세를 준비하고 입찰을 평가한다. 세계은행은 이러한 활동에 대한 감사를 통해 구매지침이 준수되도록 한다. 구매지침이 준수되면 자금이 지불되는데, 은행의 금융관리팀은 정기적인 재정상태 진술 감사보고의 요구를 포함하여 프로젝트의 금융관리에 대한 감독을 수행한다.

⌘ 유용한 공공문서

실행중 프로젝트 상황에 대한 보고(Report on the Status of Projects in Execution)는 지난 재정연도에 실행중이었던 모든 프로젝트에 관한 매우 간략한 요약을 제공한다. 이 보고서는 과거에는 집행이사회(the Board of Executive Directors)에 대한 내부 의사소통용이었으나, 지금은 일반에 공개된다. 재정연도 도중에 종료된 프로젝트는 이 보고서에 포함되어 있지 않은데, 그에 관한 실행완료보고서(the Implementation Completion Report)는 일반에 공개되기 때문이다.

(7) 7단계: 수행완료 보고

대부지불기한이 종료하는 시기(1~10년 사이의 어떤 시기)에 성취, 문제, 교훈을 밝히는 완료보고서가 집행이사회에 제출되는데, 정보제공이 그 목적이다.

※ 유용한 공공문서

수행완료보고서는 세계은행이 자금조달한 각 대부가 종료할 때 성과를 검토하고 업무를 평가하는데, 업무실무에 종사하였던 직원이 이 자기평가서를 작성한다. 이는 모든 완성 프로젝트마다 그렇게 한다.

(8) 8단계: 평가

프로젝트의 완료에 이어, 세계은행의 업무평가부서(Operations Evaluation Department)는 프로젝트의 결과가 원래 목적을 얼마나 달성하였는가를 평가하는 감사를 실시한다. 이 감사는 프로젝트 완료보고서의 검토와 별도 보고서 준비로 이루어지며, 양 보고서는 집행책임자와 대부자에게 제출된다. 이들은 일반에 공개되지 않는다.

※ 유용한 공공문서

프로젝트 실적평가보고서(Project Performance Assessment Report)는 (적절성·유효성·효율성을 감안한) 프로젝트 성과, 성과의 지속가능성과 제도발전에 대한 효과를 평가한다. 완료된 프로젝트 네 개 중 하나(또는 대략 1년에 70개)는 프로젝트 실적평가보고서를 위해 선정된다. 실무 및 평가부서 직원이 이 보고서를 만들어 내는 데에는 대략 6주가 걸리는데, 대개 대부받는 국가로 프로젝트를 방문하는 것을 포함한다.

파급효과 평가보고서(Impact Evaluation Reports)는 프로젝트의 경제적 가치와 주민과 환경에 대한 장기효과를 평가한다. 이는 대부 지불종료 후 5~8년 사이에 실시되는 프로젝트에 대한 사후적인 '두 번째 관찰'이다.

감사위원회보고서(Inspection Panel Reports)는 세계은행이 자금을 조달하는 업무의 디자인, 감정평가 그리고/또는 실행에서 세계은행이 실무정책과 절차를 준수하지 않았다는 주장이 제기될 때 그 주장을 검토한다.

프로젝트는 준비로부터 승인에 이르는 프로젝트주기의 어느 시점에서든지 포기될 수 있다. 실행프로젝트가 되지 못한 이러한 프로젝트의 현실적 최종문서는 앞서 지적한 바 있는 프로젝트 정보문서(Project Information Documents)이다.

3.2.3. 자금조달수단

세계은행은 대부와 증여자금을 포함하여 일련의 수단을 통해 빈곤축소와 경제개발에 자금을 조달하고 있다. 세계은행은 두 종류의 대부수단을 가지고 있다.

(1) 투자대부

이는 여러 부문에 걸쳐 경제적·사회적 개발프로젝트를 지원하는 재화, 업무와 서비스에 자금을 조달하고, 대개 5~10년부로 이루어진다. 투자대부는 원래 하드웨어, 엔지니어링 서비스, 블록과 모르타르(토목과 건설)에 자금을 조달하는 것에 집중하였으나, 제도건설, 사회개발과 민간부문 활동을 촉진하기 위한 공공정책 하부구조 개발에 더 많은 관심을 가지게 되었다. 이에 해당하는 프로젝트로는 (예를 들어, 새로운 주택건설에서 민간계약자를 포함하여) 도시의 빈곤감소로부터 (소규모 농민의 안전을 증대시키기 위한 토지임차의 공식화 등) 농촌개발에 이르고 있다. 이 밖에도 (물공급시설의 효율성 향상을 위한) 물과 위생, (지속가능한 임업과 농업을 위한 훈련을 제공하는) 자연자원 관리, (병사를 공동체로 재통합시키는) 갈등 이후 재건, (소녀의 교육을 촉진하는) 교육, (농촌에 병원을 마련하고 보건요원을 훈련시키는) 보건이 있다.

(2) 개발정책대부

이는 정책과 제도개혁을 지원하기 위한 것으로 신속히 지불되는 대외자금을 제공하며 대개 1~3년부로 이루어진다. 원래 무역정책과 농업을 포함하여 거시경제정책의 개혁을 지원하기 위해 디자인되었지만, 개발정책대부는 구조적·금융적 부문, 사회정책 개혁, 그리고 공공부문 자원관리에 더 많은 관심을 두는 쪽으로 진화해 왔다. 개발정책업무는 현재 일반적으로 경쟁적 시장구조의 촉진(예를 들어, 법 및 규제와 관련한 개혁), 인센티브체계에서의 왜곡해소(조세체계와 무역개혁), 민간부문 투자유치에 적절한 환경마련(사법개혁, 현대적 투자체계의 채택), 민간부문 활동의 장려(민영화와 공·사 파트너십), 양질의 거버넌스 촉진(민간서비스 개혁), 구조조정의 단기 부정적 효과의 감소(사회보호기금의 설치)라는 목적의 실현을 위해 이루어지고 있다.

(3) 증여자금과 기타

세계은행은 제한적 숫자의 증여자금도 제공하고 있다. 이는 직접적으로 자금조달되거나 파트너십을 통해 관리된다. 대부분은 혁신, 다른 단체와의 협력, 전국 및 지방단위에서 갈등 이후 과도기 당사자의 참여를 장려하기 위해 디자인되어 있다. 원조제공자들은 세계은행에 850개의 실행 신탁기금을 위탁하고 있는데, 이 기금은 세계은행의 자체 자원과는 별도의 계좌로 관리된다. 외부 원조제공자들과의 이러한 재정적·행정적 관리체계에 의거하여 기술원조와 자문서비스, 채무탕감, 갈등 이후 이행을 포함하여 우선도가 높은 개발필요에 대해서 증여자금을 통한 자금조달이 이루어지고 있다.

마지막으로 세계은행은 개발도상국에 투자하는 데 수반되는 위험으로부터 상업적 대부자를 보호하기 위한 여러 종류의 보증과 위험관리수단을 제공하고 있다.

3.2.4. 결과의 측정

1998년 포괄적 개발추진을 위한 기본지침이 채택된 이후, 대부프로그램의 평가와 관련 그 투입수준이 아니라 주민과 그 필요에 어떠한 영향을 끼쳤는가를 중심으로 평가해야 하는 것이 강조되고 있다. 세계은행은 이러한 과제를 수행하기 위한 여러 수단을 개발하였는데, 이에는 개별 프로젝트의 효과성에 초점을 두는 평가와 함께, 전체 국가, 업무가 추진되는 경제적·사회적 부문 전체 차원에서 세계은행의 업무를 보다 광범위하게 검토하는 것이 있다. 세계은행의 정보개방정책에 따라 이러한 보고서와 평가의 많은 것들이 일반에 공개되고 있다.

개별 프로젝트의 평가는 다음과 같은 사항을 포함한다.

① 실행완료보고서

② 프로젝트실행 평가보고서

③ 파급효과 평가보고서

④ 감사위원회보고서

개별 프로젝트보다 광범위한 개발활동에 초점을 두는 평가에는 다음과 같은 것이 있다.

(1) 국가원조 평가

1년에 10개 정도의 연구가 세계은행이 특정 국가에서 과거 4~5년에 걸쳐 어떤 실적을 내었는가를 검토하고, 그 실적이 세계은행의 관련 국가원조전략에 부합하는가, 특정 국가원조전략의 전반적 효과성이 어떠한가에 대해 보고한다.

(2) 부문 및 주제검토

1년에 6개 정도의 연구는 (농업, 교통 및 기타와 같은) 대부부문 또는 (빈곤, 남녀평등 등과 같은) 주제별 영역에서 과거 5~10년에 걸친 세계은행의 실적과 경험을 검토하고, 이것들이 세계은행의 정책과 좋은 실천으로 권고된 사항(good practice)과의 일치 여부, 은행활동의 개발효과에 대해 보고한다.

(3) 과정검토(process review)

1년에 두세 개의 연구가 원조조정 또는 개발증여자금 형성과 같은 현행 활동에 대해 검토하며, 그 전반의 효율성, 천명된 목적과의 일치성, 효과성에 대해 보고한다.

3.3. 세계은행의 개발지원 주요 전략문서

세계은행이 개발원조를 수행하는 데 사용하는 가장 기본적 전략지침은 포괄적 개발체계(Comprehensive Development Framework)에 의해서 제시된다. 이에 기초하여 세계은행은 원조수용국이 빈곤감소전략문서(Poverty Reduction Strategy Paper)를 작성하도록 하며, 이를 기초로 국가원조전략(Country Assistance Strategy)이 작성된다.

3.3.1. 포괄적 개발체계

포괄적 개발체계는 개발과 빈곤축소, 그리고 외부원조 제공의 준거가 되는 일련의 원칙으로 이루어져 있다. 포괄적 개발체계의 네 가지 원칙은 다음과 같다.[29]

[29] World Bank(2004)의 주요 내용을 요약하였다.

① 장기적이고 전체를 보는 비전
② 해당 국가의 자발성
③ 해당 국가 주도의 파트너십
④ 성과중시

이 네 가지 원칙은 세계은행이 지향하는 가치를 체현하고 있다. 이 네 가지 원칙은 해당 국가 개발의 청사진 또는 세계은행이 개발원조를 제공하는 특별한 과정에 관한 것은 아니다. 이들은 전체적으로 볼 때, 세계은행의 모든 업무를 뒷받침하고 준거가 되는 원칙들이다.

포괄적 개발체계의 원칙들은 그 창시 때부터 빈곤축소전략문서 과정에 의해 뒷받침되고 있고, 2001년 이후 세계은행의 모든 업무의 기초로 공식 승인되었다.

(1) 장기적이고 전체를 보는 비전

1) 경험으로부터의 교훈

수십 년 동안 개발원조의 효과성이 심각히 손상되었다. 그 이유는 전반적인 국가전략체계에 제대로 통합되지 않으며 비교적 짧은 시간대에 추진된 프로젝트 중심의 업무 때문이었다. 대조적으로 상당 기간 동안 광범위한 분야에 걸쳐 통합적 정책과 프로그램을 추진할 수 있던 국가는 개발에 성공적이었다. 경험상 성장과 빈곤축소의 달성 여부는 거시경제 안정의 유지, 투자와 생산성을 높이기 위한 구조개혁의 추진, 특히 빈곤층을 위하여 경제적 기회와 생활의 품질을 개선하는 주요 서비스의 제공 여부에 의해 좌우된다. 현실주의적 국가개발전략 내에서 이와 같은 여러 차원의 균형을 달성하고, 이를 오랜 시간 유지하는 것이 성공의 열쇠이다. 전략을 마련하는 주요 계기는 해당 국가 자신이 장기적이고 전체를 보는 미래 비전을 작성하는 것이다.

2) 원칙에 대한 이해

장기적이고 전체를 보는 비전은 여러 요소로 구성된다. 체계적이고 장기적인 비전을 토대로 중기전략을 설정할 수 있다. 중기전략은 해당 국가에 특수한 개발목표의 설정, 균형이 잡히고 순서가 제대로 된 일련의 정책조치, 실행에 필요한 능력을 함양하는 프로그램을 포함한다. 전체를 보는 또는 포괄적 전략은 개발정책의 주요 영역 전체, 주요 영역들 사이의 여러 연계를 고려한다. 물론 국가의 사정에 따라 강조점이 달라질 것이다.

장기적이고 전체를 보는 비전에 입각한 중기전략은 하향식 개발계획이어서는 안 된다. 하향식 개발계획이란, 정부가 모든 주요한 투자결정을 내린다는 의미이다. 중기전략은 정책디자인을 세세히 제시할 필요는 없고, 경직된 체계이어서도 안 되며, 반면 때때로 재검토되고 조정되어야 한다. 이러한 전략은 올바른 투자와 최선의 정책 또는 그 실시시기에 관해 현재 진행되고 있는 정치적 토론을 불필요하게 만들기 위해 제시되는 것도 아니다. 그러나 이 전략이 현실주의적 장기목표와 대강의 방향과 그 달성가능성에 관해 광범위하게 공유된 합의라면 현재 진행되는 토론이 무엇을 선택하는가라는 원초적인 문제가 아니라, 채택된 전략의 디자인, 선택성, 실행성, 책임성의 세세한 것에 토론의 초점이 모이도록 할 수 있다. 이와 같은 생산적인 토론을 통해서 중기전략은 정부, 민간부문, 시민사회를 포함한 사회 내부의 지지, 그리고 개발원조의 외부지원 제공자 사이의 지지를 모으도록 안내한다. 또한 행정부가 여러 번 교체되더라도 전반적인 개발정책에서 연속성이 유지되도록 할 것이다.

(2) 해당 국가의 자원성

1) 경험으로부터의 교훈

개발은 해당 국가 스스로가 성취하지 않으면 발생하지 않는다. 개발원조기관이 해당 국가를 위해 개발을 대행해 줄 수는 없다. 외부에서 자금조달된 프로그램과 프로젝트는 외부지원이 제공되는 동안은 잘 시행되지만, 해당 국가가 스스로 원하지 않으면 지속되지 못한다. 정책과 제도의 변화는 해당 국가가 스스로 원하지 않으면 그 목표를 달성할 수 없다. 보다 구체적으로 말하면, 이제까지의 기록을 살펴볼 때 외부재정원조에 조건을 부과하여, 정책과 제도가 변화하도록 유도하는 식의 방법은 해당 국가 내에 적절한 이해와 지원이 존재하지 않는 한 성공하지 못하였다. 따라서 개발원조가 가장 효과적인 경우에는 개발원조기관들 사이에서 내부 인센티브가 아니라 해당 국가로부터의 수요에 의해 추진될 때, 그리고 해당 국가의 자원성이 충분히 존재하는 프로그램, 프로젝트와 정책을 지원하기 위해 채택될 때이다.

2) 원칙에 대한 이해

해당 국가의 자원성은 해당 국가 내에 외부 파트너가 원조를 제공하는 프로젝트, 프로그램, 정책을 포함하여 개발전략의 실시에 관한 정치적 지지가 충분히 존재한다는 것을 의미한다. 해당 국가의 자원성이 존재하기 위해서는 해당 국가 정부가 정부 내외에서 전략에 대해 충분한 지지를 받고 있어야 한다. 이는 대체로 각 부서, 의회, 지방정부, 시민사회조직, 민간부문 그룹을 포함한다. 해당 국가의 자원성을 형성하는 데 필요한 참여과정은 해당 국가의 정치문화와 상황에 따라 달라질 것이다. 자원성이 존재하기 위해서는 해당 국가가 국가개발전략을 규정하고 실행하는 데 필요한 충분한 제도능력을 갖추고 있어야 한다. 이를 빈곤축소전략문서와 관련해서 보자면, 행정부, 의회, 지방정부와 이해당사자들의 의사결정과정이 빈곤축소전략문서의 의사결정과정과 같은 방식으로 이루어지도록 주요 관심이 기울여지거나 제도화되어야 한다는 것을 의미한다.

해당 국가의 자원성은 해당 국가 내에서 완전한 합의가 이루어져야 한다는 것을 의미하지는 않는다. 이는 약간의 반대가 존재하더라도 정부가 추진하고자 하는 프로그램·정책의 채택과 실행에서 충분한 정치적 지지를 동원하고 유지할 수 있다는 것을 의미한다. 예를 들어, 주요 정책이 변화하자면 국가 전체적으로 강력한 정치적 지지가 필요하다. 비교적 작은 규모의 프로그램은 지방자치단체 수준의 지지로도 충분하다. 프로그램과 정책에 관한 지원을 결정하고 디자인하는데, 외부 파트너는 해당 국가 자원성의 수준이 적절한가를 측정할 필요가 있다.

해당 국가의 자원성은 세계은행 지원에 필요하지만 충분조건은 아니다. 세계은행의 경험과 판단에서 볼 때, 세계은행이 지원을 제공하는 프로그램, 프로젝트 또는 정책이 해당 국가의 개발에 지속가능한 방식으로 기여하는 것에 대해 만족할 만한 판단이 존재해야 한다. 세계은행은 해당 국가와의 대화 및 합동분석작업을 통해 해당 국가의 개발에 기여하는 프로그램, 프로젝트와 정책에 관한 합의가 해당 국가, 세계은행, 여타 개발기관 사이에 보다 넓게 형성되도록 노력하고 있다. 그리고 판단을 내릴 때 그 판단이 여러 그룹의 지식과 선호를 포함하여 해당 국가의 상황을 충분히 반영하도록 최선의 노력을 하고 있다. 나아가 해당 국가의 자발성과 최선의 전문적 판단의 적용 사이에 존재하는 긴장을 관리함에 있어서, 세계은행 직원들은 일반적으로 해당 국가의 지식과 선호를 존중한다. 물론 세계은행의 공식 정책, 기술적 지식 또는 국제적 경험이 그러한 존중을 허용할 때 그러하다.

(3) 해당 국가 주도의 파트너십

1) 경험으로부터의 교훈

개발노력의 효과성은 해당 국가 내에서 그리고 외부 파트너 사이에서의 분절화와 상호 격리 때문에 현저히 제한되어 왔다. 개발원조기관들은 지원을 수행하면서 다양한 서로 다른 요구를 하였기 때문에 거래비용이 높았다. 해당 정부가 국가개발에 관한 장기적이고 전체를 보는 비전을 만들어 내고 적절한 전략을 고안하더라도 요구된 프로그램과 정책의 실행은 종종 실패하였는데, 그 이유는 다른 이해당사자(예를 들어, 민간부문과 시민사회조직)의 지원을 동원하고, 외부 파트너가 제공하는 도움을 조직하는 능력이 부재하였기 때문이다. 다수의 적극적인 외부 파트너와 관계를 맺고 있는 저소득국가의 경우, 특히 문제가 되고 있는 것은 조정이 제대로 되지 않고 있다는 것이다. 개발지원의 조정필요는 오래 전부터 인정되어 오고 있는 문제이다. 그러나 개발원조기관들이 자신만의 독특한 정체성과 이익, 상호 다른 절차와 요구를 유지하고자 하는 욕구 때문에 조정에 장애가 형성되어 왔는데, 이를 성공적으로 극복한 장치는 오늘날에 이르기까지 존재하지 않는다. 외부 파트너에 의해서만 주도된 조정노력은 이로부터 주어진 원조를 관리하는 정부의 '조정피로' 때문에 능력을 증가시키는 데 실패하였다.

개발의 효과성이 현저히 감소된 또 다른 이유는, 개발프로그램을 디자인하는 과정에서 현지의 지식을 활용하지 못하였다는 것이다. 외부 파트너는 해당 국가에서 실무를 보는 직원이 아니라 자신의 본부에 존재하는 직원들, 그리고 자신이 일하고 있는 국가의 사정을 적절히 이해하고 있지 못할 수도 있는 국제전문가에 너무 과도하게 의존하였다. 현지의 지식이 부족하였던 이유는 보통 해당 국가 출신과 업무파트너십을 쌓지 못하였기 때문이었다.

2) 원칙에 대한 이해

정부와 국가 내 다른 이해당사자 사이에 파트너십이 형성되면, 개발을 위한 자원동원, 정부 자체의 제한적 능력을 보완하는 데 도움이 될 수 있다. 대부분의 상황에서 중앙정부는 지방정부, 그리고 민간부문 단체와 사회적 서비스조달에 관여하는 시민단체를 포함한 시민사회조직과 밀접한 업무관계를 발전시켜야 할 필요가 있다.

외부 파트너의 경우, 개발을 위한 효과적인 파트너십의 형성 여부는 종종 해당 국가의 자원성 원칙을 존중하는가 여부와 관련되어 있다. 정부에 의해, 그리고 해당 국가의 이해당사자에 의해 주도되는 파트너십은 원조가 요구자에 의해 주도되는 것을 보장한다. 파트너십을 효과적으로 형성하자면, ① 해당 국가정책에 제휴(alignment), ② 원조제공자 간 상호 조화(harmonization), ③ 조정(coordination)이라는 세 가지 보완적 과정이 필요하다. 해당 국가정책 제휴원칙은 국가적 개발전략의 정책우선사항과 일치하는 원조를 제공한다는 것이다. 원조제공자 간 상호 조화의 원칙은 간단하고 공동의 과정과 체계를 채택하여 개발원조에 포함되어 있는 거래비용을 줄이며, 기존 해당 국가의 제도구조, 과정과 체계를 사용한다는 것이다. 조정은 개별 개발파트너의 비교우위를 활용하는 방향에서 업무를 배정하고 불필요한 중복을 방지한다는 것이다. 보다 구체적으로 보면, 강력한 파트너십을 형성하자면 외부원조자는 다음과 같은 다섯 가지 사항을 고려해야 한다.

① 개발원조기관은 조정업무를 관리하는 데에서 물러섬으로써, 해당 정부가 지도적 역할을 행사할 수 있는 여지를 만들어 줄 필요가 있다. 외부 파트너 사이에서 개발원조를 조정하는 것으로부터 해당 정부가 외부 파트너를 조정하는 데로 초점이 이동하고 있다.

② 개발원조기관이 사용하는 과정과 절차가 상호 조화를 이루고, 그것이 개별 국가의 그것들에 부합하도록 하는 합동노력이 필요하다. 원조관리가 해당 국가의 체계에 의거하도록 지향해 가자면, 개발원조기관들이 해당 국가의 체계가 위험이 관리가능한 수준으로 개선될 수 있도록 지원해야 하며, 이러한 개선이 진행되는 동안 위험감소조치를 사용해야 한다. 이와 같은 상호 조화가 존재하지 않으면 개발원조의 거래비용이 높게 되어 원조의 실제 효과가 현저히 감소한다.

③ 효과적 파트너십은 해당 국가단위에서 세계은행의 해당 국가 사무소 직원이 해당 국가 정부 및 다른 외부 파트너들의 현지사무소와 상호 밀접히 협력해야 성립될 수 있다. 따라서 해당 국가 사무소가 파트너십을 형성하는 문제와 관련하여 상당한 책임을 가지고 있어야 한다. 세계은행이 해당 국가 사무소가 없는 몇 개 되지 않은 국가의 경우, 외부 파트너 사이에서 세계은행이 지도적 역할을 하는 것은 보통 불가능하다.

④ 파트너관계를 형성한다는 것은 종종 각 파트너의 개별적 기여가 분명하게 드러나지 않게 된다는 것을 의미한다. 세계은행을 포함한 외부 파트

너들은 "깃발을 보여 주기(업적을 과시하기) 위한" 동기에서 업무를 추진하는 대신에, 해당 국가 정부의 주도하에서 성과지향적 활동에 관여하고 있다는 것을 보여 주어야 한다. 세계은행을 포함하여 때때로 개별 외부 파트너는 개발원조기관들 사이에 상이한 견해가 넘쳐날 경우 타협해야 할 필요도 있을 것이다.

⑤ 보다 광범위하게 보면, 파트너십을 형성하기 위해서는 세계은행 직원과 다른 개발원조기관 직원의 행위가 변화해야 할 필요가 있다. 다시 말해, 개발원조의 전반적인 거래비용이 감소해야 할 필요에 대해 주의를 기울이며, 정부의 담당자, 이해당사자들, 다른 개발기관 직원의 의견을 경청하고, 불필요한 중복을 방지하며, 정부가 '운전석'에 앉도록 일관되게 주의를 기울여야 한다는 것이다.

해당 국가 주도의 틀 안에서, 세계은행은 IMF, 지역개발은행, 유엔체계, 유럽연합 집행위원회, 양자 개발원조기관, 국제적 시민사회단체들을 포함한 광범위한 기관들과 파트너십을 개선하고 OECD 개발원조위원회와 아프리카와의 전략파트너십 같은 여러 특별그룹에 적극적으로 참여하기 위해 노력해 왔다. 일련의 경우에 이러한 파트너십은 공식 협약에 기반을 두고 있다. 효과적 파트너십은 여러 가지 형태를 가질 수 있는데, 파트너로서 세계은행의 가장 유용한 역할은 상황에 따라 달라질 것이다. 어떤 경우에는 해당국 정부가 여러 외부 파트너 가운데 세계은행이 주도하도록 요구할 수도 있고, 다른 경우에는 세계은행이 추종자 또는 촉진자의 역할을 해 주도록 바랄 수도 있다.

(4) 성과중시

1) 경험으로부터의 교훈

비판가들은 오랜 동안 개발원조기관이 특히 '현장에서의 성과', 다시 말해 개발도상국에서 생활의 품질과 사람들의 경제적 생산성으로 따져 본 결과를 적절하게 고려하지 않고 개발노력에 관한 투입과 산출, 특히 기금의 지출을 늘리는 데 지나치게 초점을 맞추고 있다고 비판해 왔다. 개발원조기관의 이와 같은 행태를 보이는 것은 성과에 대한 측정이 보다 쉽고, 제공하는 측에서 통제하기가 더 쉽기 때문이다. 그리고 개발원조기관이 개발노력에 대한 핵심적 기여가 재정자원의 이전이라고 믿고 있는 상태에서는, 기금지출이 그러한 기여를 측정하는 중요한 수단이다. 그러나 투입, 산출 그리고 지출만 계산하는 것은 개발원조효과를 적정하게 측정할 수 없다.

가장 중요한 것은 투입과 산출에 대한 지나친 관심이 개발원조기관과 외부재정원조의 수혜측 모두에서 자원이 지속가능한 개발성과를 달성하는 방식으로 사용되도록 주의를 기울여야 하는 동기를 감소시켰다는 것이다. 보다 일반적으로 말하면, 책정된 자금을 지출해야 하는 압력 때문에, 개발원조기관이 외부자금 지원을 유용하게 사용할 수 있는 제도와 정책을 가진 국가와 기금을 낭비할 국가를 차별해서 다루어야 하는 동기를 약화시켰다는 것이다. 다시 말해, 개발원조자원를 가려서 선택적으로 배분해야 하는 동기가 감소되었다는 것이다.

또한 성과보다는 투입과 산출에 대한 관심 때문에 개발도상국에서 재정회계책임, 경제적·사회적 상황의 측정, 공공프로그램과 정책의 모니터링 및 평가와 관련한 제도가 제대로 발전하지 못하였다는 것이다. 투입과 산출에 대한 관심이 성과측정능력의 성장을 방해하며, 그리하여 투입과 산출척도에 대한 의존을 증가시키는 악순환이 존재해 왔다. 이러한 모든 우려는 성과측정과 그를 위한 능력을 형성하는 방향으로 초점을 변화시켜야 하는 것이 중요하다는 것을 보여 준다.

개발원조 전반에서 그리고 특히 세계은행의 업무에서 성과를 더욱 중시해야 할 필요는 국제개발 공동체 내에서 광범위하게 인정되어 왔다. IDA는 13차 기금보충 동안 IDA 대의원지침에 부응하여, IDA로부터 지원받을 수 있는 국가들의 개발진보를 측정하기 위한 일련의 '국가성과지표', 그리고 IDA의 개발성과에 대한 기여를 평가하기 위한 일련의 지표를 고안하였다. 이 체계는 시간이 지나면 개선될 것이다.

2) 원칙의 이해

개발성과에 초점을 두는 것은 이와 같은 악순환을 끊고 정부, 해당국 이해당사자와 개발원조기관이 직면하는 인센티브를 바꾸기 위한 것이다. 그러나 이는 투입과 산출에 전혀 관심을 기울이지 않는다는 것을 의미하지 않는다. 실제로 일련의 차원에서는 투입과 산출의 통제능력, 예를 들어 수용국 정부의 공공재정 관리체계는 강화되어야 한다. 그러나 성과중시가 이루어지려면, 투입과 단기산출로부터 중기성과에 이르는 '성과체인'의 저 아래까지 관심을 확대시켜야 한다. 성과중시는 또한 개별 개발원조기관의 제도적 경계를 넘어서, 그리고 수용국 정부와 개별 프로젝트의 경계까지도 넘어서 개발원조가 의도하였던 최종수익자에까지 상황과 태도에 대한 관심을 확대해야 한다는 것을 요구한다.

성과중시는 목적과 목표가 선명하면 더 잘 이루어질 수 있다. 따라서 장기비전과 국가개발전략을 개념규정하는 과정은 개발원조의 잠재수익자 가운데 생활의 품질로 따져 본 지향목표를 밝히며, 이와 관련된 현실주의적이고, 모니터가 가능하며, 시간구획되어 있고, 더 좋게는 수량목표 그리고 목표와 관련된 진척지표를 설정하는 것을 포함한다. 성과중시가 이행되려면 성과에 관한 정보를 유포시키는 합동노력이 필요한데, 이는 개발과정의 이해당사자 사이에 책임성을 높이며 피드백 고리를 만들어 냄으로써, 정보가 전략을 수정하고 프로젝트, 프로그램과 정책을 개선하는 데 사용될 수 있어야 한다.

성과중시를 실행하는 것은 어렵다. 성과를 측정하는 것(예를 들어, 가계소득수준과 보건상태)은 비용이 많이 들고 비교적 장기에 걸쳐서만 수행될 수 있다. 실제로 개발도상국에 이를 측정할 제도적 능력이 개선되더라도 자료수집에 항상 한계가 있을 것이다. 투입, 산출과 성과 사이에는 보통 정보 피드백 고리를 만들기 어렵게 하는 시간지체가 있기 때문에, 성과를 더 잘 이해하게 되면 투입과 산출도 개선될 수 있다. 대부분의 성과가 여러 요소에 의해 영향을 받고 실현되자면 시간이 걸리므로 성과가 어떤 특정한 투입과 산출로 인해 발생하였다고 말하기 어렵다. 보다 구체적으로 보면, 어떤 특정한 개발원조 투입과 산출이 측정된 성과에 1차적 또는 중요한 기여자인가를 아는 것은 어렵다. 이와 같은 성과를 배출한 기여원인을 찾는 문제는 매우 어려운 문제인데, 그 이유는 화폐가 대체가능하기(다른 목적으로도 사용될 수 있기) 때문이다. 개발원조기금이 실제로 원래 지향한 활동에 대해 자금조달을 증가시켰는가는 종종 불분명하다. 성과중시에서 이와 같이 원래 존재하는 문제는 감소될 수는 있지만 제거될 수는 없다. 그럼에도 불구하고 개발원조에서 성과중시를 개선하기 위한 지속적인 노력은 그 효과성을 개선하기 위해 매우 중요하다.

3.3.2. 빈곤축소를 위한 전략문서

국제적 개발원조가 빈곤축소를 핵심 화두로 하여 전개되고 있기 때문에, 의미 있는 수준의 원조를 받고자 하는 국가는 빈곤축소전략을 작성하고, 이를 토대로 잠재적 원조제공측과 정책대화에 들어가야 한다. 세계은행의 경우, 빈곤축소를 위한 원조가 개시되기 위해서는 파트너 국가가 독자적으로 빈곤축소전략을 입안하고, 이를 토대로 정책대화에 들어서야 한다. 이하에서 빈곤축소전략 작성의 원칙과 내용에 대해 서술한다.

(1) 주요 특징

과거 원조제공조직이 청사진을 짜서 파트너 국가에 들어가 원조제공조직을 중심으로 원조된 자원을 기반으로 사업을 펼치던 것과 달리, 빈곤축소전략은 파트너 국가가 스스로의 책임과 주도하에 빈곤축소에 관한 전략을 작성하고 그 집행에서도 주도와 책임을 지도록 해야 한다. 그 결과물인 빈곤축소전략문서(PRSP)는 세계은행의 국제개발협회(IDA) 대부, IMF의 빈곤축소성장기관(Poverty Reduction Growth Facility of the IMF)으로부터의 관련대부, 과중채무빈곤국가 조치하에서의 부채탕감을 위한 기초가 된다. PRSP의 주요 특징은 다음과 같다.[30]

① PRSP는 해당 국가가 세계은행 및 IMF와 협조하여 해마다 수정하되, 3~5년 단위로 완전 갱신한다.

② PRSP는 그 작성에서 파트너십을 지향해야 한다. 다시 말해, 시민사회와 민간부문이 그 작성준비과정에 참가해야 한다.

③ PRSP는 거시경제정책, 구조정책, 사회정책을 포함하는 3~5개년 경제적응 프로그램을 통해 성장을 촉진하고 빈곤을 감소시키는 계획을 서술한다.

④ PRSP는 관련된 대외자금 조달의 필요와 자금조달의 주요 원천에 대해 서술한다.

⑤ 세계은행은 PRSP 작성국가들에 도움을 줄 목적으로 *Poverty Reduction Strategy Sourcebook*을 발행하고 있는데, 여기에는 개발의 여러 부문에 관련된 장이 있다.

PRSP를 준비하면서, 해당 국가는 잠정(Interim) PRSP를 제출하면 조기에 지원을 받을 수 있다. I-PRSP는 해당 국가에서 현재 진행중인 빈곤축소

[30] World Bank 홈페이지(www.worldbank.org)의 PovertyNet을 참조하라.

전략을 검토하며, 해당국이 완전한 PRSP를 어떻게 전개할 것인가에 대한 로드맵을 제시해야 한다. 잠정 또는 최종 PRSP가 접수되면 세계은행과 IMF는 공동으로 평가를 하는데, 이 평가를 토대로 두 기관의 부서들은 그 문서가 지원과 채무탕감을 진행해도 될 만큼 탄탄한 기초 위에 서 있는가를 판단한다.

(2) 작성절차

빈곤축소전략과 그 문서의 작성과정은 빈곤축소전략의 여섯 가지 기본원칙에 의거해야 한다. 따라서 그 작성과정에는 정부, 시민사회조직과 이해당사자 등이 광범위하게 참여하여 빈곤축소 국가전략에 대한 국민적 합의를 형성하는 과정으로 진행되어야 한다.[31]

① 정부 내 부처 간, 그리고 정부, 개발파트너 및 사회 간에 빈곤과 빈곤축소에 관한 대화를 개시한다.

② 빈곤의 성격과 원인에 관한 정보자료를 수집한다.

③ 광범위하고 전략적 틀 내에서 정부의 빈곤축소목표와 정책을 개념규정한다.

④ 전략틀에 부합하는 부문별·주제별 정책과 프로그램을 발전시킨다.

⑤ 국제적 원조를 해당 국가가 주도하는 빈곤축소전략에 맞춘다.

⑥ 우선순위를 설정하고, 정책 간 이율배반성과 부문 간의 상승작용을 알아내기 위한 비용프로그램과 자원한계를 비교한다.

⑦ 빈곤축소에 활용될 수 있는 국내자원을 증가시킨다(거시경제정책, 중기지출계획, 목표를 기준으로 한 예산수립(objective-based budgeting), 공공지출관리).

⑧ 전략집행에 필요한 제도적 전제를 밝혀 내고, 거버넌스 개혁계획을 수립한다.

⑨ 모니터링, 피드백과 지속적인 개선을 위한 메커니즘을 창출한다.

⑩ 정책과정에 사회적 파트너를 참여시킬 수 있는 영구적 구조를 마련하고 개발성과를 위한 민주적 책임성을 강화한다.

⑪ 국제원조와 국가 내 자원을 엮을 수 있는 프로그램을 개발하여 자금풀, 부문 전체에 대한 접근(SWAps), 궁극적으로 예산지원을 할 수 있다.

---

[31] Nigel Thorton and Marcus Cox(2005), p. 7.

(3) 빈곤축소전략문서의 주요 내용

주요 내용은 다음의 네 가지를 포함한다.[32]

1) 전략준비에서 활용된 참여과정에 대한 서술

빈곤축소전략문서는 그 작성을 위해 수행된 정책상담의 양식, 횟수, 장소를 서술해야 하고, 제기된 주요 문제와 참가자의 견해를 요약해야 한다. 그리고 상담이 전략입안에 어떠한 영향을 주었는가를 설명해야 한다. 앞으로 모니터링과 문서실행에서 시민사회가 어떠한 역할을 하는가를 토론해야 한다.

2) 빈곤에 대한 포괄적 진단

PRSP는 기존 자료를 활용하여 가난한 자가 누구이고, 어디에 살고 있는가를 서술해야 한다. 이에 기초하여 PRSP는 성장과 빈곤축소를 촉진할 때 나타나는 거시경제적·사회적·구조적 그리고 제도적 장애들을 분석한다.

3) 거시경제정책, 구조정책, 사회정책에서 분명한 정책우선순위 설정과 비용산정

빈곤과 그 원인에 대한 깊은 이해를 토대로, PRSP는 빈곤축소 성취를 위한 포괄전략에서 거시경제정책, 구조정책, 사회정책을 제시한다. 정책들은 비용산정과 함께 가능한 한 우선순위를 설정해야 한다. 이는 정책의 나열이 단순한 희망사항의 나열로 되는 것을 방지하기 위한 것이다.

4) 모니터링과 평가를 개선하기 위한 적절한 목표, 지표 및 체계

PRSP는 빈곤축소 결과에 관한 중기와 장기목표를 규정하며, 진보의 지표를 설정하고, 연간 그리고 중기목표를 정한다. 또한 지표와 목표는 빈곤평가와 모니터 진보와 관련한 제도능력을 감안한 적절한 것이어야 하며, 전략에서 채택된 정책과도 부합하는 것이어야 한다. 그리고 PRSP는 해당 국가의 모니터링 및 평가체계에 관한 판단을 포함해야 하며, 가능한 곳이면 어디서나 이러한 평가과정에 대한 참여메커니즘을 명시해야 한다.

3.4. 국가지원전략

세계은행그룹은 국가별로 국가지원전략(Country Assistance Strategy: CAS)

[32] World Bank(2003b), p. 37.

을 작성한다.[33] CAS는 이사회가 IDA와 IBRD로부터 대부받는 국가에 대한 세계은행그룹의 지원전략을 평가하는 데 사용된다. 해당 국가의 정책우선순위, 과거의 여러 실적, 신용등급에 대한 평가를 기초로, CAS는 세계은행이 해당 국가에 지원하고자 하는 재정 및 기술원조의 수준과 구성을 설정한다.

해당 국가의 정부는 CAS를 작성하는 데 참여한다. 이사회가 CAS를 검

저개발국이 빈곤축소전략을 수립할 때 흔히 직면하는 장애들

설령 정책의지가 있다고 하더라도 빈곤축소전략을 작성하는 과정에서 많은 어려움이 발생하는바, 이는 〈표 6-9〉와 같이 요약될 수 있다. 애로의 대부분은 정부기관의 정책입안·수행·평가능력과 관련하는 것으로, 이와 같은 능력을 신장하는 것은 개발원조의 중요한 한 분야이다(공공거버넌스 개선).

표 6-9 | 빈곤축소문서 작성과정의 주요 장애

취약한 정책과정	· 빈곤축소에 초점을 두지 않고 있는 기획과정 · 목표를 강조하고 있지만 투입확보에서는 취약한 기획 · 전략이 세워졌더라도 집행이 안 되어 온 전통
저급한 정책능력	· 행정부 내에서 정책과 관련한 수준에서 업무하는 사람의 총수는 많지 않음. · 주요한 전략의 기획문제가 대두하면 바로 업무과잉상태가 되어 버리는 제한적 능력
행정부의 분절상태 -수평적 분절	· 부처 간의 대화와 행위를 조직해 내기 어려울 정도로 분절화되어 있는 행정부 · 내각은 여러 부문을 망라하는 문제에 대해 부처 간 정책흥정을 하지도 못하고, 관련부처들을 복종시키지도 못한다. · 기관 간에 책임한계가 모호하고 서로 중복되어 있다.
-수직적 분절	· 중앙정부 이하에서는 지출과 서비스배달에 관한 감독이 취약 · 수입과 지출책임에서의 불균형. 빈곤지역에서 재정적 분배메커니즘이 부재
예산과정의 취약성	· 예산을 정책도구로 사용하는 전통이 부재 · 목표에 기초한 예산수립(objective-based budgeting)능력이 부재
예산수입 확보능력의 저급성	· 국내자원 동원 정도가 낮음. · 개발활동에 대한 자금조달을 원조제공측의 책임으로 보는 경향

[33] World Bank(2003b), p. 38.

표 6-9 | 계　　속	
수입누출	· 공공지출관리가 취약하기 때문에 자원의 누출이 일어남. · 공공지출관리 개혁에 대한 기득권 세력의 저항
정보 및 투명성 부족	· 효율적으로 정책을 수립하는 데 도움이 되지 않는 부적절한 자료 · 정부 부처 간에 정보가 서로 공유되지 않음. · 정부의 지출과 행위에 대해 투명성이 부족함.
낮은 수준의 행정능력	· 공공서비스 관리의 취약성 · 업무담당자의 동기와 훈련이 취약 · 공공부문에서 급여가 너무 낮음.
낮은 수준의 참여와 책임	· 폐쇄적 정치환경은 참여증진에 부적절함. · 시민사회 활성화의 토대를 마련해 줄 수 있는 법적 기반이 취약함. · 시민사회는 정책과정에 참여할 만한 능력을 가지고 있지 못함. · 의회가 자기 기능을 다하지 못함. · 거버넌스 품질이 나쁘더라도 책임추궁이 어려움.
취약한 개발파트너십	· 정부와 원조제공측 간에 정책대화가 취약하거나 긴장되어 있음. · 정치 청사진이 복잡하거나 모순적임. · 원조제공측 간 정책조정이 취약하며, 정부도 원조제공측 간의 조정에 별 관심을 가지고 있지 않음. · 제공되는 원조액수의 규모를 예측할 수 없음. · 인도지원과 개발지원의 프로그램과 방법이 혼합 · 국내의 제도와 기관이 취약하기 때문에, 원조를 외부기관을 활용하여 배달하는 경향이 있음.

출처: Nigel Thorton and Marcus Cox(2005), p. 12.

토하기 이전에 CAS의 주요 요소는 정부와 시민사회의 대표자들 사이에 토론되는 경우가 많지만, 그러나 이는 협상된 최종문서가 아니다. 해당 국가의 자체 의제와 세계은행그룹이 선호하는 전략 사이에 차이가 있으면 CAS에 명기되어야 한다. 세계은행그룹은 자신의 주주들에게 해당국에 대한 상황진단과 지원프로그램 설명을 위해 CAS를 사용한다.

CAS는 보통 세계은행그룹의 3개년 활동에 관한 것이다. 보다 큰 국가의 CAS는 좀더 자주 수정되는데, 어떤 것들은 해마다 수정된다. 세계은행의 이사회가 모든 CAS를 검토한 후, 세계은행은 CAS 공공정보 통지와 이사회 토론에 관한 의장 요약을 발표한다. 해당국 정부가 요구하면 CAS의 전문이 공개될 수도 있다.

제 7 장

보 론

1. 중국 경제개혁의 분야별 전개
2. 베트남 개혁과 발전
3. 1990년대와 2000년대의 북한 경제
4. 대북 지원과 북한 경제

1 중국 경제개혁의 분야별 전개

중국의 경제개혁은 경제정체에 대한 위기감과 구체제에 대한 반성으로부터 시작되었다. 그러나 개혁의 이념과 목표는 처음부터 명확하지 않았다. 개혁의 목표라고 할 수 있는 모델, 차례 및 진행방법은 손으로 더듬어 가는 과정이었다고 말할 수 있다. 그럼에도 불구하고 중국의 경제모델은 스탈린적 중앙집권명령경제로부터 시장경제로 이행하는 하나의 전형을 보여 준다. 여기에서는 분야별로 중국 경제개혁의 진행단계와 그 내용을 살펴본다. 서술주제는 ① 계획과 시장의 관계, ② 국가와 기업 간의 관계, ③ 국가와 기업 간의 재정관계, ④ 노동자 고용제도, ⑤ 중앙과 지방의 재정관계, ⑥ 가격체계, ⑦ 금융, ⑧ 농업의 8개이다.

1.1. 계획과 시장의 관계

중국과 베트남을 포함한 사회주의 국가에서의 경제개혁은 계획과 시장의 상호 관계와 관련하여 일정한 단계를 거치면서 전개되었다. 여기에서 계획과 시장의 관계는 부문별로 진행되는 각 분야의 개혁과 관련하여 일종의 총론에 해당한다고 볼 수 있다.[1] 중국에서 경제개혁의 목표모델 모색은 계획과 시장의 연계를 둘러싼 당·정부의 정책변화를 중심으로 네 시기로 나누어 볼 수 있다.[2]

1.1.1. 제1단계 (1978～1984년)

개혁의 초기단계에서는 "흰 고양이든 검은 고양이든, 쥐를 잡으면 된

---

1 박형중(2002), pp. 4~13, 290~297; 南亮進·牧野文夫(2001), pp. 23~28; H. Wang(1994).

2 중국의 개혁개방에 관해서는 박형중(2002)을 참조하라. 여기에서는 南亮進·牧野文夫(2001)를 주로 참조하여 서술하였다.

다", "부유하게 만드는 것이 사회주의다"라고 강조한 등소평의 현실주의, 국가소유제를 토대로 한 계획경제를 기초로 일부 제품의 생산·유통에 관해서는 과거의 계획적 배분을 대신하여 시장에 맡기는 것을 공식적으로 허용하였다.

중국의 1단계 '경제개혁'은 이처럼 기존 사회주의적 계획경제의 틀을 유지한 상태에서 그것을 합리화하고 효율화시키는 선에서 진행되었다. 계획경제를 근간으로 하면서도, 기업의 자율성 향상, 농업 등 비중추부문과 소비재 유통에서 시장관계의 일정한 허용 등이다. 이를 논리적으로 뒷받침하는 것이 이른바 '사회주의적 상품-화폐관계'의 활용론이다. 중국의 경우에는 "계획경제를 주로 하고 시장조절을 부차로 한다" 등의 논리가 내세워졌다. 이러한 개혁개념은 계획경제를 근간으로 하면서 부분적으로 수정한다는 의미에서 '부분개혁체계'라고 할 수 있다.

1.1.2. 제2단계(1984～1989년)

일단 시장기구를 도입하면 그것은 계획경제의 틀과 모순이 나타나는데, 이에 따라 1984년 10월에 최초로 '계획적 상품경제'라는 개념이 제기되었다. 이는 과거의 사회주의=계획경제라는 사고방식을 근본적으로 폐기하고, 사회주의=상품경제라는 것을 인정하는 것이었다. 다시 말해, 중국 경제체제의 주체가 계획경제가 아니라 상품경제라는 것이다. 나아가 1987년 10월 계획적 상품경제에 관한 내용이 보다 구체화되어, 개혁의 목표가 되어야 하는 경제체제가 "국가가 시장을 통제하고, 시장이 기업을 유도한다"라는 식으로 표현되었다. 여기에서는 "시장이 기업을 유도한다"라는 것에 강조점이 두어졌으며, 정부의 기업경영에 대한 직접적인 계획관리는 부정되었다.

이 두 번째 단계는 경제관리에서 계획과 시장을 거의 동등하게 활용하였는데, 그것을 보여 주는 것이 '계획적 상품경제' 또는 '사회주의 상품경제'라는 용어이다. 이 시기에는 현실에서는 '시장'의 역할이 적극적으로 인정되고 있지만, 아직 이데올로기적으로 '시장'이라는 용어에 대한 금기가 완전히 제거되지 못하였다. 따라서 '시장경제'라는 용어 대신에 '상품경제', '시장관계' 등의 애매한 용어가 사용되었다. 그 기본특징은 국가의 기업에 대한 지령성 계획의 하달이 궁극적으로 중단된다는 것이다. 우선 기업에 하달되는 계획내용이 간소화되면서 국가가 지령성 계획에 근거하여 물자를 공급하고 그 생산품을 회수해 가던 과거의 체계가 폐지된다. 이에 따라 국가는 기업경영에 대한 직접적인 개입을 중단하며, 기업은 상업적으로 운영된다. 중국에서는 이러한 변화를 보여 주기 위해 '국가가 운영하는 기업'이라는 국영기업이라는 용어 대신 '국가가 소유하는 (그러나 직접 운영하지는 않는) 기업'이라는 뜻의 국유기업이라는 용어로 바꾸었다. 이 시기에는 국유뿐 아니라 집단소유, 사적 소유, 외자기업 등 여러 소유형태가 대체로 동등권을 갖는 것으로 인정되고, 은행·금융체계, 가격체계에 대한 본격적인 개혁이 이루어진다.

1.1.3. 제3단계(1989~1992년)

1988년 하반기부터 1989년에 걸쳐서 고도의 인플레이션, 관료부패 등을 특징으로 하는 경제과열이 발생하였다. 나아가 이들 문제에 대하여 서민의 불만이 높아져, 1989년 6월 천안문사건을 거쳐 정치문제화되었다. 이를 계기로 중국의 경제개혁은 통제기, 조정기에 진입하였다. 인플레이션을 억제하기 위하여 정부는 재정·금융정책을 강화하였지만, 그 통제는 경제면뿐 아니라 정치면에서도 엄격히 진행되었다. 따라서 시장과 계획을 둘러싼 논의는 후퇴할 수밖에 없었다.

표 7-1 | 중국 개혁의 시기구분

시 기	경제체제	경제운영 시스템	강조점
1978~1984	국유제에 기초한 계획경제	"계획경제를 주로 하며, 시장조절을 부차로 한다."	계획중시
1984~1989	국유제에 기초한 계획적 상품경제	"국가가 시장을 통제하고, 시장이 기업을 유도한다." ① 기업의 독립채산제 ② 계획지도하의 시장체제 ③ 간접적 조절수단	시장중시
1989~1992	국유제에 기초한 계획적 상품경제	"계획경제와 시장조절과의 유기적인 결합"	계획중시
1992 이후	사회주의 시장경제	주식제 기업을 중심으로 한 현대기업제도 통일된 국내시장 간접적 조절수단	시장중시

출처: 南亮進·牧野文夫(2001), p. 25.

표 7-2 | 1978년 이후 중국 정부의 계획과 시장 간 관계론의 변천[3]

시 기	개 혁 목 표
1978~1984. 10	계획경제를 주로 하고, 시장조절을 보조적으로 한다.
1984. 10~1987. 10	계획적 상품경제
1987. 10~1989. 6	국가가 시장을 조절하고, 시장이 기업을 조절한다.
1989. 6~1991	계획경제와 시장조절의 유기적 결합
1992	사회주의에도 주식제와 증권시장이 있을 수 있다.
1992. 10	사회주의 시장경제
1994	국유기업의 회사화와 소유권 개혁
1997	다양한 소유제 경제의 발전, "큰 것은 잡고, 작은 것은 놓아 준다". 국유경제의 전략적 조정
1998	헌법개정: "개인소유권은 공평하게 발전하고, 보호를 받을 권리가 있다."
2001. 7	3개 대표론, 민영·개인기업가의 공산당 입당 허가

1.1.4. 제4단계(1992년 이후)

1992년 봄 등소평이 남방을 시찰하면서 개혁개방을 호소하자 시장개혁이 다시 가속화되어, 이른바 사회주의 시장경제론이 등장하였다. 다시 말해, 1993년 11월 이후 지향하는 경제체제는 다음의 3개 사항을 핵심으로 한 사회주의 시장경제라는 것이 정식으로 선언되었다. ① 주식제 기업을 중심내용으로 하는 현대기업제도의 확립, ② 국내통일시장의 형성, ③ 재정·금융의 개혁에 의한 간접적인 거시경제 조절수단의 확립 등이다.

이 단계에서는 시장경제라는 개념이 처음으로 구체적인 내용과 함께 인정되었다는 점에서 큰 변화가 있었다. 지금까지는 시장경제라는 개념을 회피하기 위해 시장조절, 시장기제, 상품경제 등의 개념이 조심스레 사용되었기 때문이다. 사회주의라고 하는 수식어가 붙어 있지만, 중국이 목표로 하는 경제체제가 시장경제체제라는 것을 명확히 보여 주었다는 의미에서, 사회주의 시장경제 개념의 제기는 중국의 개혁개방정책이 새로운 단계에 들어섰음을 보여 주는 것이었다.

[3] 樊綱(2004), p. 160.

이 단계는 경제관리에서 시장의 주도를 인정하며, 국가의 경제에 대한 개입은 거시경제정책을 통해서 이루어지는 단계이다. 이 단계에서는 중대형 국유기업의 주식회사화 등 민영화를 추진하게 된다. 이로써 국가와 기업이 완전히 분리되는 한편, 기업의 경쟁력을 키우기 위한 현대적 기업제도 수립이 진행된다. 또한 주식시장, 상업은행제도, 소유권에 대한 법적 규정과 보호의 명확화 등 시장경제제도가 성숙단계에 접어들며, 이를 기초로 국가의 거시경제정책이 시행된다.

1.2. 국가와 기업 간의 관계

개혁과정에서 국가와 기업의 관계는 국가-시장관계의 변화와 병행하여 세 단계를 거치게 된다.[4] 그 첫째 단계에서는 계획체계를 유지하면서, 다시 말해 국가의 기업에 대한 지령성 계획의 하달이라는 틀을 유지하지만, 그 틀 내에서 기업의 자율성을 높이는 단계이다. 이 시기에는 국가하달계획의 내용이 간소화되는 한편, 기업의 계획달성 성과와 기업이 향유하게 되는 이득을 보다 밀접하게 연계시키는 조치가 취해진다. 예를 들어, 계획달성 후 기업에 유보되는 이윤량이 늘어나며, 기업은 이를 복지와 상여금 등으로 사용할 수 있다. 또한 계획달성수준과 노동자에 대한 임금지불수준이 보다 현실적으로 연계된다.

둘째 단계에 접어들면, 국가는 기업에 하달하던 지령성 계획을 철폐하고 경영상의 자율성을 부여한다. 그러면 사회주의 경제는 '계획경제'에서 계획 없는 '사회주의 경제'로 변화하게 된다. 이러한 개혁이 추진되는 이유는, 계획체계 내에서 기업의 자율성을 신장하였다고 하더라도 기업의 경영목표가 여전히 계획달성에 치중하게 되며, 그에 따라 시장의 수요에 부응하는 생산·이윤 중심의 경영이 이루어질 수 없기 때문이다. 또한 정부가 기업의 소유자로서 계획하달과 일상적 경영간섭을 통해 생산, 고용, 투자, 분배 등 여러 면에 걸쳐서 기업의 자율경영을 방해하기 때문이다. 따라서 국가하달 지령성 계획을 철폐하는 한편, 그 달성을 위한 정부의 물자공급도 철폐하고, 기업에게 일정량의 이윤상납액만을 규정해 주는 식으로 국가-기업관계

[4] 박형중(2002), pp. 298~302.

를 바꾸게 된다. 기업은 무엇을 어떻게 생산하고, 재료를 어디서 어떻게 구해야 하는가, 어디에 어떤 가격으로 판매해야 하는가 등 경영 전반에 대해 자율권을 갖는 대신 경영의 결과에 대해 책임을 지는 것이다.

이러한 제도는 국가와 기업의 경영상의 분리, 국가가 경영자에게 국유기업의 경영을 청부하는 것(경영청부제)이다. 과거 국가가 기업의 경영에 일상적으로 간섭하는 상태(국영기업)로부터, 국가는 기업을 소유하지만 경영에는 간섭하지 않는 상태(국유기업)로 변화하게 된다. 중국의 경우에는 이러한 제도가 1986년 말부터 도입되었다.[5] 이 제도하에서 기업과 정부는 계약형태로 생산량, 이윤, 투자, 임금 등에 관하여 쌍방의 권리와 의무를 명확히 정하고, 그 달성상황에 따라 상벌을 받도록 하는 대신에 정부는 기업의 일상활동에 개입하지 않도록 하였다. 계약기간은 일반적으로 3~5년이라는 비교적 장기간이었으므로 기업의 경영자율권이 대폭 향상되었다. 이 제도는 대형 및 중형 기업을 중심으로 급속하게 보급되어, 1988년에는 대·중형 국유기업의 90% 이상이 이 제도를 채용하였다. 한편, 소형 국유기업 간에는 청부제 이외에 정부에 일정의 자산사용료를 지불하는 임대제 등도 광범위하게 채용되었다.

셋째 단계에 접어들면, 국유기업은 주식회사화 등을 통해 민영화가 추진되는 한편, 기업재편과 현대적 경영체계 수립을 통해 기업의 경쟁력을 높이고자 하는 정책이 추진된다.[6] 이는 사회주의 원칙의 하나인 '생산수단의 국가소유'라는 원칙이 폐기된다는 것을 의미한다. 다시 말해, 계획과 국유제가 폐기됨으로써, '사회주의'라는 것에서 남는 것은 공산당 1당독재뿐이게 된다.

이러한 조치가 취해지는 이유는, 기업경영 결과에 대한 책임을 보다 명확히 하고자 하는 것이었다. 국가가 지령성 계획을 폐기함으로써 국유기업의 일상적 경영에 간섭하지 않더라도 소유자의 권리인 인사권 행사 등을 통해 여전히 간섭할 수 있으며, 국유기업이 적자를 내는 경우 소유자인 국가가 그 최종적인 책임을 져야 하기 때문이다. 국유기업의 경영과정에서 국가와 기업 사이에 재산권이 명확하지 않으므로 기업이 경영상의 제약을 받게 되는 한편, 국가 입장에서는 개별 기업의 국가재산 관리와 처분에 대한 명

[5] 南亮進·牧野文夫(2001), pp. 59~74; 서석흥(2000); Sukhan Jackson(1992).
[6] 盧建新(2001) 참조.

확한 감시를 할 수 없게 된다. 따라서 앞서 단계의 개혁에 의해 국가와 기업의 경영이 분리되었으며, 기업 자체의 경영결과에 대한 책임성이 높아졌더라도 기업 자체의 경영에 대한 궁극적 책임성이 존재하지 않는다.

중국에서 이러한 조치가 본격적으로 취해지게 된 계기는, 1993년 11월 정부가 국유기업에 대하여 현대기업제도의 도입을 결정한 것으로부터였다. 그 목적은 국유기업에 법인재산 소유권을 부여함으로써, 경영자율권을 주고 경영책임을 명확히 하기 위한 것이었다. 이 제도하에서 정부는 출자자로서의 권리를 행사하고 출자한 자본금에 따라 유한책임을 질 뿐 기업의 일상적 경영활동에는 간섭하지 않았다. 구체적인 기업형태로는 '공사(公司)'제도가 채용되었다. 이러한 공사에는 주식회사, 유한책임회사, 그리고 국유독자회사가 있었다. 국유자산의 대표자를 명확히 하기 위해 국유자산관리국을 새로이 설치하고, 동시에 대형 기업집단에 소유권을 부여하였다. 1994년 이후, 이와 같은 현대기업제도의 실험기업으로서 중앙정부는 대·중형 국유기업 100개를, 지방정부는 200개를 지정하였다. 1995년 정부는 "큰 것은 잡고, 작은 것은 놓아 준다"는 방침을 세우고, 소형 국유기업에 대해서는 매각, 임대, 청부, 흡수합병 등의 형태로 기업의 재산권 또는 경영권을 종업원·경영자에게 넘겨 주었다. 지방정부가 관할하는 소형 국유기업의 경우, 경영상황의 악화가 지방재정에 곧바로 피해를 주기 때문에, 이들 기업을 종업원과 경영자에게 매각하는 형태로 민영화가 진행되었다.

1.3. 국가와 기업 간의 재정관계

앞서 서술한 국가와 기업의 관계에서 기업의 자율성 향상, 국가와 기업의 경영분리, 국가와 기업의 소유분리 등에 맞추어 국가와 기업 간의 재정관계 역시 변화하게 된다.

개혁 이전의 고전적 중앙집권경제에서 국가와 기업 간의 재정관계는 다음과 같은 두 가지 원칙에 의해서 이루어지고 있었다. ① 모든 소득은 정부에 귀속되고, 모든 지출도 정부에 의해 행해진다. ② 기업들은 이윤뿐 아니라 감가상각기금도 국가예산에 전부 납부한다. 운영자금과 자본투자자금도 국가예산에 의해 충당되었다. 이러한 체계하에서는 국가와 기업의 재정이 일체화되어 있다. 다시 말해, 기업은 국가라는 단일기관에 소속된 하나의 사무실로서, 재정상의 자율성을 전혀 갖고 있지 않다. 따라서 기업은 경영에서 손실이나 이익에 대해 거의 관심을 갖고 있지 않다.

이러한 상황을 개선하기 위한 개혁조치의 첫 번째 단계는 국가와 기업의 재정통일성이라는 틀은 유지하지만, 기업이 계획을 수행하는 과정에서 경제적 효율성에 더 많은 관심을 가질 수 있도록, 또한 경영효율성 증가에 따른 과실을 기업이 향유할 수 있는 방향으로 국가와 기업 간의 재정관계 변화가 모색된다. 그 기본개념은 이윤의 일부를 기업에 남겨 둠으로써, 기업이 국가계획의 달성 그리고/또는 이윤증대에 관심을 가지도록 한다는 것이었다. 즉, 국가와 기업의 기업이윤에 대한 분배비율과 방법에 관한 것이었다. 중국에서는 이와 관련하여 기업기금제, 이윤유보제, 이윤계약제, 이개세제도(tax for profit system), 분세제(tax sharing system) 등이 있었다.[7]

기업기금제는 1978년부터 실행되었다. 이 제도는 기업이윤의 대부분을 소유주인 국가가 가져가지만, 기업이 계획목표를 성실히 수행한 경우 이윤의 일부를 기업 자체에서 사용하도록 함으로써 기업의 계획목표 달성에 대한 인센티브를 개선한다는 것이었다. 기업은 수량, 품질, 이윤, 계약 등 4개 계획목표를 완수한 경우, 총임금의 5%를 기업소 기금으로 조성할 수 있었다. 기업기금은 주로 상금에 지출되었으며, 때때로 집단복지시설의 건설, 사무원과 노동자의 복지기금으로 지출되었다.

제1단계에서 국가와 기업의 이윤분배에 관련한 가장 중요한 제도는 이윤유보제였다. 이 제도는 기업기금제를 바탕으로 하였으며, 여전히 기업이 획득한 이윤의 대부분은 기업소유주인 국가에 귀속되며, 기업은 그 일부만을 보유한다는 원칙, 또한 기업이 국가의 계획명령을 보다 효율적으로 달성하도록 만든다는 원칙에 입각하였다. 1979년부터 기업이 수량, 품종, 품질, 이윤 등의 4개 계획명령을 완수한 경우, 계획이윤의 5%, 초과이윤의 10~30%를 기업에 유보할 수 있게 되었다. 계획이윤은 지난 3년간의 평균이윤을 기준으로 책정되었다. 이윤유보제하에서는 기업이 사용하는 일정 한도의 유동자금에 대해서는 이자가 없지만, 그를 초과하면 낮은 이자율이 부과되었고, 재화와 자재의 재고에 대해서는 높은 이자율이 부과되었다. 기업이 모든 계획목표를 달성하면 총임금의 17%까지 상금을 지급할 수 있는데, 유보된 이

[7] 박형중(2002), pp. 298~302; W. Galenson, ed.(1992).

윤은 기업기금에 납부되었다. 기업기금은 생산발전기금, 집단복지기금, 상금기금 등 세 가지로 세분되어 사용되었다.

이윤계약제는 1981~1982년경에 주로 손실기업을 상대로 국가와 기업은 일정 계약기간 동안 기업의 이윤창출능력을 평가하여 목표이윤량을 결정하고, 이를 달성하면 남는 이윤의 20~100%를 기업이 보유할 수 있도록 하였다. 이윤계약제를 통해 국가는 기업으로부터 수입증대를 꾀할 수 있었으며, 기업은 이윤목표량이 해마다 협상되므로 경영환경이 악화되면 목표량을 낮출 수 있다는 점(이윤유보제는 지난 3년간 평균이윤)이 유리하였다.

이상의 여러 조치는 국가와 기업이 계획수행을 전제로 하고, 그 과정에서 경영효율 향상으로 발생한 이윤분배방식을 기업에 유리하게 하고자 하는 성격을 가지고 있었다. 그런데 이러한 조치의 단점은 기업경영에서의 여러 가지 변수가 국가에 의해서 결정되기 때문에, 기업이 명목상 이윤창출은 기업 자체의 경영효율 향상보다는 국가가 하달한 경영변수에 의해서 결정된다는 것이다. 예를 들어, 기업의 원재료 구입가격, 제품판매가격은 국정가격인데, 노무관리·생산관리 등에서도 국가의 규제를 받으므로 국가변수가 어떻게 결정되는가에 따라 기업의 장부상 이윤달성 여부가 결정된다는 것이다. 또한 국가와 기업이 달성한 이윤을 분배하는 여러 계산방식이 전체 기업에 일률적으로 통일되어 있지 않고 국가와 기업 사이의 개별 협상에 의해서 결정되는 경우가 대부분이므로, 기업의 국가당국에 대한 로비, 기업의 허위보고 등에 의해 기업마다 달리 결정된다는 것이었다.

이러한 상황을 시정하기 위한 개혁은 국가와 기업이 개별적 협상에 따라 이윤을 배분하는 것이 아니라 모든 기업에 통일적으로 적용되는 조세체계를 도입하는 것이었다. 이에 따라 도입된 제도가 이개세(利改税)제도이다. 다시 말해, 이윤배분을 세금부과로 바꾼다는 것이다. 이는 중국의 경우 1983년부터 전국적으로 실시되었다. 이개세제도는 커다란 변화를 의미하였는데, 중국 정부가 조세를 주요한 경제조절수단으로 사용하는 최초의 시도였다. 또한 이개세제도하에서 국가계획 달성이 아닌 이윤이 기업실적의 핵심 지표로 등장하였으며, 이윤량에 따라 총임금량이 결정되었다. 이를 볼 때, 과거 이윤유보제가 기업이 국가계획명령의 효율적 완수를 전제로 이윤을 내도록 장려하는 제도였다면, 이개세제도는 기업경영이 이윤극대화 원칙에서 이루어지도록 장려하는 제도였다.

이개세제도는 국유기업 개혁의 둘째 단계인 국가의 기업에 대한 지령성 계획의 철폐에 따른 국가와 기업의 경영분리에 부응하는 것으로 볼 수 있다. 즉, 국가는 기업의 일상적 경영에 참여하지 않고, 조세를 받는 대신 기업의 소유자로서 이윤배당을 받는 제도라고 할 수 있다. 이개세제도하에서의 이윤분배는 두 단계로 이루어졌다. 먼저 기업소의 순소득에서 법인소득세가 공제된다. 두 번째 단계에서는 조세 후 이윤에 대해서 국가, 그리고 기업과 노동자 사이에 분배가 이루어지는데, 국가에 대한 분배는 기업소유자에 대한 일종의 배당이라는 성격을 갖는다. 이개세제도하에서 소규모 기업은 7~55%까지의 법인소득세를 납부하였고, 세후 이윤은 기업이 보유하였다. 대·중형 기업은 55%에 해당하는 법인소득세를 납부하며, 세후 이윤 중 2/3는 국가, 1/3은 기업이 보유하였다. 이개세제도의 실시와 함께 기업의 투자재원 조달창구는 정부예산에서 은행대출로 전환되었다.

이개세를 더욱 발전시킨 것이 1987년부터 실시된 계약경영제(승포제)였다. 이는 정부와 기업의 분리, 정부의 기업경영에 대한 불간섭원칙을 보다 철저히 하면서 기업의 경영성과에 대한 관심을 높이는 제도였다. 계약경영제는 상급감독기관으로 이루어진 위원회가 국가기업 경영에 관한 공개입찰을 실시, 낙찰자를 선정하고 기업경영계약을 맺어 기업경영을 청부하는 제도로, 계약은 주로 3년간을 단위로 하였다. 기업은 (소득세, 거래세, 부가세 등을 납부한 후) 약정된 연간 이윤을 국가에 납부하는 계약을 맺었다. 청부경영자는 납부액을 일정 기간 동안 해마다 (8%씩) 증가시킬 것을 약속하였으며, 약정이윤량은 과거 3년의 평균이윤액을 기준으로 하였다. 개별 기업은 실제 실현된 이윤의 양에 관계 없이 정해진 금액을 국가에 납부하였기 때문에, 국가는 예산상 필요한 일정 이윤액을 안정적으로 확보할 수 있었다. 약정이윤액을 넘는 이윤은 기업이 보유하였는데, 이 중 일부는 새 기술을 발전시키고 품질과 품종개선을 위해 사용해야 하였다. 반대로 약정된 이윤을 벌지 못한 기업은 자신의 예비자금으로 납부해야 하였다. 원칙적으로 기업생산의 확장은 유보된 이윤을 재원으로 사용하여 개별 기업 스스로 책임지도록 하며, 기업의 경제적 성과와 총임금량은 서로 연계되었다. 계약경영제는 1989년 초반 전체 국유기업의 80%에 해당하는 기업에서 실시되었다.

내부계약제는 계약경영제와 동시에 실시되었는데, 국가와 기업 간의 계약경영을 기업 내부에 확대실시한 것이었다. 내부계약제는 기업 내부에 여러 층차에 걸친, 마치 하청과 같은 여러 계약관계의 구조를 형성하였으며, 청부경영책임제에 의한 국가와 기업 간의 본계약과 연결되어 기업을 수직적으로 총괄하는 위계적 계약구조를 형성하였다. 내부계약제는 평균주의적 보너스지급을 지양하여 보다 효과적인 인센티브체계를 수립하는 것을 목표로 하였다.

국가와 기업의 셋째 단계인 국가와 기업의 소유권 분리, 즉 국유기업의 주식회사화 단계에 오면, 국가와 기업 간의 재정관계도 변화해야 한다. 이것이 분세제(分稅制)인데, 이는 서방 시장경제체제에서의 조세제도 및 기업과 주주 간의 이윤배당에 해당한다. 분세제는 국영기업의 주식회사화가 적극적으로 추진되는 시기인 1994년 1월 1일부터 시행되었다. 분세제는 이개세제의 원칙인 '이윤-조세의 분리', 즉 법인소득세와 주주에 대한 이윤배당에 기초한 제도였다. 국가의 행정을 책임지고 있는 정부가 기업으로부터 조세인 소득세를 징수하는 동시에, 모든 자산의 소유자인 국가는 투자자본에 대해 이윤의 일부를 수익금으로 청구한다는 것이었다. 법인소득세는 35%로 책정되었다. 국가에 납부되는 이윤규모는 기업과 정부 간 협상에 의해 결정되었다. 이와 함께 과거 기업의 대출금이 조세납부 이전 이윤에서 상환되는 것을 고쳐서, 기업은 법인소득세를 공제한 이후의 이윤을 가지고 고정투자용으로 사용된 은행대출금을 상환해야 하였다.

분세제는 이개세제도가 정부의 재정능력을 약화시킨 데 대한 대응으로서, 세원확대와 지방정부에 대비한 중앙정부의 세수 몫을 늘리는 것을 목표로 한 중앙정부를 위한 새로운 수취체계였다. 과거에는 중앙정부는 조세의 직접적 수취를 담당하지 않고 지방정부가 수취한 후 이를 중앙과 지방 간에 나누고 있었다. 분세제하에서는 중앙정부가 국유기업이 내는 소득세, 소비세 및 관세와 영업세를 차지하고, 부가가치세, 자원세, 증권거래세 등은 중앙과 지방정부 간에 일정 비율(가령 부가세는 중앙이 70%)로 나누게 되었다.

1.4. 노동자 고용제도

북한과 개혁 이전의 중국 노동자 고용제도의 특징은 국가가 통일적으로 노동자를 배치한다는 것이었다. 정부의 인력배치담당 부서는 자의적으로 각 빈 자리에 인원들을 배치하였다. 이렇게 되면, 기업은 원하는 인력을 끌어 올 수 없었고, 원하지 않는 인력들을 거절할 수도 없었다. 일단 작업장에 배치되면, 노동자는 작업성과와 관계 없이 평생직장을 갖게 되었다. 인력배치와 함께 자동으로 그에 대한 임금 등 지출이 국가에 의해 지급되므로 고용을 늘리는 것이 기업에 비용요소로 간주되지 않았다. 따라서 기업은 가능한 한 고용인원을 늘리고자 하였기 때문에 과잉고용상황이 일상적이었다. 나아가 기업은 노동자에게 주택, 기초교육, 심지어 고등교육이나 의료복지, 연금 등의 다양한 혜택을 제공하였다. 각 공장은 이러한 조건들을 제공함으로써 노동력의 이동이나 유출을 제한하였다.

노동고용제도의 개혁은 이와 같은 실태를 바꾸어 가는 것이었다. 즉, 노동배치제 폐지, 노동생산성 향상, 과잉고용 제거, 기업의 복지기능 폐지 등이 개혁의 주 내용을 이루었다. 이러한 과정에서 과제로 등장하는 것은 직장배치 대신 구직과 고용의 체계를 마련하는 것, 과거의 종신고용에 대신하여 기업과 노동자 사이에 새로운 고용제도를 수립하며, 노동자의 실적과 임금을 연동시키는 새로운 임금제도의 확립, 기업 내 과잉고용의 제거에 따라 해고되는 노동자에 대한 재교육과 새로운 직장알선, 또는 실업보장에 대한 문제, 농촌개혁에 따라 농촌에서 도시로 유출되는 노동자들의 처리문제, 기업의 복지기능과 제도의 축소에 따라 과거 기업이 담당하던 학교·의료 등을 지방자치체로 이관하는 문제, 또한 기업이 담당하고 있던 복지·연금 제도를 국가제도로 바꾸는 문제 등이 제기되었다.

노동고용제도의 개혁 역시 다른 분야의 개혁과 마찬가지로 단계적으로 이루어지는데, 이는 계획과 시장, 국가와 기업의 관계변화와 조응하고 있다. 중국의 경우 첫 단계 노동개혁은 직장배치제의 종결이었다. 이에 따라 지방노동국은 국가기업에 고용후보자를 추천하지만, 국가기업도 구직자를 스스로 고용할 수 있게 되었다. 노동자들은 직장배치나 노동국의 추천을 기다리지 말고 스스로 직장을 찾도록 장려되었다.[8]

1984년 이후 경제개혁의 초점이 농촌으로부터 도시로 이동하였고, 이에 따라 국유기업 개혁은 가속화되기 시작하였다. 기업의 노동자임용제도 개혁은 사회 전체 노동력 자원상황 및 취업정세의 변화에 적응할 뿐만 아니라, 경제체제의 전환 및 기업의 이윤중시 경영환경 마련 요구에도 조응해야 하

[8] 董克用(2002), pp. 139~143; 백승욱(2001), pp. 53~144.

였다. 1983년에 도입되고 1986년에 제도화된 노동계약제는 과거의 국가노동배치제를 완전히 폐기하고 노동시장제도를 도입한 것이었다. 노동계약제에 의해 노동자들은 고용조건, 특히 고용계약기간에 대해 관리자와 협상해야 하였다. 계약의 유효기간은 통상 3~5년 사이였는데, 실제로는 1년 정도의 단기계약도 있고, 20년 동안 지속되는 장기계약도 존재하였다.

1986년 7월 국무원은 고용제도에 관한 3개의 개혁을 제정·공포하였다.

①「국유기업의 노동계약제를 실행하는 것에 관한 잠정규정」에 의하면, 1986년부터 기업은 직장에 노동자를 고용하는 경우, 노동계약제를 통일적으로 실행하여 대등, 자주 및 합의에 기초한 통일성이라는 기초 위에서 서류형식으로 쌍방의 책임, 의무 및 권리를 명확히 하였다. 노동계약기간이 만료하면 고용관계는 종료되지만 계약을 다시 체결할 수도 있다. 이러한 고용정책은 당시 새로이 모집된 노동자에 대하여만 실행되고, 구래의 종업원들에게는 '종신고용'이 유지되었다. 노동계약제는 점차 발전하여 집단소유기업뿐 아니라 사영기업 및 합자기업 사이에도 널리 실행되었다.

②「국유기업 노동자의 고용에 관한 잠정규정」에 의하면, 국가는 국유기업의 노동자 모집제도를 개혁하고 기업에 의한 노동자의 고용은 공모로 하며, 충분히 심사한 이후에 우수한 자를 선발하여 채용해야 한다는 것을 명확히 하였다. 또한 기업은 어떤 형식에 의해서도 내부에서 노동자를 고용할 수 없으며, 퇴직한 노동자의 자녀를 자동으로 고용할 수 없게 되었다.

③「국유기업의 종업원 실업보험에 관한 잠정규정」은 파산선고된 기업의 종업원, 파산의뢰된 기업의 법정청산기간에 구조재편된 종업원, 기업으로부터 노동계약이 종료된 노동자, 기업으로부터 해고된 종업원에 대하여 실업보험을 받을 수 있도록 규정하였다. 그 결과 실업자가 된 종업원의 기본적 생활이 보장되고 노동력의 합리적 유동화가 촉진될 수 있게 되었다.

노동개혁과 함께 임금개혁도 진행되었다. 개혁 이전에는 국가임금체계가 전 산업과 기업에 걸쳐서 시행되고 있었다. 1984~1986년간, 국유부문 임금 및 고용결정의 분권화 조치가 취해졌는데, 그 주요 제도는 유동임금체계였다. 이로써 기업의 총임금량과 기타 노동보수는 기업실적과 연계되어 결정되도록 하였으며, 평균노동생산성, 국가납부 이윤과 조세, 기타 수입 등과 연계되었다. 기업은 내부임금구조를 자율로 결정할 수 있게 되었다. 이러한 조치의 일환으로, 기업이 종업원을 늘리는 경우에 기업은 자본금으로부터 임금을 위한 지출을 할 수 없게 하였다. 이로써 기업은 새로운 종업원을 늘릴 동기가 사라져 정부도 엄격한 계획지표를 사용하여 기업에서 모집하는 노동자수를 규제할 필요가 없어졌다.

국유기업의 개혁이 가속화됨에 따라 고용제도도 변화해 갔다. 1993년 중국은 「전인민소유제 공업기업의 경영체제 전환에 관한 조례」를 공포하고, 기업에 노동자의 모집과 해고의 권한을 부여하였다. 1994년 7월, 전국인민대표대회 상무위원회는 노동법을 제정하면서 노동제도의 개혁은 더욱 진전되었다. 1994년 8월 말, 노동성은 「노동계약제를 전면적으로 실행하는 것에 관한 통지」를 발하여, 노동계약제의 전면적 실행을 요구하였다. 1994년 11월 노동성은 「기업의 경제적인 인원삭감에 관한 규정」을 제정하고, 노동법의 관련규정에 기초하여 노동자 임용단위의 경제적 인원정리에 관하여 일정 제한을 시도하였다. 개혁에 의하여 국유기업의 잉여인원문제가 대두하였는데, 잉여인원은 해고상태이지만 모기업에서 재취업준비를 할 수 있는 기회를 부여받았다. 1993년 이후 졸업한 학생들은 대부분 각자 직장을 찾아나서야 하였으며, 1990년대 중반 이후 노동계약제의 채택은 급격하게 진전되었다. 1994~1995년 사이 노동계약제의 채택비율은 26%에서 41%로 급상승하였으며, 1996년 51%, 1996년 70%에 달하였다.

1.5. 중앙과 지방의 재정관계

7월조치 이전 북한과 개혁 이전 중국에서 중앙과 지방의 재정관계는 국가와 기업 간의 재정관계와 유사하였는데, 중국 개혁 이후 두 관계도 유사한 단계와 내용을 거쳐서 변화하였다. 고전적인 중앙과 지방의 재정관계는 일체화로, 수입과 지출을 일괄적으로 중앙에서 관리하여 지방에는 재정적 자율성이 존재하지 않았다.

재정개혁은 중앙재정과 지방재정을 구분하는 것으로부터 시작하였다. 이는 중국의 경우,[9] 1980년에 「劃分支出 · 分級包幹」으로 이행한 것에서부터 시작하였다. 이는 재정의 수입과 지출을 중앙 · 지방별로 구분하고, 중앙과 지방이 명확히 확정된 수입과 지출의 틀을 각기 책임지는 제도를 의미하였

[9] 內藤二郎(2004), pp. 115~143.

다. 계획경제시의 비효율을 개선하기 위하여 중앙정부에 과도하게 집중해 있던 권한의 양도를 통하여, 각 지방정부와 기업의 경제활동에 대하여 인센티브를 강화하는 것이 그 의도였다. 이와 같은 제도를 중국에서는 청부제라고 하였는데, 이는 각 지방정부가 중앙정부와의 협약에 의해 징세를 청부받은 지방정부가 청부된 조세수입을 중앙정부에 상납하면, 나머지는 지방정부의 자주적 재원이 된다는 것을 그 내용으로 하였다.

청부제에 기초한 재정개혁은 두 시기로 구분할 수 있다. 제1기는 1980~1987년까지로 '총액배분방식' 시기이며, 제2기는 1988~1993년까지로 '일괄청부방식' 시기이다. 제1기는 도중에 청부대상이 변경되었기 때문에 1985년경을 기점으로 두 시기로 구분할 수 있다. '총액배분방식'은 1980년부터 1984년까지 '수지구분·분급청부'기와 1985년부터 1987년까지의 '총액배분'기로 나눌 수 있다. 먼저 '수지구분·분급청부'기에는, 재정수입이 중앙고정수입, 지방고정수입, 중앙·지방 조정수입의 3개로 구분되고, 재정지출에서는 중앙지출과 지방지출로 구분되고 있다. 구체적으로는 ① 고정수입 비율배분, ② 중앙·지방조절수입 비율배분, ③ 정액보조, ④ 소수민족지역보조, ⑤ 일괄청부의 5개 패턴으로 나눌 수 있다. 또한 이와 같은 제도의 적용기간을 종래의 1년마다 갱신하는 방식으로부터 5년간 불변으로 하여 안정된 제도운영을 도모하였다.

1985년경 이후에는 '총액배분방식'이 채택되었는데, 중앙·지방조절수입에서 지방유보비율이 낮은 지방정부가 이 제도에 반발하였기 때문이다. 총액배분방식은 지방의 고정수입에 중앙·지방조절수입을 더한 액을 총액으로 하여, 이 총액을 지방에 청부하는 방법이었다. 그렇지만 청부제가 명확한 규정에 기초하여 실시되지 않고 중앙정부와 각 지방정부의 교섭에 의해 결정되어 실시됨으로써 지역 간의 재정부담이 불공평하게 되어 부유지역으로부터 반발이 있었다. 따라서 각 이해관계에 따른 반발로 원활하게 운영되지 못하고 제도변경의 압력이 높아져 지방정부의 징세에 대한 인센티브를 높인다는 본래의 취지는 달성하지 못하고 중앙과 지방 모두 재정상태를 악화시켰다. 그리하여 중앙정부는 1988년부터 '일괄청부방식'을 채용하여 지방재정의 개선을 도모하였다. 이 방식에는 ① 총액배분청부, ② 수입체증청부, ③ 삽화배분+증수배분, ④ 상납액체증청부, ⑤ 정액상납의 다섯 가지 패턴이 있었다.

1993년 12월, 국무원은 「분세제관리체제의 실현에 관한 결정」을 내고 분세제를 실시하였다. 이 개혁의 의의는 두 가지로 볼 수 있는데, ① 대규모 세제개혁으로서 조세의 통폐합에 의하여 조세종류의 간소화가 그 의도이며, ② 정부 간 재정관계의 조정이었다. 이에 의해 중앙과 지방의 분담을 뚜렷이 하기 위하여 지출의 구분이 명확히 되고, 나아가 재정수입이 중앙세, 지방세, 공유세로 구분되었다. 또한 중앙과 지방의 예산편성이 명확히 됨과 함께 재정이전체제가 구축되었다.

분세제 개혁의 중심과제인 정부 간 재정관계를 조정하기 위해서는 중앙과 지방의 역할을 명확히 구분할 필요가 있었다. 그리하여 중앙과 지방의 수입구분 조정, 담당분야와 지출항목의 구분, 징수기구의 정비(국세기관과 지방세기관의 분리)가 실시되었다. 이에 따르면, 중앙정부의 중심적 역할은 국방, 외교, 국가기구의 관리·운영 및 거시경제 통제로 설정되었고, 지방정부의 역할은 지방정부기관의 관리·운영 및 그 지방의 경제발전 추진이었다.

이와 함께 중앙과 지방의 지출항목이 정리·재편되었는데, 중앙정부는 국방비, 무장경찰비, 중점건설비, 외교·대외원조지출, 중앙관할사업비, 국내외 차관의 원리금 상환 등이고, 지방정부는 지방행정관리비, 지방사업비, 농업보조비, 도시유지·건설비, 가격보조비 등이었다.

또한 중앙·지방의 수입구분은 중앙고정수입, 지방고정수입, 중앙·지방 공통배분수입의 세 가지로 구분되었다. 중앙정부의 고정수입은 관세, 소비세, 기업소득세(중앙관할기업), 지방은행 및 비은행금융기관 소득세, 철도부문·각 은행 본점·각 보험회사 본점이 집중적으로 상납하는 수입(영업세, 소득세, 이윤, 도시유지·건설비 등), 상납이윤(중앙관할기업분), 지방정부의 고정수입은 영업세(중앙 몫을 제외하고), 기업소득세(지방관할기업 몫), 상납이윤(지방관할기업 몫), 개인소득세, 토지사용세, 도살세, 농업특산세, 경지점용세, 계약세, 유산·증여세, 토지부가가치세, 국유토지 유상사용수입이었다. 또한 중앙·지방 공통배분세입은 부가가치세, 자원세, 증권거래세 등이었다. 부가가치세는 중앙이 75%, 지방이 25%이고, 자원세는 해양석유자원세만 100% 중앙에 귀속하고 나머지는 모두 지방세이며, 증권거래세는 중앙과 지방이 50%씩 차지하였다.

1.6. 가격체계

가격체계의 개혁은 계획과 시장관계 및 국가와 기업의 관계변화와 밀접하게 연계되었다. 고전적 계획체계에서 가격은,

① 희소성을 반영하지 않은 채 국가에 의해 자의적으로 결정되었다.

② 대중적 소비재와 공공용역의 소비자가격이 그 생산비용에 비하여 지나치게 낮게 책정되었으며, 그 격차가 정부재정에 의해 보조되었다. 이에 따라 정부의 재정부담이 매우 컸고, 지나치게 낮은 가격은 비합리적 수요를 조장하였다.

③ 가격은 판매와 구매에서 중요 변수가 아니었다. 그 이유는 재화의 판매와 구매가 국가의 계획명령에 의해 결정되었기 때문이다. 따라서 가격은 판매자에게 생산비용과 이윤을 보장하지도 않았고, 구매자의 재정능력을 반영하지도 않았다. 가격은 재화의 이동을 기록하는 단순히 장부상의 기록용 수치였다.

④ 이와 같은 가격을 기초로 해서는 기업의 경영효율을 측정하는 데 적절한 수단이 될 수 없었다. 요소가격이 국가에 의해 지정되어 있었고, 그 국정가격 자체가 허구였기 때문에 기업경영에서 가격신호가 거의 기능하지 못하였다. 예를 들어, 최종제품의 국정가격이 높게 책정되어 있으며, 기업은 경영효율성에 관계 없이 장부상 이윤을 낼 수 있었다.

가격개혁은 이와 같은 상황을 점차로 해소하면서, 가격이 실질적 희소성을 반영하며 생산비용을 정확히 표현하도록 하는 것이었다. 또한 지나치게 낮게 책정된 소비재가격, 농산물 국가구매가격 등을 현실화하여, 국가의 재정부담을 줄이고, 소비를 합리화시키고, 생산을 자극해야 하였다. 그러나 이러한 가격현실화는 가격급등의 위험성을 안고 있었다. 특히, 재화공급의 부족이 존재할 때 그 위험성은 컸다. 가격급등과 인플레이션은 개혁과정에서 사회불만을 증대시킬 위험을 내포하고 있었다.

일반적으로 가장 먼저 국가통제가 폐지되거나 완화되었던 것은 소비재가격이었는데, '부분개혁체계'기에 이미 실시되었다. 그러나 생산재·중간재 가격개혁은 '계획과 시장의 공존기'인 2단계 개혁의 후반기에 실시되는 것이 일반적이었다. 그 이유는 이러한 재화의 가격통제는 국가의 기업에 대한 계획명령의 존속, 그리고 그에 따라 국가가 기업에 원자재를 공급해야 하는

의무와 관련되어 있기 때문이었다. 다시 말해, 국가의 기업에 대한 계획명령 하달이 완전히 폐기되고, 그에 따라 국가의 물자조달의무가 완전히 없어지는 상태에 도달해야 생산재·중간재의 가격자유화가 실시될 수 있었기 때문이다.

개혁의 초기단계인 '부분개혁'기에는 현실적으로 네 가지 종류의 가격이 존재하는 것으로 판단할 수 있다.[10] ① 과거처럼 국가가 국정가격에 기초하여 자재를 공급하고 생산물을 매입하는 국영시장 또는 조직화된 시장과 국정가격, ② 국가에 대한 협동농장의 생산청부물량 납품, 기업 간 자재거래, 계획외 공산품에 대한 국가수매에서처럼 국정가격이 훨씬 높지만 시장가격에는 못 미치는 국공영자유시장과 협의가격, ③ 기업의 계획외 생산물, 농민의 초과생산물의 자유시장 판매에 기초하는 자유가격, ④ 거래금지품목에 대한 암시장과 암시장가격을 상정할 수 있다.

이와 같은 다중시장과 다중가격은 과거의 일원적 국가계획체계하의 국가가격체계와 비교할 때 성과가 있었다. 즉, 기업의 계획외 생산물에 대해 자재구매와 제품판매에서 시장가격을 적용함으로써, 비용절감노력의 증대와 생산자극의 효과가 있었다. 그러나 이와 함께 경제혼선도 있었는데, ① 기업들이 국가지령상품보다는 시장생산 판매상품의 생산에 주력함으로써 국영부문에 대한 침식이 가속화되었으며, ② 동일한 물품에 대하여 여러 가지 가격이 형성되어 자국화폐에 대한 신뢰가 형성되지 못하였다. 따라서 보다 가치가 안정되어 있는 쌀, 외국환, 금 등 대체화폐가 본원통화를 몰아내는 현상이 벌어졌다. 이는 국가의 통화관리능력을 감소시키고 인플레이션을 촉진시켰다.

이러한 문제의 해결방법은, 지령성 생산제품을 점진적으로 줄이고, 지도성 계획대상 품목과 시장가격상품의 비율을 높여 단일시장과 단일가격체계를 형성하는 것이다. 이와 관련 중국은 1984년 가격개혁, 1990년 중요 생산재가격의 단일화 노력 등을 추진하였다. 중국의 가격개혁을 보다 구체적으로 살펴보면 다음과 같다.[11] 초기의 개혁단계에서 중국은 중요 물자와 상품에 대하여 과거형의 통일계획, 통일가격 설정, 통일분배를 부분적으로 수정하고, 일반상품에 관하여 생산기업이 시장의 수급동향에 맞추어 생산량을

10 中臣久(2002).

11 張軍(1998), pp. 44~71; 王曙(2004), pp. 36~37.

결정하고 일정 범위에서 가격설정을 하여 판매하는 것을 허용하였다. 1979년 3월부터 국무원은 곡물, 면화, 채유작물 등 18종류의 주요 농산물 매수가격, 산업용 석탄가격과 식료품 소매가격을 인상하고, 동시에 농업기계, 화학비료, 농약 등 농업관련 물자의 가격인하를 결정하였다. 이는 과거의 산업정책에 의하여 매우 낮게 억제되었던 1차 산업제품의 가격조정 개시를 의미하였는데, 오랜 기간에 걸쳐 물가안정화를 가장 중요시하였던 지도부가 이제 본격적으로 가격체제 개혁에 착수하였다는 것을 상징하는 것이었다.

이와 같은 조치들에도 불구하고, 1980년대 중반까지 중국의 가격체계는 경공업제품과 원재료의 가격이 극단적으로 낮게 설정되고, 농산물도 수매가격의 인상과 소비자가격의 고정으로 손실이 발생하는 등 상품수급의 균형을 반영하지 않은 극단적으로 불합리한 것이었다. 이 때문에 등가교환과 수급변동에 기초한 가격체제의 합리화가 도모되어야 하였다. 그러나 개혁개방정책의 일환으로 가격체제의 개혁을 진행하는 경우, 생활필수품의 가격인상 등에 의하여 소비자의 불안이 확산되고 이것이 정치적 안정을 위협하게 될 수 있다는 우려가 당내에서 높았다. 지도부는 곤혹스러운 정책선택에 직면하였다. 즉, 일시적인 물가상승을 용인하고 단행할 것인가, 정치적·사회적 안정을 유지하기 위하여 과거의 물가억제책으로 되돌아갈 것인가라는 것이었다. 중국의 경우에는 대체적으로 사회적 안정을 최우선으로 하는 정치적 배려가 우선시되어 경제조정정책에 기초하여 물가상승을 억제하고 곡물 등 주요 생활용품의 가격안정을 중시하는 방침이 확인되었다.[12]

결과적으로 1980~1981년에 국무원이 실제로 추진하였던 가격정책은 가격체제 개혁의 속도를 늦추는 동시에 생산확대와 공급증가로 가격안정을 도모하면서 가격체제의 근본적 개혁에 적합한 시기를 기다린다는 방침이었다. 이에 기초하여 1981년 이후 가격체제 개혁이 늦추어지고, 가격조정은 농산물 및 원재료 등 한정된 상품에만 행해졌다. 이에 의해 물가상승률이 낮게 억제되었고, 개혁개방 초기의 정치적·사회적 안정을 보장하는 것이 가능하였다.

그러나 농산물 수매가격의 인상과 소비자가격의 억제로부터 생기는 손

[12] 그러나 중국과는 달리, 베트남과 북한의 경제개혁은 급격한 물가 및 임금의 인상, 그에 따른 극심한 인플레이션을 특징으로 하였다. 베트남의 경우, 1970년대 후반에서 1990년대 초반까지 높은 인플레이션에 시달렸다.

실로 국가의 재정보조금이 증가하고 재정사정이 악화되었다. 원래 1978년 이래의 경제개혁은 농업진흥책으로서 농산물 수매가격을 대폭 인상하고, 국가에 의한 일괄수매·일괄판매제도를 부분적으로 축소 또는 폐지함으로써 농민의 소득향상을 도모하였다. 실제로 1983년까지 주요 농산물 18종류의 수매가격이 평균 25% 인상되었다. 동시에 화학비료, 농약과 농업기계 등 농업용 공업제품의 가격이 인하되어 농민부담 경감목표가 어느 정도 달성되었다. 그렇지만 같은 시기, 도시에서 식료품과 부식물의 가격인상에 대한 영향을 완화해 주기 위하여 노동자에게 물가수당을 지급하고, 농업관련 제품과 일상용품을 제조하는 기업에 대하여 가격억제에 의한 기업결손을 재정보조금으로 보상하는 등의 조치로 국가의 재정악화가 심각해졌다.

1980년대 중반에 들어서면서 기업개혁이 본격화되고 국유기업의 상업적 운영이 가능해지자 시장기제가 중국 사회에 침투하기 시작하였다. 이 때문에 가격체계 개혁에 관해서 행정수단을 행사하여 인위적으로 조정하는 것이 아닌 시장수급에 의해 상품가격을 결정하는 형태로 나가야 한다는 요구가 강해졌다. 그러나 현실적으로는 시장경제로의 이행이 진행되던 당시 중국에는 건전하고 질서 있는 가격체계 개혁의 추진을 보증할 법적 정비가 이루어지지 않았으며, 가격개정을 실행할 행정조직과 그 실행상황을 감시·검사할 공적 기관의 설립이 미완성인 상태였다. 이와 같은 상태에서 가격체계 개혁을 강행하면, 당연히 일부 상품의 가격폭등을 초래하여 국민생활의 안정에 지장을 초래할 것으로 예상되었다.

1984년 10월부터 국무원은 면화 등 생필품의 경작제한과 수매량의 상한을 정하는 등 국가의 통일매수, 통일판매제도로 상징되는 농산물의 가격체계를 부분적으로 개정하였다. 나아가 1985년 이후 식량과 채유작물 등 주요 농산물의 소비자가격을 인상하는 동시에 돼지고기 등 부식물의 가격자유화를 허가하였으며, 일부 대도시에서는 채소의 소매가격 자유화를 인정하였다. 한편, 공업제품의 가격개혁에서 국무원은 1984년 가을부터 광공업제품과 원재료가격의 인상과 동시에 화섬직물, 손목시계, 라디오와 기타 전자제품의 가격을 인하하는 등 공업소비재에 대한 가격조정을 실시하였다.

정부는 이 시기에 물가억제를 강화하는 동시에, 당시 공업제품 가격체계에서 가장 중요한 문제였던 이중가격제를 해소하기 위하여 개혁을 감행하였다. 이중가격제라는 것은 기업자율성 확대의 개혁단계에서, 기업의 생산체계에 계획 내 제품(국가의 지령성 또는 지도성 계획에 기초하여 생산되는 제품)과 계획 외 제품(기업이 자율적 판단에 기초하여 생산되는 제품)이 동시에 존재하였기 때문에, 동일제품에 계획가격과 협의가격(또는 자유시장가격)이 공존하는 특수한 가격제도였다.

이중가격제는 기업자율성 확대의 경제개혁과정에는 기업의 생산의욕을 자극하고, 생산비용의 인하노력을 높이는 데 큰 역할을 하였다. 그러나 동시에 기업이 가능한 한 국가지령성 계획 내 생산량을 줄이고, 자율생산을 확대하여 이득을 획득하고자 하는 동향을 보였기 때문에 큰 폐해가 있었다. 이를 방지하기 위하여, 국무원은 지령성 계획대상 상품의 품목수를 서서히 줄이고, 지도성 계획대상 상품과 시장가격상품의 비율을 확대하는 조치를 취함으로써 이중가격제의 축소를 도모하였다.

가격체계 개혁을 한층 진전시키기 위해, 1984년 7월 이후 국무원은 유통체계에 대한 구조개혁에 착수하였다. 이 개혁에는 전국 각지에 상품거래센터를 설치하여 과거의 유통망에 존재하던 지역·업종 간의 경계를 없앴으며, 유통경로를 복선화·간소화하여 유통분야에서의 손실을 줄여 시장의 활성화를 촉진하는 효과를 거두었다.

중국의 가격체계 개혁은 1980년대 후반에 들어서 본격화되었다. 1990년 12월 전국계획회의에서 국무원은 이후 가격체계 개혁의 방향에 관하여, 정부의 가격관리범위를 서서히 줄이고, 상품시장가격의 비중을 확대함으로써, 앞으로 시장조정을 주로 하는 가격체계에 이행한다는 개혁방침을 분명히 하였다. 동시에 가격개혁과정에서 발생한 석유, 석탄, 천연가스, 철강재와 비철금속 등 중요 생산재의 '다중가격제'(국가의 지령성 가격, 기업 간의 협의가격과 시장가격의 병존)를 시정하기 위하여 정부지도에 기초한 공정가격의 일체화를 지향함과 동시에, 전국 각지에서 중요 생산재의 공공거래소를 설립하고, 앞으로 협의가격 또는 시장가격의 비중을 높이는 등 가격체계의 시장화를 촉진하는 방침을 밝혔다.

이러한 일련의 가격인상으로 정부에 의한 농산물가격차 보조와 기업손실 보조를 위한 지출이 줄어들었으며, 국가의 재정보조금 부담이 대폭 경감되었다. 또한 이 시기의 가격체계 개혁에 의해 일반상품과 서비스가격의 결정기제는 정부통제 중심으로부터 시장원리에 기초한 변동형으로 변하기 시작하였다. 예를 들면, 정부지령성 계획 내의 상품가격은 1978년 전 상품의 약 97%를 차지하던 수준에서 1991년 약 25%까지 하락하고, 정부지도가격의 비중도 대폭 축소되었다. 그 중에서도 생활필수품의 소매가격은 1991년 당시 60% 이상의 상품과 서비스가 시장가격에 의해 결정되고, 농산물가격도 전 상품의 약 59%는 시장가격에 의해 결정되었다.

결론적으로 볼 때, 중국의 경우에는 초기 개혁단계에서 물가, 임금체계를 재조정하는 문제가 핵심 정책과제로 거의 등장하지 않았다고 볼 수 있다. 중국에서는 이 시기 일반상품의 경우, 기업이 시장수급에 맞추어 생산을 조절하고 일정한 범위에서 자율적으로 가격을 결정하는 것이 허용되었다. 또한 원재료가격 인상, 농업수매가 인상, 식료품 소매가격 인상 등이 있었다. 그러나 전반적으로 볼 때, 사회안정문제에 대한 정치적 배려를 우선시하면서, 물가억제정책과 함께 생산증대에 의한 공급증대정책을 병행하였다. 중국의 보다 본격적인 가격개혁은 1984년에야 이루어졌다.

1.7. 금 융

금융개혁도 다른 부문의 개혁에 맞추어 단계적으로 이루어진다. 부분개혁단계에서는 단일은행체제를 개혁하여 중앙은행과 상업은행의 기능분리가 이루어진다. 제2단계인 계획과 시장의 공존단계에서는 은행과 금융의 기능이 더욱 높아지며, 이에 따라 기능분화, 제도복잡화가 이루어진다. 그 이유는 이 시기에는 국가가 지령계획을 통해 기업경영에 간섭하는 대신에, 거시경제적 간접관리수단으로 넘어가고, 국유기업이 상업적 경영으로 전환하는데, 이를 금융적으로 뒷받침해야 하기 때문이다. 개혁의 제3단계인 '시장주도단계'에 오면, 서방의 발전된 시장경제에서 발견할 수 있는 다양한 금융제도가 성립되어 기능하게 된다.

중국의 금융개혁은 크게 두 단계로 이루어졌다.[13] 그 첫 단계는 1979~1993년 기간의 시기로, 금융체계에 사회주의적 유제가 남아 있는 가운데 시장형 금융체계로 이행하는 시기이며, 그 둘째 단계는 1993년 이후로, 대체로 성숙한 것으로 볼 수 있는 금융체계가 성립되어 기능하는 시기이다.

그 첫 단계에서는 다음과 같은 개혁조치가 취해졌다.

---

[13] 金潤圭(2002), pp. 89~92.

① 금융기관의 종류 및 수를 늘린다. 중앙은행 이외에 종합은행, 전업은행 및 비은행금융기관을 발전시키며, 국유금융기관 이외에 주식제, 합작금융조직 및 외자계 금융기관을 발전시킨다.

② 중국인민은행의 기능을 변화시킨다. 중국인민은행은 화폐발행권을 가지고, 금융행정 관리기능을 행사하는 금융행정 관리기관일 뿐 아니라, 장기에 걸쳐서 예금과 대출금, 외환 등 각종 금융업무활동을 구체적으로 취급하는 금융기업이었다. 1983년 9월에는 중국 정부는 중국인민은행이 앞으로 중앙은행의 기능을 행사할 것을 결정하였다.

③ 금융기관 경영시스템의 개혁이다. 1979년부터 은행은 점차로 독립채산, 자율경영, 손익자기책임을 지는 관리제도를 실행하였다. 1983년에 국가전업은행은 이윤유보제도를 추진하기 시작하였는데, 1986년에는 전액이윤유보 및 원가관리제도를 실행하고 각종 업무책임제, 목표경영책임제 및 개별 업무청부제를 시행하였다.

④ 금융관리방법을 바꾼다. 금융관리는 점차로 금융정책수단을 주로 하는 것으로 변화하여, 필요한 행정수단, 법적 수단으로 이를 보완하였다. 예금준비금, 재할인, 재대부, 환율, 이자율 등 금융정책수단과 함께 은행관리잠정조례 등 금융법규, 제도는 중국의 금융부문이 효율적으로 관리되는 것을 보증하는 기본수단이다.

본격적 개혁시기는 1994년부터이다. 중국의 경제체제 개혁이 진행됨에 따라 금융부문에서 점차 문제가 드러났다. 그 중에서 주요한 것은 국유의 전업은행이 독점적 경영을 행하며, 금융조직과 기관이 규범 없이 운영되고 있다는 것이었다. 국유의 전업은행이 독점적인 경영을 행함으로써, 한편에서 경쟁이 배제되고, 금융업의 능률과 서비스효율이 증가하지 않으며, 전업은행의 불량대부가 증가한다는 것이었다. 다른 한편에서는 지방정부가 고액의 이윤을 얻을 수 있는 금융에 힘을 기울임으로써 금융업 전체의 리스크가 증대하였다. 각종 금융기관은 여전히 정부의 부속기관이라는 위치로부터 벗어나지 못하였기 때문에, 금융에 관한 법률·법규에 의해 제약받지 않고 금융기관의 업무가 명확하지 않았다.

1993년 12월 국무원은 「금융체제 개혁에 관한 결정」을 내고, 금융체제 개혁의 목표를 다음과 같이 제시하였다.

① 통화정책을 독립적으로 집행하는 중앙은행의 거시조정, 통제시스템

을 확립한다.

② 정책금융과 상업금융을 분리하고, 국유상업은행을 주체로 다양한 금융기관이 병존하는 금융체계를 확립한다. 요약하면, 통일적이며 개방적으로 질서에 기초해 경쟁하고 엄격히 관리된 금융시장체계를 확립하고, 중국인민은행을 중앙은행으로 하며, 전업은행을 상업은행으로 하는 체계를 세우는 것이었다.

이 밖에도 금융거래시장의 발전현황을 보면 다음과 같다.

① 중국의 금융시장은 1984년 은행 간 단기대부시장이 확립되면서 발전하기 시작하였다. 수차례에 걸친 정리와 규범화를 거쳐, 1996년 1월 전국 통일의 동업자 간 단기대부시장이 운영을 시작하고, 같은 해 4월 중국인민은행이 최초로 시장공개조작을 행하였다. 1997년 6월 중국인민은행은 은행 간 단기대부이자율에 대한 감독을 해제하였으며, 전국 은행 간 시장에서 채권의 현물판매와 선물업무가 증가하였다.

② 중국의 외국환시장은 1980년 10월 외국환 거래업무를 개시하여 외국환 사용권을 유상으로 양도하고, 외국환 조달시장을 확립하였다.

③ 중국의 자본시장은 1981년 국채발행을 재개하였지만, 이는 일종의 임시조치로서 모두 행정할당방식을 통해 발행되었고, 자유롭게 유통되거나 양도될 수 없었다. 1988년 국채의 현금화가 곤란하다는 문제를 해결하기 위하여 국가는 61개 도시에서 국고권 유통과 양도를 시험적으로 행하자 국채유통 양도시장이 형성되기 시작하였다. 1991~1997년까지 국채의 시장화 개혁이 중대한 진전을 보았다.

④ 1984년에 공산중국 최초로 상해의 한 회사가 주식을 발행하였다. 1980년대 중·후기에 주식거래점포에 의한 거래가 시작되었는데, 이를 기점으로 중국 주식시장의 도입이 가속화되었다. 1990년 12월과 다음 해 4월에는 상하이와 선전에 증권거래소가 성립하면서, 증권거래는 분산적 거래로부터 증권거래소에서 집중거래되는 방식으로 변화하였다.

⑤ 중국의 기업채권시장은 1984년부터 몇 개의 기업이 자발적으로 사회에 대하여 또는 내부적으로 채권을 발행하여 자금조달을 시도하였다. 1990년 4월 국가계획위원회와 중국인민은행은 공동으로 「기업채권액에 관한 신고제도 및 관리방법」을 제정함으로써, 기업채권의 발행이 처음으로 국민경제 및 사회발전계획에 포괄되고, 고정자산투자의 정식 통로로 인정되었다.

⑥ 선물거래시장은 1990년 10월 12일 정저우에 식료품 도매시장이 성립한 것을 그 기원으로 볼 수 있다. 이 도매시장은 선물거래시장을 목표로 거래회원제, 대리제, 계약양도 등의 선물거래시장 기제가 도입되었는데, 각지에 선물거래 성격을 가진 시장이 등장하였다.

1.8. 농　　업

농업개혁은 농민이나 농가가 생산한 것과 그로부터 기대할 수 있는 수익 간에 직접적 상관관계가 존재하는 체계를 만드는 것을 목표로 하였다. 대표적 조치가 농가생산책임제인데, 이의 전면적 실시는 협동농장체제의 해체를 의미하였다.[14]

중국의 경우 농가생산책임제는 협동농장의 공동작업이 아니라 각 농가가 기본단위로서 생산을 수행하도록 하였다. 농가책임제는 개별 농가가 지방의 작업반 또는 마을 위원회와 토지임차계약에 서명하고 토지를 받으며, 그 대가로 각 농가는 곡물의 일정량과 기타 농산물을 국가에 납부하는 제도를 기축으로 하였다. 계약에 따라 국가는 각 농가에게 종자, 농자재, 소, 트랙터 등을 양도하였는데, 이는 과거에 집단적 생산단위의 소유였다. 계약은 대체로 자연부락별로 이루어진 작업반 내에서의 집단협의와 협상에 의해서 만들어졌다. 작업반은 단위토지별로 국가계획의 할당량과 관련한 곡물과 기타 농산물의 양을 책정하였다. 농민은 이 책정 몫을 '책임곡물'(또는 기타 생산물) 그리고 국가납부곡물로 불렀다. 책정된 양만큼의 곡물이나 기타 생산물을 국가에 납부한 이후, 농민은 남는 것에 대해 스스로 소지하거나 시장에 내다 팔 수 있었다. 부여된 토지가 고정되어 있기 때문에, 농민은 토지단위별 산출을 높이기 위해 노력해야 하였다. 1983년까지 98%의 생산대가 농가책임제를 채택하였는데, 임차기간은 초기에는 3~5년이었지만, 1980년대 후반에는 30~50년으로 연장되었으며, 농민이 토지를 재임차하는 것도 가능하였다.

농업개혁의 주요 조치 중 하나는 농업관련 가격조정이었다. 1979년 농업생산물가격이 20.1% 인상되었고, 1980년 이후 농민은 시장가격으로 잉여

14 박형중(2002), pp. 297~298; 石磊(1998).

농산물을 팔 수 있게 되었다. 그 밖에 농자재가격이 인하되었으며, 양적 기준의 국가계획할당제도가 가격기준의 수매계약으로 대체되었다. 또한 대부분의 농산물에 대한 자유시장가격이 허용되었다.

1.9. 요약과 결론

사회주의 개혁은 대체로 3단계로 구분할 수 있다. 첫 단계는 국가의 기업에 대한 지령성 계획하달의 체계를 유지하지만 기업측에 더 많은 자율성을 부여하는 '부분개혁'체계, 둘째 단계는 지령성 계획을 점차로 폐기하고 시장기구의 역할을 늘려 감으로써 계획과 시장이 공존하게 되는 '계획적 상품경제'(사회주의 상품경제, 시장사회주의), 셋째 단계는 지령성 계획이 완전히 폐기되고, 중대형 기업이 민영화되며, 시장기구의 여러 제도가 정착하는 단계인 '사회주의 시장경제'이다.

각 단계마다 경제관리를 구성하는 기관과 그 상호 관계는 하나의 정합적 체계를 이룬다. 그러므로 경제개혁의 진행에서 어느 한 구성부분만 획기적으로 '개혁'되거나 지나치게 뒤처질 수 없다. 그러한 경우 그 부분은 다른 구성부분과 양립할 수 없으며, 전체 관리체계가 부조화와 기능마비에 빠지게 될 것이다.

사회주의 경제개혁은 단계적으로 진행한다는 점에서는 공통점을 가지나, 그 구체적 진행과정, 당면문제, 조치의 성과는 국가마다 다를 수 있다. 예를 들어, 중국과 베트남의 경제개혁을 비교해 보면, 제도적 변화라는 측면에서는 1970년대 말, 1980년대 초에 변화를 시작하여, 이후 거의 같은 시기에 거의 같은 내용으로 진행됨을 볼 수 있다.[15] 그러나 중국의 개혁은 정치적 대외환경이 훨씬 좋아지면서 이에 상응하는 지원하에서 이루어졌으며, 대체로 경기과열을 염려하는 속에서 진행되었다. 또한 물가안정, 가격개혁 등은 사회·정치안정을 배려, 매우 신중한 조치들이 취해졌다. 이에 비해, 베트남은 1995년 미국과의 국교정상화, 동남아시아국가연합에의 가입 등이 이루어진 뒤에야 국제환경이 안정되었다고 볼 수 있다. 또한 베트남의 개혁진행에서 물가, 노임 등이 상당히 충격적인 변화가 나타났는데, 가장 큰 애로

[15] 이 책의 제6장 제2절을 참조.

는 극심한 인플레이션을 특징으로 하는 경제불안정이었다. 베트남 정부는 1993년에 가서야 경제안정에 자신을 가지게 되었고, 이에 기초하여 '근대화와 공업화'라는 보다 적극적인 목표를 제기할 수 있게 되었다.

2 베트남 개혁과 발전

베트남의 개혁은 세 단계로 나누어 볼 수 있다. 첫 단계는 1979년에 시작되고, 1981년부터 본격 추진되었던 신경제정책이다. 둘째 단계는 1986~1994년간의 도이모이(쇄신)정책의 1단계로 경제개혁과 함께 경제안정화가 핵심 정책관심이었다. 셋째 단계는 경제안정화 달성을 토대로 1994년부터 '국토의 공업화·근대화' 정책이 추진되는 도이모이의 제2단계이다. 중국과 비교할 때, 베트남의 개혁정책은 어려운 상황 속에서 진행되었는데, 거시불균형 해소를 위하여 보다 급진적인 임금·물가인상을 단행하는 등 충격적인 조치와 심각한 물가상승을 특징으로 하였다. 이는 지도부 내의 노선투쟁과 개혁번복을 야기하기도 하였다.

2.1. 신경제정책

신경제정책은 1979년 가을 베트남공산당 제4기 6차, 그리고 1980년 12월 9차 중앙위원회 전원회의로부터 시작되었다. 주요 내용은, ① 협동농장에 생산청부제 실시, ② 국영기업의 자율권 확대, ③ 실적임금제 실시 및 임금 및 물가인상 등이었다.

농업에서 생산청부제 실시는 1980년 12월 제9회 총회의 제100호 지시로부터 실시되었다. 이 지시는 협동농장(합작사)의 규모축소, 작업반(생산대) 숫자 증대, 분조(생산팀)의 규모축소를 기초로, 작업반이 분조 또는 농민에게 일정 면적의 토지를 대여하고 최종생산물을 청부하도록 하였는데, 축산과 수공업의 경우도 동일한 조치가 실시되었다. 생산물의 청부량은 협동농장이 작업반에 계약한 생산량, 과거의 평균수량, 토지의 비옥도, 비료공급을 고려하여 결정하였다. 대여토지는 노동력의 능력을 고려하여 분조가 결정하고, 토지의 세분화는 피하였는데, 동일 분조 또는 농민에 대한 토지의 대여기간은 2~3년으로 하였다. 청부량의 초과분에 대해서는 80~100%를 농민에게 주었지만, 부족한 경우 객관적 사유가 있으면 변상하지 않고 개인에게 책임이 있으면 100%를 변상하도록 하였다. 생산청부제로 작업반 및 협동농장은 노동의 질과 양을 감시·계획하는 작업으로부터 해방되면서 관리업무가 대폭적으로 줄어들었다. 따라서 협동농장의 관리기구 인원은 소수의 간부를 남기고 생산적 노동에 종사할 수 있게 되었다.[16]

국영기업에 생산경영 및 재정상의 자주권을 주는 취지의 결정은 1981년 1월 정부결정 제25호에 의해 채택되었다. 이 결정은 국영기업의 생산계획을 세 부분으로 나누었다.

① 국가가 원재료의 공급을 보장하는 부분으로 생산물의 가격 및 인도는 전적으로 국가의 지령에 의한다.

② 기업이 스스로 원재료를 구하여 생산하는 부분으로, 원재료의 구입가격 및 제품의 판매가격은 거래상대와 합의가격으로 한다.

③ 국가의 지령을 받지 않고, 기업이 독자적으로 생산한 부산물의 판매는 합의가격에 의한다.

①에 의한 이윤의 50%는 국가예산에 납부하고, 남은 50%를 기업이 생산발전기금, 장려기금, 복리기금의 세 가지로 분배한다. 초과이윤이 발생하면 기업에 60~80%를 주는데, 이 때 보너스 70%, 복리기금 30% 비율로 배분한다. ②에 의한 이윤은 20%를 국가예산에 납입하고, 나머지는 생산발전기금에 20%, 보너스에 60%, 복리기금에 20% 비율로 배분한다. ③에 의한 이윤은 세금과 각종 납입금을 납부한 후, 국가예산에 15%, 나머지 85%를 지배인의 판단에 따라 세 가지 기금에 배분한다. 또한 제25호 결정은 일부 우량기업을 제외하고 국영기업에 대하여 국가가 교부하는 계획지표를 이전의 9개에서 5개로 줄였는데, ① 상품출하액(수출액), ② 주요 산품의 생산량(수출상품의 양), ③ 임금(급여 포함), ④ 이윤과 국가예산에의 납입액, ⑤ 국

[16] 木村哲三朗(1996), p. 127.

가가 제공하는 자재 등이다.

아울러 베트남 정부는 1981년 6월 제26호 결정을 통해 유통분배에 관한 노동자의 생산의욕 증대를 도모하였다. 이 결정은, ① 임금지불에서 실적원칙, 보너스, 현물급여 등에 대해 결정하였다. ② 1981년 5월~1982년 2월까지 대대적으로 가격 및 임금체계가 개정되어 필수물자를 제외한 모든 물자의 소매가격이 6~7배 인상되었다. 아울러 베트남 화폐인 동의 대달러 공식 가격을 인하하였으며, 외국환 관리의 강화, 외화의 국내시장 유통금지 등의 조치가 취해졌다. 그 목적은 생산을 자극하고, 가격이 비용을 반영하도록 각 기업과 경영자에게 경제계산의 전제를 부여하는 것이었다. 아울러 임금, 급여가 100% 인상되었는데, 이는 국영상점이 충분한 소비물자를 공급할 수 없었고, 농민과 국영기업 제품 중 계획초과분의 판매가격이 자유시장에서 상승하였기 때문이었다.[17] 물가상승은 1976~1980년까지 대략 연 120%였는데, 1981년 170%, 1982년 195%에 달하였다.

이와 같은 물가상승의 영향으로 1979년에 시작되었던 신경제정책은 중앙정부의 지배를 강화하는 방향으로 1982년부터 수정되었다. 그 이유는 재정악화와 함께, 물가상승으로 노동자, 병사, 공무원의 생활이 타격을 받았기 때문이었다.[18] 물가상승→세출팽창→재정적자 확대→통화증발→물가상승이라고 하는 인플레이션 악순환이 베트남 경제에 내재화된 것처럼 보였다.[19] 이에 1982년 9월 국영기업의 생산, 경영자주권을 결정한 제25호 결정은 국가에 생산물을 보다 많이 집중하고, 국영기업이 보다 많은 이윤을 납입하는 방향으로 수정되었으며, 1983년 토지면적에 따라 세금을 매기는 신농업세가 채택되고, 공상세법에 따라 남부 농업의 사회주의 개조를 가속화하도록 하였다. 유통부문에 대한 통제강화에 따라 국영 및 집단상점을 포함한 소매시장에서 사영상점의 점유율은 1982년 59.2%로 절정에 이른 뒤, 1983년 이후 급속히 저하하였다. 1983년의 통화유통량이 1979년의 5.8배까지 증가하자, 정부는 1983년 50년 이래 33년 만에 국채를 발행하였다. 이러한 노력에 힘입어 1983년의 물가상승은 150%로 1982년의 195%에 비해 약간 완화되었다.

신경제정책에는 일련의 부작용이 있었지만, 그에 못지않게 성과도 컸기

[17] 木村哲三朗(1996), p. 130.
[18] 木村哲三朗(1996), p. 174.
[19] 木村哲三朗(1996), p. 157.

때문에 개혁은 지속될 수 있었다. 청부제의 도입, 중소상공업 활동의 자유화에 따라 농업과 공업생산이 증가하였다. 1983년 베트남은 식량자급을 달성하였는데, 소비재의 생산과 지방공업의 발전이 농업생산 발전의 기초였다. 따라서 유통분야에서의 투기와 인플레이션에도 불구하고, 경제개혁을 멈추게 할 수는 없었다. 개혁을 향한 새로운 전기는 1985년 6월 제5기 8차 중앙위원회 전원회의였다. 이어 1986년 12월 6차 당대회에서 베트남공산당은 사회주의 계획경제체제 자체에 대해 자기비판을 행하면서, 도이모이(쇄신)정책을 시작하였다. 이와 같은 정책추진은 당시 소련의 페레스트로이카로부터 영향을 받은 바 컸다.

1985년 6월 제5기 8차 공산당 중앙위원회 전원회의는 배급제도에 의해 상징되는 '국가가 모든 비용을 부담하는 제도'의 폐지, 단일가격으로의 이행을 목표로 하는 가격-임금-통화의 대개혁 단행을 결정하였다. 즉, ① 가격체계를 생산에 필요한 합리적 지출에 근거하여 단일가격제로 이행, ② 현물배급제도에 의하지 않는 새로운 임금체계로의 이행, ③ 각 부문, 각 지방, 각 생산기초의 재정면에서의 자주권 형성, ④ 은행업무의 경제계산제, 사회주의적 경영에의 이행 등을 제기하였다.[20] 이러한 결정에 기초하여 제5기 8차 전원회의는 쌀배급제를 폐지함과 동시에, 노동자에 대한 임금지급에서 현물지급분을 폐지하고 현금지급으로 단일화하였다. 배급제 폐지와 완전현금임금제 실시의 목적은 기업들이 보다 정확하게 임금비용을 계산하며, 국가가 현물임금에 대한 보조금을 절약할 수 있도록 하는 것이었다. 이미 4월경에 무역환율을 1달러 11.7동에서 100동으로 올림으로써 동의 가치가 저하하였다. 그러나 자유시장의 실질환율은 1달러 350동 이상이었다. 배급제 폐지와 물가인상을 상쇄하기 위하여 9월에 배급대상자인 공무원, 국영기업 노동자의 최저임금을 2,200동으로 하는 신임금체계가 도입되었다. 이는 1981년의 100% 인상에 맞먹는 명목임금의 대폭적인 인상이었다. 또한 같은 달 10분의 1 디노미네이션이 실시되어 구 10동이 신 1동으로 교환되었는데, 목적은 두 가지였다. 하나는 임금인상에 의하여 발생하는 재정자금의 부족을 보완하기 위한 것이고, 또 다른 하나는 시장에 대량으로 유입하고 있지만 국가에는 환류되지 않는 통화를 물가상승 방지목적으로 회수하는 것이다.

---

[20] 白石昌也·竹內郁雄 編(1999), p. 10.

그런데 이와 같은 배급제도의 폐지, 임금상승, 환율인하는 당국이 예상하지 못한 새로운 종류의 물가상승을 초래하여, 베트남 경제를 대혼란에 빠뜨렸다.[21] 배급제도의 폐지와 완전현금임금제 실시는 국영기업 생산물에 대한 국가의 가격결정권 포기를 의미하였다. 국영기업은 실질비용 계산에 기초한 가격결정을 해야 하였기 때문이다. 그런데 그 비용에는 노동자에게 지불하는 임금이 당연히 포함되어 있었으므로 국영기업은 최저월급을 2,200동으로 하는 신임금체계에 기초하여 가격을 결정하였다. 이는 국영기업 제품가격의 대폭적인 상승을 의미하였다. 제품가격의 상승은 농민에 제공되는 투입재가격의 인상으로 전가되면서 당연히 식량생산비용을 상승시켜 식량의 판매가격이 당국의 예상 이상으로 오르게 되었다. 혼란에 직면한 정부는 이를 타개하기 위하여 1986년 1월에 배급제도를 부활시켰지만 오히려 심각한 물가상승을 초래하였다. 자유시장에서의 동의 가치는 1985년 9월 40동(디노미네이션 이전의 구화폐로 400동)에서 9월에는 350동으로 하락하였으며, 공식 환율은 1986년 11월 15동에서 80동으로 수정되었다.[22]

2.2. 도이모이 1기(1986~1993년)

2.2.1. 1986~1991년

베트남공산당은 1986년 12월 제6차 당대회를 개최하고, 이를 계기로 도이모이라고 불리는 개혁에 착수하였다. 이 당대회는 1985년의 물가, 임금, 환율의 재조정으로 인플레이션 증가율이 1985년 152%에서 1986년 587%로 극심해지는 과정에서 열린 것이었다. 그러나 이 당대회는 추진되고 있던 경제개혁에 대해서는 비판하지 않고, 구래의 국가·사회운영을 자기비판하면서 근본적 방향전환을 선언하였다. 경제면에서는 과거의 경직된 통제경제체제를 개혁하여 시장기제에 기초한 경제체제로 이행하며, 국영부문, 집단부문와 함께 사영부문의 역할을 적극적으로 평가하였으며, 과거의 과도한 중공업 편중정책을 시정하여 경제안정, 민생안정을 위한 농업(특히, 식량과 식품), 소비재, 수출을 중시하였다. 대외관계에서는 주변국과 선진자본주의 국가들과의 관계개선을 희망하면서, 평화공존과 상호 의존이 진전하고 있는

[21] 中臣久(2002), p. 70.
[22] 木村哲三朗(1996), p. 182.

세계의 추세에 적극적으로 적응해야 한다는 것, 다시 말해 대외개방의 촉진을 내걸었다.[23]

6차 당대회의 선언은 당내 보수파와 개혁파의 '합의'를 반영하여, 상당히 모호하게 표현되었는데, 실제로 개혁이 급속도로 가속화한 시기는 1988년 이후였다.[24] 농업과 관련해서는 1987년 4월 제6기 2차 중앙위위원회 전원회의에서 다음과 같은 네 가지를 결정하였다. ① 국가의 여러 기관이 협동농장, 생산집단 및 농가에 대하여 농업세 이외의 부담을 지우는 것을 금한다. ② 생산을 자극하기 위하여 세율과 생산물 청부계약량을 1990년까지 고정한다. ③ 국가의 식량구매가격은 생산비용에 이윤 30~40%를 보증해야 한다. 특히, 쌀값은 이윤을 40% 보장한다. ④ 농산품 및 투입재의 매매는 현금을 사용한다. 이러한 결정으로 애매한 가격체계하에서 물물교환적 색채가 강하였던 식량거래가 비용과 이윤을 고려한 명확한 가격구조를 가지게 되었다.

이어서 공산당 중앙위원회 정치국은 1988년 4월 농업경제관리의 쇄신에 관하여 결의 제10호를 공포하였다. 이는 농업생산에서 기본단위인 협동농장을 사실상 해체하고, 개별 농가를 농업생산의 기본단위로 삼는 것이었다. 이 결정은, ① 생산면에서 농업집단화 추진을 사실상 포기한다. ② 생산청부계약의 대상을 농가의 집합체인 작업반으로부터 개별 농가로 바꾼다. ③ 농가배분과 관련, 종래의 평균주의적 분배를 바꾸어 능력주의에 기초한 배분을 행한다 등을 내용으로 하였다. 이후 협동조합은 1990년 중반까지 반수 이상 격감하였고, 그 기능도 변화하여 농산물의 판매, 관개용수의 관리 등 서비스사업에 그 활동이 한정되었다.[25]

국영기업 관리와 관련해서는 1987년 11월의 정부결의가 중요하였는데,[26] 그 내용은 다음과 같다. ① 일부 예외품목을 제외하고 생산·경영계획을 기업에 완전히 위임하며, 기업이 경영자원, 노동력을 완전히 이용할 수

23 白石昌也·竹內郁雄 編(1999), p. 25.

24 베트남은 당시 베트남 군대의 캄보디아 침공문제, 소련과의 밀접한 관계 등으로 중국과 긴장관계였고, 경제면에서 소련의 원조에 크게 의존하고 있었다. 따라서 베트남의 대내정책은 소련의 동향으로부터 크게 영향을 받고 있었다. 1988년 이후 개혁의 가속화는 1987년을 계기로 소련에서의 개혁 '명령경제의 수정보완'으로부터 '계획과 시장의 혼합경제'로 발전하였던 것과 연계되어 있었다.

25 Tran Van Tho(1997), pp. 51~53.

26 Tran Van Tho(1997), pp. 76~77.

있도록 다각화를 허용한다. ② 물자·원자재의 국영기업에의 공급, 기업으로부터 생산품 납품이라는 상호 관계에 기초한 구래의 제도를 개혁하여, 계약에 의거한 매매제도를 도입한다. 또한 정부의 물자와 원자재 공급은 제한하고 부족분은 기업이 시장에서 구입한다. ③ 재정 및 노무관리에서 자주권을 부여한다. 기업은 자산을 부분적으로 매매·임대할 수 있고, 노동력의 배치전환, 임금지불 등에서 자율권을 갖는다. 또한 갱신투자, 신규투자도 각 기업이 자주적으로 정한다. 임금에 관해서 정부는 최저임금을 규정하지만 그 상한은 철폐한다. 소득세를 도입하여 소득수준을 조정한다. ④ 관리가격의 대상품목을 축소하고 가격차를 보조하는 제도를 폐지한다. ⑤ 기업과 은행의 관계를 평등하게 하며, 기업은 결제와 신용에 관하여 은행을 자유롭게 선택한다 등을 내용으로 하였다. 이 조치에 뒤이어 정부는 1989년 11월 계획지표를 국가상납금으로 단일화하는 한편, 국가의 보조금을 철폐하고, 기업의 투자자금은 재정이 아니라 은행융자로 조달하도록 하였다.

1985년 6월 폐지되었다가 1986년 1월 부활되었던 배급제도는 1987년 중반부터 다시 점진적으로 폐지되기 시작하여 1989년 3월에 개최된 제6기 6차 전원회의에서 완전 폐지되었다. 배급대상 품목 중에서 최후까지 남았던 쌀은 1989년 2/4분기까지 자유화되었다. 또한 국가의 가격통제 폐지의 전환점은 1987년이었는데, 498품목에 이르던 가격통제품목 중에서 핵심 소비재를 제외한 대부부의 물품가격이 시장가격에 근접하는 수준으로 인상되었다. 그리하여 1989년 말까지 전력·운임 등의 공공요금과 연료 등 약간의 상품가격을 제외하고 원칙으로서 가격통제가 폐지되었다.[27]

1988년 말 금융개혁도 실시되었다.[28] 금융기관은 중앙은행과 기타 은행으로 분리되고, 중앙은행의 거래는 정부와 기타 은행에 한정되었다. 과거 중앙은행이 행하던 상업은행 업무는 신설된 2개의 금융기관인 농업개발은행과 상공업은행이 담당하게 되었다. 나아가 지방은행을 필두로 공영, 준공영, 사영의 금융기관이 다수 설립되었다. 이제까지의 금융기관은 정부보조금의 배분기관에 불과하였지만, 독립채산제는 금융기관에도 적용되어 은행이 저축을 모집하고, 이 자금을 기초로 융자를 행해야 하였다. 그리하여 금리가 개정되고, 인플레이션을 감안하여 실질금리는 플러스가 되었다.

[27] 中臣久(2002), p. 73.

[28] 岩見元子(1996), pp. 87~93.

개혁조치로 인한 곡물의 생산증대, 중국 등으로부터의 수입품 증가, 수출증가로 인한 외환사정 완화, 군비 등 세출억제, 환율인하, 금리자유화로 고금리 유지 등 인플레이션 억제정책의 효과로 인플레이션이 점차 완화되었다. 1985년 192%에서 1986년 587%로 급상승하였던 물가는 1987년 417%, 1988년 411%로 높은 수준의 상승률을 유지하였지만 1989년 102%, 1990년 104%, 1991년 104%로 비교적 안정을 찾아갔다.[29]

2.2.2. 1991～1993년

베트남은 1980년대 말 소련·동유럽 등 사회주의 체제의 붕괴로 무역 및 최대원조공여국을 상실하였지만, 1989년 캄보디아로부터 군대를 철수하면서 중국 및 아세안 국가에 접근할 수 있었다. 그 이후 베트남은 소련과 코메콘의 일원으로부터 아시아의 일원으로 급속히 변화하였다. 아울러 1990년대 들어 거시경제가 호조를 보이면서 베트남 정부는 개혁을 가속화할 수 있는 자신을 가지게 되었다.[30]

1991년 6월에 열렸던 7차 당대회는 당시를 '사회주의에의 과도기 초기단계'로 규정하고, 다음과 같은 경제정책을 제시하였다. 즉, ① 1990년의 국내총생산을 2000년까지 2배로 증가한다. ② 과도기를 통하여 경제를 구성하는 5개의 경제성분, 다시 말해 국영경제, 집단경제, 개인경제, 사영자본주의 경제, 국가자본주의 경제를 유지하면서, 국가에 의해 관리된 시장경제로 이행한다. 특히, 국영경제는 주도적 역할을 함과 동시에 국가의 거시경제 관리도구가 되어야 한다. 시장경제를 이행하기 위해서는 소유제도를 사유화해야 한다는 식의 국민경제를 경시하는 주장은 오류이다. ③ 토지는 전 인민의 소유이나, 국가가 농가에 사용권을 교부한다. 가족경제는 독립된 경제성분이 아니지만 발전을 장려한다.[31] 1992년의 헌법은 경제제도에 관하여, "국가에 의해 관리된 시장기구하에서 사회주의 지향을 가진 다성분 상품경제를 발전시킨다"고 쓰고 있었다.

국영기업에 대한 개혁이 1980년대 후반에 매우 큰 진척을 보았지만, 여러 문제가 남아 있었다. 국영기업에 대한 진짜 소유자, 다시 말해 궁극적인

29 中臣久(2002), p. 133.
30 木村哲三朗(1996), pp. 218~244.
31 木村哲三朗(1996), p. 268.

책임소재가 불분명하였다. 경영자는 기업가정신의 결여로 적자경영이 지속되어도 파산하지 않았다. 자율권을 주었기 때문에 기업의 자산이 유실되거나 낭비되어도 정부는 국영기업을 감시하기 어려웠으며, 정부에 대한 납세도 제대로 이루어지지 않았다.[32] 이러한 점은 1990년대 이후 국유기업 개혁이 달성해야 할 과제였다. 구체적으로 국영기업을 시장경제 중 하나의 독립된 경제주체로 위치를 부여하여 우대조치를 삭감·폐지해야 하였다. 특히, 비전략산업의 국영기업에 대한 보조금·금리보전을 대폭 삭감하고, 점차 폐지해야 하였다. 또한 통폐합 등을 통해 국영기업의 수를 줄이는 것과 함께 국영기업 소유형태의 다양화·주식화를 시험적으로 실현해야 하였다.

이상의 과제를 고려하여 정부는 1990년 5월 결정에서 주요 국영기업에 이사회 설립을 시험적으로 추진하였다. 1991년에는 각 국영기업의 법적 기초를 조사하여 기업의 실정을 점검하였고, 이를 토대로 1992년 국영기업의 일부 주식화를 시험적으로 추진한 이후 국영기업의 수가 격감하였다(1992년 1월 1만 5,000개에서 1993년 말에는 6,050개). 특히, 지방관리하의 영세적 농업·상업의 기업수가 격감하였다. 그러나 아직도 종업원 99인 이하의 기업이 47%에 이르렀기 때문에, 1993년 기업집단을 형성한다는 결의가 제기되었다. 그 의도는 규모의 경제를 추구하여 국유부문의 국제경쟁력을 강화하고, 기업집단의 경영을 강화함으로써, 개개의 주관관청, 지방자치체가 국영기업을 관리하는 당시의 주관제도를 폐지해 가는 것이었다.

1992년부터 추진되었던 국영기업의 민영화·주식회사화는 그다지 성과있게 추진되지 못하였다. 그 이유는, ① 주식유통시장이 발달하지 않은 것, ② 주식회사로 재편되는 기업의 종업원 재취직, 그들의 저항문제, ③ 베트남의 사회·경제발전의 기본노선이 원칙상으로 사회주의 지향적이기 때문에 필연적으로 국유부문의 존속·발전이 중시되었다는 것 등이었다.

1993년 6월 농지사용법이 제정되었는데, 농민은 50년까지 토지를 사용할 수 있으며(한도는 각 농가마다 30ha까지), 그 기간에 양도를 계승할 수 있고, 토지를 저당하여 금융기관으로부터 융자를 받을 수 있다는 점 등이 주내용이었다. 토지는 국가소유라는 사회주의 원칙이 견지되고 있지만, 토지사용권은 일반적으로 매매 등의 대상이 될 수 있게 되었다. 토지사용권 기

---

32 Tran Van Tho(1997), pp. 77~80.

베트남에 대한 대외원조(1986~1993년)[33]

1980년대 중반까지 베트남에 대한 소련의 원조는 국민총생산의 10%에 달하였지만, 1980년대 후반에는 소련의 원조는 중단되고, 주로 UNDP와 스웨덴(SIDA)의 미미한 원조만 제공되었다(전체 국민총생산의 1% 이하). 이 시기 베트남은 고전적 구조조정문제와 고군분투하고 있었지만, 베트남이 이 두 기관의 주요 주주로부터 정치적으로 고립되어 있었기 때문에 IMF나 세계은행으로부터 자금원조를 받을 수 없었다. 그러나 UNDP와 SIDA는 베트남 정부를 위해 최소한의 자문을 하고 있었으며, 이 두 기관의 권고와 자금으로 세계은행과 IMF는 베트남에 대해 기술원조를 행하였다. IMF는 UNDP가 자금을 대는 중앙은행의 기술원조를 관리하였고, 세계은행은 UNDP가 자금을 대는 국가계획위원회의 기술원조를 관리하였다.

개혁의 초기단계에서 이와 같은 기관 간의 파트너십은 중요한 기여를 하였다. 1991년 UNDP와 세계은행은 국제적 자문회의를 개최하였는데, 이 회의는 베트남의 대표적 개혁가인 보 반 키엣과 그의 팀이 인도네시아, 한국, 말레이시아의 경제장관을 만나는 자리였다. 각 국가는 자기 나라에서 효과적으로 기능하였던 일련의 주요 정책을 소개하였고, 베트남 팀은 안정화, 무역자유화, 외국투자와 기타 경제정책에 대해 세세한 질문을 하였다. 보다 기술적 차원에서 UNDP와 SIDA는 베트남 경제관련 부서 직원의 훈련과정, 정책회의, 연구여행을 조직하였다.

이 모든 사업의 목적은 베트남이 이웃 국가의 경험을 배움으로써 자기 나라의 경제를 성공적으로 운영하는 데 필요한 지식을 개발하도록 하는 것이었다. 보다 미시적 차원에서도 지식생산이 지원되었다. UNDP와 SIDA, 그리고 세계은행은 정부가 최초의 표본가계조사를 실시하도록 도왔다. 이에 의해 가계의 생산, 소득, 빈곤, 교육, 보건, 어린이 영양상태에 관한 풍부한 정보가 획득되었다. 1992~1993년에 실시되었던 이 조사에 따르면 55%의 주민이 국제적 빈곤선 이하에서 살고 있다.

베트남의 개혁이 진전됨에 따라 시민사회의 공간이 넓어지고 원조제공자의 행위도 이를 촉진하였다. 아시아재단과 세계은행은 국내민간부문과 주요 정부관리의 회합을 조직하였으며, 여기에서 경제정책과 민간투자를 저해하는 주요 장애가 토론되었다. 일련의 원조제공자는 농촌워크숍을 조직하여 가계조사로 인해 알게 된 빈곤분석을 토론하고, 원조제공자가 빈곤축소를 위한 현지주민의 노력을 어떻게 도울 수 있는가에 대해 자문하였다.

이와 같은 원조제공자 행위의 효과가 어떠하였지 정확히 측정하는 것은 불가능하다. 그러나 베트남 경제정책은 극적으로 개선되었고, 그에 의해 주민의 삶이 개선되었다. 베트남의 정책은 1980년대 중반에는 완전히 형편없었지만, 1990년에 이르러서는 단지 좀 빈약할 뿐인 수준에 도달하였다(이와 같은 개선은 농지에 대한 소유권 강화, 인플레이션을 400%로부터 70%로 낮춘 안정화의 1단계와 관계가 있다). 인플레이션이 통

[33] World Bank(1998a), pp. 105~107.

제되고, 무역이 자유화되고, 민간부문에 대한 법적 환경이 선명해진 1990년대 초반에는 정책이 더욱 개선되어 갔다.

베트남은 1989~1993년 기간 동안 국민총생산의 1%에 못 미치는 원조를 받고 있었는데, 대규모 자금원조는 1994~1995년에야 이루어졌다. 이 시기에 베트남의 제도와 정책환경은 저소득국가치고는 매우 좋은 상태였다.

한의 장기화, 토지사용권의 양도·임대·상속·저당설정의 여러 권리가 인정되고 있는 등 실질적으로 토지가 사유화되어 가고 있다고 볼 수 있다.[34]

2.3. 도이모이 2기(1994년~)

베트남은 1990년대 초반 큰 성과를 거둘 수 있었다. 예를 들어, 각종 세법의 정비에 수반된 조세수입의 증대, 재정적자 보전을 위한 지폐남발의 정지(국채발행과 외국차관으로의 전환), 은행금리의 조정, 그리고 국내경제활동의 활성화 등에 의해 인플레이션이 진정되어 갔다. 또한 외국으로부터의 직접투자, ODA의 도입 등을 근간으로 하여 경제성장도 높아지기 시작하였다. 예를 들어, 인플레이션율은 1986년 774.7%, 1991년 107.4%로부터 1992년 17.5%, 1993년 5.2%, 1994년 14.4%, 1995년 12.7%로 극적으로 축소되었다. GDP성장률은 1991년 6.0%로부터, 1992년 8.6%, 1993년 8.1%, 1994년 9.0%, 1995년 9.5%로 순조롭게 증가하였다.[35]

이와 같은 국내경제와 대외관계의 호조를 배경으로, 1994년 1월 공산당은 제7차 전국인민대표자회의를 소집하였다.[36] 이 회의는 베트남이 경제적·사회적 위기상황을 극복한 것으로 평가하면서, 새로운 발전의 시대, 다시 말해 국토의 공업화·근대화 노선을 제시하였다. 도이모이 10주년에 맞추어 개최된 1996년 제8차 당대회에서는 공업화·근대화의 목표로서 "근대적인 물질적·기술적 기반에 토대하여 합리적인 경제구조를 갖추고, 생산력의 발전수준에 부합하는 진보적인 생산관계를 가지고, 높은 수준의 물질적·정신

[34] Tran Van Tho(1997), pp. 50~52.

[35] '전국인민대표자회의'는 5년마다 열리는 정규 당대회가 아닌 일종의 임시 당대회이다(白石昌也·竹內郁雄 編, 1999, p. 29 참조).

[36] 白石昌也·竹內郁雄 編(1999), pp. 29~42.

적 생활을 누리며, 국방과 치안이 견고하고 국민이 부자이고 국가가 강력하며, 사회가 공평하고 문명적이고, 사회주의를 성공적으로 건설해 가는 공업국가이다"를 제시하였다. 보다 구체적으로 2020년까지 베트남을 "기본적으로 공업국으로 만들기 위해 노력 분투한다"는 것이었다. 이를 당대회 문서를 종합해서 재해석해 보면, '공업국'이란 기계화와 과학기술의 발전 위에 성립하며, 생산액과 노동인구의 쌍방에 있어서 공업(과 서비스업)이 매우 큰 비중을 차지하는 경제이다. 생산관계에 관해서는 그 시점에서 사영성분이 존속하지만 국영성분이 주도적 역할을 하고 있으며, 따라서 '국가자본주의' 성분이 확대하고 있다. 경제발전이 사회적 공평의 실현, 인민의 물질적·정신적 생활의 발전, 민족적 '본색'과 전통의 보존 등과 밀접히 결합되어 있다.

국토의 공업화·근대화 노선은 본격적인 경제개발·시장경제화 정책추진을 의미하였다. 이 정책은 세계은행 등 국제금융기관, 서방 선진국가로부터의 금융지원을 배경으로 시작되었다. 아울러 베트남은 1995년 장기현안이었던 미국과 국교수립, 동남아시아국가연합 가입 등 국제사회에의 진입을 달성하였다.

경제면에서 1994년 초 이후 현재에 이르기까지, 베트남은 국유기업 개혁 가속화의 일환으로 국유기업 재편을 추진하는 한편, 국유기업의 '새로운 관리모델'이라 간주된 '주식회사'화를 추진하고 있다. 이 시기 국영기업 개혁의 초점은 국가소유형태의 존속과 국유부문의 효율화가 양립하는 체제로 발전시키는 것이었는데,[37] 그 내용은 다음과 같다.

① 국영기업은 국민경제 중에서 전략적 지위를 갖는 산업에 한정하며, 기타의 산업은 민간기업에 위임한다.

② 국유라고 하는 개념을 반드시 100% 국가소유에만 한정하지 않고, 국가가 과반을 소유하는 경우도 포함시킨다. 따라서 전략적이라고 간주되는 분야에서 국영기업도 그 주식의 일부를 민간에 매각할 수 있다.

③ 소유와 경영을 분리하고, 국영기업의 경영을 개인과 민간법인에 일정기간 청부할 수 있다. 이를 구체화한 것이 1995년 4월 국영기업법이었다.

이 과정에서 베트남은 계획경제시대의 행정기구인 경제부문별 성(省)과 성 산하에서 국가행정체계의 중간 항으로 기능하였던 연합기업소체제를 해

[37] トラン·ヴァン·トゥ(1999), pp. 384~385.

표 7-3 | 베트남의 개혁단계별 주요 내용

	1단계(1979~1986년)	2단계(1986~1993년)	3단계(1994년~)
성 격	부분개혁체계	계획과 시장공존체계	시장주도체계
중 국	1979~1984년	1984~1992년	1992년
북 한	2002. 7~		
이데올로기	'계획경제체제는 국가건설사업의 근간'	'다부문 상품경제'	'다양한 소유형태에 기초한 상품경제의 계획적 발전'
기업자율성 확대	국가물사지원이 불가능한 경우, 계획과 독자생산 인정, 그에 대한 가격제정권	비국영기업에 대한 차별철폐, 자재공급부문 상업화	국영기업의 민영화·주식회사화
국가와 기업 재정관계	국가지령생산, 자체조달생산, 지령과 생산 등에 따라 기업과 국가 간 이윤을 차등분배	국가보조금 폐지(완전독립채산제)	
농 업	분조규모 축소 또는 농민에게 생산청부제	농가생산책임제 실시, 생산청부량 고정, 식량구매가격 30~40% 이윤보장, 농산품 투입재 매매는 현금	농지임대 50년, 실질적 토지사유화
임 금	실적임금원칙, 임금 100% 인상	배급제 폐지, 현물임금 폐지, 임금완전현금지급제, 2,200동 최저임금제	
가격체계	필수물자 제외 소매가격 6~7배 국정가격, 협의가격, 자유가격의 3중가격제	국가가격통제 폐지	시장가격체계
금 융		동가치 절하(달러당 11.7→100동), 공식 환율과 시장환율 격차확대 이후 축소정책, 외환예금제, 금융개혁 실시	
시 장	국영부문, 국영시장부문, 자유시장의 3중구조	단일시장	
인플레이션	연 140% 수준 1983년 50년 만에 국채발행	1986~1988년간 연 470% 수준 화폐개혁(1/10 디노미네이션)	1991~1995년 평균 10%대

출처: 본문 내용에 의거 작성.

세계은행의 베트남에 대한 원조전략(1993년 이후)[38]

세계은행의 베트남과의 관계는 1998년 시작되었지만 대부는 불가능하였고, 단지 비대부 기술원만 제공되었다. 이러한 관계는 세계은행과 베트남의 관계를 발전시키는 데 매우 가치 있는 것이었다. 은행의 직원들은 나중에 개시된 대부업무에 대해 완전한 준비를 갖추고 있고, 경제학자들은 큰 문제에 완전히 집중할 수 있었다. 만약 대부가 행해졌다면, 그들은 아마도 여러 절차요구 준수문제 때문에 '산만한 작업'을 해야 하였을 것이다. UNDP와 전자자료 교환을 통해 세계은행의 실무진은 베트남의 정부관료, 국가 그리고 여러 부문에 대해 잘 알게 되었다. 세계은행은 베트남 관료들이 1993년에 개최하였던 최초의 원조제공자회의 준비를 도왔다. 이 회의는 원조제공측의 조율을 증진하는 데 중요한 기여를 하였다.

여러 차례 실시되었던(1993, 1994, 1995년) 전략은 다섯 가지 분야에 초점을 맞추었다. ① 거시경제 안정을 유지하며 거시경제 관리를 강화한다. ② 시장경제로의 급속한 이행을 지원하는데, 이는 민간부문의 성장을 촉진하고 국유기업과 같은 조건을 만들어 주는 구조조정을 포함하였다. ③ 베트남이 여전히 갈등 이후 국가의 요소를 간직하고 있다는 것을 고려하여 경제적 하부구조(운수, 전력, 관개, 물공급)를 지원한다. ④ 경제성장을 촉진하고 사회부문(교육과 보건)을 지원하여 빈곤을 감소시킨다. ⑤ 환경을 보호한다. 이 전략은 1998년 공공행정, 투명성, 지방분권화 노력, 참여증대와 같은 거버넌스 문제를 포괄하는 방향에서 확대되었다. 이 전략들은 베트남 정부의 주도와 책임을 확보할 수 있었는데, 그 이유는 이것들이 정부 자신의 개발계획과 일치하였기 때문이다. 처음부터 그리고 현재까지 세계은행의 전략에서 원조조정과 파트너십은 매우 중요한 고려사항이었다. 그래서 베트남은 포괄적 개발체계 대부분의 원칙들을 실행하고 있었는데, 이 개발체계가 공식적으로 선언되기 전부터 그러하였다.

다른 많은 나라에서 그러하듯이 세계은행의 전략은 광범위하게 개념지어져 있었다. 전략은 일반적 목표하에서 여러 행위가 정당화될 수 있는 방식으로 책정되었다. 전략의 실행에서 구조개혁, 하부구조 개발, 빈곤축소에 관심이 집중되었지만, 이 세 분야도 포괄적으로 개념지어져 있었기 때문에 보건, 교육, 농촌운수, 농촌전력, 지자체 중심 개발, 관개복구, 농촌금융과 같은 하위부문에 대한 투자도 포함되어 있었다. 이 때 세계은행의 비교우위에 입각한 선택성의 준수가 반드시 지켜졌다고는 할 수 없다.

체하였다. 그 대신 경영이 우수하고 전략적으로 중요한 기업을 중심으로 — 과거의 동종 부문기업의 수평적 통합이 아니라 — 수직적·다각적 통합을 통한 총공사(總公司, tong cong ty)를 구성하였다. 그 내부에 과거의 지배인 대

[38] World Bank(2001b), pp. 4~5.

신에 '관리총회'(또는 '주주총회')를 두었다. 이는 한국과 일본의 재벌을 모델로 하는 중국의 '기업집단'화와 같은 방향의 조치였다.[39]

아울러 국유기업의 '주식회사화'도 1996년 5월부터 본격적으로 추진되었다. 이는 유엔의 UNDP의 강력한 권고 아래 시행되었다. 그 목적은 '주주총회'를 통해 기업경영의 근대화 조건을 마련하는 것이었다. 주식의 일부는 해당 기업의 종업원에게 판매하여, 종업원의 경영참가·경영관심을 높이고자 하였다. 2000년까지 1,500~2,000개의 기업을 주식회사화하는 것이 목표였다.

2.4. 결론: 중국과 베트남의 비교 및 북한에의 시사점

중국과 베트남의 개혁·발전과정은 일련의 공통점과 함께 차이점을 보여 준다. 여기에서는 이를 살펴보고, 이것이 앞으로 북한의 변화에 대하여 함축하는 바를 서술한다.

2.4.1. 중국과 베트남의 비교

(1) 체제전환의 점진성

중국과 베트남의 특징은 '사회주의 견지'를 일관되게 내걸고, 당과 정부가 그 방침을 자주적으로 결정하여 지도하고 있다는 것이다. 이는 구소련·동유럽의 시장경제화가 IMF 및 세계은행의 조언을 기초로 타율적으로 진행되었던 것과 극단적 대비를 이룬다. 물론 '사회주의 견지'라고 하는 것은 적극적 '시장화' 정책 때문에 점진적으로 그 내용이 변화해 갔다. 다시 말해, 사회주의의 기본틀은 간략히 '국가소유+계획경제+1당지배'의 세 기둥이라고 할 수 있는데, 1980년대 중반에 '국가소유+계획·시장혼합경제+1당지배'로, 1990년대 초반에 '민영화+시장주도경제+1당지배'로 변화하였다고 볼 수 있다.

이와 같은 점진적인 개혁의 특징은 다음 세 가지로 요약되었다.[40]

첫째, 증량개혁(增量改革)이다. 다시 말해, 자산의 재분배가 필요한 개혁은 가능한 한 피하고, 그 늘어난 부분의 이익배분 조정을 중심으로 개혁을

---

39 林昭 외(2002), pp. 246~248.

40 林毅夫 외(1993), 溝端似登史·吉井昌彦 編(2002), p. 183 재인용.

진전시킨다는 것이다.

둘째, 시험보급방식의 실시이다. 특정 기업, 특정 지역에서 개혁이 시험적으로 실시되고, 그것이 성공한 경우에만 전국에 보급하는 방식으로 이루어졌다.

셋째, 개혁 그 자체가 가지는 점진성이다. 구체적으로 보면, ① 개혁을 조작하기 쉽다는 것이다. 점진적 개혁은 새로운 제도의 도입을 서서히 행하기 때문에 기존의 조직·제도구조의 상대적인 안정을 확보할 수 있었다. ② 기득권익의 침해를 피할 수 있다. ③ 자산재분배의 경우에 발생하는 공평과 관련된 충돌을 피할 수 있다는 등이었다.[41]

이러한 점진성은 이데올로기 변화에서도 나타난다. 중국과 베트남의 경제개혁은 경제정체에 대한 위기감과 구체제에 대한 반성에서부터 시작되었지만, 개혁의 이념과 목표는 처음부터 명확한 것은 아니었다. 중국에서의 점진개혁론은 어떤 일관된 이론에 기초해서 취해진 정책이 아니라, 중앙에서 보수파와 개혁파 간의 충돌과 권력투쟁의 과정에서 생긴 우연한 시행착오의 결과라고 할 수 있다.[42] 소련에 대한 의존도가 매우 컸던 베트남의 경우에는 1980년대 후반 소련에서의 변화에 크게 영향을 받았다. 또한 집단지도의 원칙하에서 지도부 내의 합의가 존중되고 엘리트 교체가 점진적으로 일어났던 베트남의 경우, 개혁에 관한 공식 언급들은 보수적 외피 속에서 매우 모호하게 표현되었다. 그러나 중요한 변화가 있었다면, 위기의식과 반성을 배경으로 경제발전전략이 과거 정치·이데올로기 중시로부터 실리주의 사상으로 바뀌었다는 것이었다. 정책결정의 경우에 이데올로기적인 측면은 극력 배제되었고, 그것이 사회주의 원칙에 적합한가가 아닌 경제적 성과를 낼 수 있는가가 판단기준이 되었다. 특히, 공산당의 지배가 위협받지 않는 한에서, 경제발전을 지향하는 여러 가능성이 실험되었다. 아울러 사회주의 원칙 그 자체의 해석까지도 시간이 지남에 따라 적절히 변화되었다. 애초에는 '시장'이라는 금기언어를 회피하기 위해 '상품경제' 등의 용어가 사용되었다. 두 나라에서 모두 '시장경제'라는 것에 대한 금기가 제거된 것은 1990년대 초반이었다고 할 수 있다. 중국에서의 '사회주의 시장경제', 베트

41 동유럽식 개혁의 기초가 된 'Washington Consensus'와 중국식 개혁방식과의 비교에 관해서는 Robert H. Wade(2005), pp. 98~115.

42 Jeffrey Sachs and T. Woo(1994), pp. 31~33.

남의 '국가에 의해 관리되는 시장경제'라는 간판이 그 두드러진 실례이다.

(2) 개혁의 단계성

중국과 베트남의 개혁은 공통적으로 또한 대체로 같은 시기에 세 단계를 거치면서 추진되었다. 첫 단계는 중국은 1979~1984년, 베트남은 1979~1987년의 시기로서, '부분개혁체계'라고 평가할 수 있다. 그 이유는 계획경제의 기본틀은 유지하지만, 그 운용을 합리화하고 개선하는 선에서 정책을 추진하기 때문이다. 이 시기에 두드러진 변화는 계획경제틀 내에서 기업경영의 자율성 신장, 그리고 경제정책을 중공업 위주에서 민생 위주로 바꾸는 것, 그리고 농업에서 청부제의 실시 등이다.

둘째 단계는 중국은 1984~1992년, 베트남은 1988~1993년에 해당하는 기간으로, 계획과 시장의 공존단계, 또는 '국유제에 기초한 계획적 상품경제'라고 할 수 있다. 이 시기의 특징은 국가와 기업의 경영분리, 다시 말해 국가의 기업에 대한 지령성 계획을 철폐함으로써 국유기업에게 보다 '완전한' 경영자율권을 부여하는 시기이다. 국유기업은 지령성 계획 대신에 국가의 간접적 거시경제 조절수단을 통해 관리된다. 이 시기에 대부분의 생산재·중간재가격에 대한 국가의 가격통제가 철폐된다. 다시 말해, 자원배분에서 시장이 결정적 역할을 하게 되는 것은 이 시기에 이르러서이다.[43] 국영기업이 시장경제의 주체로 변화하고, 자원배분에서 시장기구가 역할을 함에 따라 적극적 재정·금융·은행개혁이 불가피해진다.[44]

셋째 단계는 중국은 1992년 이후, 베트남은 1994년 이후의 시기로서, '시장경제'라는 용어가 이데올로기적 공식 용어로 사용되며, 중·대형 국유기업의 민영화 및 국영기업 재편이 적극적으로 추진된다. 이 시기에 이르면, 과거의 '국가소유+계획경제+1당지배'의 세 기둥 중에서 사실상 '1당지배'만 사회주의적인 것으로 남게 된다.

---

[43] 가격정책과 관련해서는 소비재, 생산재, 노동에 관한 가격정책을 구분해서 보아야 한다. 소비재가격에 대한 통제철폐는 가장 우선적으로 진행한다. 보다 결정적인 것은 생산재에 대한 가격통제의 폐지문제이다. 이는 '사회주의 경제'의 원초적 구성요소 중의 하나(생산재의 국가소유)와 관련되므로 구분하지 않으면 혼동이 발생할 수 있다. 여기에서 '가격통제 철폐'라고 함은 대부분의 생산재가격과 관련한다. 또한 가격정책은 다른 부문의 개혁, 예를 들어 국가-기업관계의 개혁 등과 동떨어져 진행될 수 없다.

[44] 2002년 7.1경제관리 개선조치에서 현재(2005. 7)까지 북한의 변화는 첫째 단계에 머물러 있다고 볼 수 있다(박형중, 2003 참조).

(3) 체제전환의 이중성

중국과 베트남 모두 1979년 이후의 '개혁'과정은 '계획경제로부터 시장경제로의 이행'과 '전통경제로부터 근대경제로의 이행'의 동시진행이라는 '이중의 이행'으로 진행되었다. 계획으로부터 시장으로의 이행이라는 것은 계획경제체계로부터 시장경제체계로의 이행, 다시 말해 경제체제의 전환을 의미한다. 전통적 자급자족경제로부터 근대적 시장으로의 이행이라는 것은 '시장이 미발달'한 단계로부터 발전한 단계로의 이행을 의미한다.[45] 계획으로부터 시장으로의 이행에 관해서는 앞의 둘째에서 다루었다. 전통적 자급자족경제→근대적 상품경제로의 이행과 관련해서 보면, 1차산업, 2차산업, 3차산업 등의 산업구조 변화가 그 주요한 지표이다. 중국과 베트남의 경우, 1970년대 말에는 농민이 전체 인구의 80%를 차지하는 농업국가였다. 이 때문에 초기단계에서 농업개혁이 주요한 관심이었다. 농업생산의 증대, 소생산자의 급속한 수적 증대가 경제개혁과 시장형성을 용이하게 만들었다고 볼 수 있다. 중국의 경우, 1978~1983년간에 전통→근대로의 변화라는 측면에서 급속한 진전이 있었으나, 계획→시장으로의 이행이라는 측면에서는 진전이 거의 없었다. 그러나 1983~1988년간에는 양 의미 모두에서 급속한 시장화가 이루어졌다. 이후 1991~1997년간 양 의미에서 착실한 진전이 이루어지다가 그 이후에는 전통→근대라는 측면에서 급속한 진전이 있었다.[46]

이러한 이중성에서 보면, 중국과 베트남의 개혁과 발전을 단지 '사회주의 국가'로서가 아닌 '개발도상국가'라는 이중의 차원에서 관찰할 것을 요구한다. 후자와 관련하여 볼 때, ① 두 나라에서 경제발전의 지체 자체가 그 후 경제적 발전의 기반이 되었다고 할 수 있다. 이와 관련하여 상대적 후진성론을 생각할 수 있는데, 이는 경제발전 초기 선진국과의 기술격차, 다시 말해 상대적 후진성이 클수록 후진국의 그 후 경제성장은 급속하게 이루어진다는 가설이다. 그리고 ② 발전국가와 비교할 때 저발전된 경제구조의 장점이다. 1978년 중국은 전체 노동력 중에서 농업인구의 비율이 71%였으나,

---

[45] 여기에서 '시장의 미발달'이라는 것은 체계로서의 시장경제가 기능하는 데 필요한 조건이 결핍되어 있는 상태를 말한다. 시장이 제대로 기능하기 위한 조건으로서는 ① 모든 재화가 시장에서 구입가능해야 한다. ② 재화의 가격이 그 재화의 장기희소성을 반영해야 한다. ③ 시장이 경쟁적이어야 한다. ④ 시장참가자가 시장의 규칙(이윤극대화)에 따라 행동해야 한다는 것이다.

[46] 溝端似登史·吉井昌彦 編(2002), pp. 177~180.

러시아, 폴란드의 경우에는 전체 주민의 거의 100%가 계획경제에 포함되어 있었다. 중국의 경우에는 농업노동력이 비국영부문으로 이동하면서 이 부문이 성장하고 경제잉여를 생산해 냈으므로 국영부문을 그대로 둔 채 비국영부문의 경제가 성장할 수 있었다. 그러나 구소련, 동유럽의 경우에는 국가부문이 특혜를 누렸기 때문에, 고용과 자원이 국유부문으로부터 시장으로 이동하는 것이 용이하지 않았다. 따라서 국가부문의 배분을 획기적으로 줄이는 방식으로만, 즉 국영부문의 극적인 축소와 생산감소 등을 통해서만 비국영부문의 성장가능성이 열렸다는 것이다.[47]

(4) 정부의 강력한 역할

중국과 베트남의 경제개혁이 목표로 삼고 있는 사회주의적인 시장경제는 시장을 주체로 하면서도 적극적인 정부의 관여를 인정하고 있다.[48] 이러한 점에서 보면 정부 주도의 동아시아 경제개발 모델과 매우 유사하다. 그러나 정부개입의 중요성은 체제이행기에 있는 중국, 베트남에서는 동아시아 국가들의 경우와 비교하여 한층 더 중요하다. 왜냐하면, 먼저 두 나라에서의 시장화 개혁이 단지 시장경제의 도입을 의미하는 것이 아니라, 앞에서 언급한 자급자족경제로부터 상품경제로, 계획경제로부터 시장경제라고 하는 이중의 전환을 함축하고 있기 때문이다. 나아가 국유제를 주로 하는 사회주의 시장경제하에서는 국유기업의 소유자인 정부(지방정부를 포함)는 시장을 감독·조절하는 심판자이면서 시장경제의 참여자이다. 이와 같은 이중의 역할을 하는 정부의 역할은 동아시아 국가들과 같이 정부가 단지 심판자로서 정책을 결정하고 실시하는 것과는 상이한 역할이다. 또한 공산당의 1당독재라고 하는 절대적 권력을 배경으로 한 정부의 시장개입은 동아시아 국가들보다 훨씬 강력하다.

이와 같은 국가의 강력한 역할 때문에 1990년대 이후 두 나라가 지향하는 사회주의 시장경제는 서방의 시장경제와 매우 상이한 것이다. 그 하나는 국유제의 주체적 지위이다. 생산재의 국유제가 사회주의의 상징이며, 국유기업과 국가지주회사가 여전히 두 나라 경제의 기간부분을 이루고 있다.

---

47 Jeffrey Sachs and W. T. Woo(1994), pp. 23~31; Joseph C. H. Chai(1994), pp. 231~245; Wolfgang Quaisser(1995), pp. 279~298.

48 南亮進·牧野文夫(2001), p. 35.

특히, 시장개혁의 진전과 함께 국유제도 점차 개념이 변화하여 국가주(기업자산 중 국가소유분을 주식으로 환산한 것)를 주로 하는 주식제도 공유제의 범위에 드는 것으로 간주하고, 실질적으로 민영화의 길을 걷고 있다. 그러나 주식제 기업에 있어 그 주식의 2/3 또는 1/2을 중앙 및 지방정부의 국유자산관리국이 보유하고 있고, 국가주가 지배적인 위치를 차지하고 있는데, 이는 정부당국의 기업경영에 대한 통제와 개입을 열어 주고 있다. 따라서 정부의 시장에 대한 간섭은 유럽 및 미국과 일본 등의 시장경제보다도 일상적이고 강력하다.

다른 하나는 공산당에 의한 1당독재체제이다. 사회주의 시장경제라는 것은 중국에서 '4개의 원칙'(사회주의 견지, 인민민주독재의 견지, 중국공산당 지도의 견지, 마르크스-레닌주의와 모택동사상의 견지)이라고 하는 정치체제 틀 내에서의 경제개혁이며, 베트남에서도 사회주의적 지향을 강조하고 있다. 따라서 두 나라에서는 경제의 시장화가 진행되고 있는 한편, 공산당조직이 국민경제의 각 분야에 큰 영향력을 가지고 있다. 이와 같은 공산당 1당지배하에서 기업과 정부, 기업과 당의 분리가 충분히 진행되지 않으며, 또한 시장에 대한 정부의 관여도 강력하다.

그런데 바로 이러한 점 때문에, 체제이행과정에서 정부 자신이 개혁의 저해요인이 되고 있다. 중국과 베트남에서는 경제의 시장화 개혁이 진행되고 있는 반면, 정부 자신의 행정개혁은 그에 훨씬 뒤떨어졌다. 자주 거론되고 있는 당·관료 고급간부 등의 부패·수뢰사건과 같이 정부부문의 비효율과 관료부패의 심각화는 경제개혁에 있어 최대의 장애 중 하나이다. 중국에서는 1988년, 베트남에서는 1994년 이래 행정개혁이 적극 추진되고 있다. 그러나 정부의 요직과 당의 요직을 종종 동일인물이 겸임하고 있는 체제에서는 공산당 자체의 개혁이 충분하지 않으면 행정개혁은 철저하게 수행될 수 없다. 결국, 행정개혁이 이루어지지 않으면 경제개혁이 심화될 수 없을 뿐 아니라 지금까지의 성과도 수포로 돌아갈 수 있다. 그러나 역으로 행정개혁이 본격화되면 행정과 당의 분리에 의해 공산당의 영향력이 저하되어 공산당의 독재통치기반이 흔들릴 수 있다.

(5) 경제안정화 문제

전반적으로 보았을 때 중국의 개혁은 베트남에 비해 훨씬 좋은 조건 속에서 진행되었고 그 성과도 좋았다. 따라서 두 나라의 개혁과정을 비교해 보면 제도개혁이라는 측면에서는 거의 유사한 조치와 순서를 보여 주고 있지만, 거시경제 관리라는 측면에서는 거의 반대의 문제에 직면하였다.

중국의 경우에는 초기 개혁단계(1979~1984)에서 이 물가·임금체계를 재조정하는 문제가 핵심 정책과제로 거의 등장하지 않았다고 볼 수 있다. 중국에서는 이 시기 일반상품의 경우, 기업이 시장수급에 맞추어 생산을 조절하고 일정한 범위에서 자율적으로 가격을 결정하는 것을 허용하였다. 또한 원재료가격 인상, 농업수매가 인상, 식료품 소매가격 인상 등이 있었다. 그러나 전반적으로 볼 때, 사회안정문제에 대한 정치적 배려를 우선시하면서 물가억제정책과 함께 생산증대에 의한 공급증대정책을 병행하였다.[49] 중국의 보다 본격적인 가격개혁은 1984년에야 이루어졌다.

그러나 베트남의 경우, 경제개혁은 초반부터 상당히 급진적이라 할 수 있는 임금 및 물가인상조치와 함께 시작되었다. 신경제정책의 실시와 함께 1981년 임금 100% 인상, 필수물자를 제외한 소매물가 6~7배 인상조치가 있었다.[50] 이 때문에 1982년부터 재차 중앙정부의 경제지배를 강화하는 방향으로 정책을 전환하기도 하였다. 베트남은 이와 같은 임금과 물가의 급진적 인상으로 개혁과정에서 극심한 인플레이션을 겪었다.

중국에서도 거시경제 안정의 문제가 존재하였지만, 그것은 성격이 다른 것이었다. 베트남의 경우 인플레이션은, ① 임금 및 가격의 급진적 인상에 따른 전반적인 가격재조정 과정을 반영하며, ② 재정부문에서 물가 및 임금 인상에 따른 세출팽창과 재정적자 확대, 통화증발과 물가상승이라는 악순환을 반영하였다. ③ 공급부족이 인플레이션의 중요한 원인 중의 하나였다. 그러나 중국의 거시경제 안정은 대체로 과도한 투자행위와 수요팽창에 의한 경기과열 때문이었다.[51] 기업과 지방정부의 자율성이 증가하였지만, 여전히 국영경제의 체질을 가지고 있었다. 따라서 기업과 지방정부는 수익성에 대한 엄격한 고려 없이 투자를 확대하였고, 이것이 총수요 팽창과 경제과열에 따른 인플레이션을 야기하였다.

49 王曙光(2004), pp. 36~37.
50 북한의 경우에는 더 충격적이어서, 국가부문에서 2002년 7월 임금 18배, 물가 25배로 일시에 급등하였다.
51 樊綱(2004), pp. 161~163.

그런데 1983년 식량자급을 달성한 바에서 나타나듯이, 베트남의 경우 개혁에 따른 공급증대가 물가를 어느 정도 진정시키는 데 기여하였다고 볼 수 있다. 1980년대 초반 베트남의 물가상승률은 연 120~200%대였다. 중국의 경우에는 1988년 물가가 20% 상승하였는데, 이는 "건국 이래 최악의 물가상승률"이라고 하였다.

이처럼 개혁진행과정에서 중국에서는 경제호조에 따라 제도개혁이 수반하는 물가인상 압력을 적절히 제어하는 것이 가능하였던 한편, 대체로 경기과열로 인한 과수요 때문에 경제안정화 문제가 대두하였다. 그러나 베트남에서의 경제개혁은 제도개혁과 아울러 내부의 심각한 거시경제 불균형을 반영하여 초반부터 급격한 물가·임금인상조치로부터 시작하였고, 이로 인한 사회적 고통을 감수할 수밖에 없었다. 이와 같은 경제불안정은 1980년대 초부터 1990년대 초반까지 거의 10년 동안 계속되었다. 베트남이 본격적인 경제발전 과제에 집중하게 된 것은 경제안정화가 달성되었다고 선언한 1994년 이후 국토의 공업화·근대화 노선의 선포 이후라고 할 수 있다.

2.4.2. 북한에의 시사점

전반적으로 볼 때, 2002년 7월로부터 2005년 중반에 이르는 3년간의 개혁은 중국의 1979~1984년, 베트남의 1979~1985년에 상당한다고 볼 수 있다. 북한의 개혁은 과감성에 있어서 뒤처진다고 할 수 없지만, 다른 두 나라의 경우보다 훨씬 어려운 상황 속에서 진행되었다. 우선 경제난의 정도가 두 나라에 비해 훨씬 심하여 임금, 물가, 환율 등을 재조정하는 데 보다 급진적이고 충격적인 조치에 의존할 수밖에 없었다. 그리고 북한의 7월조치와 거의 동시에 핵과 관련한 안보문제가 재발함으로써 국제사회의 지원을 얻는 데 어려움을 겪고 있다.

만약 북한이 현 정치체제의 안정 속에서 개혁을 지속하게 된다면, 북한의 개혁은 중국·베트남과 유사성과 함께 차이를 보여 줄 것이다. 앞서 이 글은 중국과 베트남을 비교하는 가운데 위에서 언급된 체제전환의 점진성, 개혁의 단계성, 체제전환의 이중성, 정부의 강력한 역할, 경제안정의 문제 등을 거론하였다. 이 중에서 체제전환의 점진성, 개혁의 단계성, 정부의 강력한 역할 등에서 북한은 중국 및 베트남과 공통의 특질을 보여 줄 것이라 기대할 수 있다.

체제전환의 이중성, 경제안정의 문제에 대해 북한과 관련하여 다음과 같이 판단할 수 있다. 먼저 체제전환의 이중성 문제이다. 중국 및 베트남과 비교할 때, 2002년 당시 북한의 농업인구는 전체 인구의 30% 수준으로 개혁 초기 70~80%에 달하였던 두 나라에 비해 훨씬 더 근대적 분업이 발전한 나라라고 할 수 있다. 또한 농업이 전체 산업에서 차지하는 비중으로 볼 때, 개혁으로 인해 농업으로부터 발생하는 생산증대를 차후 발전을 위한 밑천으로 삼기는 어렵다. 이러한 점에서 북한은 중국과 베트남보다는 구소련과 동유럽 사회주의 경제와 더욱 유사하다고 할 수 있다. 그러나 발전된 사회주의 경제에서는 국유부문의 특권이 개혁을 방해하였던 것에 비해, 북한의 국유부문은 지난 경제난의 결과로 거의 붕괴하였다고 볼 수 있다. 따라서 북한의 자원과 자본이 이 부문의 특권집착 때문에 다른 용도로 해방되는 데 어려움이 있다고는 판단할 수 없다. 다시 말해, 지난 경제난의 여파로 북한의 경제개혁은 반드시 '증량'이 아니더라도 내부자원과 자산의 재배치와 재동원하는 데 그다지 큰 어려움이 없을 것으로 보인다. 그러나 다른 한편에서 북한이 대외적으로 안보불안을 느끼는 한편 대량살상무기 개발을 지속하는 한, 이 부문에 묶여 있는 자원과 자본을 다른 부문으로 재배치하기는 어려울 것이다.

개혁실시 이후 경제안정문제의 성격과 심각성에 있어서, 북한은 베트남과 많은 유사점을 보여 줄 것으로 판단된다. 베트남의 경우처럼 북한 경제의 본격적인 발전전략 수립은 경제안정이 달성된 이후에나 가능할 것이다. 그런데 경제불안정의 문제는 북한에서 훨씬 심각한 문제로 판단된다. 북한은 물자공급 부족, 높은 인플레이션, 경제 내부의 고도 무역적자, 공식 환율과 실질환율 사이에 넓은 간극, 자국화폐의 기피 및 높은 외국환 선호현상, 은행·금융기관 취약성으로 인한 자본결집력 미약 등으로 저발전의 악순환('저발전레짐')에 빠져 있다.[52] 1983년 식량자급을 달성한 바에서 나타나듯이, 베트남의 경우 개혁 4년여 만에 개혁의 성과에 따른 공급증대가 물가를 어느 정도 진정시키는 데 기여를 하였다고 볼 수 있다. 그럼에도 1980년대 초반 베트남의 물가상승률은 연 120~200%대였다. 그러나 북한의 경우에는 개혁 이후에도 공업 및 농업의 생산증대라는 측면에서 이렇다 할 성과를 내지

[52] Hansjörg Herr and Jan Priewe(2005), pp. 73~76.

못하는 것으로 판단된다. 여전히 식량생산은 정상수요를 기준으로 연 200만 톤 이상이 부족하며, 생활필수 공산품의 경우 대략 80%를 수입에 의존하는 상황이어서, 중국 물가의 직접적 영향을 받는 것과 함께 국내산업의 침체가 개선되지 못하였다. 이러한 사정을 반영하여 2002년 이후 거의 연 400%에 달하는 인플레이션을 겪고 있는 것으로 판단된다. 베트남이 이러한 문제를 해결하고 국내경제의 상황이 '저발전레짐'에서 '발전레짐'으로 전환하는 데에는 15년가량이 걸렸다. 문제가 훨씬 심각한 북한의 경우에도 그만한 노력이 필요할 것으로 보인다.

3 1990년대와 2000년대의 북한 경제

여기에서는 7월조치 평가와 함께 지난 10년간 북한 경제의 역사적 회고 및 시기구분에 대해 제기되어 있는 여러 견해를 소개한다. 그리고 1990년대 이래 북한 경제의 실태·정책과 관리가 시기적으로 어떻게 변화하였고, 북한 당국의 어떠한 대응이 있었는가에 대한 새로운 시각을 제공하면서, 이에 입각하여 기존의 7월조치에 관한 여러 견해 및 7월조치를 재평가한다.

3.1. 7월조치 및 1990년대 이래 북한 경제사 연구현황

3.1.1. 7월조치에 관한 여러 견해

7월조치와 관련하여 ① "「7.1조치」가 계획경제의 틀 안에서 설명되는 조치인지 또는 시장경제로의 이행을 내포하는지 하는 성격판단에 관한 문제"와, ② "기대하던 의도대로 긍정적 결과를 가져다 주는지 또는 실패로 돌아가고 마는지 하는 성패 여부에 관한 문제"라는 두 가지 질문이 관심의 초점이었다.[53] 7월조치 직후에는 이 조치의 내용에 대한 정보수집·평가와 함께 첫 번째 질문에 관심이 집중되었다. 그러나 시간이 지나면서 관심이 7월조치의 내용에 관한 서술은 대동소이해지는 반면, 두 번째 질문으로 이전하였다.

첫 번째 질문과 관련해서는, 양문수가 지적하고 있듯이 세 가지 견해가 있다. ① 사회주의 경제의 정상화를 도모하는 체제 내의 개선이라고 보는 신중한 평가(조동호, 남성욱), ② 북한 경제의 장기적인 체제전환에 주목해 시장경제화의 출발이라고 파악하는 적극적 평가(양문수, 김연철, 정영철), ③ 사회주의 경제개혁의 단계별 진전양상에 초점을 맞추어 부분개혁체제라고 보는 단계론에 입각한 평가(박형중)가 그것이다.

조동호는 7.1조치와 그 이후의 추가조치들은 분권형 계획경제체제로의 전환시도라고 하면서, 시장경제체제로의 이행을 염두에 둔 것이라고 보기는 어려우며 7.1조치를 통해 비공식부문의 확장을 방지하고 공식부문을 정상화시키겠다는 의도로 판단하였다.[54] 남성욱은 7.1조치는 계획경제 시스템의 정상화를 최종목적으로 하고 있으며, 중간과정에서 제한적으로 시장경제를 도입하면서 '경제체제 내부의 체질개선'을 통해 계획경제의 비효율성을 제거하는 데 역점을 두고 있다고 하였다.[55]

두 번째 견해에 속하는 양문수는 샤방스(Chanvance)의 사회주의 발전 4단계론에 비추어 평가하였다. 즉, 7월조치는 전통적 시스템→시스템의 개선(systemic adjustments)→급진적 개혁(radical reform)→시스템의 해체 중에서, 시스템 개선과 급진적 개혁의 중간이나 시스템 개선에 훨씬 더 가깝다고 보았다. 북한은 중앙계획화의 틀 내에서 계획화의 방법을 바꾸어 시스템을 합리화·유연화하고자 하였다[56]는 점에서 시스템 개선에 속하지만, 7.1조치 및 후속조치(종합시장정책)의 핵심 요소는 기업활동에 대한 부분적인 분권화, 그리고 아주 초보적인 수준에서의 시장화로 파악할 수 있기 때문에, 시스템 개선의 틀을 넘어선 것으로 보아야 한다는 것이다. 김연철은 계획개선과 시장개혁을 구분하고, 북한의 7월조치를 시장개혁의 출발로 해석하였다.[57] 여기서 계획개선이란 계획체계의 부분적 효율화를 의미하는 조치이며, 시장

---

53 강일천·공선영(2003).

54 조동호(2004), p. 13.

55 남성욱(2004), p. 2.

56 양문수(2004), p. 8.

57 김연철(2002), pp. 19~21.

개혁이란 전통적 시장경제의 결함을 인정하고 계획기능을 장기성장방향과 투자정책에 한정하며 미시경제적 결정은 시장기능에 맡기는 조치를 의미한다.[58]

왜 이러한 조치가 필요하였는가 하는 배경과 이유에 대해서도 상이한 설명이 존재하였다. 조동호는 기존의 스탈린식 계획경제체제로는 더 이상 경제난을 해결할 수 없게 되자 분권형 계획경제 메커니즘을 모색하게 된 것이라고 보았다.[59] 양문수는 7월조치는 1990년대 이후 경제위기 속에서 중앙정부가 국민경제에 대한 장악력·통제력을 상당 정도 상실하였는데, 이러한 현실을 공식으로 추인한 것으로 보면서 7월조치와 관련된 경제정책 변화를 방임적 시장화·분권화로 판단하였다.[60]

3.1.2. 김정일시대 10년(1994~2004년)의 북한 경제 회고와 시대구분

박순성[61]과 배종렬[62]은 '김정일의 북한 경제'라는 동일한 주제와 시기를 다룬 논문을 발표하였고, 양문수의 시대구분이 존재한다.[63] 그런데 이 3자에서 시대구분의 출발점, 시대구분 및 각 시대의 의의에 관한 상이한 견해가 발견된다.

박순성은 경제정책의 기조와 담론의 변화라는 기준하에 1994~2004년의 북한 경제를 네 시기로 나누고 있다. 제1시기(1994~1996)에는 농업·경공업·

58 김연철(2002), p. 20. 그는 북한은 7월조치로 인해 관료적 조정체계에서 관료적 조정과 시장조정이 공존하는 이중체제가 되었으며, 그러한 의미에서 '규제된 시장조정체계'라고 하였다(p. 21). 그러나 양문수도 지적하듯이, 북한의 7월조치는 전통적 시스템에 대한 강한 비판에서 출발한 것이 아니며, 또한 시장을 통해 계획을 보완하는 것이다. '시장을 통해 계획을 보완하는 체제'의 몸통은 '계획'이다. 따라서 이러한 체제가 김연철의 말대로 '관료적 조정과 시장조정이 공존하는 이중체제'라고 할지라도, 무게중심은 '관료적 조정'에 있다. 그런데 '규제된 시장조정체계'라는 개념설정의 몸통과 무게중심은 '시장조정체계'에 설정되어 있다고 판단해야 한다. 정영철은 7월조치를 통해 북한이 '소유권에서 공유제(국유제)와 상품-화폐관계에 따른 시장의 인정 및 활용'을 의미하는 '시장사회주의' 실험에 착수하였다고 한다(정영철, 2004, pp. 77~104).

59 조동호(2004), p. 13.

60 양문수(2004), p. 7. 김연철은 계획경제와 암시장경제라는 이중경제체제의 격차를 좁히기 위한 것이었다고 판단한다(김연철, 2002, p. 21). 정영철은 북한 내부적으로 많은 논쟁을 거친 것, 오랫동안의 준비 끝에 나온 북한의 '강제된 선택'으로 보았다(정영철, 2004, pp. 89, 91).

61 박순성(2004), pp. 57~76.

62 배종렬(2004), pp. 3~23.

63 양문수(2003), pp. 37~38.

무역제일주의라는 '혁명적 경제전략'이 추진되었다. 제2시기(1997~1998)에는 자립적 민족경제 건설노선이 다시 강조되었다. 제3시기(1999~2001)에는 경제강국 건설과 기술개조·관리개선이라는 두 정책기조가 공존하고 상호 경쟁하였다. 제4시기(2002년 이후)는 개혁·개방정책이 전면에서 추진되는 가운데 미국의 대북 압박정책에 대응하여 국방공업 우선발전전략이 지속적으로 제기되었다.

배종렬은 대내경제, 남북경제, 대외경제의 세 가지 범주를 기준으로 김정일의 북한 경제를 3단계로 구분하였다. 제1단계는 김일성의 정책에 손을 대지 않은 유훈통치기(1994. 7~1997. 10), 제2단계는 과거의 회귀와 미래변화의 씨앗이 공존하였던 개혁준비기(1997. 10~2002. 7), 3단계는 대내적으로 사회주의 경제관리 유지와 실리를 중심으로 하고, 특구에서는 자본주의 경영방법의 도입을 결정한 개혁시도기(2002. 7~)이다.

양문수는 1990년대와 관련하여 두 단계를 설정한다. 1989~1997년의 시기는 제한적이지만 경제개혁적 요소가 있는 정책이 다시 등장하는 가장 어려웠던 시기이며, 1998년 이후 시기는 1997년 10월 노동당 총비서 취임과 함께 경제정책의 변화가 있었다.

여기에서는 1990년대 이래의 북한 경제를 5단계로 구분한다. 구분기준은 경제관리체계, 경제정책 및 경제실태의 변화이다. 물론 이 세 가지 차원은 서로 연계되어 있지만 뚜렷이 구별되며, 상대적으로 독자적인 전개를 보여 준다. 이 세 개념을 편의상 매우 간략하게 정의하면, ① 경제관리는 경제운영의 기반이 되는 관리기구체계 및 운영규범체계와 관련하며, ② 경제정책은 경제관리체계라는 도구사용을 위한 목표지향 및 행위이며, ③ 경제실태는 그 체계와 행위의 배경과 결과가 되는 경제상황을 지칭한다. 이에 따라 1990년대 이래 북한 경제를 시기적으로 구분해 보면, 제1시기는 1991~1993년간으로 온건정책으로의 선회와 계획체계의 와해과정, 제2시기(1994~1997)는 '완충기' 3대 제일주의와 개혁체계의 붕괴, 제3시기(1998~2000)는 전통경제발전노선 및 계획체계의 복구 시도, 제4시기(2001~2002. 7)는 계획체계의 정상화와 개선 시도, 제5시기(2002. 7~)는 개혁에 따른 새로운 문제직면기이다.

이하에서는 이러한 시대구분에 따라 1990년대 북한 경제의 역사적 변화를 살펴보면서, 왜 이러한 시기구분이 타당한가를 밝히고, 그 역사적 변화양상에 비추어 7월조치에 관한 여러 견해를 재평가하면서 7월조치 자체의 배경과 의미를 분석한다.

3.2. 계획체계의 와해과정(1991~1993년)

북한 경제의 어려움은 이미 1980년대 후반에 시작되었다. 가장 큰 이유 중의 하나는 1989년 평양축전 준비 등과 관련된 1980년대 후반 무리한 경제정책 때문이었다.[64] 이어 1990년경 사회주의 대외무역관계의 해체와 함께 경제난이 급격히 심화되었다. 소련 및 중국과의 사회주의 무역이 경화결제로 전환하면서 급속히 위축되어 에너지수입이 급감하였다. 북한 당국은 1991년부터 '하루두끼먹기'운동을 시행하는 등 식량사정도 급격히 악화되기 시작하였다. 이러한 상황에 이르자 북한은 1990년 중반~1991년 초반부터 경제정책의 방향을 전환하였다.

북한의 경제정책은 1987년 이후 1990년까지 4년간의 '방대한 과업을 수행하기 위한 혁명적 대고조'[65]를 뒤로 하고, 1991년부터 '생산의 정상화'를 강조하기 시작하였다. 북한은 1991년 신년사에서 '경제건설의 주되는 과업'과 관련, "인민경제의 선행부문을 확고히 앞세우고 이미 마련하여 놓은 생산적 토대를 효과적으로 이용하여 생산을 높은 수준에서 정상화하며 사회주의적 요구에 맞게 인민들의 물질문화생활을 더욱 높이는 것"으로 규정하고 있다.

정책전환의 징조는 김일성이 1990년 5월 정무원에 새로운 경제과업을 제시하면서 나타났다.[66] 여기에서 김일성은 농업제일주의, 무역제일주의, 경

[64] 한 '북한사람'의 말을 빌리자면, "(1989년부터) 계획하여 생산·배급하던 게 다 깨져 버리고 인민들이 장마당에 나가서 필요한 물건을 샀다. 왜 하필 1989년부터인가? 전부터 조금씩 어려웠는데 1989년도 13차 청년학생축전 하면서 돈을 너무 많이 썼다. 이 때부터 장마당이 많이 늘어났다"는 것이었다(좋은벗들 엮음, 2000, p. 141).

[65] 1987~1990년간 각 연도의 신년사에서 김일성은 '올해 경제과업'과 관련하여 다음과 같은 표현을 사용하였다. "경제건설을 힘있게 밀고 나가는 것"(1987년은 신년사가 없고, 1986. 12. 30 김일성의 연설 「사회주의 완전승리를 위하여」로 대신), "우리 앞에 나선 (방대한) 과업…… 사회주의 건설의 모든 분야에서 또다시 세인을 경탄하는 기적을 창조……" (1988. 1. 1), "올해에 우리 앞에 나선 과업은 전당·전국·전민이 떨쳐나서 수행해야 할 방대한 혁명과업…… 우리는 올해에 사회주의 건설의 모든 분야에서 다시 한번 대고조를 일으킴으로써 천리마에 속도전을 가한 기세로 힘차게 달려 온 1980년대의 마직막 해를 …… 빛나게 장식"(1989. 1. 1), "사회주의 건설에서 다시 한번 혁명적 대고조를"(1990. 1. 1).

공업에 힘을 넣기 등 3대 중점과, '생산을 정상화하기 위한 투쟁'방안으로 전력생산에 힘을 넣기, 석탄생산의 정상화, 철도수송문제 풀기 등을 지시하였다. 김정일은 또한 같은 해 9월 「재정은행사업을 개선강화할 데 대하여」라는 문건을 발표하면서, 국가예산을 바로세우고 철저히 집행할 것과 공장·기업소 재정관리사업을 개선할 데 대하여 언급하였다.[67] 이와 함께 독립채산제가 1990년부터 확대 강화되었다.[68]

1991, 1992년과 1993년의 경제정책 과업은 1990년 김일성의 지시를 따르고 있었다.[69] 1991년은 채취공업, 전력공업, 철도운수를 앞세우고 금속공업을 발전시키며, 경공업과 농업을 강조하고 있다. 12월 북한은 나진·선봉을 '자유무역경제지대'로 지정하였다. 1992년 북한은 전력과 석탄증산 및 철도운수에 중점을 두는 한편, 경공업과 농업에 주력한다고 '대농의 해'로 정하고 농업생산의 획기적 증대를 도모하였으며, 주택건설에 힘썼다. 그리고 김달현 부총리를 남쪽에 파견하는 등 대남 경제협력에 큰 관심을 표명하고, 일본과의 수교협상에도 적극적인 관심을 보였다. 또한 '새로운 무역체계'[70]를 도입하여 중앙정부기관, 기업소의 국가무역과 도행정경제위원회의 무역회사로 이루어지는 지방무역체계를 마련하였다. 이러한 북한의 시도는 핵문제의 대두와 그에 따른 남북관계의 경색 때문에 실패하였다. 1993년 들어 북한은 석탄과 전력·금속공업을 중심고리로 설정하였으며, 경공업, 운

---

66 김일성(1990), pp. 323~342.

67 이 문건은 한국의 신문들이 1998년 개정헌법 또는 2001년 10월 「강성대국 건설의 요구에 맞게 사회주의 경제관리를 개선강화할 데 대하여」에서 새로운 개혁조치로 판단하였던 것들에 대하여 이미 언급하고 있다. 즉, ① 독립채산제를 바로 실시해야 하는데, 그를 위해 원가, 가격, 수익성 같은 경제적 공간을 옳게 이용할 것, ② 가격은 제품의 쓸모와 인민경제적 의의, 수요와 공급 사이의 관계, 국가적 이익과 생산자들의 이해관계를 충분히 고려하여 제정할 것, ③ 연합기업소 안에서 유통되거나 지방적 의의를 가지는 일부 제품의 가격은 연합기업소와 지방에서 자체로 실정에 맞게 제정하여 적용할 것, ④ 수요와 공급 사이의 호상관계에 기초하면서도 생산자들이 제품생산에 관심을 가질 수 있도록 제정하는 바의 '협의가격'을 잘 이용할 것, ⑤ 국가와 공장·기업소 사이의 이윤분배에서 국가에 들여놓을 몫을 선차적으로 보장하는 원칙을 견지하면서도 이윤계획 실행 정도에 따라 공장·기업소들에서 기업소기금과 상금기금을 세우고 쓸 수 있게 할 것 등등.

68 양문수는 탈북자들의 증언을 종합할 때, 1980년대 말이나 1990년대 초부터 독립채산제가 본격적으로 이전보다 넓은 범위에서 실시되었던 것으로 판단한다. 그가 인용하고 있는 탈북자가 종사하던 직장에 1990년부터 독립채산제가 처음으로 실시되었다는 증언이 2건 존재한다(양문수, 2001, pp. 370~371).

69 각 연도 신년사 참조.

70 김일성(1997), p. 431; 리신효(1992).

수, 농업, 주택건설 등의 과제를 설정하였다.

소련 및 중국 등 사회주의권과의 무역이 붕괴되고 경제난이 급속히 악화되었던 1991년부터 북한의 경제관리체계는 크게 변화하였다. 이 시기 중앙정부가 하급단위에 대한 통제력을 상당 부분 상실하면서 하부단위의 자율성이 증대해 왔다. 1990년대 들어 경제난 때문에 중앙계획기관의 기업소에 대한 자원공급능력이 줄어들자, 계획명령을 내리고 관철시킬 능력도 줄어들었다. 북한은 일부 수출산업, 그리고 석탄공업, 전력공업, 금속공업, 철도운수 등 '선행부문'에 대해 지속적으로 국가계획명령 수행을 독려하였지만 낮은 공장가동률로는 중앙집권적 명령경제가 제대로 기능할 수 없었다.

경제난 때문에 계획체계의 기본틀 자체가 크게 흔들리기 시작한 것은 대략 1993년경부터였다. 1993년을 전후로 계획지표가 위로부터 일방적으로 하달되기보다는 각 기업이 자체의 능력과 자재상황을 고려하여 수행할 수 있을 만큼 계획하고, 계획당국은 이를 대체적으로 수용하는 방향으로 바뀌었다. 이러한 형태의 계획화는 지방산업공장뿐만 아니라 대규모 중앙공장에서도 널리 행해졌다.[71] 김일성·김정일이 특별지시하는 경우를 제외하고, 1992년경부터는 액상지표의 달성만으로도 계획달성을 사실상 인정하였다. 액상지표의 중시는 중앙공장보다는 지방산업공장에서 더 심하게 나타났다. 기업들은 돈을 많이 벌 수 있는 8.3 인민소비품 생산에 주력하기 시작하였다.

국가에 의한 정기적 식량배급은 함경남북도의 경우 1993~1994년경, 기타 지역은 1994~1995년경에 완전히 중단되었다.[72] 국가의 식량·소비재 보급능력의 저하와 암시장 인플레이션은 간부나 일반주민을 막론하고 전체 주민에게 엄청난 실질임금 감소를 야기하였다. 공식 임금만으로 생활이 불가능해진 간부는 공적 지위와 권한을 이용한 부패행위로 생활비를 조달하였다. 노동자는 공장물건을 훔쳐 팔거나, 장사 등의 수단으로 공장노동 바깥에서 호구지책을 마련하였으며, 절도·강도·매춘·밀수 등 범법행위도 증

---

71 이석기(2003), pp. 103~111.

72 좋은벗들 엮음(1999), p. 196. 또 다른 유사한 평가에 따르면, 1993년 주로 함경북도와 양강도 등 북부지역에서, 1994년 가을에는 함경남도, 평안남도, 평안북도 등에서 식량배급이 중단되었다. 그 결과 식량사정이 나쁜 지역에서 좋은 지역으로 '식량구하러 다니기'가 발생하였다. 우선 함경북도와 양강도 주민이 함경남도, 평안남도, 평안북도로 이동하고, 다음은 함경남도, 평안남도, 평안북도의 주민이 황해남북도로 이동하는 형태가 전국화되었다(이영화, 「조-중국경에서 본 북한 기아난민의 실상」(http://www.nknet.org/comment/book/book10.htm)).

대하기 시작하였다.

3.3. '완충기'와 계획체계의 붕괴(1994~1997년)

북한은 1993년 12월 노동당 중앙위원회 제6기 21차 총회에서 3차 7개년계획의 실패를 인정하면서, 1994~1996년 3개년간의 완충기를 설정하고, 농업·경공업·무역 등 3대 제일주의를 중심으로 한 '혁명적 경제전략'을 채택하였다.[73] 그러나 북한은 새로운 경제계획을 수립할 수 없었다. 3차 7개년계획 기간중 북한의 기간산업 가동률은 40% 이하로 떨어졌고, 농업·경공업 등 주민생활과 직결된 부문의 경제침체가 극심하였으며, 대외교역체계의 붕괴에 따라 대외경제조건이 여전히 불투명하였기 때문이었다. 완충기 3개년 전략은 1996년에 종료되어야 하였지만 1997년에도 농업·경공업·무역제일주의를 계속 추진하였다. 이러한 '혁명적 경제전략'은 1997년 9월 김정일의 총비서 취임과 함께 종료하였다.[74]

199(4)5~1997년은 이른바 '고난의 행군'이라고 불렸던 가장 어려운 시기로, 북한 경제는 지속적인 마이너스 성장으로 공장가동률이 20~30%로 하락하여 사실상 중앙계획체계가 붕괴하였다. 이는 특히 자재공급 및 식량배급에서 나타났다. 1990년대 초반까지도 비록 자재조달은 계획화 체계에 의해 중앙계획당국이 조달해 주는 것은 아니지만, 대체로 계획화된 부분으로부터 각 기업이 동원가능한 수단(현금, 물물교환, 뇌물 등)을 통해 조달하였다. 그러나 자재난이 더욱 악화된 1990년대 중반 이후에는 계획화된 공급선 여부는 거의 무의미해지고, 국정가격 외에 웃돈을 주거나 그에 해당되는 물자를 공급해야 공급받을 수 있게 되었다.[75] 또한 농업과 경공업의 부진으로 국가가 주민에게 식량과 소비재를 공급할 수 없게 됨에 따라, 국가배급제가 사실상 붕괴하였다. 이와 함께 2차경제가 급속하게 성장하였다.

식량위기는 1994년부터 기근으로 발전하기 시작하였는데,[76] 그 결과 빈

---

73 완충기 경제전략에 관해서는 이유수(1996); 지해명(1994); 전홍택·김상기(1997) 참조.

74 1990년대 북한 경제실태, 경제정책에 대하여는 박형중(1997); 박형중 외(1999)의 경제분야 서술; 박형중(2000) 참조.

75 이석기(2003), pp. 120~121.

76 특이사항 중의 하나는 이 시기 중국으로부터의 식량수입이 급격히 감소하였다는 것이다. 중국으로부터의 식량수입은 1993년 74만 톤, 1994년 30.5만 톤, 1995년 15.3만 톤, 1996

부격차가 급속히 확대되었다. 이러한 어려운 상황은 계층별·지역별로 달랐으며, 가장 기근이 심한 지역은 동북지역, 특히 함경북도였다. 그리고 기근은 농촌보다는 중소도시에서 심하였는데, 산악지대에 위치한 중소 탄광·공업도시가 가장 큰 피해자였다. 1995년도 대홍수를 계기로 1995년 말~1996년 초 평안남북도 등 서북지역에도 기근이 확산되었는데, 황해남북도 등 서남지역은 상대적으로 기근의 피해가 크지 않았으며, 가장 피해를 적게 본 지역은 평양, 남포 등 대도시였다.[77]

1994년부터 급격히 악화되기 시작한 식량배급은 1995년에 거의 완전히 중단되었다. 1994년 김일성 사망 후 "각 기관, 기업소는 배급을 자체 해결하라"는 방침이 하달됨에 따라서 북한에서는 외화벌이 사업소가 경쟁적으로 설립되었다.[78] 1994년에 전국적으로 꽃제비 천지가 되었으며,[79] 장마당은 (1993~)1994년부터 본격적으로 성행하였다. 1994년부터 노동자가 본격적으로 공장에 안 나오기 시작하였고,[80] 1995년에는 군수공장에도 9개월간 식량배급이 중단되었다.[81] '기계를 팔아 먹을 것 구하기'(1994~1997년까지 3년간)가 성행하여 1995년 중반 이후 장마당에 국가통제품목이 대량 유통하였다. 1995~1996년에는 농민도 식량을 보장받지 못하였다. 교사들은 1994년부터 학교에 나오지 않기 시작하였고, 1996~1997년경 장마당에 다니기 시작하였으며, 1996년부터 굶어 죽기 시작하였다.[82] 게다가 1995, 1996, 1997년 콜레라, 파라티푸스 등 전염병이 창궐하여 사망자가 급증(1995~1997)하였다.[83]

이 시기에는 특권층의 잉여식량이 암시장에 유출되면서 전국 암시장에서 식량가격이 고가로 안정되었는데, 옥수수 1kg에 70~80원으로 노동자 평균월급을 상회하였다.[84] 신의주, 혜산, 온성, 회령, 무산 등 국경도시들은 합법·비합법적으로 중국으로부터 물자를 구입하였으며, 이를 통해 식량공급원과 접촉할 수 있었다. 북한 주민의 중국으로의 탈북은 1995년 말부터 본

년 54.7만 톤, 1997년 86.7만 톤이었다.

77 이석(2004).

78 연합뉴스, 1998. 2. 6.

79 「북한이야기」, pp. 108, 383.

80 「북한이야기」, pp. 108~109.

81 그리하여 군수공업부문의 고급기술기능공만 2,000명이 사망하였다고 한다(황장엽, 2001).

82 「북한이야기」, p. 497.

83 「북한이야기」, p. 389.

84 이영화.

격적으로 증대하여, 1997년은 1996년의 약 10배, 1998년은 1997년의 약 10배 등 수적으로 크게 증가하였다. 탈북자 출신지역도 전체적으로 함경북도가 다수이지만, 1998년경에는 북한 전역으로 확대되었다.[85]

식량난 등으로 무질서가 초래되자 1996년 말부터 공장, 기업소, 협동농장, 운수, 체신, 철도 등 주민들의 일상생활과 연관된 각 부문에 군을 투입해 경영을 장악하고 관리·통제하는 정책이 취해졌다.[86] 김정일은 1997년 4월 초 '군대가 책임지고 농사를 지을 것'을 명령하였다.[87] 이 명령에 따라 군부대가 협동농장을 관리하고 있으며, 각 농장, 탈곡장에는 옥수수 등 곡식이 익기 시작하는 8월부터 탈곡시기인 12월까지 4~5명의 무장보초를 세워 농작물 도난을 막았다.[88] 1997년 김정일의 현지지도는 군사부문에 집중하였다.

대내경제붕괴의 가속화에도 불구하고, 이 시기 공식 경제정책의 기조는 1994년 이후 공식 정책인 '혁명적 경제전략'과 '3대 제일주의'가 지속되었다.[89] 이와 함께 농업과 대외개방과 관련하여 일부 전향적 조치들이 취해졌다. 1996년부터 3대 정책으로서, 장마당, 뙈기밭, 가축소유정책이 실시되었으며,[90] 같은 해 분조관리제가 개선되었다. 1997년부터 농업정책에서 '농민의

85 수적 확대와 함께 질적 변화가 일어났다. 1995년 말 이전에는 빈곤층 중에서 중국에 친척이 있는 사람이 월경하여 친척의 도움을 받고 다시 북한으로 돌아오는 것이 정형이었다(환류형 난민). 다수는 여전히 '환류형 난민'이지만, 1996년부터 '정주형 난민'이 발생하였다. 1996년 중반까지는 벌목공·접대부 등 취업형, 1997년 이후 친척집 창고에 숨어지내기, 여성의 경우 인신매매가 증대하였다. 그러나 중국과 북한측의 단속 강화에 따라, 위험부담이 크고 '쓸모'가 없는 남성 대신, 가정부 취업이나 '인신매매'형 결혼에 의한 여성 체류자가 다수를 이루게 되었다. 1999년 이후에는 외국(일본, 한국, 미국, 캐나다)에 친척을 가진 난민의 중국 유입이 현저히 증가하였다(이영화).

86 연합뉴스, 1999. 4. 9.

87 연합뉴스, 1999. 4. 21. 이 조치는 군량미 확보와 연계되었을 수 있다. 황장엽에 따르면, 1996년 12월 군량미문제가 심각하게 제기되어 농민들이 자기 식량으로 남겨 두었던 양곡 가운데 3개월분을 무조건 군대에 바치도록 하였으며, 중앙당 비서들도 시장에 나가 쌀을 200kg씩 사서 헌납하였다고 한다(황장엽, 2001).

88 김정일은 "(1997년도) 농사는 인민군대가 동원되여 지은 셈입니다. 인민군대가 아니였더라면 올해 농사를 망칠 뻔 하였습니다"라고 치하하였다(김정일, 1997, p. 360).

89 1997년 10월 김정일의 총비서 추대 직후에 조선신보사 조선문제담당반에 의해서 쓰여진 『김정일 플랜. 21세기를 이끄는 지도자의 전략(중)—경제전략의 방향전환』(일본어)은 1993년 12월 당중앙위 제6기 21차 전원회의에서 채택되었고, 당시까지의 정책노선인 '혁명적 경제전략'의 3대 제일주의의 기조 위에 쓰여지고 있다. 아래 서술하듯이, 김정일의 총비서 취임과 함께 이 '혁명적 경제전략'은 폐기되었다.

90 「북한이야기」, p. 137.

의사와 실정에 맞추어 추진할 것'이 강조되었다.[91] 1997년 2월부터 리 관리위원장 및 작업반장, 분조장, 그리고 리당 일꾼들이 선거로 선출되었다.[92] 1997년 6월에는 '나진·선봉 자유무역지대'에는 '사회주의 상품경제'에 준하는 여러 개혁조치가 취해졌다. 대표적으로 기업들은 중앙 또는 지방정부로부터 보조금이나 재정지원을 받지 않는 대신, 자체적으로 계획권, 생산권, 판매권, 가격권을 행사할 수 있게 되었다. 이 밖에도 북한 원의 환율이 현실화되고, 자영업 경영이 자유화되었다. 늦어도 1997년 8월까지는 북한이 "미국을 비롯한 서방 세계에 대한 통상·교역·투자를 반대하지 않고 있으며, 오히려 서방측과의 통상·교역·투자를 요구하면서 미국의 대북 경제봉쇄정책을 비난"하는 이른바 '자주적 개방정책'과 '자립적 민족경제노선'은 상호 보완적인 것으로 간주되었다.[93]

3.4. 계획체계의 복구(1998~2000년)

1997년 10월 8일 김정일의 노동당 총비서 취임과 함께 북한의 정책노선에 일련의 변화가 나타났으며, 1998년 들어 보다 확실한 모습을 드러내었다. 이 노선은 그간의 당-국가체계 내부의 혼란을 정리하고 김정일이 직접 경제현지지도에 나서면서 북한식 고전사회주의 노선을 기조로 계획경제 토대와 간부 및 주민에 대한 통제력을 재건하고자 시도하는 것이었다.

이 시기는 다시 1998년과 1999~2000년의 2단계로 나누어 볼 수 있다. 1단계는 1998년으로서, 제2의 천리마운동 등 '새로운 대고조'를 통해 '자립적 민족경제'의 기초가 되는 '농업과 석탄공업, 전력공업과 철도운수, 금속공업'을 '결정적으로 추켜세워' 경제재건의 기초를 닦는 단계이다. 2단계는 1999~2000년으로 모든 부문에서 생산을 정상화하고, 경제사업에서 실리보장을 강조하고, 중앙집권적인 통일적 지도를 더욱 강화하는 단계이다.

---

91 1999년 7월 2일자 「조선신보가 본 북한의 경제전략」(www.kotra.or.kr/nk/economy/f/strategy.htm).

92 「북한이야기」, p. 357.

93 한호석(1997), pp. 15~19. 이러한 논조는 1년 후의 북한 헌법 개정 직전의 노동신문, 근로자 공동논설(1998)의 논조와 뚜렷이 대비된다. 이 시기에는 이른바 '자주적 개방정책'이라는 표현 자체가 사라지고, 대신에 '제국주의의 세계경제 일체화 책동'에 대한 극렬한 거부논조가 주조를 이룬다.

이미 1997년에 내부정리와 함께 새로운 정책노선이 선언되고, 외화벌이 기관도 정비되었다. 총비서 취임 직후인 1994년 이래 추진되어 온 '혁명적 경제노선'의 3대 제일주의는 폐기되고, 중공업 우선의 자립적 민족경제노선이 강조되었다. 1997년 12월 '고난의 행군' 종료가 선언되었다. 1998년 1월 이후 김정일이 경제부문 현지지도를 시작하였다. 이는 김정일이 경제를 직접 관장하기 시작한다는 신호였다. 3월 9일 함북 김책시의 성진제강 연합기업소를 현지지도하고 성강이 새로운 천리마 대진군의 선봉에 설 것을 주문하였다. 이와 함께 '성강의 봉화'를 기초로 제2의 천리마운동이 시작되었다.

아울러 1998년 북한은 4대 방향의 경제정책, 즉 ① 공업부문의 전력증산운동(1997년 말부터 다수의 중소형 발전기 건설과 대규모 수력발전소 건설), ② 중공업부문의 정상화(기계공업과 제강공업, 중공업우선 노선의 반영), ③ 농업부문의 감자농사혁명(1998년 10월 이후, 양강도 대홍단군이 중심, 그 밖에 양어장 및 가금공장 건설), ④ 토지정리사업(1998년 5월 이후 강원도로부터 시작 평안북도로 확대)을 추진하기 시작하였다.

둘째 단계인 1999~2000년경 북한은 기존의 '자립경제' 기초를 다지는 정책을 지속하는 가운데, 1998년 10월의 헌법개정에 의한 '새로운 국가체계'를 토대로, 일련의 조치를 통하여 붕괴된 구사회주의 경제관리체계를 재정비하고, 계획규율을 확보하기 위한 조치를 취하였다. 그 기본방향은 1995~1997년 식량난 과정에서 기능마비에 빠지거나, 사실상 와해된 것으로 볼 수 있는 북한의 중·하부 경제관리체계를 재정비·정상화(구체제 복원)하는 것이다.

대표적으로, 제10기 1차 최고인민회의는 "행정경제사업을 한 곳으로 해나가도록 국가기구체계를 정비하는 획기적 조치를 취하여…… 경제사령부로서의 국가의 권능을 훨씬 높였"[94]다고 하였는데, 그 핵심 방향은 "중앙기관들의 기능을 한층 강화"하는 것이었다. 이러한 계획체계의 규율강화 의도는 '내각의 권위강화', 1999년 4월의 인민경제계획법, 2000년 1월과 9월의 연합기업소체계의 개편 및 복구 시도, 2000년 후반기의 '새로운 국가예산수납체계'[95] 등에서 구체적 정책으로 나타났다. 또한 1998년 초 농민시장과 장사활동에 대한 견제조치와 노동자 복귀명령이 내려졌다. 1998년 7월부터 나진·선봉 자유경제무역지대라는 명칭에서 '자유'가 삭제되었으며, 이 지역

94 최영옥(2000), p. 6.

95 박성호(2000), p. 17.

에 대한 행정통제가 증가하였다. 1999년 2월 북한은 북한 전역의 장마당 폐쇄를 시도하면서, 장사꾼들에게는 원래 일하던 공공직장으로 복귀할 것을 지시하였다.[96]

이러한 정책방향에 대해 2001년 말 『경제연구』의 한 논문에서 리창혁은 "우리 당은 일부 공장·기업소들이 자체로 살아 나간다고 하면서 뿔뿔이 제멋대로 움직이고 있는 실태를 제때에 포착하고 내각중심제, 내각책임제를 더욱 강화하며 계획규율을 강화하기 위한 적극적인 대책을 세우도록" 하였고, "경제사업과 관련된 모든 것을 내각에 집중시키고 모든 공장·기업소들이 내각의 지시에 복종하며 경제사업에 대하여서는 내각이 책임지는 정연한 제도와 질서를 더욱 철저히 확립하도록 하였으며, 계획규율과 질서를 보다 강화하고 모든 부문·단위들에서 인민경제계획을 무조건 끝까지 집행하는 가장 혁명적인 기풍을 세우도록 하였다"[97]고 평가하였다.

여기에 언급된 북한측의 노력 및 조치와 함께, 국제적 대북 지원증대 등의 요인으로 인해 1998년 이후 북한의 경제난과 식량난은 다소 완화되었으며, 일상생활도 다소 정상화되고 있다. 황장엽에 따르면,[98] 2000년 중반기까지는 공장에 출근하는 사람이 50% 정도였는데, 2000년 말경에는 거의 100%가 출근하고 있으며, 학생들도 모두 학교에 출석하고 있다고 하였다.

3.5. 계획체계의 개선과 정상화 시도(2001～2002년 7월)

2001~2002년 말에 이르는 시기에는 인민경제 전반을 현대적 기술로 개건하는 것과 새로운 환경, 새로운 분위기에 맞게 경제관리체계의 개선을 추진하는 한편, 비공식 사경제부분에 대해 국가부문을 강화함으로써 개혁체계를 정상화하는 단계이다.

이 단계의 정책방향은 2000년 말부터 시작되었다.[99] 그 주요 내용은 1999~2000년과 차이가 있다. 이 시기 핵심 논리가 '중앙집권적 통일적 지도 강화＋실리보장'론이었는 데 대하여, 2001년부터 '경제관리의 개선＋실리추

[96] 연합뉴스, 2000. 8. 4.
[97] 리창혁(2001), p. 3.
[98] 황장엽(2001).
[99] 조선신보, 2001. 1. 14.

구'[100]론이 등장하였다. 이 논리는 2001년 10월 3일 김정일의 「강성대국 건설의 요구에 맞게 사회주의 경제관리를 개선강화할 데 대하여」를 계기로 이른바 "사회주의 원칙을 확고히 지키면서 가장 큰 실리를 얻을 수 있는 경제관리방법의 해결"[101]론으로 정착된 것으로 볼 수 있다.

내각 총리 홍성남은 2002년 최고인민회의 제10기 3차 회의에서 보고를 통해, 이미 "지난 해(2001년) 사회주의 사회의 본성적 요구에 맞게 경제관리를 개선강화하기 위한 획기적인 조치를 취하였다"[102]고 보고하였다. 홍성남은 2002년에도 "내각은 강성대국 건설의 요구에 맞게 사회주의 경제관리를 계속 개선강화해 나갈 것"을 천명하면서, 특히 "계획·재정·노동부문의 사업체계와 방법을 개선하고 기업관리에서 독립채산제를 바로 실시하며 지방의 창의·창발성을 높이도록 하겠다"[103]고 보고하였다. 구체적으로 2001년도에 북한이 취한 조치는,[104] ① "국가의 통일적 지도를 보장하면서 아래 단위의 창발성을 돋우기 위해 각 경제지도기관의 계획화 권한의 많은 부분을 아래 단위에 넘긴 것," ② "각 지방의 공장·기업소들을 해부학적으로 분석, 부분적인 개조를 해야 할 단위와 완전히 없애 치워야 할 단위에 대한 요해사업," ③ "공장·기업소의 합리적이며 효율적인 관리운영 개선사업," ④ "생산의 분화, 전문화 사업," ⑤ "인민경제 전반의 정보화·현대화를 실현하기 위한 사업," 그리고 ⑥ "계획화, 재정 및 노력관리 등에서 낡은 틀과 관례를 걷어치운 것," ⑦ "변화된 현실에 맞게 국내기관, 기업소 사이에서는 사회주의적으로, 다른 나라와 무역을 할 때에는 자본주의적으로 경제사업을 전개"하였다는 등이었다.

2002년 7월 1일부터 시행된 '노임 및 물가의 전반적 인상'은 2001년 초부터 시행되어 오던 북한 경제정책 방향의 연속선상에서, 이미 취해진 조치들에 대한 후속조치 차원에서 파악될 수 있다. 북한의 서술과 정책목표의 변화를 놓고 볼 때, 북한은 2000년 말까지 중앙집권체제의 복구 및 규율의 원상회복, 그리고 생산의 정상화라는 목표는 어느 정도 달성된 것으로 판단하고 있는 것으로 보이며, 이를 바탕으로 북한은 2001년부터 보다 고차원적

[100] 2001년 신년공동사설.
[101] 노동신문, 2001. 10. 22.
[102] 노동신문, 2002. 3. 18.
[103] 노동신문, 2002. 3. 28.
[104] 국가계획위원회 최홍규 국장의 발언(조선신보, 2002. 1. 14).

인 정책목표를 추진하였다. 그 정책의 주요 방향은 산업의 현대적 개건, 북한 경제 및 경제관리체제의 분권화, 채산성 강조, 구조조정과 합리화 등 경제 전반의 현대화와 효율화였다.

그러나 이러한 목표를 추진하는 데에는 중요한 장애가 존재하였다. 즉, 경제난으로 권력이 중앙에 집중하는 경제잉여량의 축소, 중앙관리경제를 유지하는 데 필요한 재정과 자원의 부족 등에 따라 국가가 공장·기업소 그리고 간부와 주민의 행위를 장악하며, 그 경영과 생존에 필요한 자원을 충분히 제공할 수 없다는 것이었다. 또한 재정과 자원고갈에 따라 중앙의 통제능력이 저하하는 한편, 바로 그것 때문에 지방, 기업소, 개인단위의 자구행위 차원의 원심력적 욕구가 증가함으로써, 중앙관리경제의 재정비와 정상화가 어려움에 직면하였다.

이중경제체제 속에서 증대하고 있는 이와 같은 국가부문의 취약점은, 국가부문에서의 가격과 노임을 2차경제에 상응하는 수준으로 인상·현실화시킴으로써 상당한 정도로 완화하는 것이 정책목표였다.

3.6. 현재 개혁과 새로운 문제의 대두단계(2002년 7월~)

북한은 2002년 7월조치의 일환으로 국정가격을 농민시장 물가수준으로, 국가부문 노임을 현실물가(즉, 농민시장 물가) 생계비수준에 맞추어 대폭 인상하였다. 새로운 가격제정의 중심이라고 간주된 쌀의 국정가격은 8전에서 농민시장 가격과 거의 동일한 44원으로 인상되었다. 기본노임은 과거 110원에서 2,000원으로 인상되었다. 이 밖에도 생활용품의 가격이 약 20배 정도 인상되었고, 환율도 보다 현실화되어 1달러당 2.14원에서 150원으로 인상되었다.[105]

7월조치의 전반적 정책목표는 계획체계의 규모축소, 분권화·화폐화, 국가보조금 삭감 및 새로운 세원확보를 통한 국가재정 건전화 등을 통해 소비재·식량의 생산과 유통부문에서 화폐상품관계를 적극 활용하는 한편, 기간산업에 대한 국가관리를 강화하는 것이었다. 이와 같은 북한 당국의 의도는 부분적으로 효과를 보아, 공장을 떠나 장사를 통해 생계를 유지하던 사람들

105 이에 관해서는 이미 언급된 여러 논문 이외에도 남성욱(2003); 박형중(2004) 참조.

이 점차 복귀하였으며, 국정가격 인상에 따라 원료유출도 감소하였다. 그러나 지속적인 물자공급이 이루어지지 않고 공장가동률도 전반적으로 높아지지 못하여 일시적인 현상으로 나타났다. 그렇지만 일부 부문에서는 도급제가 강화됨으로써 생산의욕이 증가하였는데, 특히 채취, 전력, 금속, 철도운수 등 경제 주요 부문에 종사하던 노동자들에게 누진도급제가 강화되었다.

북한은 7월조치를 뒷받침하기 위한 여러 조치를 취하였다. 7월 중순부터 장마당에 대한 통제가 강화되고 농산물거래만 허용되었는데, 특히 8월 초 이러한 노력이 집중적으로 나타났다. 8월 이후 '경제관리 개선'조치의 기본운영원리, 지침에 대한 대중매체의 선전이 강화되었다. 8월 초 지방산업공장의 생산정상화 및 군(郡)의 역할강화가 강조되었으며, 평양시에서는 '8.3 인민소비품 전시회'가 다시 열렸다. 8월 이후 '연합회사'가 관리국으로 개편됨으로써 중앙의 관리통제력이 강화되었다. 이는 수출 대신 내수물자 공급을 강화하기 위한 것이었다. 나아가 김정일은 이례적으로 10월 한 달 동안 총 7회의 경제분야 집중 현지지도를 하였다. 이 현지지도는 '먹는 문제' 및 일상용품, 그리고 지역사회 전력공급을 담당하는 중소형 발전소들에 집중되었다.

7월조치의 가장 중요한 문제는 상품공급 확대능력 부재에 따른 물가상승 압력을 어떻게 막아 내느냐였다. 60~70원 하던 장마당 쌀값은 8월 초 80~90원으로, 국제지원이 끊긴 12월경에는 150원으로 상승하였다. 이러한 전반적인 물가상승 때문에 많은 사람들의 생활이 악화된 데다가, 기업소 생산정상화가 많은 어려움에 직면하면서 노임지급이 제대로 되지 않았다. 국영상점 활성화를 위한 노력도 물자공급능력의 부족에 따라 무의미해졌다. 이와 함께 장마당 통제에 대한 주민들의 불만이 극심해지자, 북한 당국은 12월 초순부터 장마당에서 공산품거래를 다시 허용하였다.

2002년 9월 북한은 새로이 "국방공업을 우선적으로 발전시키면서 경공업과 농업을 동시에 발전"시킬 데 대한 '선군시대의 경제건설 방향'을 제시하였다.[106] 이 이후의 경제정책 방향은 '국방공업 우선발전'론을 중심으로 제시되고 있다. 2003년 북한 문헌은 과거의 중공업 우선론 대신에 전략적 차원에서 국방공업 우선론을 내세우면서 상시적으로 강조하였다. 그러나 그

106 조선신보, 2003. 4. 11.

구체적 실행방안이나 실제적 변화에 대해서는 뚜렷한 제시가 없었다. 1월 중순의 내각회의에서도 평양, 남포, 함경북도 등 기존의 군수관련 공업지대를 주요 대상으로 국방공업에 주력할 것을 구체적인 내용 없이 강조하였다. 이는 북한이 국방공업 발전을 위한 신규 군수산업시설의 대대적인 건설보다 기존 관련 공장·기업소의 생산정상화를 통해 군수품지원 강화에 주력하겠다는 의지로 분석할 수 있다.

2003년도 경제정책의 방향은 국방공업 선차론을 새로이 밝힌 것 외에는 전년도와 크게 다르지 않았다. 즉, 공업부문에서는 국방공업 선차론, 전력, 석탄, 금속공업과 철도운수 중시론, 경공업 현대화 추진 등을 거론하였다. 농업부문에서는 종자개량, 감자농사 중시, 두벌농사 구현 등을 통한 농업생산 증진, 대규모 토지정리사업 추진 등이 제시되었다. 이 밖에도 평양 개보수문제, 경제관리 개선 및 과학기술 발전, 정보산업 중시, 기술현대화 추진 등이 거론되었다. 최고인민회의 제10기 6차 회의(3.26)는 예년과는 달리 내각의 전년도 사업정형과 당해 연도 과업에 대한 총리보고를 생략하였다. 또한 2003년도 예산집행을 결산하고 2003년도 국가예산을 승인하였는데, 전년과는 달리 구체적 재정규모를 밝히지 않고 일부 비목의 구성비만 공개하였다. 2003년도에는 핵문제, 이라크전쟁 등의 여파로 지난 해와 비교할 때 전반적으로 경제분야에 대한 관심은 감소하였다. 북한은 KEDO의 중유 50만 톤의 공급중단으로 연간 발전량이 10~15% 감소가 예상되었다. 북한은 석탄증산, 발전시설 보수, 발전효율 제고를 위한 기술개발, 중국으로부터의 에너지수입 증가, 대체에너지 개발 등을 통해 에너지 증산을 추진하였다.

제10기 6차 회의는 또 “여유 있는 화폐자금을 효과적으로 동원·이용하기” 위해 인민생활공채를 발행한다고 발표하였다. 공채판매사업은 5월 1일부터 7월 31일까지 3달간 예정되었으나 7월 이후에도 공채판매 종료를 선언하지 않았다. 북한은 최종적 공채발행규모를 400억~500억 원으로 예상하였다. 북한은 그 사용처로서 평양시 개건현대화 공사, 발전소 건설과 화력발전소 개건 및 현대화 공사, 평양시·평남·남포시 토지정리, 객차현대화, 강서약수가공공장 건설, 양강도 백두산혁명사적지 미화사업 등을 거론하였다. 공채의 주요 대상은 당과 국가관리, 군 고위장교, 해외근무 경험자, 해외에 친척을 둔 인사 등 부유층을 주 대상으로 하였다. 공채구입은 표면상 애국적 소행 및 자원성에 입각한 자발적 구매를 중심으로 하였으나, 실제로는 도·시·군별로 조직된 비상설 '인민생활공채위원회'와 기관, 기업소, 단체들, 리·읍·구·동 사무소들에 조직된 '공채협조상무' 등 기간조직망에 의거한 할당사업이었다. 북한은 또한 "공채를 구입해 국가에 헌납하는 주민들이 잇따라 나오고 있다"며 공채구입 및 국가헌납을 유도하였다.

북한에서는 7월조치의 후속조치가 취해지는 한편 인플레이션이 심화되었다. 북한은 2003년 3월 '농민시장'을 종합시장으로 확대개편하고 개인매대를 허용하자 11월 평양에는 150여 개의 야외매대가 경영되고 있었다. 통일거리에는 종합시장인 '통일시장'이 시범적으로 운영되고 있는데, 광복거리, 문수거리, 락랑거리, 대성거리, 리평천거리 등 평양 시내에 11개의 종합시장 건설이 추진되었다. 북한은 "우리는 여러 기회에 걸쳐 경제개혁을 추진하여 왔다"거나 "시장도 상품유통의 한 형태로 보아야 한다"는 등 '개혁'과 '시장' 등의 용어를 공식 사용하기 시작하였다. 이 밖에도 북한은 인도네시아, 베트남, 스웨덴 등 3개국에 약 50여 명을 파견하여 경제연수를 실시하고, 8회에 걸쳐 해외 상품전시회를 개최하였다. 7월조치 이후 공급부족에 의한 인플레이션이 지속되어, 지역마다 차이가 있으나 2003년 후반기 국정가격이 46원인 쌀은 장마당에서 200원선, 공식 환율이 달러당 150원이나 암시장가격은 600원선에 달하는 것으로 알려졌다.

북한은 공업부문에서 경제관리 개선을 지속하면서 신규 투자사업보다 기존 산업시설과 노동력을 활용한 생산정상화를 통해 공급능력을 확대하고자 노력하였다. 북한은 전국경공업부문일꾼회의(3. 23~24)를 1990년 이후 12년 만에 처음으로 개최하였으며, 4~8월에 걸쳐 경공업부문에 대한 김정일 현지지도가 있었다. 북한은 평양시, 개성시, 평안북도 등 기존 경공업지역을 중심으로 인민소비품 증산을 독려하였다. 5월 인민생활공채 판매사업이 전개되기 시작하면서 경공업부문 선전·선동이 증가하였다. 주로 주민생활과 직접 관련이 있는 섬유피복, 식음료, 신발, 일용품 등 생필품 공급확대가 거론되었다. 내용면에서 신규 공장건설보다 공장의 현대화와 생산성 증대가 보도되었다.

농업부문과 관련해서도 북한은 예년의 정책을 지속하였다. 2003년도 북한은 800만 톤 생산을 목표로 '식량증산 5개년계획(2003~2007)'을 추진하기 시작하였다. 2003년도(2002. 11. 1~2003. 10. 31) 식량수급현황을 보면, 감량배급기준으로 총수요가 542만 톤이며, 생산량은 413만 톤으로 129만 톤이 모

자라는데, 10월경까지 수입 58만 톤, 지원 51만 톤으로 절대부족량은 20만 톤에 이르렀다. 이것은 2000년 이래 식량난이 비교적 완화된 편이며, 특이한 것은 1998년 이래 지원이 수입을 초과하다가 최초로 수입이 지원을 초과한 점이다.

2004년도에도 2002년 7월 전후로 실시되고 있는 '경제관리 개선'을 지속적으로 추진하였다. 국가경제에 대한 통제와 포괄범위를 축소하면서 기업과 기관 등의 자율성 확대, 종합시장 개설 확대, 가두매대 설치 확대 등이 추진되었다. 신년사설과 최고인민회의(3. 25)에서 '내각의 권위를 높일 것'과 모든 단위에서 '당·행정의 일치'를 확고히 보장할 것, 그리고 재정운용에서의 실리를 강조하였다. 그리고 개방정책 탐색이 지속되었다. 수출상품 전시회, 중국과의 경제협력 강화, 중국에 학습사절단 파견, 한국과의 경제관련 회의에 참가, 개성공단 가속 설치 촉구, 수출촉진 등이 있었다. 또한 과거와 비교할 때, 원조무역 또는 보따리장사 등을 통한 중북 국경무역 양태를 넘어서 중국 기업의 대북한 상업적 교류협력이 확대되었다. 그러나 2004년 8월경 평양에서 환율이 달러당 2,300원, 통일거리 시장에서 쌀값이 680원으로 상승하는 등 인플레이션이 심화되었다.[107]

2005년도 북한 경제정책은 식량문제 해결을 특별히 강조하고, 당창건 60돌을 앞두고 경제선동을 강조한 것 외에는 큰 변화를 보이지 않았다. 북한은 주요 당면과제로서, 식량문제 해결, 인민경제 개건 현대화, 전반적 공업생산의 활성화 등을 설정하였다. 특히, 식량문제 해결을 위해 농업을 강조하면서 다수확품종 도입, 두벌농사, 감자농사, 콩농사를 강조하는 한편, 파종면적 확대, 비료와 퇴비투입 증대, 농업지도체계 공고화 등을 언급하고, 각급 기관은 농사문제를 먼저 해결하고 다른 일을 하는 원칙에서 농촌을 지원해야 함을 강조하였다. 나아가 인민경제의 현대화와 함께 연료, 동력, 철강재문제, 수송문제를 해결하여 공업생산 전반에 걸쳐 새로운 앙양을 일으킬 것을 제시하였다. 경제관리와 관련해서는 국영기업을 기본으로 틀어쥐고 나라 경제를 추켜세우며, 실리보장과 현실에 맞는 생산과 경영활동을 하고, 내각의 조직자적 역할을 높일 것을 강조하였다.

2002년 이후, 북한은 2005년 5월 최고인민회의에서 재차 예산결산 총

---

[107] 미무라 마쯔히로(2004).

표 7-4 | 경제관리 및 경제상황

	1980년대	1990년대	2002년 7월	2004년
전반적 경제상황	· 정상으로 가정	· 위기	· 현실에의 적응	· 새로운 문제와 상황
국가수입	· 정상	· 국가수입의 급격한 저하 · 재정규모가 50% 이하로 감소	· 국가수입 증대 및 지출 감소를 위한 국가체계의 재조직, 새로운 세원의 발굴 · 재정규모 60% 수준 회복	· 세금명목의 증가, 납부규율 강화→국가재정수입의 증대? · 국가재정상황 미개선, 화폐발행량의 증대?
계획경제	· 계획체계를 통한 경제활동의 미시관리	· 1993년 이후 계획경제체계 붕괴 · 1998년 이후 재구축 시도	· 구조조정(국가개입규모 축소) 및 분권화를 통한 경제관리체계의 재건/개혁 · 국영소기업의 사영화 현상(식당, 운수, 고깃배, 매점 등)	· 기간산업(국가장악 계획경제)과 소비재부문(시장)의 이중경제 · 함경도 소토지 분배, 소작농 출현, 고용·피고용관계 출현 · 전력·식량생산 등에서 다년간 계획 등장(3개년)
대외무역	· 사회주의 국가와 특혜무역	· 주요 원조공여자는 미국	· 한국	· 한국·중국과의 무역급증
식량사정	· 1980년대 후반 식량사정 악화 시작	· 1994~1998 최악의 식량상황	· 2000년 이후 개선 및 현상유지	· 전반적 현상유지이나 지역과 계층에 따른 격차 심화
전력사정		· 전력은 1997년 이후 최악	· 최악상태 현상유지	· 약간의 개선 조짐

액을 발표하였다.[108] 그 특징은 북한이 2004년에 112억 2,600원의 적자를 냈고, 예산수입을 늘리기 위하여 매우 노력하였다는 것을 밝혔다는 것이다. 북한 정부는 2005년에도 국가예산수입을 늘리기 위하여 다음과 같이 노력할 것을 제시하였다. 즉, 국가기업 이득금수입은 13.5% 증대, 협동단체 이득금수입은 8.4% 증대, 사회보험료수입은 3% 증대, 지방예산수입 증대, 고정재산 감가상각금과 여러 가지 형태의 수입금을 국가예산에 집중, 대규모 기간공업, 경공업부문 공장의 생산증대, 지방단위의 수입증가 등이었다.

108 박형중·최진욱(2005) 참조.

표 7-5 | 자원배분

	1980년대	1990년대	2002년 7월	2004년
전반적 경제상황	· 정상으로 가정	· 위기	· 현실에의 적응	· 새로운 문제와 상황
국가배급	· 포괄적 국가배급 체계	· 국가배급제의 전반적 붕괴	· 소비재 및 생계부문 국가보조금체계의 철폐	· 기간산업에 대한 식량 국가배급부분 회생
경제정책 주요 방향	· 중공업 우선주의	· 1990년대 초반 농업, 경공업, 무역 3대 제일주의	· 국방공업 우선론 · 기간산업 자원집중, 통제 복원 · 소비재부문 시장원리에 따른 자력갱생	· 국방공업 우선론 · 수출능력 증가(채취공업부문), 소비재수입 증가, 소비재 및 일상 용역의 공급 증대↔구매력 미증가?
민간소비	· 정치위계에 따른 소비생활 위계	· 위계의 붕괴	· 화폐소득에 따른 소비수준 결정, 사적 경제활동에 따른 소비수준 격차 공식 인정 시사	· 빈부격차의 심화, 과시소비의 등장 · 급격한 인플레이션에 따른 소득재분배

출처: 본문 내용에 의거 작성.

수입증대와 함께 재정관리체계의 강화가 언급되고 있다. 2005년 최고인민회의의 재정보고는 "수입을 위주로 하는 '우리식' 재정관리체계와 방법의 확립"을 요구하면서 다음과 같은 조치를 지적하였다. ① 예산수입 원천을 증대하며, 국가예산 납부계획을 월별·분기별로 정확히 수행, ② 기업은 돈에 의한 경영개선체계를 올바르게 확립, ③ 지방예산에서는 중앙예산 납부금을 선납부하고, 자체 살림살이를 지출하는 엄격한 제도 확립, ④ 국가예산 수입계획 무조건 수행, 수입원천 안에서 지출하는 규율 확립, ⑤ 재정총화와 검열통제의 실속 있는 진행 등이었다.

2004년 재정법

북한의 재정법은 1999년 2월 개정된 후, 2004년 4월 재개정되었다. 두 법안을 비교해 보면, 1999년 법령과 2004년 법령 당시 북한의 국가, 기관, 기업소, 단체의 재정체계가 상당한 정도로 바뀌었다는 것을 보여 줌과 동시에, 2002년 7월과 2004년 4월 사이에 북한의 국가와 기업 및 중앙정부와 지방정부의 재정관계에 큰 변화가 없음을 보여 준다. 2004년 재정법이 2002

년 7월경에 이미 언급된 여러 조치에서 추가적으로 달라진 것을 언급하고 있지 않기 때문이다.

먼저 1999년에 등장하였던 여러 재정관련 개념이 2004년에는 사용되지 않고 상당히 단순화되었다. 2004년에는 등장하지 않는 개념으로는 거래수입금, 국가기업 이익금, 협동단체 이익금, 봉사료수입금 등과 이윤, 이윤계획, 초과이윤 등이 있다. 따라서 이와 같은 개념들로 짜여져 있던 재정체계가 폐기되고 새로운 재정체계가 등장하였다는 것을 보여 준다. 예를 들어, 기업소의 계획수행 평가에서 지표별 계획의 수행 여부, 계획이윤 달성 여부, 초과이윤 달성 여부 등의 평가체계를 사용한 뒤 그에 따른 (복잡하고 세분화된) 보상체계를 설정하였던 것에서, 이러한 구분을 철폐하고 '순소득'이 얼마인가로 평가체계를 단순화하며, (계획달성 여부, 기업의 경영상황과 상관없이) 그 기업에 대해 미리 책정되어 있는 국가납부금을 납부한 후 그 나머지의 처분은 기업에 일괄적 자율권을 준 것으로 평가가 변화하였다.

또한 2002년 7월조치를 전후로 재정체계의 단순화에 토대하여, 국가납부 우선 원칙하에서 해당 기관의 재정자율성을 강화하였다. 즉, '번 수입(사회순소득+생활비)'지표의 도입, 번 수입 분배(국가납부 몫, 기업소 자체충당금, 생활비 몫으로 구분)(국가납부 몫의 우선 납부원칙하에서 자체로 수입과 지출계획을 세울 것), 기업소 자체충담금의 역할증대(유동자금수요를 자체자금과 은행대부금으로 충당, 대보수자금 자체부담, 기업소 자체자금에 의한 기본건설대상 확대, 자체자금을 통한 신규 사업확장 가능), 지역별 수납체계 부활 및 지방예산 편성원칙 개편(국가에 바칠 몫만 규정하고 자체로 수입과 지출계획 수립, 사회보장 지방이관), 계획지표 분담의 합리화에 따라, 중앙기관, 지방기관, 기업소가 담당하여야 할 각 지표가 결정되고, 각자 계획지표의 설정·수행에 관한 책임소재를 명확히 함(해당 지표의 실행을 위한 자금공급 및 그 성과의 처분 등에 관한 책임소재 분담) 등이다.

2004년의 변경된 법조문은 이와 같은 재정체계의 변화를 반영하고 있는데, 특히 제39조(재정부기문건, 재정회계문건), 제48조(국가재정은행위원회, 국가재정금융위원회), 제54조(부기계산, 원가계산, 회계계산)에서의 변화를 보면, 과거에 재정 및 화폐순환은 실물계획의 단순 그림자로서 수익성이라는 차원에서는 거의 의미가 없었고, 단순기록이라는 차원에서 중요하였으나(부기, 재정은행), 이제는 수입과 지출을 계산한 것에 토대하여 판단한 수익성 여부가 해당 기관과 관련자의 복지에 직접적 영향을 주는 상황으로 변화한 것을 반영한 용어교체라고 할 수 있다.

3.7. 결　　론

이상의 논의를 토대로 하여 볼 때, 1990년대 이래 북한 경제의 시기구분 및 7월조치의 배경과 의의에 대하여 다음과 같은 몇 개의 결론을 도출할 수 있다.

① 1990년대 초 경제난의 여파로 1993년부터 계획경제체제가 사실상의 마비 또는 붕괴상태에 도달하였다. 이미 이 시기에 상부의 계획 및 자재하달체계가 붕괴하였으며, 액상표시 중심의 계획달성 승인 및 기업별 자체수입 확보를 위한 계획 외 생산이 사실상 승인되었다. 또한 국가배급제 역시 이 시기부터 사실상 붕괴상태에 들어갔다. 이를 볼 때, 7월조치와 관련되어 새로운 현상이라고 파악되었던 계획의 분권화·화폐화 현상, 배급제 폐지 및 여러 국가보조금 철폐는 이 시기부터 북한 경제의 '현실'이었다고 볼 수 있다. 따라서 7월조치라고 하는 것은 국가가 적극적·능동적 차원에서 새로운 정책을 실시한 것이 아니라, 양문수가 말하듯이 1990년대 이후 경제위기 속에서 중앙정부는 국민경제에 대한 장악력·통제력을 상당 정도 상실하는 가운데 이러한 현실을 공식 추인한 것이라는 것이다. 문제는 이처럼 '현실'을 승인하는 데 거의 10년이 걸렸다는 점이다. 또한 많은 글들에서 북한이 2003년 3월경의 '시장', 6월경의 '개혁'이라는 단어를 사용한 것을 두고 높이 평가하고 있지만, 2006년 중반까지 두고 보면 1회성으로 그렇게 높이 평가해야 하는지 의문이다. 그 이후 그에 관한 발전된 동향이나 공식 이데올로기 차원에서 '시장'의 '정치적 존재정당성'을 승인하는 논리변경은 관찰되지 않는다는 것이다.

② 7월조치가 국가능력 저하에 따라 국가가 기정사실화되어 있는 '현실'을 사후적으로 승인하였다고 할 때, 국가가 이러한 조치를 자의적으로 폐기하거나 돌이키면서 그 어떤 보수적 방향으로 회귀할 가능성은 희박하다고 볼 수 있다. 물론 보수적 세력이 '회귀'를 의도하거나 잠정적으로 역방향의 조치를 시도할 수는 있으나, 이미 북한 당국에게는 '회귀'를 성사시킬 만한 능력이 없다고 볼 수 있다. 따라서 선택이라고 하는 것은 국가의

경제장악력이 지속적으로 약화하는 방향으로 변화한다는 새로운 현실에 어떻게 현명하게 적응하고, 이를 잘 관리해 나가느냐 하는 문제라고 할 수 있다. 따라서 이른바 북한 당국이 주도적·능동적으로 '개혁'을 확대할 것인가 말 것인가라는 질문이 아니라, 북한 당국은 앞으로 적응해 갈 수밖에 없다는 것과 그것을 얼마나 성공적으로 관리할 수 있는 능력이 있는가의 문제라고 할 수 있다. 또한 "앞으로 북한이 중국과 같이 시장조절을 전면적으로 승인하는 길을 갈 것인지, 아니면 우리식 사회주의와 실리사회주의라는 새로운 길을 걸어갈 것인지는 현재로서 판단하기 어렵다"라는 언급, 또는 북한에 어떤 '제3의 길'에 대한 가능성을 묻는 질문은 무의미하다. 북한의 미래는 국가가 관리하는 계획체계의 포괄 및 실행능력의 점진적 약화이며, 그에 대신하여 실패 또는 성공하는 시장경제가 등장하는가의 질문이다. 나아가 '시장경제'에는 구체적으로 여러 가지 종류가 존재한다. 물론 북한 당국이 이데올로기적 수사로는 얼마든지 실제로 하고 있는 일을 마치 다른 어떤 일을 하고 있는 것처럼 내세울 수 있으나, 북한 당국에의 선택은 새로운 상황에 얼마나 잘 적응해 나가느냐의 문제이지, 자신의 능동적인 뜻대로 어떤 관계를 적극적으로 만들어 낼 수 있느냐가 가능성으로 대두해 있는 것은 아니다.

③ 1990년대 이후 2002년 7월조치까지 북한의 경제관리 동향은 다음과 같이 파악할 수 있다. 즉, 1993년부터 북한의 계획경제체계는 붕괴상태에 빠졌으며, 1998년부터 2000년까지 북한의 경제정책은 이를 그 원초적 차원에서 재복원하는 것인데, 2001년부터 2002년 7월까지는 계획체계를 정상화하고 개선하는 시도라고 평가할 수 있다. 7월조치는 경제관리체계를 전반적으로 구조조정하고 분권화하며, 국가재정 강화를 도모하는 차원에서 새롭게 설정하는 시도로 판단할 수 있다. 다시 말해, 7월조치는 전반적으로 북한 경제관리를 기간산업 중심의 계획부문과 민생소비재 중심의 비계획부문으로 나누고 있다고 볼 수 있다. 전자에 대해서는 국가의 자금과 계획관리를 집중하는 대신, 계획 및 관리체계를 축소·간소화·합리화함으로써 국가통제력을 높이고자 하였다. 후자의 차원에서는 생산자·유통자에 대한 국가의 지원과 통제를 완화하는 한편, 화폐상품관계를 주요한 관리수단으로 활용하고 있다고 볼 수 있다. 현 북한 경제의 상황에서 볼 때, 경제에 대한 국가관여는 지배적일 수밖에 없으며, 따라서 붕괴되었던 국가관리능력을 상황에

맞게 새로운 방식으로 재정비하였다고 해서, 또한 그렇게 평가하였다고 해서 이를 반드시 이데올로기적으로 보수적이라고만 파악할 수는 없다. 따라서 7월조치를 일면적으로 '시장화'의 차원에서만 파악하면서 그러한 차원의 조치들만을 높이 평가하는 태도, 그리고 북한 경제의 전체상에 대해서는 관심을 기울이지 않고 '시장화'에만 관심을 갖는 경향은 관찰자의 극진한 바람을 관찰대상에 투사하여 관찰하는 편향을 가지고 있다고 보아야 한다. 7월조치 직후인 2002년 9월부터 시작된 '국방공업 우선론'에 대해 거의 관심을 기울이지 않은 것도 그러한 편향의 반영일 수 있다.[109]

④ 1994~1997년을 '유훈통치기'로 파악할 수 있느냐이다. 이 시기를 그렇게 파악하는 논거는 "3년상이라는 명분하에 김일성의 정책에 손대지 않았다"는 것이다. 물론 이 시기 김일성 생전에 설정된 매우 온건한 노선인 '3대 제일주의'는 표면상 부정되지 않았다. 그러나 실제로는 김일성 사후 1994년 말경부터 '실용주의적 개혁노선'과 '이데올로기 보수노선' 간에 내부투쟁이 전개되었고, 그 투쟁에서 김정일을 중심으로 한 후자가 승리하였다는 관찰은 올바른 것으로 판단한다. 이를 보여 주는 것이 1995년부터 내걸어진 '붉은기사상', 그리고 같은 시기 시작된 '선군정치'이다.[110] 그런데 이보다 앞서, 이 시기 김정일의 보수적 입장을 가장 잘 보여 주는 것이 1994년 11월의 「사회주의는 과학이다」라는 글이라고 할 수 있다. 북한은 이 글과 2001년 10월 3일에 발표된 「강성대국의 건설의 요구에 맞게 사회주의 경제관리를 개선강화할 데 대하여」라는 글을 기초로 '실리사회주의'를 이론화하고 있다고 하는데, 이는 일종의 역사 또는 문맥왜곡이라 할 수 있다. 설령 그가 1994년의 '실리'라는 단어를 언급하였다고 해도, 그것은 매우 보수적 맥락에서 출발한 논점일 뿐이다.

⑤ 앞에서 1990년대 북한의 경제정책 방향은 몇 개의 시기마다 뚜렷한 특징을 가지고 있다고 하였는바, 북한의 공식 매체, 특히 『경제연구』에 실리는 여러 글들은 해당 시기의 공식 노선을 대변한다고 파악해야 한다.[111]

---

[109] 박순성은 "국방공업 우선전략은 선군정치와 결합하면서 북한의 경제발전에 부정적 영향을 미칠 가능성이 높은 것으로 판단"하였다(박순성, 2004, pp. 72~74). 그런데 북한은 1997년 이후 '혁명의 주력군'을 노동계급에서 군대로 바꾸는 등, 전반적인 이데올로기체계를 '선군사상'으로 재조립해 왔다. '중공업 우선론'을 '국방공업 우선론'으로 교체한 것은 단순히 이데올로기적 정합성 때문일 수도 있다(박형중 외, 2004).

[110] 이에 관하여 김근식(2000), pp. 37~59; 이태섭(2002), pp. 6~10.

다시 말해, 여기서 시대구분한 것처럼 1990년대 북한 경제정책은 시기에 따라 변화하였으며, 『경제연구』 등에 실리는 글은 해당 시기의 공식 노선을 대표하며, 때문에 시기별로 상이한 내용을 보여 준다. 따라서, 예를 들어 '3대 제일주의'가 공식 정책이었던 시기에 실렸던 '실용주의 개혁'노선의 글과, 1998년 이후 '자립경제·중공업 우선론'이 강조되던 시기의 글에 나타나는 동일주제에 대한 상충되는 의견을 놓고, 마치 내부적으로 정책논쟁이 있었던 것처럼 파악하는 것[112]은 옳지 않다는 것이다. 물론 논쟁이야 있을 수 있지만, 그것이 공식 간행물에 상이한 의견을 발표하는 방식으로 전개되지는 않았을 것이다. 오히려 '사회주의에 대한 배신과 변절', '제국주의에 대한 투항' 등 '승리자'의 관점에서 일방적 매도를 통해 암시만 된다는 것에 특징이 있을 것이다.

4 대북 지원과 북한 경제

이 절은 여러 공개된 통계를 토대로 북한에 대한 한국과 국제적 지원의 실태와, 그것이 북한 경제의 자원수급상황에 미치는 영향을 분석한다. 여기에서는 기존 통계를 단순히 해석하는 데 머무르지 않고, 통계 간의 비교,

111 박형중(2002), pp. 93~95.

112 이러한 방식의 논리전개는 이태섭(2002), pp. 10~18을 참조하라. 정영철은 이를 받아서 "(7월조치에 의한) 시장화 개혁이 이루어지기까지 북한은 내부적으로 많은 논쟁을 거친 것으로 보인다. 논쟁은 주체철학의 해석을 둘러싼 것에서부터 시작하여 경제정책에 이르기까지 대단히 포괄적이었던 것으로 보인다. 특히, 경제정책을 둘러싼 논쟁은 대단히 심각한 수준이었던 것으로 보인다"고 쓰고 있다(정영철, 2004, pp. 89~90). 정영철은 또한 "북한의 시장화 개혁조치는 결국 국가의 능력을 확대하고, 국가의 통일적 지도를 유지하는 조건에서 시장의 도입과 분권화, 자율성의 강화를 통한 개혁을 추진하는 방향으로 맞추어져 있는 것으로 보인다"고 판단하고 있는데, 이러한 판단의 근거제시에는 문제가 있다. 그는 2002년 7월 이후의 '시장화 개혁'시기의 북한 정책기조를 파악하기 위해 1998년(즉, 매우 보수적 시기) 『경제연구』에 실린 한 논문의 논조를 근간으로 하고, 2001, 2003년(즉, 전향적 시기)의 논문을 보완적으로 사용하고 있기 때문이다.

기존 통계를 토대로 새로운 통계의 창출, 기존 통계의 가공 등을 통해 새로운 사실을 발견해 내고 그것을 해석해 보고자 한다.

우선 4.1에서는 에너지 및 원자재 수급현황에 관한 통계를 다룬다. 그리고 4.2에서는 북한의 곡물수급상황을 다루는데, 이에 관해서는 상이한 기준에 기초한 몇 개의 통계가 존재하기 때문에 통계 간의 비교와 그 의미를 찾아본다. 4.3에서는 북한에 대한 한국 및 국제지원에 관한 것을 다루는데, 대북 지원에서 한국 및 각국의 전체 금액 기여도 계산과 비교, 물품구성 비교 등의 작업을 행한다. 또한 북한에 대한 식량공급에서 어느 시기에 어떤 국가가 핵심적 역할을 하는가를 찾아 내고, 그 경제적·정치적 의미를 해석한다. 북한 경제의 유지와 관련하여 중국이 중요하게 언급되기 때문에 중국의 기여도를 따로 다루었다. 4.4에서는 무역과 비무역을 통한 외화수입을 다룬다. 여기에서는 1999년 이후 한국으로부터 북한에 지급되었던 외화의 구성과 전체 금액을 알아보며, 아울러 대북 해외송금, 마약과 위조지폐, 무기거래 등과 관련하여 북한이 연간 벌어들이는 금액을 추정 계산한다. 4.5에서는 이러한 분석으로부터 도출할 수 있는 몇 개의 사항에 대해 언급한다.[113]

4.1. 에너지 및 원자재 수급현황

북한의 주요 에너지원과 원자재의 수급상황은 1991년도 이후 지속적으로 악화되다가 최근 약간의 회복세를 보이고 있으나, 1991년도 수준과의 격차는 여전히 상당하다. 북한의 원유공급은 1998년 급격히 악화되어 1999년과 2000년에 극심하였고, 2001, 2002, 2003년에도 여전히 1991~1997년의 1/2 또는 1/3 수준에 머무르고 있다. 발전량은 1991년부터 점차 감소하여 1998년 170억kw/h로 최저였으며, 1996년 수준은 2002년까지 회복되지 못하고 있다. 1997년 이후 전체적인 발전량은 화력발전량 수준에, 특히 석탄생산량 수준의 영향을 받고 있는 것으로 보인다. 철광석, 비철금속, 강철, 시멘트, 비료 등 기초원자재 현황 역시 1991년 이후 전반적으로 급속히 악화되었으나, 1999년부터 회복세를 유지하고 있다. 이를 실물단위로 표시한 것이 〈표 7-6〉이며, 항목별로 연도별 백분율로 표시한 것이 〈표 7-7〉이다.

[113] 이 글은 2005년 4월 완성되었다. 인용된 통계는 그 때까지 사용가능한 것이다.

표 7-6 | 주요 에너지 및 원자재 수급현황

(단위: 발전량: kwh; 기타: 만 톤)

구 분	1991	1992	1993	1994	1995	1996	1997	1998	1999	2000	2001	2002	2003
원 유	189	152	136	91	110	93.6	110.6	60.9	31.7	38.9	57.9	59.7	57.4
발전량	263	247	221	231	230	213	193	170	186	194	201.5	190.4	196.0
석 탄	3,110	2,920	2,710	2,540	2,370	2,100	2,060	1,860	2,100	2,250	2,310	2,190	2,230
철광석	816.8	574.6	476.3	458.6	422.1	344.0	291.0	289.0	378.6	379.3	420.8	407.8	443.3
비철금속	22.7	17.8	16.4	16.0	15.4	11.6	10.8	9.7	11.7	9.6	9.2	8.7	9.4
강 철	316.8	179.3	185.9	172.8	153.4	120.8	101.6	94.5	124.3	108.6	106.2	103.8	109.3
시멘트	516.9	474.7	398.0	433.0	422.0	379.0	334.0	315.0	410.0	460	516.0	532.0	554.3
비 료	108.1	104.3	121.2	99.3	91.0	72.1	58.0	52.7	77.0	53.9	54.6	50.3	41.6

출처: 한국은행, 『북한의 경제성장률 추정결과』, 각 연도.

표 7-7 | 각 항목 및 연도별 수준에 대한 백분율(1991년 기준)

구 분	1991	1992	1993	1994	1995	1996	1997	1998	1999	2000	2001	2002	2003
원 유	100	80	72	48	58	50	59	32	17	21	31	32	30
발전량	100	94	84	88	88	81	73	65	71	74	76	72	75
석 탄	100	94	87	82	76	68	66	60	68	72	74	70	72
철광석	100	70	58	56	52	42	36	35	46	46	52	50	54
비철금속	100	78	72	71	68	51	48	43	52	42	41	39	41
강 철	100	57	59	55	48	38	32	30	39	34	34	33	35
시멘트	100	92	77	84	82	73	65	61	79	89	100	103	107
비료 (1)	100	97	112	92	84	67	54	49	71	50	51	47	39
비료 (2)									82	78	69	74	66
평균 (1)	100	83	78	72	70	59	54	47	55	54	57	56	57
평균 (2)									57	57	60	59	60

이 표들에서 알 수 있는 것은 다음과 같다.

① 평균 (1) 항목을 볼 때, 북한의 공업부문 경제상황은 1998년도에 최악이었다. 또한 경제가 전년도에 비해 급격히 악화된 연도는 1992, 1996, 1998년임을 알 수 있다(10%포인트 이상 하락). 전반적으로 볼 때, 2003년도

북한의 에너지 및 원자재 공급상황은 1991년도의 57% 수준이라고 할 수 있다. 2003년의 경우에 발전량, 석탄생산, 시멘트생산 등은 비교적 호조를 보이고 있지만, 원유공급, 철광석, 비철금속, 강철, 비료생산 등은 상대적으로 저조한 상태이다.

② 에너지부문을 보면, 북한은 발전량과 석탄생산을 유지시키기 위해 상당히 노력한 것을 보여 준다. 원유수입은 1991년부터 1994년까지 매우 급속하게 줄어들다가 1995~1997년에 약간 회복하나, 1998년에 다시 급속히 악화되어 1999년 최저점에 도달한 뒤, 2000년 이후 약간 회복하여 2003년에는 30% 수준을 유지하고 있다. 그러나 석탄생산과 발전량을 보면, 다른 부문에 비하여 감소세가 완만하여 1998년 도달된 최저점도 비교적 높은 수준에서 유지되었으며, 그 이후에도 다른 부문에 비해 높은 수준에서 유지되고 있다.

③ 가장 타격을 많이 받은 부문은 철광석, 비철금속, 강철 등의 원자재 부문이었다. 이 세 부문은 1998년도에 최저점에 도달한 이후, 약간의 회복세만을 보여 주었다. 특히, 타격이 심한 부문은 강철로, 1992년 생산이 1991년의 57% 수준으로 급락한 이후 2003년에도 겨우 35% 수준을 유지하고 있다.

④ 시멘트생산 역시 감소되었지만 감소세가 완만하였으며, 2001년에 1991년도 수준으로 도달한 이후 지속적인 성장세를 보여 주고 있다.

⑤ 비료생산의 추이는 다른 항목과 비교할 때 특이성을 보여 준다. 1990년대 전반 어려운 경제환경에도 불구하고, 북한은 1995년까지 비료생산수준을 유지하기 위해 노력하였음이 분명하다. 경제사정이 악화되는 과정 속에서도, 1993년도 비료생산은 1991년 수준의 112%를 보여 주었다. 그 후 점차 감소하여 비료생산은 1998년 49% 수준으로 떨어졌다가, 1999년 71% 수준까지 급격한 회복세를 보여 준 이후, 2003년까지 지속적으로 감소하여 2003년에 최저생산수준에 도달하였다. 이와 같은 감소세는 극심한 식량난을 고려할 때, 그리고 다른 부문과 비교할 때 매우 이례적이다. 다른 부문에서는 1998년도에 최저를 기록한 후 점차 생산이 증가하는 것이 상례이기 때문이다. 비료생산에서 이와 같은 특이성은 한국으로부터의 비료원조에 기인하는 것으로 보인다. 한국은 북한에 대한 주요 비료공여자로서 1999년 11만 5,000톤, 2000년 30만 톤, 2001년 20만 톤, 2002년 30만 톤, 2003년 30만

톤, 2004년에 30만 톤의 비료를 북한에 제공하였다.[114] 이를 1999년도 이후 연도별로 북한의 비료생산량과 합산하여 1991년도 생산수준과 비교한 것이 비료 (2) 항목이다. 이를 보면, 북한의 비료공급수준은 2003년에 1991년도의 66% 수준을 유지하고 있음을 알 수 있다. 한국의 비료지원을 포함하여 북한의 전반적인 원자재 공급수준을 평가한 것이 평균 (2)로, 2003년에는 1991년의 60% 수준이라고 평가할 수 있다.

4.2. 북한의 곡물수급현황

북한의 곡물수급현황을 파악하기 위해서는 곡물생산량, 상업적 수입량, 인도적 지원량, 곡물수요량 등과 같은 통계가 필요하다. 이와 같은 통계에 대하여 측정기관에 따라 서로 일치하지 않는 통계자료가 존재한다. 가장 대표적인 것으로 WFP/FAO와 한국의 정부기관에 의한 자료가 있다.

먼저 한국의 정부기관인 농촌진흥청은 해마다 북한의 곡물생산량을 추정발표하고 있으며, KOTRA는 무역통계를 통해 곡물수입량에 관한 통계를 제시하였다. 한국 정부는 북한의 곡물수요량 계산과 관련한 두 가지 기준을 사용해 왔다. 북한 일반노동자의 1일배급기준량 700g을 기준으로 계산한 정상필요량, 그리고 22% 절감배급량 547g을 기준으로 한 절감필요량이 그것이다. 여기에 한국의 농촌진흥청이 계산한 북한의 곡물생산량 추정치, KOTRA의 북한 곡물수입 통계를 연계시키면, 북한의 곡물수급상황에 대한 도표를 만들 수 있다. 먼저 〈표 7-8〉은 절감필요량을 기준으로 한 북한의 곡물수급현황이다. 통일부의 북한 식량에 관한 통계발표는 2001년까지 이와 같은 절감필요량을 기준으로 하였다. 〈표 7-9〉는 정상필요량을 기준으로 한 북한의 곡물수급현황이다. 정상필요량은 절감필요량에 비해 필요량과 절대부족량 등에서 연 80만~90만 톤 정도가 더 많은 것으로 나타난다.

나아가 유엔 기관인 WFP와 FAO는 1995년 이후 매년 당해 연도 북한의 식량생산량, 내년도 곡물필요량, 상업적 수입과 인도적 지원, 절대부족량 등에 관한 통계를 발표하고 있다. 이 기관들이 산출하는 곡물필요량은 하루

[114] 다른 국가의 경우에는 2001년 말레이시아가 1만 3,000달러 상당의 비료를 지원한 기록만 존재한다. 참고로 한국이 2000년도 비료 30만 톤을 제공하기 위해 지불한 비용이 7,863만 달러였던 것을 보면, 말레이시아의 비료제공은 미미한 양이었을 것이다.

표 7-8 | 절감수요량을 기준으로 한 곡물수급현황

(단위: 만 톤)

연 도	총 수 요	생 산 량	도입필요	KOTRA 추산 곡물도입	한국쌀 공급*	절대부족
1992	576	443	133	83		50
1993	569	427	142	109.3		32.7
1994	576	388	188	49		139
1995	580	413	167	96.2	15	55.8
1996	578	345	233	105		128
1997	583	369	214	163		51
1998	541	349	192	111.2		80.8
1999	551	389	162	107		55
2000	528	422	96	122.5		−26.5
2001	534	359	165	140		25
2002	536	395	141	100.5	40	0.5
2003	542	413	129	80.9	40	8.1
평 균	557.83	392.67	163.50	105.63		49.95
1996년 이후 평균			166.50			40.24

주: 1) 한국의 관련기관은 절감수요기준 총수요량을 2004년 이후부터 발표하지 않고 있음.
2) 남북교역은 KOTRA 무역통계에 잡히지 않기 때문에, 한국 정부가 한국쌀을 북한 정부에 직접 양도한 것은 따로 계산.

출처: 통일부; 한국은행, 『북한의 경제성장률 추정결과』, 각 연도; KOTRA, 『북한의 대외무역』, 각 연도.

개인당 기초대사량인 2,130kcal(곡물 575g)의 75%인 1,600kcal(431g)를 획득하는 데 필요한 곡물량에 사료용, 종자용과 기타 필요를 합산한 것이다.[115] WFP와 FAO는 매년 10월경, 올해 북한의 식량생산량을 추정하고, 여기에 금년 11월부터 내년 10월까지 예상되는 상업적 수입과 외부지원량을 더하여 식량수급상황 예측을 발표하였다. 이러한 수급상황 분석을 통해 내년도 북한이 지원받아야 하는 필요량이 계산되며, 이를 기초로 유엔 기구는 북한의 식량지원에 관한 합동호소(CAP)를 발하였다. 그리고 북한 곡물수급상황 및 합동호소 곡물량은 상황전개에 맞추어 다음해 6~7월에 수정발표되었다.

여기에서는 WFP/FAO의 수정발표를 기준으로 곡물수급량을 보면 〈표

115 권태진의 계산에 따르면, 2003~2004년의 경우 최소열량의 75%를 확보하기 위해서는 510만 톤, 최소열량의 경우 647만 8,000톤, 동시기 남한 수준의 곡물수요를 기준으로 하면 1,056만 6,000톤의 곡물이 필요하다(권태진, 2004, p. 11).

표 7-9 | 정상수요량 기준 곡물수급현황

(단위: 만 톤)

연 도	총 수 요	생 산 량	도입필요	KOTRA 추산 곡물도입	한국쌀 공급	절대부족
1992	650	443	207	83		124
1993	658	427	231	109.3		121.7
1994	667	388	279	49		230
1995	672	413	259	96.2	15	147.8
1996	673	345	328	105		223
1997	670	369	301	163		138
1998	639	349	290	111.2		178.8
1999	650	389	261	107		154
2000	606	422	184	122.5		61.5
2001	613	359	254	140		114
2002	626	395	231	100.5	40	90.5
2003	632	413	219	80.9	40	98.1
2004	639	425	214	76.6[1)]	10[2)]	127.4
2005	630	431	199	n.a.		n.a.
평 균	644.64	397.71	246.93	n.a.		139.14
1996년 이후 평균	637.80		248.10			131.7

주: 1) 2004년도 세계식량기구는 36만 6,000톤, 한국 정부의 곡물차관 중 태국쌀 30만 톤은 북한의 대외곡물무역에 합산. 여기에 북한이 중국으로부터 자력으로 상업적으로 수입한 물량을 10만 톤으로 넉넉히 추정하여 합산. 한국쌀 10만 톤은 남북교역으로 분류되어 비합산.

2) 2004년도 한국 정부가 북한 정부에 제공한 쌀 차관 40만 톤 중 한국쌀 10만 톤.

출처: 통일부; 한국은행, 『경제성장률 추정결과』, 각 연도; KOTRA, 『북한의 대외무역』, 각 연도.

7-10>과 같다. 이 통계는 2001년 이후 북한의 상업적 곡물의 수입능력을 10만 톤으로 산정하고 있으며, 2002년도 이후 한국의 곡물차관에 의한 쌀 40만 톤을 양허성 수입 30만 톤으로 계산하고 있다. 또한 진행과정인 6~7월을 기준으로, 이미 지원되었거나 연말까지의 지원약속분을 기준으로 하고 있다. 이 때문에 전반적 곡물공급을 과소평가하고 있을 가능성이 높다. 실제로 FAO가 발표한 북한의 곡물수입에 대한 무역통계를 보면(<표 7-11> 참조), WFP와 FAO의 공동평가서에 나타나는 것보다 훨씬 많은 양의 곡물이 수입되고 있음을 알 수 있다. 거시적 식량수급상황이 구체적으로 북한 주민 개인의 배급량에 어떠한 변동을 보여 주었는지에 대해서는 <표 7-12>에 나타나 있다.

표 7-10 | WFP/FAO 북한 곡물수급현황

(단위: 만 톤)

연 도	산정 시기	수요량	생산량	도입 필요 (a)	도입 예견량 (b+c)	상업적 수입(b) 기수입 및 예정	구호(c) 기도착 및 예정	절대부족량 (a−b−c)
1995. 11~1996. 10	1996. 5	554.8	407.7	147.1	43.4	15.0	28.4	103.7
1996. 11~1997. 10	1997. 6	496.6	303.2	193.4	75.3	43.0	32.3	118.1
1997. 11~1998. 10	1998. 6	467.4	283.8	183.6	131.4	50.0	81.4	52.2
1998. 11~1999. 10	1999. 6	482.3	378.3	104.0	94.2	30.0	64.2	9.8
1999. 11~2000. 10	2000. 7	475.1	342.0	133.1	79.6	21.0	58.6	53.5
2000. 11~2001. 10	2001. 7	476.9	257.3	219.6	163.2	10+53.6[1)]	99.6	56.4
2001. 11~2002. 10	2002. 7	495.7	365.6	130.1	91.9	{10}+{38.7}	43.2	38.2
2002. 11~2003. 10	2002. 10	492.1	383.7[2)]	108.4	52.6	{10}+{30.0}	12.6	55.8
2003. 11~2004. 10	2003. 10	510.0	415.6	94.4	54.0	{10}+{30.0}	14.0	40.4
2004. 11~2005. 10	2004. 11	513.2	423.5	89.7	57.0	{10}+{30.0}	17.0	32.7
평 균		496.4	356.0	140.3	84.3			56.1

주: 1) 2001년 이후 수입에서 {10만 톤+X}는 WFP와 FAO가 북한의 상업적 수입능력으로 추정한 10만 톤과 한국 정부가 제공하는 차관에 의한 양허성 수입을 합산한다는 것을 말함.
2) 2002년 10월 수확량 보고에서 383만 7,000톤으로 산정되었던 수확량은 2003년도 10월 수확량 보고시 369만 9,000톤으로 수정되었음. 이하에서는 후자의 수치를 사용.

출처: FAO/WFP Crop and Food Supply Assessment Mission to the Democratic People's Republic of Korea 해당 연도.

표 7-11 | FAO 곡물수입 무역통계를 기준으로 한 곡물수급현황

(단위: 만 톤)

연 도	수 요 량	생 산 량	도입필요 (a)	FAO 추산 수입량(b)	절대부족 (a−b)
1996	554.8	407.7	147.1	110.7	36.4
1997	496.6	303.2	193.4	146.8	46.6
1998	467.4	283.8	183.6	150.7	32.9
1999	482.3	378.3	104.0	119.5	−15.5
2000	475.1	342.0	133.1	229.9	−96.8
2001	476.9	257.3	219.6	205.1	14.5
2002	495.7	365.6	130.1	182.6	−52.5
2003	492.1	396.9	95.2	172.5	−77.3
2004	510.0	415.6	94.4	n.a.	n.a.
2005	513.2	423.5	89.7	n.a.	n.a.
평균	496.41	357.39	139.02	164.7	−13.96

출처: FAO(2004), p. 143.

표 7-12 | 농민·비농민별 1인당 식량배급

(단위: 그램)

기 간	1995. 11 ~ 1996. 10	1996. 11 ~ 1997. 10	1997. 11 ~ 1998. 10	1998. 11 ~ 1999. 10
비농민	324	154	133	268
농 민	274	219	370	400

출처: FAO/WFP(8 November 1999); 이석(2004), p. 126.

이러한 비교를 통해 전반적으로 보았을 때, ① 북한의 식량사정은 1994년부터 1998년까지 최악의 상황이었다가 2000년 이후 현저히 개선되었음을 알 수 있다. 2000년에는 총공급이 절감수요량을 26만 5,000톤 초과하였고, 2002년에는 절감수요량과 거의 일치하며, 2003년에는 절대부족량이 10만 톤 미만이었다. FAO의 곡물수입 통계를 기준으로 하면(〈표 7-11〉 참조), 1999, 2000, 2002, 2003년 북한에 대한 총곡물공급은 총수요량보다 상당한 정도로 많았다.

② 외부지원은 남북정상회담이 열렸던 2000, 2001년에 최고에 이르렀다가 2002년부터 점차 감소세로 변화하고 있다. 그러나 한국 정부는 2002, 2003, 2004년도에 WFP를 통해 옥수수 10만 톤과 쌀 40만 톤을 곡물차관 형태로 북한 정부에 양도하고 있다. 따라서 전체 대북 지원에서 한국의 비중은 2002년 이후 특히 급증하였다고 볼 수 있다. 〈표 7-6〉을 기준으로 놓고 보았을 때, 만약 한국의 50만 톤 곡물지원이 존재하지 않는다면, 북한의 곡물수급 균형은 대기근시기인 1990년대 중반 수준으로 떨어짐을 발견할 수 있다.

③ 특징 중의 하나는 1995년 이후 외부지원이 증가하면서 북한의 자체 능력에 의한 상업적 수입량이 줄어드는 추세가 확인된다는 것이다. 〈표 7-13〉을 보면, 북한에서 곡물의 상업적 수입은 1992년 109만 톤으로 최고조에 이르렀다가 대북 원조가 시작된 1995년이 지나면서 현저히 감소하여 1999년에는 단 15만 톤에 머물렀음을 볼 수 있다. WFP/FAO 통계에서도 같은 경향이 발견되며, 두 기관은 2001년 이후 북한의 상업적 곡물의 수입 능력을 10만 톤으로 고정시키고 있다. 이를 보면, 대외곡물지원이 북한 자체의 상업적 곡물수입의 필요성을 대체해 주고 있는 것으로 판단할 수 있다.

④ 계산기관 또는 방식별로 북한 곡물수급현황 평가에 상당한 차이가

표 7-13 | 연도별 북한 식량도입 중 상업적 수입과 지원

(단위: 만 톤)

연 도	도입량	수 입	지 원	절대부족량
1992	83	83	0	50
1993	109	109	0	33
1994	49	49	0	139
1995	96	64	32	71
1996	105	75	30	128
1997	163	79	84	51
1998	104	29	75	88
1999	107	15	92	55

출처: 통일부, 『북한의 식량사정과 대외의존도 평가』(1999. 9. 17).

표 7-14 | 계산기관 또는 방식별 북한 곡물수급현황 평가

(단위: 만 톤)

	수요량	생산량	도입필요량	도입량	절대부족
정상수요	644.6	397.7	246.9	105.6	139.4
절감수요	557.8	397.7	163.5	105.6	50.0
WFP/FAO	496.4	356.0	140.3	84.3	56.1
FAO 무역통계	496.4	357.3	139.0	164.7	−14.0

있는데, 이를 비교해 보면 〈표 7-14〉와 같다. 한국 정부는 2001년까지 북한 식량상황을 평가하는 데 절감수요량을 기준으로, 2002년 이후에는 정상수요량을 기준으로 사용하고 있다. 정상수요량을 기준으로 한 계산에 따르면, 1992~2005년간 북한의 연평균 곡물수요량은 645만 톤이고, 여기에서 자체 생산량을 뺀 도입필요량은 247만 톤이다. 또한 여기서 실제 도입된 것을 뺀 절대부족량은 138만 톤이다.

이에 비해 한국 정부의 절감수요량에 따른 계산과 WFP/FAO의 계산은 총수요량(558만 톤 대 496만 톤), 총생산량(398만 톤 대 357만 톤), 도입필요량(164만 톤 대 139만 톤)이다. 여기까지는 한국 정부의 절감수요량측이 더 높게 산정하고 있지만, 절대부족량에 대해서는 비교적 동일한 산정(연평균 50만 톤 대 56만 톤)을 하고 있다.

어쨌든 산정방식의 차이가 존재한다는 것을 정확히 인식하지 않으면

혼란이 유발될 수 있다. 한국 정부와 WFP/FAO의 북한 곡물수급현황에 관한 발표에서 상호 현저한 차이가 나타나고 있기 때문이다(〈표 7-14〉 참조). 예를 들어, WFP/FAO가 북한의 식량통계를 발표하기 시작한 1996년 이후를 보면, 정상수요량을 기준으로 한 북한의 연평균 곡물필요량에 대해 한국 정부는 638만 톤, WFP/FAO는 496만 톤으로 보아 도입필요량을 248만 톤과 140만 톤으로 추정하고 있다. 따라서 곡물의 절대부족량도 연평균 139만 톤과 56만 톤으로 큰 차이를 나타내고 있다.[116]

⑤ 2004년 북한의 총곡물도입량이 현저히 줄어들었는데, 이것이 2004년 3월 이후 곡물가격 급등의 이유가 되었을 수 있다. 2000년에서 2003년까지 총곡물도입량이 120만~140만 톤이고(〈표 7-8〉 참조), 2004년에는 86만 6,000톤으로 추정된다. 따라서 2004년은 지난 3년간에 비해, 북한 곡물도입량이 33만~53만 톤 가량 감소하였다고 볼 수 있다. 2004년도 곡물도입량에 관한 KOTRA의 통계는 아직 발표되지 않았지만 추정해 볼 수 있는데, 그 방법은 다음과 같다. 즉, WFP가 각 국가의 기증을 받아 2004년에 북한에 지원하였다고 발표한 곡물량은 36만 6,000톤이고, 여기에 한국 정부가 제공한 쌀차관 40만 톤(한국쌀 10만 톤과 태국쌀 30만 톤), 그리고 북한이 자체 상업적으로 수입한 물량을 10만 톤 정도로 계산한 것이다.

4.3. 북한에 대한 한국 및 국제지원

한국 및 국제사회의 인도적 대북 지원은 1995년도부터 시작되었다. 그 현황에 대하여 통일부는 매년 「인도적 대북 지원현황」이라는 보도자료를 내어 왔다. 여기서는 이를 중심으로 북한에 대한 한국 및 국제지원을 살펴본다.

116 2003년 통일부의 「대북 쌀제공관련 해설자료」(2003. 5)는 북한에서 "매년 150만 톤의 식량이 부족하다"는 데서 출발하여 논리를 전개한다. 그런데 이 '150만 톤 부족'이라는 숫자가 어디서 나왔는지가 모호하다. 아마도 생산량과 총수요량 사이의 격차, 다시 말해 도입필요량을 의미할 것이라고 추측할 수 있다. 그런데 통일부가 정식으로 사용하고 있는 정상수요량을 기준으로 할 경우, 북한의 연간 곡물도입 필요량은 1996년 이후 연평균 248만 톤이고, 절대부족량은 131만 톤이다.

4.3.1. 한국의 기여도

그런데 통일부가 발표하는 대북 인도지원 통계는 한국의 기여도를 파악하는 데서 다음과 같은 문제점이 있을 수 있다.

① 1995년도 국내쌀 15만 톤 지원이 국내가격으로 계산되어 표시되어 있기 때문에 과다계상된다. 국내가격은 한국 정부의 실제 재정지출을 보여주지만, 지원규모를 국제비교하는 경우에는 국제가격으로 바꾸어 비교해야 하기 때문이다.

② 2000, 2002, 2003, 2004년 대북 곡물지원 차관은 명목상 차관이지만, 현실적으로는 지원이나 마찬가지라고 할 수 있다. 그런데 명목상 차관, 다시 말해 상업적 거래라고 간주되기 때문에 인도지원 통계에 포함되어 있다. 이렇게 되면 전체 대북 지원에서 전반적으로 한국의 기여도를 과소평가하게 된다.

따라서 한국의 기여도를 제대로 평가하기 위해서는 다음과 같은 조치를 취해야 한다.

① 일반적으로 다른 나라의 대북 지원 기여도가 국제가격으로 표시되고 있음을 감안할 때, 1995년도 국내쌀 15만 톤 가격은 국제가격으로 환산하여야 한다(당시 신문보도에 따르면 국제가는 국내가의 1/4 수준).

② 2000, 2002, 2003, 2004년도 대북 곡물지원 차관을 대북 인도지원의 정부부문 통계에 합산하여 계상하여야 한다. 또한 북한과 국제가격기준으로 체결한 곡물차관 금액과 실제로 한국 정부가 지출한 경비가 다를 수 있다. 예를 들어, 2000년의 경우 한국 정부는 태국산 쌀 30만 톤과 중국산 옥수수 20만 톤을 북한에 제공하였기 때문에, 북한과 체결한 차관액수와 한국 정부 지출의 크기는 동일하다고 볼 수 있다. 그러나 2002년과 2003년의 국내산 쌀 40만 톤, 2004년 전체 40만 톤 중 국내산 쌀 10만 톤의 가격은 북한과 국제가격으로 차관계약을 맺지만, 한국 정부가 실제로 국내에서 쌀을 구매하는 비용은 국제가격의 거의 6배에 달하고 있다. 다시 말해, 한국 기여도의 공정한 측정을 위해서는 국제가격으로 계산하여야 하지만, 한국 정부는 그보다 훨씬 많은 비용을 지불한다는 것이다.[117]

---

[117] 국회예산정책처의 계산에 따르면, 2003년과 2004년 각 40만 톤씩 북한에 쌀 80만 톤을 지원하는 과정에서 양곡관리특별회계는 1조 2,000억 원의 손실을 보았다. 그 이유는 시

표 7-15 | 1995년 이후 대북 인도적 지원

(단위: 만 달러)

구 분		1995. 6~	1996	1997	1998	1999	2000	2001	2002	2003	2004	누계
한국	정부	23,200	305	2,667	1,100	2,825	7,863	7,045	8,375	8,702	11,512	73,594
	민간	25	155	2,056	2,085	1,863	3,513	6,494	5,117	7,061	14,108	42,477
	계(A)	23,225	460	4,723	3,185	4,688	11,376	13,539	13,492	15,763	25,620	116,071
국제사회(B)		5,565	9,765	26,350	30,199	35,988	18,177	35,725	25,768	13,932	16,323	217,792
A+B		28,790	10,225	31,073	33,384	40,676	29,553	49,264	39,219	29,695	41,943	375,205
A/(A+B)		80.7	4.5	15.2	9.5	11.5	38.5	27.5	34.4	53.1	61.1	30.9

주: 국제사회의 대북 지원은 한국 지원분을 제외한 추정치임.
출처: 통일부 인도지원국.

표 7-16 | 1995년 이후 대북 지원(곡물차관 포함 국제가격 계산)

(단위: 만 달러)

구 분		1995. 6	1996	1997	1998	1999	2000	2001	2002	2003	2004	합계
한국	정부	5,800	305	2,667	1,100	2,825	17,963	7,045	18,975	19,301	23,512	99,493
	민간	25	155	2,056	2,085	1,863	3,513	6,494	5,117	70,61	14,108	42,477
	계(A)	5,825	460	4,723	3,185	4,688	21,476	13,539	24,092	26,362	37,620	141,970
국제사회(B)		5,565	9,765	26,350	30,199	35,988	18,177	35,725	25,768	13,932	16,323	219,832
총계(A+B)		11,390	10,225	31,073	33,384	40,676	39,653	49,264	49,860	40,294	53,943	361,802
A/(A+B)(%)		51.1	4.5	15.2	9.5	11.5	54.2	27.5	48.3	65.4	69.3	39.2

〈표 7-15〉는 통일부가 발표한 인도지원 통계이며, 〈표 7-16〉은 정부의 곡물차관까지 인도지원으로 간주하여 국제가격으로 계산한 수정된 통계를 보여 준다.

이러한 통계를 보면, 새로운 핵위기 발생 등의 이유로 국제사회의 대북 지원은 2002년에 비해 2003년은 45.9% 감소하였고, 2004년에는 용천 사고의 영향으로 17.2% 증가하였다. 그러나 한국의 대북 지원은 곡물차관을 제

장가격이 kg당 4만~15만 원인 쌀을 남북협력기금에 2만 5,000원에 넘겼기 때문이다(연합뉴스, 2004. 8. 18). 참고로 2004년 한국쌀 지원의 경우 kg당 300달러로 계산하여 북한과 차관계약이 체결되었다.

표 7-17 | 정부 차원의 지원내역

연도	억 원	만 달러	지 원 품 목
1995	**1,850**	**23,200**	**쌀(국내산) 15만 톤, 국내가격으로 계산(달러당 800원)**
	462.5	5,800	국내가격의 4분의 1인 국제가격으로 계산
1996	**24**	**305**	**CSB(혼합곡물) 3,409톤, 분유 203톤(WFP/UNICEF 경유), 5만 달러 상당의 기상자재(WMO 경유) (달러당 790원)**
1997	**240**	**2,667**	**CSB 1만 7,874톤, 중국산 옥수수 5만 톤, 분유 300톤·분유 781톤(WFP 경유), 탈수방지약 제조공장 복구비용 34만 달러(UNICEF 경유) (달러당 900원)**
1998	**154**	**1,100**	**옥수수 3만 톤, 밀가루 1만 톤(WFP 경유) (달러당 1,400원)**
1999	**339**	**2,825**	**비료 11.5만 톤(이하 각 연도 달러당 1,200원)**
2000	**944**	**7,863**	**비료 30만 톤**
	211.2	1,760	옥수수 10만 톤(무상 WFP 경유)[1)]
	1,081	9,000	외국산 곡물 50만 톤(태국산 쌀 30만 톤, 중국산 옥수수 20만 톤)(차관형식)
2001	**913**	**7,045**	**비료 20만 톤, 아동용 내의 150만 벌, 옥수수 10만 톤(WFP 경유), 말라리아 방제(WHO 경유)**
2002	**1,075**	**8,375**	**비료 30만 톤, 옥수수 10만 톤(WFP 경유), 말라리아 방제(WHO 경유)**
	1,266	10,600	국내산 쌀 40만 톤 차관(국제가격, 가공·운송비용 불포함)
	8,076	67,300	국내산 쌀 40만 톤 차관(국내가격 계산, 가공·운송비용 포함)
2003	**1,888**	**8,701**	**비료 30만 톤, 옥수수 10만 톤(WFP 경유), 말라리아 방제 66만 달러(WHO 경유), 취약계층 지원 50만 달러(UNICEF 경유)**
	1,267	10,600	국내산 쌀 40만 톤 차관(국제가격, 가공·운송비용 불포함)
	8,321	69,342	국내산 쌀 40만 톤 차관(국내가격 계산, 가공·운송비용 포함)
2004	**1,323**	**11,512**	**비료 30만 톤, 옥수수 10만 톤(WFP 경유), 말라리아 방제(WHO), 어린이 등 취약계층 지원(UNICEF), 용천 재해 긴급구호품**
	1,200	12,000	국내산 쌀 10만 톤, 태국산 30만 톤(국내산/태국산 불문 톤당 300달러)(달러당 1,000원)
	2,980	26,336	국내산 쌀 10만 톤,[2)] 태국산 30만 톤

주: 1) 통일부가 발표하는 연도별 지원내역에는 2000년도 국제식량기구를 통한 옥수수 10만 톤이 계상되어 있지 않음(United Nations Consolidated Inter-Agency Appeal for the Democratic People's Republic of Korea 2001—Updated 12 Apr 2001, p. 112).

2) 2003년도 가격의 1/4로 계산.

출처: 통일부 발표 정부 차원 대북 인도지원 통계에는 굵은 글씨의 것만 계산되어 있음.

외하면 각 전년도에 비해 2003년 17%, 2004년 62%로 크게 증가하였으며, 곡물차관을 합산한 경우 각 9.4%, 42.7% 증가하였다. 이러한 대폭적인 증가의 견인차는 민간 차원의 대북 지원으로 각 38%, 200% 증가하였다. 전체 대북 지원에서 한국의 비중은 곡물차관을 포함하지 않는 경우 2003년 53.1%, 2004년 61.1%, 포함하는 경우 65.4%와 69.3%로, 2003년 이후 한국이 전체 대북 지원에서 압도적 위치를 차지하고 있음을 볼 수 있다. 한국 정부의 지원내역을 실물로 표시하면 〈표 7-17〉과 같다.

4.3.2. 각 국가의 전체 금액 기여도 및 물품별 구성

1995년 6월 북한에 대한 지원이 시작된 이후 2004년 말까지 북한에 대한 전체 원조액은 37억 5,205만 달러에 달한다(한국의 곡물차관은 계산하지 않음). 그 중에서 국제사회의 지원이 21억 7,792만 달러, 한국의 지원이 11억 6,071만 달러에 달한다. 이 중에서 1995. 6~2004. 7 기간 동안 각국 정부 차원의 대북 지원액을 비교하면 〈표 7-18〉과 같다.

이를 보면, 여러 국가 중에서 한국 정부가 대북 지원의 최대공여국이 되었음을 알 수 있다. 또한 식량차관을 포함시켜 계산할 때, 1인당 매년 약 3,600원을 대북 지원금으로 사용한 것으로 계산되었다.[118] 〈표 7-19〉는 각국의 지원내역을 실물로 표시한 것이다.

표 7-18 | 1995. 6 ~ 2004. 7 국가별 정부 차원 대북 지원액 비교

(단위: 만 달러)

국 가	한국	미국	유럽연합	일본	중국	UN기구 (2004년 말)	한국(2004년 말, 곡물차관 포함)
대북 지원액	67,829	65,000	34,000	25,000	25,000	131,109	99,493

출처: 통일부; 연합뉴스, 2004. 9. 2.

[118] 1인당 3,600원이라는 계산은 문제가 있다. 우선 이러한 북한에 대한 쌀차관 40만 톤의 비용을 국제가격으로 계산하고 있다. 한국 정부의 실제 재정지출은 2002, 2003년은 국제가격의 6배, 2004년은 2배에 달한다(〈표 7-17〉 참조). 그리고 1995년을 제외하고, 1996, 1997, 1998, 1999년의 대북 지원액은 미미하다. 따라서 대북 지원이 본격화된 2000년 이후만을 계산하면 1인당 부담액이 더 클 것이다.

표 7-19 | 각국의 대북 지원—실물기준

연도	미국	중국	EU	일본	호주	IFRC	기타 국가
1995	222.5만 달러 (9,185톤)	362만 달러	38만 달러	2,300만 달러 (15만 톤), 유상 35만 톤			
1996	717만 달러 (1만 3,026톤)	3,055만 달러 (12만 톤)	910만 달러 (2만 3,500톤)	600만 달러 (1만 4,776톤)			
1997	5,745만 달러 (17만 6,751 톤)	3,768만 달러 (20만 7,000 톤)	6,370만 달러 (18만 588톤)	2,700만 달러 (6만 7,000톤)			
1998	1억 7,185만 달러(50만 톤)	3,500만 달러 (10만 톤)	4,981만 달러 (11만 700톤)	–			
1999	2억 700만 달러(60만 톤)	7,860만 달러 (15만 톤) 코크스* 40만 톤	3,740만 달러 (8만 9,000톤)	–			
2000	밀 5만 톤		60만 유로	쌀 10만 톤(3월), 18만 톤 (10월)	948만 달러		
2001	밀가루 29만 톤	식량 20만 톤 디젤유 3만 톤(9월)	185만 달러(의류, 생필품), 옥수수 2만 3,000톤, 식수위생(520만 달러), 독일 소고기 2만 7,000톤, 스위스 소고기 1,200톤, 이탈리아 살충제 15만 달러(1만 2,000톤)	쌀 32만 톤	밀가루 1만 톤	383만 달러	말레이시아 비료(1만 3,000 달러), 베트남 쌀 5,000톤 (162만 달러)
2002	곡물, 밀가루 15.5만 톤	콩* 4만 톤, 냉돈육 1,100톤, 살충제·제초제 480톤	독일 소고기 2만 3,000톤, 520만 달러(식수, 위생), 스위스 소고기 1,200톤, 이탈리아 15만 달러 (살충제)		1만 2,000톤	870만 달러	베트남 쌀 5,000톤 (100만 달러)
2003	곡물 및 분유 4만 톤	콩 3만 톤*	곡물 4만 2,000톤, 독일 밀가루 1만 5,000톤, ECHO 750만 유로, 이탈리아 20만 달러			886만 달러, 카리타스 10만 달러	러시아 밀가루 4만 톤
2004	곡물 5만 톤		곡물 1만 2,000톤	곡물 12만 9,000톤	797만 달러	801만 달러, 용천 156만 달러	스웨덴 곡물 1만 8,000톤

주: * 중국의 2002년과 2003년 지원은 권태진, 「국제사회의 대북 지원동향과 우리의 대응전략」, p. 7.
출처: 통일부, 각 연도 국제적 대북 지원내용 발표.

표 7-20 | 북한의 연도별 곡물도입실적

(단위: 만 톤)

구분	1991	1992	1993	1994	1995	1996	1997	1998	1999	2000	2001	2002	2003
중국	30	62	74	30.5	15.3	54.7	86.7	28.8	23.8	28.3	43.6	21.9	34.9
시리아						14	3.4	10.4	6.1		0.5		
태국	9	2	7.8	5.2	16.2	3	3.8	–	–	28.4		20	9.5
캐나다	35	8	16	–	–	–	–	–	–	–	–	–	5.1
일본	–	–	–	–	37	13.2	–	5.9	–	10.6	50	–	
EU	–	–	–	–	–	–	11.5	8.2	2	4	2.2		1
기타[1)]	55	11	11.5	13.3	27.7	20.1	57.6	57.9	75.1	51.2	43.7	58.6	30.4
합계	129	83	109.3	49	96.2	105	163	111.2	107	122.5	140	100.5	80.9

주: 1) 기타 국가 및 국제지원을 통한 곡물지원량 포함.
출처: KOTRA(2003), p. 29.

4.3.3. 북한에 대한 식량공급에서 국가·기관별 기여도 비교

식량과 유류는 북한에 대한 두 가지 핵심 전략물자이다. 따라서 이 두 가지 물자가 북한에게 언제 누구에 의해 얼마만큼 제공되었는가를 파악하는 것이 중요하다.

먼저 식량은 북한에게 자체 상업적 수입과 인도적 원조라는 두 가지 통로를 통해서 전달된다. 따라서 이 두 가지를 동시에 파악하는 것이 필요하다. 〈표 7-20〉은 북한의 연도별 곡물도입실적을 보여 준다. 이 표를 보면 알 수 있는 것이 1994년 북한의 식량수입은 1993년의 45% 수준에 불과한데, 이와 같은 수입량 감소는 중국으로부터의 급격한 감소에 따른 것임을 알 수 있다. 북한의 전체 식량수입은 1996년 중국으로부터의 수입량이 회복된 이후에야 평년수준에 도달하고 있음을 볼 수 있다. 이를 보면, 1990년대 중반 북한에서 식량난이 발생한 직접적인 이유 중의 하나는 어떤 이유에서인지 중국으로부터의 급격한 식량수입 감소에 있었다고 판단할 수 있다.[119]

[119] 일본측의 한 연구는 다음과 같이 그 이유를 설명한다. 북한은 중국으로부터 1992년 65만 톤, 1993년 94만 톤의 식량을 수입하였는데, 1994년부터 일본과 한국에 식량지원을 요청하게 된 것은 중국이 곡물수출을 제한하기 시작한 때문이다. 당시 식육(食肉)소비량이 급증한 중국에서 돼지의 사료가격이 급상승하자 동북 3성이 비축한 옥수수를 대량으로 공출하고 1994년과 1995년중에 곡물수출을 제한하는 조치를 취한 바 있으며, 1994년중 중국의 곡물생산이 다소 저조한 것도 수출제한의 원인이 된 것으로 알려졌다(한국은행, 2000,

표 7-21 | 곡물지원 제공 주요 국가·기관별 통계

구 분	1991	1992	1993	1994	1995	1996	1997	1998	1999	2000	2001	2002	2003	2004
미국					0.9	1.3	17.6	50	60	5	29	15.5	4	5
한국					15					60	10	50	50	50
중국(원조)						12	20.7	10	15		20			
중국(수출총합)	30	62	74	30.5	15.3	54.7	86.7	28.8	23.8	28.3	43.6	21.9	34.9	n.a.
EU						2.4	18	11	8.9		2.3	2.3	6.1	1.2
일본					50	1.5	6.7			28	32			12.9
러시아													4	
호주											1	1.2		
베트남											0.5	0.5		
WFP*					1.8	7.1	39.6	65.5	71.7	37.1	73.4	58.7	28.9	36.6
곡물도입 총합(KOTRA)	129	83	109.3	49	96.2	105	163	111.2	107	122.5	140	100.5	80.9	n.a.

주: * 유엔 기관의 합동호소(CAP)에 의해 각국이 WFP를 통해 북한에 지원한 곡물 총량으로, 개별 국가의 지원표시량의 대부분을 포함.

출처: 개별 국가별 지원량은 〈표 7-17〉 및 〈표 7-19〉에 근거하였다.

다음으로 중요한 것은 북한에 대한 각국의 인도적 곡물지원량이다. 그런데 여기서 중요한 것은 각국의 시기별 지원량인데, 그 이유는 인도적 지원이 실제로는 북한에 대한 정치적 고려와 밀접하게 연계되므로 어느 시기에 어느 국가가 얼마나 지원하였는가를 파악하는 것은 북한의 그 국가에 대한 정치적 고려를 살펴볼 수 있다. 우선 시기별로 각국의 북한에 대한 곡물 원조량을 비교해 보면 〈표 7-21〉과 같다.

전반적으로 보았을 때, 대북 지원이 본격적으로 시작된 1997년 이래 미국, 한국, 일본, 중국이 교대로 북한에 일정량의 식량을 공급하였던 것으로 판단할 수 있다. 위의 두 표를 참고하여 연도별로 북한에 대한 최대식량공급국을 보면, 1995년은 37만 톤을 공급한 일본,[120] 1996년과 1997년은 54만 7,000톤과 86만 7,000톤을 공급한 중국,[121] 1998년과 1999년은 50만 톤과 60

p. 53)(이는 일본 외무성 용역자료를 한국어로 번역한 것임).

120 일본은 1995년 북한에 15만 톤 무상, 30만 톤 유상지원 언질을 하고, 실제적으로는 1995년에 37만 톤, 1996년에 13만 톤을 제공한 것으로 보인다.

표 7-22 | 연도별 최대식량공급국 및 전체 도입량에서의 비중

(단위: %)

연도	1995	1996	1997	1998	1999	2000	2001	2002	2003	2004
국가	일본	중국	중국	미국	미국	한국	일본	한국	한국	한국
비중	39	52	53	45	56	50	36	50	63	59

주: 전체 도입량이란 수입과 지원의 총합을 의미한다.

만 톤을 공급한 미국, 2000년은 60만 톤(곡물차관 50만 톤+WFP 무상 10만 톤)을 제공한 한국과 일본(28만 톤), 2001년은 32만 톤을 제공한 일본, 29만 톤을 제공한 미국, 2002, 2003, 2004년은 50만 톤(곡물차관 40만 톤+WFP 10만 톤)을 제공한 한국인데, 정리하면 〈표 7-22〉와 같다.

이러한 평가를 통해 알 수 있는 것은 다음과 같다.

① 북한에서 김정일 정권은 '고난의 행군' 막바지에 정치적으로 재정비되어 갔다. 그리고 하락하던 공업생산이 최저점을 지나 상승을 시작하던 시기인 1997년(9월 총비서 취임)과 1998년(10월 헌법개정)에 북한에 대한 외부의 식량지원이 급증하였는데,[122] 그 두 주역이 중국과 미국임을 알 수 있다.[123] 1996년과 1997년 중국의 수출과 지원이 급증한 것은 북한의 내부혼란을 우려한 중국의 판단 때문이었다고 추측할 수 있을 것이다. 1998년과 1999년 미국은 금창리 동굴사찰문제, 4자회담 참가문제 등의 대가로 북한에 대한 대대적 지원을 하였었다.

② 2000년과 2001년에 대북 식량지원이 늘어난 것은 남북정상회담의 여파 때문이라고 볼 수 있고, 2002년 이후의 감소는 핵문제의 영향이라고 판단할 수 있다.

③ 1998년 이후 다른 국가로부터 북한에 대한 지원이 증대함에 따라 중국의 대북 지원과 상업적 수출은 줄어들고 있는 것을 볼 때, 중국의 대북

121 이 중 무상원조 1996년 12만 톤, 1997년 20만 7,000톤을 포함하며, 나머지는 상업적 수입으로 보인다.

122 또는 김정일은 급격히 증대한 외부식량지원을 바탕으로 내부체제정비를 시도할 수 있었다.

123 유행하는 통설 중에 "김대중 정권이 망해 가던 북한을 구해 주었다"라는 것이 있다. 그런데 여기의 통계를 보면, 가장 위급한 시기에 '망해 가던 북한을 구해 준 것'은 김대중 정권이 아니라 중국과 미국이었다.

표 7-23 | 중국의 대북 식량수출 구성내용과 다른 국가 공급과의 비교

(단위: 만 톤)

구 분	2000	2001	2002	2003	2004[1]
중국 총수출(a)(KOTRA통계)	28.3	43.6	21.9	34.9	(14.7)
총수출 중 원조(b)		20			
총수출 중 한국 구매분(c)	30	10	10	10	(10)
순상업적 수출(a−b−c)	0	13.6	11.9	24.9	(4.7)
미국 지원	5	29	15.5	4	5
한국 지원 및 차관	60	10	50	50	50
EU 지원		2.3	2.3	6.1	1.2
일본 지원	28	32			12.9

주: 1) 2004년 중국관련 통계치는 추정치임.

곡물수출은 일종의 완충작용을 하고 있다고 판단할 수 있다.

여기에서 흥미로운 것은 KOTRA 통계에 잡힌 중국의 수출총량에는 다른 나라의 지원, 예를 들어 한국이 중국에서 구매하여 북한에 제공하고 있는 것이 포함되어 있을 것이라는 점이다. 한국은 2000년 중국산 옥수수 10만 톤은 WFP를 통해, 20만 톤은 차관으로, 2001년 이후에는 WFP를 통해 무상으로 매년 10만 톤씩 북한에 제공하고 있다. 이 밖에도 한국의 민간단체, 다른 나라의 NGOs 등이 중국산을 구매하여 북한에 제공할 수도 있다. 일단 이것을 여기서 고려하지 않고 계산해 보면, 중국의 곡물수출 총량 가운데 한국의 구매분을 제외한 중국의 대북한 곡물순수출은 2000년 0톤, 2001년 13만 6,000톤, 2003년 24만 9,000톤에 불과하다는 것을 알 수 있다(〈표 7-23〉 참조). 여기서 2003년도 수입이 증가한 것은 2002년 7월조치 이후, 북한 당국이 물가안정을 위해 수입을 늘렸기 때문일 수 있다.

2004년의 경우에 중국의 대북 곡물수출은 가격기준으로 2003년에 비해 70% 감소하였다.[124] 여기에 중국에서 곡물가격 상승을 감안하면,[125] 2004년

124 무역진흥본부의 중국 무역통계 참조(stat.kita.net).

125 2004년도 중국에서는 옥수수 수매가격이 1kg당 80전에서 1위안 60전으로, 쌀값은 1kg당 2위안 60전에서 3위안 40전으로 상승하였다(좋은벗들, 「오늘의 북한소식」 창간준비 제2호, 2004. 10. 6). 따라서 같은 금액으로 2003년도에 비해, 옥수수는 50%, 쌀은 76.5%의 수량만 구매가능하다. 여기에서는 쌀과 옥수수의 물가상승을 종합하여, 같은 금액으로

도 도입물량은 14만 7,000톤으로 추정할 수 있다. 여기서 한국이 세계식량기구를 통해 구매한 10만 톤을 빼면, 중국의 북한에 대한 순수출은 4만 7,000톤에 불과하다.[126] 따라서 2002, 2003, 2004년 매년 50만 톤에 달하는 한국의 대북 곡물지원은 북한의 전체 곡물수입 중에서 절대적 위치를 차지하고 있다는 것을 알 수 있다.

북한에 대한 식량공급 주체에는 국가들 말고도 세계식량기구가 있다. 세계식량기구의 대북 식량원조는 유엔합동호소(UN Inter-Agency Consolidated Appeals: CAP)의 일환으로 이루어진다.[127] 이는 유엔의 여러 기관, 민간지원단체 등이 공동으로 북한에 대한 인도의 분야별 지원목표와 수요를 판단하고, 국제사회에 이에 대한 지원을 합동으로 호소하는 과정이다.

이에 호응하여 북한에 대한 주요 식량지원국가는 세계식량기구에 자신의 대북 식량지원 물량을 위탁하고 있다. 미국과 일본은 세계식량기구를 통해서만 북한에 식량을 지원해 왔다. 한국은 1996년부터 세계식량기구에 소액기부를 하기 시작하였고, 2000년 이후 매년 10만 톤의 중국 옥수수를 기부해 오고 있다. 유럽연합은 세계식량기구와 민간단체를 공동으로 활용해 왔다.

이를 감안한다면, 지원된 식량의 관리 및 분배문제와 관련하여 북한 당국은 실질적으로 두 개의 기관과 대면하게 된다. 그 하나는 여러 나라의 원조식량을 종합관리하고 있는 세계식량기구이며, 다른 하나는 북한 정부에 차관형식으로 식량을 직접 인도하는 한국 정부이다. 1995년 이후 해마다 세계식량기구의 관리하에 북한 주민에게 분배된 식량의 양은 〈표 7-24〉의 합동호소실적을 통해 알 수 있다. 이를 보면, 1995, 2000, 2003, 2004년에는 세계식량기구가 관리하였던 곡물량보다 한국 정부가 북한 정부에게 직접 전달한 곡물량이 더 많다는 것을 알 수 있다.

이와 같이 대북 식량지원에 있어 주관기관은 세계식량기구와 한국 정

60%만 구입가능한 것으로 보았다.

126 2003년 6만 3,000톤에 이어, 2004년 북한은 중국으로부터 돼지고기 8만 7,000톤을 수입하였다.

127 유엔합동호소에 의한 대북 지원은 식량지원에 집중되어 있으며, 1996년 이후 전체 지원의 91.0%가 식량지원이다. 유엔은 1995년부터 해마다 북한관련 합동호소를 발해 왔는데, 북한은 2004년 9월경 더이상 합동호소를 발하지 말 것을 요구하였다. 따라서 2005년 북한에 대한 합동호소는 발해지지 않았다.

표 7-24 | 한국 정부와 세계식량기구의 북한 곡물지원량 비교

(단위: 만 톤)

연도	필요량	생산량	수입필요	합동호소 목표	합동호소 실적[1)]	한국의 북한 곡물지원		
						총합	정부 직접양도	WFP 통한 지원
1995				2.0925	1.8155		15(무상)	
1996	598.8	407.7	191.1	7.0550	7.1832			
1997	496.6	303.2	193.4	33.3200	39.6000			
1998	467.4	283.8	183.6	65.7972	65.5340			
1999	482.3	378.3	104.0	75.4790	71.7050			
2000	475.1	342.0	133.1	55.6000	37.0835	60	50	10
2001	476.9	257.3	219.6	81.0070	73.3835	10		10
2002	495.7	365.6	130.1	61.0000	58.7000	50	40	10
2003	492.1	396.9	95.2	51.3000	28.8581	50	40	10
2004	510.0	415.6	94.4	48.4445	36.6000	50	40	10
2005	513.2	423.5	89.7	50.4000	21.5000[2)]	n.a.	n.a.	n.a.

주: 1) 합동호소실적에는 한국 정부가 세계식량기구에 기증한 물량이 포함되어 있음.
2) 2005년 3월 말까지 확보량.[128]

출처: Consolidated Appeals Process(CAP), Humanitarian Appeal for Democratic People's Republic of Korea, 각 연도.

부인데, 대북 지원의 명분과 실무에 관한 원칙은 두 기관 사이에 상당한 차이가 있다고 볼 수 있다. 먼저 세계식량기구는 북한에서의 지원활동 목표를 "가장 취약한 주민계층, 특히 어린이와 임산부, 노인 등에게 최소한의 에너지와 식사를 정규적으로 제공하는 것"으로 두고, 북한에서 이에 속하는 총 650만 명을 대상으로 활동하고 있다. 또한 이러한 활동을 감독하기 위해, 평양에 본부를 두고, 신의주, 원산, 함흥, 청진, 혜산에 5개의 분소를 두고 있으며, 총 45명이 이러한 사업을 위해 종사하고 있다.[129] 이들은 2004년 매달 평균 400회에 달하는 모니터링 방문을 실시하였다.[130]

---

128 World Food Programme(2005).

129 WFP, Emergency Food Asistance to Vulnerable Groups in DPR Korea (DPR Korea EMOP 10141.2), pp. 4, 11.

130 OCHA, DPR Korea: Situation Bulletin no. 01/05, p. 4. 인도지원에 대해 가장 엄격한 기준을 적용하고 있는 국가는 미국이다. 2004년에 5만 톤 등 미국은 세계식량기구를 통해 북한에 대해 인도지원해 왔다. 그러나 북한에서의 모니터링 상황에 대해 불만을 표시하였으며, 모니터링 강화와 지원물량 증가를 연계시켰다. 또한 미국의 「북한인권법」에는 다음과 같은 원칙이 포함되어 있다. 즉, "미국은 타국가에 대해 북한 정부에 대한 직접적·양자적 전달방식이 아닌 모니터되고 투명한 채널을 통한 식량과 기타 인도적 지원을 제

이에 대해 한국 정부의 북한 정부에 대한 곡물차관의 목적은 보다 정치적이다. 한국 정부는 식량차관의 필요성을 네 가지로 설정하고 있다.[131]

① 대북 식량지원은 남북 간 대화와 협력을 이어지게 함으로써 북핵문제로 인한 대내외 위기감 확산의 방지와 한반도 상황의 안정적 관리에 기여한다.

② 대북 식량지원은 북한을 남북대화로 유도하고, 남북대화를 우리가 주도해 나가기 위한 유력한 수단이다.

③ 대북 식량지원은 북한의 변화와 개방유도라는 중장기 전략적 목표 측면에서도 필요하다.

④ 대북 식량지원시 우리의 정책목표 달성을 위한 수단을 강화해 나감으로써 식량지원의 효과를 제고할 수 있다.[132]

한국 정부는 "식량제공에 있어 분배투명성 보장에 노력하고, 우리의 지원이 북측 동포들에게 실질적으로 도움을 줄 수 있도록 노력한다"고 하면서, 분배모니터링과 관련 "북측은 분배내역을 10만 톤 단위로 남측에 문건으로 통보하며, 매 문건 통보 후 10일 이내에 우리측 인원들이 동·서해 지역 각각 1곳 이상의 분배현장을 방문하여 확인하는 것으로 합의"하였고, 이에 맞추어 분배모니터링을 실시해 오고 있다.[133]

공하도록 촉구한다"는 것이다(김수암, 2004, p. 73).

131 통일부, 「대북 쌀제공관련 해설자료」(2003. 5).

132 이러한 네 가지 원칙을 해석해 보자면, 한국 정부의 북한 정부에 대한 지원물량 양도와 북한 정부측의 남북한 당국 간 관계유지에 대한 협력이 연계되어 있다고 볼 수 있다. 연비료 30만 톤과 곡물 50만 톤 제공은 2002년 4월 임동원 특사 방북 이후 시작되었다. 임특사의 방북에 의해 2003년 11월 이후 중단되었던 남북 당국 간 접촉이 2002년 8월, 즉 9개월 만에 재개되었다. 이후 장관급회담이 거의 3개월마다 열려 2004년 5월 14차 장관급회담까지 8차례의 회담이 열렸다. 적십자, 경협, 군사관련 다른 회담, 그리고 이산가족 상봉 등 행사도 이 시기에 활발하게 전개되었다.

133 2004년 한국쌀 차관 10만 톤의 북한 지역 분배와 관련하여 10월 14일 북한 고성 지역, 10월 15일 개성 지역 식량분배현장 확인을 실시하였다. 한국 정부 대표단(통일부 등 관계부처 4명)은 각각 동서해 육로로 방북하여 고성 지역 2곳(조양온정 식량공급소)과 개성 지역 2곳(1식량공급소)을 방문하여 식량분배과정을 직접 확인하고 북측 주민과의 인터뷰 등을 실시하였다. 이러한 모니터링 결과, 북측 주민들은 남측이 식량지원을 하고 있다는 것을 잘 알고 고맙게 생각하고 있으며, 이는 북한 주민들의 대남 적대감 해소에 크게 기여한다고 한다(통일부, 「대북식량차관 제1차 분배현장 확인 결과」, 2004. 10. 18).

4.3.4. 북한 경제에서 중국의 역할

일반적으로 중국은 북한 경제의 존속과 유지에 결정적 역할을 하는 것으로 알려져 있다. 이 문제는 북한의 중국에 대한 식량의존, 유류수입 의존, 양국 간의 무역관계, 중국의 대북 무상원조의 네 가지로 나누어 볼 수 있다.

① 북한의 중국에 대한 식량의존에 관해서는 앞에서 서술하였기에 여기에서는 생략한다. 다만 2000년 이후, 국제사회 및 한국의 식량지원 증가로 식량부문에서 중국의 북한에 대한 영향도는 낮아졌다는 것만을 재확인한다.

② 유류문제와 관련해서 북한의 중국에 대한 의존은 절대적이라고 할 수 있다. 〈표 7-25〉에서 보는 바와 같이 북한은 거의 대부분의 유류를 중국으로부터 수입해 왔음을 알 수 있다. 이 때문에 북한은 전체 에너지 사용 중에서 70%를 중국에 의존하고 있는 것으로 평가되었다.

③ 중국과 북한 사이의 교역관계를 보면, 중국은 북한측과의 무역에서 해마다 2억~4억 달러의 적자를 보고 있다(〈표 7-26〉 참조). 또한 2000년경에는 북한의 3대 무역국인 중국, 일본, 한국의 무역액이 거의 비슷하였으나, 이후 대중국 무역증가율은 연평균 30.2%, 대한국 15.9%, 대일본 −8.6%로, 2004년에는 중국이 북한의 제1교역국으로 확고한 위상을 정립하고 있다(〈표 7-27〉 참조).

표 7-25 | 연도별 원유도입실적

(단위: 만 톤)

구 분	1991	1992	1993	1994	1995	1996	1997	1998	1999	2000	2001	2002	2003
중 국	110	110	105	83	102	93.6	50.6	50.3	31.7[1]	38.9	57.9	47.2	57.4
리비아		20	10	8	8	–	–	5.3	–	–	–		
예 멘	–	–	–	–	–	–	60	–	–	–	–	–	
이 란	75	22	21	–	–	–	–	–	–	–	–	–	
러시아	4	–	–	–	–	–	–	–	–	–	–	12.5	
시리아	–	–	–	–	–	–	–	5.3	–	–	–	–	
합 계	189	152	136	91	110	93.6	110.6	60.9	31.7	38.9	57.9	59.7	57.4
미국 중유					50	50	50	50	50	50	50	50	

주: 1) 1998년도 무상원조분 8만 톤 중 잔여분인 2만 527톤 포함.
출처: KOTRA.

표 7-26 | 중국과의 무역

(단위: 억 달러)

구 분	1992	1993	1994	1995	1996	1997	1998	1999	2000	2001	2002	2003	2004	합계
총무역	6.9	9.0	6.2	5.4	5.6	6.5	4.1	3.7	4.88	7.37	7.38	10.2	13.85	
수 출	1.5	2.9	1.9	0.6	0.6	1.2	0.57	0.42	0.37	1.67	2.71	3.95	5.86	
수 입	5.4	6.0	4.2	4.8	4.9	5.3	3.56	3.29	4.51	5.71	4.67	6.28	8.00	
무역수지	−3.9	−3.1	−2.3	−4.2	−4.3	−4.1	−2.98	−2.87	−4.14	−4.06	−1.96	−2.32	−2.14	−42.37

출처: KOTRA.

표 7-27 | 북한 3대 교역국 무역액 비교

(단위: 백만 달러)

연 도	한 국	중 국	일 본
2000	425	488	464
2001	403	737	475
2002	642	738	370
2003	724	1,023	265
2004	697	1,306	252

표 7-28 | 중국의 대북한 원조 추이

(단위: 백만 달러)

구 분	1997	1998	1999	2000	2001	2002	2003	2004
대북한 수출	534.7	355.7	328.7	450.8	573.1	467.7	395.3	585.7
원조·증여	34.4	32.0	48.4	27.6	69.1	16.0	10.9	14.6

출처: 무역진흥공사의 중국 무역통계.

④ 중국의 무상원조는 점차 감소하는 추세이며, 금액상으로도 미미하다고 볼 수 있다. 공식적인 대북 무상원조는 큰 기복을 보이고 있는데, 이는 무상원조가 두 국가 고위층의 상대국 방문시 북한에 선물형식으로 주어지는 등 부정기적인 성격을 띠고 있기 때문이다.[134] 2004년도 중국의 북한에

[134] 예를 들어, 1999년 6월 김영남 최고인민위원회 위원장의 중국 방문 후 중국은 북한에 대해 코크스 40만 톤, 식량 15만 톤(총 5,000만 달러)을 무상원조하였다. 2001년 9월에는 장쩌민 국가주석이 북한을 방문하여 식량 20만 톤과 디젤유 3만 톤을 북한에 지원하였다(톤당 가격을 옥수수 100달러, 쌀 270달러, 디젤유 300달러로 적용할 경우 옥수수와 디젤유 제공시 2,900만 달러, 쌀과 디젤유 제공시 5,400만 달러). 2002년에는 김일성 주석

대한 무상원조가 1,460만 달러라고 하면, 같은 해 한국 정부와 민간의 대북 무상지원액은 2억 5,620만 달러로, 중국의 대북 지원액은 한국의 5.7%에 불과하다.

4.4. 무역과 비무역을 통한 외환수입

북한은 장기간 수입초과의 무역구조를 유지해 왔으며, 거의 모든 교역 대상국과의 거래에서 수입초과를 기록하고 있다. 그러나 한국과 일본만은 그 예외였다. 물론 거래성 교역과 비거래성 교역을 모두 포함하는 경우, 한국과의 교역에서도 수입초과이지만 거래성 교역에서는 흑자를 내어 왔다.

표 7-29 | 북한의 무역수지

(단위: 백만 달러)

연 도	수 출	수 입	무역수지(a)[1]	남북교역수지(b)[2]	a+b
1990	1,733	2,437	−704	11	−693
1991	945	1,639	−694	100	−594
1992	933	1,622	−689	152	−537
1993	990	1,656	−666	170	−496
1994	858	1,242	−384	158	−226
1995	736	1,316	−580	169	−411
1996	727	1,250	−523	127	−396
1997	905	1,272	−367	133	−234
1998	559	883	−324	41	−283
1999	515	965	−450	54	−296
2000	566	1,407	−841	61	−780
2001	650	1,620	−970	111	−795
2002	736	1,524	−788	197	−591
2003	777	1,614	−837	169	−668
2004				(168)[3]	
총합			−8,817	1,653	−7,000

주: 1) 남북교역 제외.
2) 남북 간 거래성 교역만 산정.
3) 총계에 불포함.

의 90회 생일(4. 15)을 맞아 북한에 5,000만 위안(약 600만 달러, 1달러=8.3위안)에 상당하는 물자를 무상원조하였다.

북한은 1990년 이래 남북교역을 제외한 총무역에서 총 88억 1,700만 달러의 적자를 냈다. 그러나 한국과의 거래성 무역에서는 16억 5,300만 달러의 흑자를 냈는데, 이는 북한이 전체 무역에서 해마다 연 5억 달러의 적자를 보았음을 의미한다.

북한은 이와 같은 연 5억 달러에 상당하는 무역적자를 메꾸어야 하는데, 이에 대한 자금원으로 상정할 수 있는 것은 두 가지이다. 그 하나는 한국과의 여러 사업을 통해 취득하는 외화이고, 두 번째는 북한의 불법거래와 해외송금이다.

4.4.1. 한국으로부터 경화수입

북한의 주요 외화수입원 중의 하나는 한국이다. 한국과의 거래성 무역, 사회문화 교류시 북한에게 지불되는 대금, 금강산관광사업, 개성공단사업 등을 주요 외화수입원으로 꼽을 수 있다.

우선 2003년 6월까지 사회문화 교류시 현금으로 50만 달러 상당이 지급되었다. 이 밖에도 현대는 2003년 8월까지 금강산관광 대가로 4억 690만

표 7-30 | 현대의 북한에 대한 기여

(단위: 억 원)

항 목	금 액	비 고
금강산관광 대가	4,880(4억 690만 달러)	총 9억 4,200만 달러 지급계약
유경 정주영체육관	573(4,776만 달러)	−
금강산 시설물공사	1,740(1억 4,461만 달러)	장전항 및 숙박시설 건립
칼라TV 제공	89(740만 달러)	1999년 연불수출형식 제공
평양교예단 협찬	66(550만 달러)	서울 공연 협찬비
차량 170대 제공	39(325만 2,000달러)	연불수출 후 투자자금으로 전환
한국관광공사 지원	844	현대소유 금강산 문예회관(100%), 온천장(46%) 지분매입
정부 관광보조금	216	2002.4.4~2002.12.31 기간
7대사업 독점운영권	6,000(5억 달러)	대북 송금 특검의 대상(정상회담 대가성 여부 논란)
합 계	14,450	

주: 음영이 짙은 부분은 금강산관광과 관련된 내용이다.
출처: 중앙일보, 2003. 8. 7.

표 7-31 | 남북교역에 의한 북한 국민소득 증가

(단위: 백만 달러)

	1997	1998	1999	2000	2001	2002	2003	총합
상품수지(거래성 교역 중 단순거래)	123.6	28.9	46.0	46.6	90.4	163.0	131.2	
위탁가공료(거래성 교역 중 위탁가공)*	3.4	3.4	5.9	4.0	7.4	10.1	17.2	
서비스수지(금강산관광)			206	136	37.2	21.5	13.1	413.8
남북교역에 의한 북한 국민소득 증가[1)]	127.0	32.3	257.9	186.6	135.0	194.6	161.5	1,094.9

주: 1) 남북교역에 의한 국민소득 증가=상품수지+위탁가공료수입+서비스수지.
출처: 이영훈(2004), p. 31.

달러를, 대북 7대 경제사업에 대한 독점권을 받는 대가로 2000년 5억 달러를 북한에 지급하였다(〈표 7-30〉 참조).

남북한 간의 3대 경협사업은 개성공단과 금강산관광, 철도도로 연결로, 이 중 북한이 현금을 얻을 수 있는 통로는 개성공단 근로자들에게 지급되는 임금과 개성공단 및 금강산관광의 대가이다.

현대아산은 북한측과 30년간의 독점적 금강산관광사업 대가로 1998년 11월부터 2005년 3월까지 9억 4,200만 달러를 지불하기로 계약하고, 2001년 6월까지 매년 관광대가를 북한과 합의하여 1,200만 달러 또는 600만 달러 등을 제공하였다. 그러나 관광사업이 어려움을 겪게 되자 관광객의 수에 따라 현금을 지급하는 방식으로 바뀌었다.

따라서 북한이 얻는 금강산관광 대가는 관광객의 수에 따라 결정된다. 1인당 2박3일 관광객은 50달러, 1박2일 관광객은 25달러, 당일 관광객은 10달러씩을 북한에 지불한다. 2004년 북한이 금강산관광의 대가로 얻은 현금은 2박3일 관광객 19만 4,366명으로부터 971만 8,300달러, 1박2일 관광객 3만 2,581명으로부터 81만 4,525달러, 당일 관광객 4만 5,873명으로부터 40만 5,873달러 등 총 1,099만 1,555달러였다.

개성공단사업에서 얻게 되는 현금은 '개성공단 근로자수×월급 57.5달러'이다. 현재 개성공단의 근로자수는 부지조성 등을 담당하는 800여 명, 리빙아트와 에스제이테크 등 시범단지 공장에서 일하는 근로자들 300여 명 등 1,100여 명이다. 이에 따라 계산하면 북한이 임금으로 손에 쥐는 현금은 한 달에 대략 6만 3,250달러이다.[135]

남북경제관계를 통해, 북한이 얼마의 현금수입을 올릴 수 있는가에 대한 계산에서 이영훈의 방법을 참고할 수 있다. 그는 남북교역관계를 항목별로 재분류하여, 거래성 교역에 의한 상품수지, 비거래성 교역 중에서 대북지원을 경상이전수지로, 그리고 금강산관광 수입은 서비스수지로 간주하였다. 또한 거래성 교역에서 위탁가공은 '노동력거래'로서, 북한이 취득하는 임가공비만을 북한의 수익으로 잡았다. 위탁가공교역수지에서 수송료 등 비용을 제한 임가공료는 그 절반으로 책정하였다. 이러한 계산에 따르면, 북한은 2003년 단순교역을 통해 1억 3,120만 달러, 위탁가공교역을 통해 1,720만 달러, 금강산관광 수입으로 1,310만 달러를 취득하였다. 따라서 한국으로부터의 총외화수입은 1억 6,150만 달러에 달한다.

4.4.2. 해외 대북 송금 및 불법거래

그 두 번째는 먼저 북한은 마약과 위조지폐, 무기수출, 그리고 조총련 등의 해외송금을 통해 상당한 양의 외화를 벌어들이고 있는 것으로 알려졌다. 이에 관한 자세한 사항은 알 수 없지만, 외신보도, 해외관련자들의 추정 등을 모아 보면 아래와 같다.

(1) 조총련의 대북 송금[136]

조총련의 대북 송금규모는 정확한 규모를 파악하기가 어렵다. 일부 추정에 의하면, 1980년대까지 조총련의 송금액은 연 1억 달러에 달하였으며, 1990년대 초 이후에는 3,000만 달러에 달하는 것으로 추정되고 있다.[137] 일본 경제의 장기불황, 조총련계 금융기관의 부실화(공적자금 투입 후 일본 금융당국이 관리중), 조총련조직 자체의 약화와 충성도 저하 등의 요인이 송금액 저하의 이유로 간주되고 있다.[138]

135 문화일보, 2005. 2. 17.

136 이 밖에도 생각할 수 있는 것이 외국취업 북한 노동자의 송금인데, 대표적으로 중국의 북한 식당을 들 수 있다. 2004년경 중국 전역에 41개의 북한 식당이 진출하였지만 종업원 1인당 연간 송금액이 100달러에 불과하다고 한다(조선일보, 2004. 10. 21).

137 Mark E. Maynin(2003), p. 14.

138 조총련의 대북 송금액에 관해서는 여러 가지 추측이 제시되었다. 한국 외교부는 2003년 10월 '최근 5년간 10억~20억 달러'로 추정하였다(조선일보, 2003. 10. 20). 그리고 1994년 핵문제와 관련 대북 송금 차단이 논의될 때, 일본 정부는 조총련 대북 송금을 연 6억 달러로 추정하였다(돈 오버도퍼, 1998, p. 294). 이 밖에도 Michael Horowitz의 논문에는 여

(2) 마약과 위조지폐

북한은 헤로인, 각성제, 아편을 주로 수출하는 북한은 마약거래와 관련한 중요한 국가로서, 4,000~7,500ha의 토지를 불법 마약생산에 사용하고 있는 것으로 알려지고 있다. 미 의회보고서에 따르면, 1997년 북한은 최소한 7,100만 달러를 마약거래를 통해, 1,500만 달러를 위폐를 통해 벌어들였다.[139] 그리고 월스트리트저널에 따르면, 북한은 2001년 마약거래를 통해 5억~10억 달러를, 위폐를 통해 1억 달러를 벌었다.[140] 한편, 주한미군에 따르면, 북한은 연 5억 달러 상당의 마약을 수출하고 있고, 위조지폐로 연간 1,500만~2,000만 달러를 발행하고 있다.[141]

(3) 무기수출

한국 국방부는 1991~2000년까지 10년 동안 북한은 3억 4,330만 달러어치의 무기를 해외에서 도입하였고, 같은 기간 중동, 아프리카, 동남아 국가들에 미사일 부품, 기관총, 야포, 탄약 등 9억 1,400만 달러어치의 각종 무기를 수출하였다.[142] 미국측의 분석에 따르면, 북한은 1985~1989년 사이에 연 4억 400만 달러의 무기를 수출하였다. 그러나 1990년대 초부터 무기수출이 감소하였다. 미국 국무성은 북한이 1995~1999년간 최소한 1억 달러 상당의 무기기술을 수출하였으며, 2001년에는 미사일 판매로 5억 6,000만 달러의 무기수출을 하였다고 평가하고 있다.[143]

그런데 과거 5년간 국제안보환경에서의 세 가지 중요한 변화 때문에 북한의 무기수출은 어려워졌고, 이윤도 감소해 왔다. 즉, ① 미국의 리비아, 이집트, 파키스탄과 같은 과거 북한 고객들과의 관계개선, ② 확산방지 구

러 가지 추측이 인용되고 있다. 일본 공안청은 1994년 일본으로부터 북한으로 송금, 연 6억 5,000만~8억 5,000만 달러에 상당한다고 추측하였다. 전 일본 외상 쓰도무 하타는 연 20억 달러에 이를 것이라고 하였다. 에버스타트는 1980년대와 1990년대 초, 1억 달러로 추정하였다. Economic Intelligence Unit는 2003년 2억 달러에 이르는 것으로 추정하였다(Michael Horowitz, 2004, pp. 33~34에 인용된 여러 통계).

139 Raphael Perl(1999).

140 *The Wall Street Journal*, April 23, 2003.

141 조선일보, 2003. 5. 12. 국방부의 평가는 북한은 지난 1997년 이후 매년 평균 6,000여만 달러 상당의 무기를 수출하고 있으며, 주로 미사일 부품과 기관총, 야포, 탄약 등이 주를 이루고 있다(조선일보, 2001. 10. 23).

142 조선일보, 2001. 9. 9.

143 Michael Horowitz(2004), pp. 32~33.

상(PSI)이 북한의 핵 및 미사일 수출을 감소시켰으며, 북한의 잠재구매자 숫자를 줄이는 데 성공, ③ 미사일 완제품 수출이 아니라 부품수출이 주를 이루게 되자 이윤이 감소하였다.[144]

4.4.3. 소 결 론

이상을 종합해 보면, 해외 대북 송금 및 북한 자체의 불법거래에 관해서는 수천에서 수억 달러[145]라는 그다지 구속력 없는 추측만이 가능하다.[146] 그러나 한국으로부터 북한에 지급된 현금량은 비교적 명확히 계산해 낼 수 있다. 즉, 1999년 이후 한국에서 북한에 유입된 현금량은 사회문화 교류시 대북 지불금,[147] 금강산관광 대금, 현대의 7대 사업 독점운영권, 상품교역 및 위탁가공료 대금을 종합하면 14억 4,000만 달러에 상당한다. 또한 최근의 남북교역 및 금강산관광 추세를 고려하면, 이와 같은 사업을 통해 북한이 한국으로부터 벌어들일 수 있는 현금수익은 1억 5,000만~2억 달러에 달할 것으로 보인다.

4.5. 결 론

이상의 분석과 관련하여 다음과 같은 것에 유의할 수 있을 것이다.

① 북한의 경제현황을 보면, 에너지 및 원자재와 관련해서는 2003년경 1991년의 57% 수준에 도달해 있으며, 곡물수급은 대체로 2000년 이후 북한 최소수요 곡물량이 공급되고 있다고 볼 수 있다. 따라서 북한의 식량사정과 관련해서는 공급부족문제보다는 내부의 분배문제가 더 심각한 문제로 대두하였다고 할 수 있다. 즉, 내부 빈부격차에 따른 곡물취득 가능성의 불평등,

144 Michael Horowitz(2004).

145 조총련 송금 3,000만 달러, 마약 5억 달러, 위폐 1,500만 달러로, 무기수출은 불가능해진 것으로 계산하면 5억 4,500만 달러이다.

146 이와 같은 벌어들인 외화 중에서 무기수출대금은 거의 무기수입대금으로 사용되며, 나머지는 당경제(또는 궁정경제)로 유입되어 김정일 비자금이 되거나 일부가 군사비로 사용될 수 있다(성채기·백재옥·권오봉, 2003, pp. 203~206). 김정일 비자금의 규모는 20억~50억 달러까지 추정이 있다(우종창, 2000. 11, p. 225).

147 앞에서 지적한 것처럼, 2003년 6월까지 사회문화 교류시 북한에 지불된 현금액은 50만 달러, 현물지급액은 60만 달러 정도이다. 이는 다른 범주가 발생시키는 금액과 비교하여 비교적 무시할 만한 금액으로 판단한다.

일부 기관 또는 상인의 매점매석에 의한 인플레이션 등이 보다 심각한 관리상의 문제라고 할 수 있다.

② 한국의 대북 지원은 북한 경제의 현상유지에 절대적으로 중요하다는 것이다. 2002년부터 매년 비료 30만 톤과 곡물 50만 톤이 지원되었다. 그런데 만약 이러한 지원이 없다면 북한의 곡물수급 균형은 대량아사가 발생하였던 1990년대 중반 수준으로 후퇴하게 된다고 볼 수 있다. 이와 같은 한국의 지원은 다른 어느 국가 또는 국제기구의 기여보다도 중요하다. 흔히 중시되고 있는 중국의 역할을 보면, 무상지원이나 식량공급과 관련해서 역할이 축소되었고, 다만 유류공급을 거의 독점하고 있다는 것을 알 수 있다.

③ 한국의 대북 지원은 해당 지원부문에서 북한이 자구노력을 감소시키도록 하는 효과를 낳고 있다는 것이다. 또는 만성적 의존상황이 발생하고 있다고도 볼 수 있다. 예를 들어, 한국의 비료지원에 따라 북한이 자체로 비료를 증산하는 데 노력하지 않고 있다는 것이 나타난다. 또한 한국과 다른 국가의 북한에 대한 곡물지원이 증가하자, 북한이 자체로 수입하던 곡물량이 현저히 감소한다는 것이다. 이를 보면, 한국 등의 지원은 북한이 해당 부문에 투자해야 하던 노력을 다른 부문으로 돌릴 수 있도록 해 주거나, 해당 부문에서의 개선 또는 개혁노력을 면제시켜 주는 효과가 있다는 것이다.

④ 북한 지원에서 어떤 국가가 어느 시기에 가장 많은 기여를 하는가는 당시 그 국가의 북한에 대한 정치적 이익과 관련되어 있다. 북한을 1990년대 중반의 위기에서 구한 것은 중국이며, 1997~1998년 이후 김정일 정권이 재정비되어 갈 때는 미국이 가장 많은 기여를 하였고, 2000~2001년에는 남북정상회담의 여파로 국제지원이 증가하였다. 그러나 2002, 2003, 2004년에는 한국의 기여가 절대적 역할을 하고 있다. 중국을 제외한 서방 국가의 대북 곡물공여는 대부분 세계식량기구를 통해 이루어졌는데, 이 시기 한국의 주요 기여는 차관이라는 형태로, 정부 대 정부관계에서 제공되고 있다. 세계식량기구의 대북 지원은 인도주의적 목적에 집중하고, 그에 적합한 관리체계를 가지고 있다. 한국 정부의 기여는 남북 당국 간 관계유지에 협력이라는 북한 정부로부터 정치적 반대급부를 기대하면서 제공되고 있다.

참고문헌

강일천 · 공선영, 「'7.1경제관리개선조치' 1년의 평가와 재해석」, 『평화문제연구』, 2003년 후반기.

권태진, 「북한의 식량상황과 장기수급 전망」, 농촌경제연구원 동향분석 2004-10.

김근식, 「1990년대 북한의 체제정당화 담론: '우리식 사회주의'와 '붉은기철학'을 중심으로」, 『통일정책연구』 8권 2호, 2000. 3.

김수암, 『미국의 대북인권정책연구』, 통일연구원, 2004.

김연철, 「북한경제관리 개혁의 성격과 전망」, 김연철 · 박순성, 『북한경제개혁연구』, 후마니타스, 2002.

김일성, 「중앙인민위원회와 정무원 사업의 사업 방향에 대하여」, 조선민주주의인민공화국 중앙인민위원회 제9기 1차회의, 정무원 제9기 제1차 전원회의에서 한 연설, 1990년 5월 28일, 『김일성 저작집』 42권.

______, 「변화된 환경에 맞게 대외무역을 발전시킬데 대하여」, 『사회주의경제관리문제에 대하여』 제7권, 조선로동당출판사, 1997.

김정일, 「당면한 경제사업의 몇 가지 문제」(조선로동당 중앙위원회 책임일군들과 한 담화 주체86(1997)년 9월 10일), 『김정일선집』 제14권.

남성욱, 「2002년 북한의 임금과 물가인상에 따른 주민 생산 · 소비행태의 변화에 관한 연구」, 『통일문제연구』, 2003년 후반기.

______, 「7.1 경제관리개선조치 2주년 평가와 전망」, 통일연구원 북한경제집담회 제출논문, 2004. 8. 31.

리신효, 「새로운 무역체계의 본질적 특징과 그 우월성」, 『경제연구』 제4호, 1992.

리창혁, 「우리 당에 의한 사회주의 경제제도의 고수와 경제강국건설의 성과적 추진」, 『경제연구』 4권, 2001.

미무라 마쯔히로, 「통일거리시장의 상품가격」, 『ERINA 정보』, 환일본해경제연구소, 2004. 9.
박성호, 「새로운 국가예산 수납체계의 특징과 우월성」, 『경제연구』 4권, 2000.
박순성, 「김정일 시대(1994-2004) 북한 경제정책 변화와 전망」, 『북한연구학회보』 8권 1호, 2004 여름.
박형중, 『90년대 북한의 위기와 대응』, 통일연구원, 1997.
______, 「정상회담 이후 북한 체제의 변화」, 『통일문제연구』 제34권 2호, 2000.
______, 『북한의 경제관리체계』, 해남, 2002a.
______, 「〈노임 및 물가 인상〉 및 〈경제관리의 개선강화〉 조치에 대한 평가」, 『통일문제연구』 14권 2호, 2002b.
______, 『북한의 개혁·개방과 체제변화』, 해남, 2003.
______, 「비교사회주의 관점에서 본 '실리사회주의'론의 위치와 전망」, 『김정일 정권 10년: 변화와 전망』, 통일연구원 국내학술회의 발표논문집, 2004. 7.
박형중 외, 『북한 이해의 길잡이』, 박영사, 1999.
______, 『김정일 시대 북한의 정치체제: 통치이데올로기, 권력엘리트, 권력구조의 지속성과 변화』, 통일연구원, 2004.
박형중·최진욱, 『북한 최고인민회의 제11기 제3차 회의 결과 분석 2005. 4』, 통일연구원, 2005.
배종렬, 「김정일의 북한경제 10년: 무엇이 달라졌으며 어떻게 바뀔 것인가?」, 한국수출입은행·통일연구원 주최 2004 북한경제심포지엄 논문집, 『북한경제와 남북경협: 현황과 전망』, 2004. 7. 7.
서석홍, 『중국 국유기업 개혁의 현황』, 21세기북스, 2000.
성채기·백재옥·권오봉, 「군비증강 능력 측면에서 본 북한경제 위기 10년」, 『국방정책연구』, 2003년 가을.
양문수, 『북한경제의 구조: 경제개발과 침체의 메커니즘』, 서울대학교출판부, 2001.
______, 「역사적 관점에서 본 7.1 경제관리개선조치」, 조명철 외, 『7.1 경제관리개선조치 현황평가와 과제: 북한경제개혁의 전망』, 대외경제정책연구원, 2003.
______, 「북한경제 집담회 발제문」, 통일연구원 북한경제 집담회 제출논문,

2004. 8. 31.
우종창, 「김정일 비자금」, 『월간조선』, 2000. 11.
이 석, 『1994-2000년 북한 기근과 국제적 식량지원』, 통일연구원, 2004.
이석기, 「북한의 1990년대 경제위기와 기업행태의 변화: 생존추구형 내부자 통제와 퇴행적 시장화」, 서울대학교 경제학과 박사학위논문, 2003. 8.
이영화, 「조-중국경에서 본 북한 기아난민의 실상」(http://www.nknet.org/comment/ book/book10.htm).
이유수, 「북한의 완충기 경제정책 운용과 경제실태」, 『북한경제동향—1995년도』, 한국개발연구원, 1996.
이태섭, 「1990년대 북한의 경제위기와 군사체제로의 전환에 관한 연구」, 통일부 신진학자 논문, 2002.
전홍택 · 김상기, 『북한경제의 현황과 개혁 전망』, 한국개발연구원, 1997.
정영철, 「북한의 시장화 개혁: 시장 사회주의의 북한식 실험」, 『북한연구학회보』 8권 1호, 2004 여름.
조선신보사 조선문제담당반, 『김정일 플랜. 21세기를 이끄는 지도자의 전략(중)—경제전략의 방향전환』(일본어).
좋은벗들, 『오늘의 북한소식』 창간준비 제2호, 2004. 10. 6.
좋은벗들 엮음, 『사람답게 살고 싶소』, 정토출판, 1999.
______, 『북한 사람들이 말하는 북한이야기』, 정토출판, 2000.
조동호, 「변화하는 북한경제 평가와 전망」, 『수은 북한경제』, 2004 여름호.
지해명, 「완충기(1994~96년) 북한의 경제전략 분석」, 『북한경제동향 1994년도 상반기』, 한국개발연구원, 1994.
최영옥, 「경제사업에 대한 국가의 중앙집권적 통일적 지도를 강화하는 것은 강성대국 건설의 중요한 요구」, 『경제연구』 4권, 2000.
통일부, 「대북쌀제공관련 해설자료」, 2003. 5.
______, 「대북식량차관 제1차 분배현장확인 결과」, 2004. 10. 18.
한국은행, 『북한경제의 현황과 전망』, 한은조사자료 2000-3, 2000. 8.
한호석, 「최근 북(조선)의 정세관과 정세대응에 관한 담론 분석—1997년 상반기 '로동신문' 분석을 중심으로」, 통일학연구소 홈페이지(www.onekorea.org) 게재논문, 1997. 7.
황장엽, 「북한의 변화와 대응원칙」, 2001. 1. 3.

溝端似登史·吉井昌彦 編,『市場經濟移行論』, 世界思想社, 2002.
國際協力事業團,『参加形開發と良い統治: 分野別援助研究會報告書』, 東京: 國際協力事業團 國際協力總合硏修所, 1995. 3.
國際協力事業團 國際協力總合硏修所,『開發課題に對する效果的アプロチ: 貧困削減』, 東京: 國際協力事業團 國際協力總合硏修所, 2003. 9.
國際協力事業團 國際協力總合硏修所 編著,『援助の潮流がわかる本: 今で何が焦點となっているのか』, 東京: 國際協力事業團 國際協力總合硏修所, 2003.
近藤正規,『ガバナンスと開發援助—主要ドナの援助政策と指標構築の試み』, 東京: 國際協力事業團 國際協力總合硏修所, 2003.
金潤圭,「金融と資本市場」, 賀耀敏·大西健夫 編,『中國の經濟』, 早稻田大學出版部, 2002.
南亮進·牧野文夫,『中國經濟入門』, 日本評論社, 2001.
內藤二郎,『中國の政府間財政關係の實態と對應』, 日本圖書センター, 2004.
盧建新,『中國國有企業の株式會社化』, 東京: 信山社, 2001.
董克用,「勞動市場と勞動關係」, 賀耀敏·大西健夫 編,『中國の經濟』, 早稻田大學出版部, 2002.
牧野耕司,『援助アプロチ·戰略に關する一考察』, 2003.
木村哲三朗,『ベトナムー 黨官僚國家の新たな展開』, 東京: アジア經濟硏究所, 1996.
白石昌也·竹內郁雄 編,『ベトナムのドイモイの新展開』, アジア經濟硏究所, 1999.
樊綱,『中國 未完の經濟改革』, 東京: 岩波書店, 2004.
石磊,『中國農業組織的結構性變遷』, 太原: 山西經濟出版社, 1998.
岩見元子,『ベトナム經濟入門』, 日本評論社, 1996.
王曙,『現代中國の經濟』, 東京: 明石書店, 2004.
林昭 外,『體制轉換と企業·經營』, ミネルヴァ書房, 2002.
張軍,『中國經濟改革的回顧與分析』, 太原: 山西經濟出版社, 1998.
中臣久,『ベトナム經濟の基本構造』, 東京: 日本評論社, 2002.
Tran Van Tho,『ベトナム經濟の新展開』, 日本經濟新聞社, 1997.
トラン·ヴァン·トゥ,「ベトナムの經濟改革·發展戰略と日本の知的支援」, 石川滋·原洋之介 編, 『ヴィェトナムの市場經濟化』, 東洋經濟新報社, 1999.

Administrative Committee on Coordination (ACC), *ACC Guidelines on the Functioning of the Resident Coordinator Systems*, 21-24 September 1999.

Berry, Chris, Ali Forder, Sonya Sultan, and Nagui Moreno-Torres, "Approaches to Improving the Delivery of Social Services in Difficult Environments," *PRDE Working Paper 3*, Oct. 2004.

Brainard, Lael, Carol Graham, Nigel Purvis, Steven Radelet and Gayle E. Smith, *The Other War: Global Poverty and the Millennium Challenge Account*, Washington D.C.: Brookings and CGD, 2003.

Bureau for Policy and Program Coordination U.S. Agency for International Development, *U.S. Foreign Aid: Meeting the Challenges of Twenty-first Century*, January 2004.

Chai, Joseph C. H., "Transition to a Market Economy: the Chinese Experience," *Communist Economies & Economic Transformation*, Vol. 6, No. 2, 1994.

Chauvet, Lisa and Paul Collier, "Development Effectiveness in Fragile States: Spillovers and Turnarounds," Center for the Study of African Economies, Department of Economics, Oxford University, January 2004.

Debiel, Tobias and Ulf Terlinden, *Promoting good governance in post-conflict societies: Discussion Paper*, Eschborn: German Federal Ministry of Economic Cooperation and Development, 2004.

Degnbol-Martinussen, John and Poul Engberg-Pedersen, *Aid: Understanding International Development Cooperation*, London: Zed Books, Ltd., 2003.

Foster, Mick and Jennifer Leavy, "The Choice of Financial Aid Instrument," Overseas Development Institute Center for Aid and Public Expenditure Working Paper 158, October 2001.

Galenson, W., ed., *China's Economic Reform*, San Francisco: The 1990 Institute, 1992.

Goldin, Ian, Halsey Rogers, and Nicholas Stern, *The Role and Effectiveness of Development Assistance: Lessons from World Bank Experience*, Washington

D.C.: World Bank, 2002.

Gruenewald, Francois, "From prevention to rehabilitation: action before, during and after the crisis: the experience of the ICRC in retrospect," *International Review of the Red Cross*, No. 306, 1995, pp. 263~281.

Herr, Hansjörg and Jan Priewe, "Beyond Washington Consensus: Macroeconomic Policies for Development," *Internationale Politik und Gesellschaft*, 2005. 2.

Homgren, Torgny and Charles Soludo, *Implementation of Contry-led Partnership in the Context of the Comprehensive Development Framework*, World Bank: Operations Evaluation Deparment Partnerships & Knowledge Programs, 2002.

Horowitz, Michael, "Who's Behind That Curtain? Unveiling Potential Leverage over Pyongyang," *The Washington Quarterly*, Vol. 28, No. 1, 2004.

IASC, *IASC Appeal and Strategy Document*(March, 2003).

Jackson, Sukhan, *Chinese Enterprise Management Reforms in Economic Perspective*, Berlin: Walter de Gryter, 1992.

King, Kenneth and Simon McGrath, *Knowledge for development? Comparing British, Japanese, Swedish and World Bank Aid*, London: Zed Books, 2004.

Klingebiel, Stephan, "The OECD, World Bank and International Monetary Fund: Development Activities in the Crisis Prevention and Conflict Management Sphere," Bonn: German Development Institute, 2001.

Leader, Nicholas and Peter Colenso, "Aid Instrument in Fragile States," PRDE Working Paper 5, January 2005.

Lindbaek, Jannik, Guy Pfeffermann, and Neil Gregory, "The evolving role of multilateral development banks: History and prospects," *EIB Papers*, Vol. 3, No. 2, 1998.

Mancino, Kimberly, Anita Malley, and Santiago Cornejo, *Developmental Relief: NGO Efforts to Promote Sustainable Peace and Development in Complex Humanitarian Emergencies*, Prepared for Inter Action's Transition Working Group, June 2001.

Maynin, Mark E., "Japan-North Korea Relations: Selected Issues," *CRS Report* RL32161, November 26, 2003.

OCHA, *Technical Guidelines for the Consolidated Appeals Processes*, August 2002.

OCHA, *DPR Korea: Situation Bulletin no. 01/05.*

OECD DAC, *Participatory Development and Good Governance*, Paris: OECD, 1995.

______, *Shaping the 21st Century: The Contribution of Development Cooperation*, Paris: OECD, May 1996.

______, *DAC Guidelines on Conflict, Peace and Development Co-operation*, Paris: OECD, 1997a.

______, *Final Report of the Ad Hoc Working Group on Participatory Development and Good Governance: Part 1*, 1997b.

______, *Poverty Reduction*, Paris: OECD, 2001a.

______, "Poor Performers: Basic Approaches for Supporting Development in Difficult Partnerships," DCD/DAC(2001)26/REV1, 27 Nov. 2001b.

______, *Working for Development in Difficult Partnerships*, DCD/DAC(2002)32/REV1, 3 Dec. 2002a.

______, "Development Co-operation in Difficult Partnerships," DCD/DAC, 2002b.

______, "Working for Development in Difficult Partnerships: An agenda for action based on the results of the Joint DAC/WB/EC/UNDP Workshop on Working for Development in Difficult Partnerships," (Paris, 28-29 October 2002), DCD/DAC(2002)32/REV1, 3 Dec. 2002c.

______, *Harmonizing Donor Practices for Effective Aid Delivery: Good Practice Papers*, Paris: OECD, 2003.

______, *Accelerating Pro-Poor Growth through Support for Private Sector Development: An Analytical Framework*, OECD/DAC, 2004a.

______, "Senior Level Forum on Development Effectiveness in Fragile States. Harmonization and Alignment in Fragile States," Draft Report by Oversee Development Institute (ODI), United Kingdom, DCD(2005)3, 17 Dec. 2004b.

______, "CHAIR's Summary: Senior Level Forum on Development Effectiveness in Fragile States(London, 13-14 January 2005)," DCD/CHAIR(2005)3, 1 Feb. 2005a.

______, "Principles for Good International Engagement in Fragile States: Learning and Advisory Process on Difficult Patnerships," DCD(2005)8/REV2, 7 Apr. 2005b.

OECD DAC Working Party on Aid Effectiveness, *Harmonization, Alignment, Results: Report on Progress, Challenges and Opportunities*, Paris: OECD, 2005c.

Office for the Coordination of Humanitarian Affairs, *OCHA: Orientation Handbook*, New York: United Nations, 2002.

Perl, Raphael, *Drug Trafficking and North Korea: Issues for U.S. Policy*, CRS Report, December 5, 2003.

Picciotto, Robert, *Development Cooperation and Performance Evaluation: The Monterrey Challenge*, Washington D.C.: World Bank, 2002.

Prokop, Michaela, Petter Meirik, Manuel Carballo, "Linking Relief to Development" (Concept Paper), Geneva: International Center for Migration and Health, 2001.

Quaisser, Wolfgang, "Vergleich der wirtschaftlichen Transformation in Osteuropa und Ostasien," *Osteuropa-Wirtschaft*, 40.Jhg., 1995. 4.

Radelet, Steven, *Challenging Foreign Aid: A Policymaker's Guide to the Millenium Challenge Account*, Washington D.C.: Center for Global Development, 2002.

______, "Aid Effectiveness and the Millennium Development Goals," *Center for Global Development Working Paper*, No. 39, April 2004.

Ritzen, Jozef, *A Chance for the World Bank*, London: Anthem Press, 2005.

Rogerson, Andrew, *The International Aid System 2005-2010: Force For and Against Change*, London: Overseas Development Institute, 2004.

Sachs, Jeffrey and T. Woo, "Understanding the Reform Experiences of China, Eastern Europe and Russia," Chung H. Lee and Helmut Reisen, eds., *From Reform to Growth: China and other Countries in Transition in Asia and Central and Eastern Europe*, Paris: OECD, 1994.

Tarp, Finn, *Foreign Aid and Development: Lessons Learnt and Directions for the Future*, London: Routledge, 2000.

Thorbecke, Erik, "The evolution of the development doctrine and the role of foreign aid, 1950-2000," Finn Tarp, *Foreign Aid and Development: Lessons Learnt and Directions for the Future*, London: Routledge, 2000.

Thorton, Nigel and Marcus Cox, *Developing Poverty Reduction Strategies in Low-Income Countires under Stress (LICUS)*, London: Agulhas Development Consultants, Ltd., 2005.

Torres, Magui Moreno and Michael Anderson, "Fragile States: Defining Difficult Environments for Poverty Reduction," PRDE Working Paper 1, Aug. 2004.

UN, *Report of the International Conference on Financing for Development*, Monterrey, Mexico, 18-22 March 2002.

UNDG, *Guidance Note to United Nations Country Teams on PRSPs*, 8 November 2001.

______, *An Assessment of the Role and Experiences on UN Agencies in Poverty Reduction Strategy Papers*, 17 November 2003a.

______, *Guidance Note: UN Country Team Engagement in PRSPs*, 1 December 2003b.

______, *Guidance on Joint Programming*, 19 December 2003c.

______, *United Nations Country Teams working together for greater UN impacts*, August 2005.

UNDG, UNDP, and WB, *Tip Sheet on Post-Conflict Needs Assessment & Transitional Results Matrix* (Working Draft), 2005.

UNDG and the Executive Committee of the UNDG, *Statement of Purpose*, May 2002.

UNDP, World Bank, and UNDG, *Practical Guide to Multilateral Needs Assessments in Post-Conflict Situations*, August 2004.

United Nations, *Common Country Assessment and United Nations Development Assistance Framework: Guidelines for UN Country Teams preparing a CCA and UNDAF*, October 2003.

United Nations General Assembly, *Renewing the United Nations: Program for*

Reform A/51/950, 14 July 1997.

Wade, Robert H., "Bringing the State Back In: Lessons from East Asia's Development Experience," *Internationale Politik und Gesellschaft*, 2005. 2.

Wang, H., *The Gradual Revolution, China's Economic Reform Movement*, New Brunswick and London: Trnasaction Publishers, 1994.

______, "North Korea needs more food aid and fewer restrictions," 29 Mar. 2005.

WFP, *Emergency Food Asistance to Vulnerable Groups in DPR Korea*, DPR Korea EMOP 10141. 2.

World Bank, *Accelerated Development in Sub-Saharan Africa*, Washington D.C.: World Bank, 1981.

______, *The East Asian Miracle: Economic Growth and Public Policy*, Washington D.C.: World Bank, 1993.

______, *Post-Conflict Reconstruction: The Role of the World Bank*, Washington D.C.: World Bank, 1997a.

______, *World Development Report 1997: The State in a Changing World*, Washington D.C.: World Bank, 1997b.

______, *Assessing Aid: What Works, What Doesn't, and Why*, Oxford: Oxford University Press, 1998a.

______, *Post-Conflict Reconstruction: The Role of the World Bank*, Washington D.C.: World Bank, 1998b.

______, *Reforming Public Institutions and Strengthening Governance: A World Bank Strategy*, Washington D.C.: World Bank, November 2000.

______, *World Development Report 2000/2001: Attacking Poverty*, Washington D.C.: World Bank, 2001a.

______, *Vietnam Country Assistance Evaluation*, November 21, 2001b.

______, *World Bank Group Work in Low-Income Countries under Stress: A Task Force Report*, Washington D.C.: World Bank, 2002.

______, *The Role of the World Bank in Conflict and Development: An Evolving Agenda*, Washington D.C.: World Bank, 2003a.

______, *A Guide to the World Bank*, Washington D.C.: World Bank, 2003b.

______, *Supporting Development Program Effectively—Applying the Comprehen-*

sive Development Framework Principles: A Staff Guide, Washington D.C.: World Bank, November 2004.

World Bank Operational Manual, *OP 8.50—Emergency Recovery Assistance*, August 1995.

______, *OP 2.30—Development Cooperation and Conflict*, January 2001.

______, *BP 2.11 Country Assistance Strategies*, January 2006.

Inter-agency framework for conflict analysis in transitional situations, November 2004.

Joint Marrakech Memorandum: Managing for Development Results, Marrakech, Morocco, February 5, 2004.

Paris Declaration on Aid Effectiveness: Ownership, Harmonization, Alignment, Results and Mutual Accountability, High Level Forum, Paris, February 28~ March 2, 2005.

Rome Declaration on Harmonization, Rome, Italy, February 25, 2003.

찾아보기

저자약력

성균관대학교 경제학사
성균관대학교 정치외교학 석사
독일 마부룩대학 정치학 박사
현재 통일연구원 연구위원(1995~)
　　미국 사우스캐롤라이나대학 아시아센터 객원학자(2005. 8~2006. 8)
　　브루킹스연구소 동북아정책연구센터 객원연구원(2006. 9~2007. 6)

주요 논저
『북한의 개혁·개방과 체제변화』(해남, 2004)
『핵문제 전개 및 내부 정치변동의 향배와 북한변화』(통일연구원, 2003)
『핵문제 해결 과정에서 남북관계 및 북한 경제지원 시나리오』(통일연구원, 2003)
『북한의 경제관리체계』(해남, 2002)(대한민국 학술원 주관 2003년도 기초학문분야 우수학술도서)
『북한의 정치와 권력—지배관계의 개념과 기원, 구조와 동태』(백산자료원, 2002)
『'불량국가' 대응전략—기본개념들과 비판적 검토』(통일연구원, 2002)
『북한의 변화능력과 방향, 속도와 동태』(통일연구원, 2001)
『대북포용정책과 국내정치 여건조성방안』(공저)(통일연구원, 2000)
　외 다수

■ 구호와 개발 그리고 원조—국제논의수준과 북한을 위한 교훈

2007년 4월 16일 초판인쇄
2007년 4월 20일 초판발행
저　자　박 형 중
발행인　노 현 철
발행처　도서출판 해남
　　서울특별시 종로구 교남동 45-1(202호)
　　전화 739-4822　　팩스 720-4823
　　e-mail haenam30@dreamwiz.com
　　homepage www.hpub.co.kr
　　등록 1995. 5. 10 제1-1885호
정　가　17,000원　ISBN 978-89-86703-81-8

저자와 협의하에 인지생략